Beck-Wirtschaftsberater

Management-Basiswissen

dtv

Beck-Wirtschaftsberater

Management-Basiswissen

Konzepte und Methoden zur Unternehmenssteuerung

von Dr. Rainer Kleine-Doepke †,
Prof. Dr. Dirk Standop
und Prof. Dr. Wolfgang Wirth

3., vollständig überarbeitete Auflage

Deutscher Taschenbuch Verlag

Im Internet:

dtv.de

beck.de

Originalausgabe
Deutscher Taschenbuch Verlag GmbH & Co. KG,
Friedrichstraße 1a, 80801 München

Druck und Bindung: Druckerei C.H. Beck, Nördlingen
(Adresse der Druckerei: Wilhelmstraße 9, 80801 München)
Satz und Grafik: Hoffmann's Text Office, München
Umschlaggestaltung: Agentur 42 (Fuhr & Partner), Mainz

ISBN (10): 3-423-05861-7 (dtv)
ISBN (10): 3-406-53177-6 (C.H. Beck)
ISBN (13): 978-3-423-05861-2 (dtv)
ISBN (13): 978-3-406-53177-4 (C.H. Beck)

Vorwort zur 3. Auflage

Unseren bisherigen Anspruch bekräftigen wir auch für die vorliegende dritte Auflage: mit dem Buch möchten wir sowohl für Studierende im betriebswirtschaftlichen Grundstudium wie auch für Praktiker, die Führungsaufgaben übernehmen, eine problemorientierte Einführung in wichtige Konzepte der Unternehmenssteuerung geben. Wissen über betriebswirtschaftliche Zusammenhänge ist gerade in einer Führungsrolle unverzichtbar geworden. Das zeigt auch die große Nachfrage nach entsprechenden Weiterbildungsseminaren für Führungskräfte.

Das Buch wurde in der bewährten Grundstruktur beibehalten, jedoch in vielen Teilen überarbeitet und aktualisiert. So sind nun z. B. im Abschnitt H die Grundzüge einer internationalen Rechnungslegung gemäß IFRS (International Financial Reporting Standards) den Prinzipien der deutschen Rechnungslegung nach HGB gegenübergestellt. Neu hinzugekommene Abbildungen und zusätzliche Beispiele sollen die vorgestellten Konzepte möglichst praxisnah und anschaulich vermitteln. Ein Stichwortverzeichnis fördert eine flexible Nutzung des Buches.

Für Anregungen und konstruktive Kritik danken wir unseren Studenten und den Teilnehmern in Weiterbildungsseminaren. Auch zukünftig werden wir gerne Verbesserungsvorschläge der Leser berücksichtigen.

Ganz besonders bedanken wir uns bei *Dipl.-Kfm. Kai-Stefan Beinke* für seine umfangreiche Unterstützung bei der Manuskripterstellung, ebenso bei *Dipl.-Kffr. Jasna Cudic, Dipl.-Kfm. Guido Grunwald* und bei *Dipl.-Kffr. Anke Schwertheim* sowie bei Frau *Inge Rieger* für die Schreibarbeiten (alle am Lehrstuhl für Betriebswirtschaftslehre/Marketing der Universität Osnabrück).

Dipl.-Vw. Hermann Schenk gebührt unser Dank für die bewährte gute Kooperation bei der Realisierung des Buches.

Osnabrück und Augsburg
im Juli 2006

Dirk Standop
Wolfgang Wirth

Vorwort zur 2. Auflage

Dieses Buch wurde von *Rainer Kleine-Doepke* ursprünglich als zusammenfassender Begleittext für Management-Seminare konzipiert, die er im Rahmen des von der Universität Augsburg angebotenen „Kontaktstudiums Management" mit großem Erfolg veranstaltete. Darüber hinaus hat das Buch aber auch bei einem größeren Publikum gute Verbreitung gefunden. Zielgruppe sind primär jene in verantwortliche Führungspositionen hineinwachsenden Personen, die mit naturwissenschaftlich-technischem oder anderem Hintergrund kaufmännisches Basiswissen erwerben wollen. *Rainer Kleine-Doepke* hat hier treffend von „betriebswirtschaftlicher Grundbesohlung" gesprochen.

Nach dem plötzlichen Tod von *Rainer Kleine-Doepke* ergab sich die Notwendigkeit einer Neuauflage. Die beiden hinzukommenden Autoren haben für ihren Freund die Aufgabe der Weiterführung gerne übernommen. Das Resultat ist das vorliegende Buch. Zielgruppe und Konzeption des Buches sind im Vergleich zur 1. Auflage unverändert geblieben. Inhalt und Umfang sind den fortschreitenden Erfordernissen und aktuellen Weiterentwicklungen angepasst. Wir hoffen jene schwungvolle und engagierte Diktion gefunden zu haben, die *Rainer Kleine-Doepke* in seinen Aktivitäten zu eigen war.

Für ihre große Diskussionsbereitschaft und die Übernahme von Korrekturarbeiten bedanken wir uns bei PD *Dr. Bernd Hempelmann, Dipl.-Kfm. Sven Stolle, Dipl.-Kffr. Maria Hüntelmann, Dipl.-Kfm. Markus Lürwer*, für die Schreibarbeiten bei Frau *Inge Rieger* (alle am Lehrstuhl für Betriebswirtschaftslehre/Marketing der Universität Osnabrück).

Die Zusammenarbeit mit dem Verlag C. H. Beck verlief in erfreulicher Harmonie. Unser Dank dafür geht an Herrn *Dipl.-Vw. Hermann Schenk*.

Osnabrück und Augsburg
im November 2000

Dirk Standop
Wolfgang Wirth

Inhaltsübersicht

Vorwort V
Inhaltsverzeichnis VII

A. Einführung 1

B. Grundlagen von Management-Entscheidungen 3

C. Strategische Planung 1

D. Marketing 49

E. Kostenrechnung 117

F. Kostenmanagement 159

G. Investitionsrechnung 197

H. Rechnungslegung und Unternehmensbeurteilung 257

Sachverzeichnis 307

Inhaltsverzeichnis

Vorwort V
Inhaltsübersicht VII

A. Einführung 1

B. Grundlagen von Management-Entscheidungen 3
1. Die Strukturierung von Entscheidungen 3
2. Rechnungskategorien von Management-Entscheidungen . . . 4

C. Strategische Planung 1
1. Das Strategiekonzept innerhalb der Unternehmensplanung 11
2. Der Ausgleichsgedanke: Der Ansatz der Portfolio-Analyse . . 15
   a) Die empirische Basis: Ansatz und Ergebnisse der strategischen Erfolgsfaktorenforschung 15
   b) Umsetzung in Strategie-Portfolios, dargestellt am Konzept der Boston Consulting Group 23
3. Das Vorgehen der strategischen Planung 37
   a) Informationsgrundlagen: Umwelt- und Unternehmensanalysen 37
   b) Das Entscheidungsfeld 40
   c) Strategiewahl 43
4. Die strategische Planung als Grundlage für Steuerung und Kontrolle der Unternehmensplanung 44
5. Aufgabe: Die Heinzel GmbH 44

D. Marketing 49
1. Grundlagen 49
   a) Marketing als betriebliche Funktion 49
   b) Käuferverhalten 51
   c) Marktforschung 57
   d) Fallstudie zur Schätzung der Nachfragereaktion auf veränderte Preise 59
2. Operatives Marketing: Der Einsatz der Marketing-Instrumente 61
   a) Produktpolitik 61
   b) Preispolitik 80

c) Distributionspolitik. . . . 84
d) Kommunikationspolitik 88
3. Strategisches Marketing: Die Steuerung des Einsatzes der Marketing-Instrumente 90
a) Anbieterpositionierung 93
b) Marktsegmentierung. 108

E. Kostenrechnung 117

1. Grundlegende Begriffe. 118
2. Aussagemöglichkeiten der Kostenrechnung 118
3. Abrechnungsstufen der Kostenrechnung 123
a) Kostenartenrechnung 123
b) Kostenstellenrechnung. 126
c) Kostenträgerrechnung 127
4. Vollkosten- versus Teilkostenrechnung 128
5. Vollkostenrechnung 129
6. Teilkostenrechnung als Grenzkostenrechnung 141
7. Stufenweise Fixkostendeckungsrechnung 149
8. Wirtschaftlichkeitskontrolle in Kostenstellen 155

F. Kostenmanagement 159

1. Weiterentwicklung zum marktorientierten Kostenmanagement 159
2. Neuere Kostenmanagementsysteme 163
a) Prozesskostenmanagement 164
b) Zielkostenmanagement (Target Costing) 184

G. Investitionsrechnung 197

1. Investitionsbegriff und Bedeutung von Investitionen 197
2. Planungs- und Entscheidungsprozess eines Investitionsprojektes 200
3. Methoden der Investitionsrechnung. 205
a) Statische Methoden 208
b) Dynamische Barwertmethoden (Discounted Cash Flow Methoden). 213
4. Methodische Erweiterungen 229
a) Einbezug von Ertragsteuern. 229
b) Berücksichtigung von Unsicherheit 232
c) Mindestrendite auf Basis risikoangepasster Kapitalkosten 234

d) Berücksichtigung von qualitativen Einflussfaktoren (Nutzwertanalyse) 239
e) Fallbeispiel 242

H. Rechnungslegung und Unternehmensbeurteilung 257

1. Grundbegriffe 257
   a) Rechnungslegung 257
   b) Bilanz, Bilanzierung und Bilanzierungspflichten 259
   c) Bilanzanalyse und Kapitalflussrechnung 262
2. Bilanzierung 262
   a) Die formale Seite 262
   b) Die materielle Seite 264
3. Bilanzanalyse 272
   a) Vorgehensweise 272
   b) Erfolgswirtschaftliche Analyse 274
4. Kapitalflussrechnung 295
   a) Beständedifferenzenbilanz 297
   b) Veränderungsbilanz und Bewegungsbilanz 298
   c) Teilweiser Einbezug von Kontenbewegungen (Stromgrößen) aus externen Quellen 299
   d) Einbezug der GuV-Daten 300
   e) Umgliederung zur Fondsrechnung 303

Sachverzeichnis 307

A. Einführung

Was macht eine erfolgreiche Führungskraft in Unternehmen aus? Neben den einschlägigen Persönlichkeitsmerkmalen wie Tatkraft und Phantasie ist zweifellos ein professionelles Wissen über die Art und Weise erforderlich, in der kaufmännisch-betriebswirtschaftliche Entscheidungen getroffen werden können. Das vorliegende Buch trägt zu diesem Management-Basiswissen bei und stellt dazu einige ausgewählte Erkenntnisse der Betriebswirtschaftslehre vor, die sich nach der Erfahrung der Autoren für die Unternehmenspraxis als besonders nützlich erwiesen haben.

Aussagen der Betriebswirtschaftslehre haben, soweit sie nicht allein Institutionen beschreiben, eine Wenn-Dann-Struktur: Unter bestimmten Bedingungen folgt dieses oder jenes Phänomen, das so erklärt und/oder prognostizierbar ist, oder eine Entscheidung erweist sich als besonders nützlich, wenn nicht gar als optimal. Damit sind die drei Zwecke betriebswirtschaftlicher Erkenntnisse genannt:

- Erklärung beobachtbarer Phänomene, z. B. der Existenz bestimmter Handelsstufen oder spezieller Kapitalmarktpapiere,
- die Prognose fremden Verhaltens, z. B. von Kunden und Wettbewerbern, das für die eigenen Entscheidungen bedeutsam sein mag, und
- die Hilfestellung bei eben jenen eigenen Entscheidungen, die ganz im Sinne traditionellen ökonomischen Denkens nicht schlechter als „optimal“ ausfallen sollen.

Zweifellos ist es der dritte Zweck, der für Außenstehende häufig den besonderen Reiz der Betriebswirtschaftslehre ausmacht, und es ist auch dieser Zweck, der im Folgenden im Vordergrund steht. Vorgestellt werden wichtige Verfahren und Kriterien, die zu zweckgerichtetem („optimalem“) Handeln beitragen können, und dies in den Bereichen der Unternehmensstrategie, des Marketing und des Rechnungswesens, dort genauer in der Kostenrechnung, in der Investitionsrechnung und in der Rechnungslegung und Unternehmensbeurteilung.

Wer über optimales Handeln sprechen will, muss die Entscheidungssituation in ihrer Struktur erfassen und sich über einschlägige Maßstäbe des Erfolgs im Klaren sein. Beide Voraussetzungen sind vorab in der Einführung in Abschnitt B zu beleuchten.

B. Grundlagen von Management-Entscheidungen

1. Die Strukturierung von Entscheidungen

Entscheidungssituationen weisen regelmäßig jene drei Bestandteile auf, die in Abb. B 1 vermerkt sind: Zum ersten gibt es **Handlungsalternativen** (Aktionen, Strategien), hier als Menge $\{a_1, a_2 \ldots a_i, \ldots a_m\}$ abgebildet, aus denen zu wählen ist. Typischerweise erfolgt zum zweiten die Wahl bei ungewisser Zukunft: Aus Sicht des Entscheidungszeitpunkts sind ganz unterschiedliche **Umweltzustände** (Zukunftslagen, Datenkonstellationen) denkbar, über deren Eintritt zuweilen verlässliche Wahrscheinlichkeitsurteile vorliegen mögen. $\{z_1, z_2 \ldots z_j, \ldots z_n\}$ ist die Menge dieser möglichen Zukunftslagen. Zum dritten führt eine gegebene Aktion a_i, wird sie denn realisiert, je nach dem später eintretenden Umweltzustand z_j zu ganz unterschiedlichen **Ergebnissen** x_{ij}.

	Zukunftslagen				
	z_1	………	z_j	………	z_n
a_1	x_{11}	………	x_{1j}	………	z_{1n}
.	.		.		.
.	.		.		.
.	.		.		.
Aktionen a_i	x_{i1}	………	x_{ij}	………	z_{in}
.	.		.		.
.	.		.		.
.	.		.		.
a_m	x_{m1}	………	x_{mj}	………	z_{mn}

Abb. B 1: Das Entscheidungsfeld

Eine bestimmte Aktion erweist sich etwa bei der einen Umweltkonstellation als sehr gut, bei einer anderen als sehr schlecht, und bei einer anderen Aktion mag es sich genau umgekehrt verhalten. Bei der Ergebnisgröße handelt es sich z. B. um Gewinne oder um

Kosten. Entsprechend sind im ersten Fall möglichst hohe Beträge erwünscht, im zweiten Fall möglichst niedrige Beträge.

Entscheidungssituationen der Realität in eine der Abb. B 1 entsprechende Form zu bringen, ist in aller Regel eine alles andere als triviale Aufgabe. Immerhin verlangt das Vorgehen eine exakte Gegenüberstellung der eigenen Handlungsmöglichkeiten und der nicht beeinflussbaren Datenkonstellation. Die eigenen Wahlmöglichkeiten sauber von jenen Datenkonstellationen zu unterscheiden, deren Eintritt oder Nichteintritt mit Freude oder Fassung hinzunehmen ist, gilt nicht wenigen Menschen als ein Zeichen besonderer Weisheit.

Für die Wahl der richtigen Aktion bei gegebener Matrix sind viele Entscheidungsregeln vorgeschlagen worden, für den Fall mit Wahrscheinlichkeiten etwa die Kennzeichnung jeder Aktion durch das mit den Wahrscheinlichkeiten gewichtete arithmetische Mittel der Gewinne. Als optimal wird dann jene Aktion mit dem größten Mittelwert angesehen. Oder im Fall ohne Wahrscheinlichkeiten wird jede Aktion durch den niedrigsten überhaupt erreichbaren Gewinn gekennzeichnet, und jene Aktion gilt als optimal, die den maximalen Betrag aus dieser Menge der minimalen Gewinne aufweist. Dies ist der Vorschlag einer Maximin-Lösung. Daneben gibt es viele weitere Vorschläge, die hier indessen nicht aufzuzählen sind. Stattdessen sollen mit den x_{ij} die Zielgrößen näher beleuchtet werden, die für Erfolg oder Misserfolg von Aktionen stehen.

2. Rechnungskategorien von Management-Entscheidungen

Vorab und vor allem gilt es für die Unternehmensführung, die physische und rechtliche Existenz des Unternehmens zu sichern, also seine Zahlungsunfähigkeit mit der Konsequenz des Konkurses zu vermeiden. Das betriebswirtschaftliche Werkzeug zur Aufrechterhaltung der Liquidität (Sicherung der Zahlungsbereitschaft) ist die **Finanzrechnung**, und die dort bedeutsamen Rechnungskategorien sind die **Auszahlungen**, z. B. für Löhne, Materialien, Maschinen und die **Einzahlungen**, etwa aus Verkäufen erstellter Leistungen.

Mit den **Kategorien Ausgaben und Einnahmen** wird eine weiter gefasste Liquiditätsbetrachtung vorgenommen. Man stellt Beschaffung (= Zugang an Produktionsfaktoren) und Absatz insgesamt gegenüber, also auch mit den Teilen, die in späteren Perioden zu Zahlungen führen und erst einmal Verbindlichkeiten gegenüber Lieferanten bzw. Kundenforderungen darstellen.

Die Liquidität sagt nicht viel über den Erfolg des Unternehmens. Erfolgsrechnungen müssen deshalb mit anderen Kategorien arbeiten als Finanzrechnungen. So sollten z. B. die Anschaffungsausgaben einer Maschine mit langer Nutzungszeit nicht mit dem vollen Betrag als negative Erfolgskomponente in die Erfolgsrechnung der ersten Periode eingehen, sondern lediglich mit jenem Teil, der dem in dieser ersten Periode verbrauchten Nutzungsvorrat entspricht. Damit sind für die periodische Erfolgsrechnung gemäß Handelsrecht nicht die Anschaffungsausgaben insgesamt anzusetzen, sondern als bilanzielle Abschreibungen die periodisierten Anschaffungsausgaben. Für die **bilanzielle Erfolgsrechnung** sind generell nicht die Ausgaben und die Einnahmen bedeutsam, sondern die periodisierten Anteile, eben **Aufwand** und **Ertrag**. Ziel ist vor allem die Bestimmung des Betrags, der ohne Gefährdung der Gläubiger an die Anteilseigner ausgeschüttet werden kann. Das diesem Ziel entsprechende kaufmännische Werkzeug ist die bilanzielle Erfolgsrechnung mit Aufwand und Ertrag als charakteristischen Kategorien der Rechnung. Bei unterschiedlichen Zielen ist es nicht erstaunlich, dass Finanzrechnung und bilanzielle Erfolgsrechnung mit unterschiedlichen Rechnungskategorien arbeiten.

Der in der bilanziellen Erfolgsrechnung bestimmte ausschüttungsfähige Betrag signalisiert nicht notwendig auch einen Erfolg im Sinne der periodischen Wirtschaftlichkeitsrechnung. Ob dieses betrachtete Unternehmen zu betreiben eine gute Idee ist oder ob man besser eine andere Anlage suchen sollte, kann nur aus einer Rechnung folgen, die z. B. auch alternative Verwendungen von Arbeitseinsatz, eigenen Immobilien, Geldmitteln im Ansatz von kalkulatorischen Kosten (kalkulatorischer Unternehmerlohn, kalkulatorische Miete, kalkulatorische Zinsen) beachtet. Diese Kosten erklären sich allein aus dem Bestreben, alternative Einsatzarten zu beurteilen; das entsprechende betriebswirtschaftliche Werkzeug ist die **interne Kosten- und Leistungsrechnung**; ihre Rechnungskategorien sind Kosten und Leistung. Der Einsatz kalkulatorischer Kosten in der bilanziellen Erfolgsrechnung entspräche ebenso wenig deren Ziel wie der Ansatz allein des handelsrechtlichen Aufwands dem Ziel der internen Kosten- und Leistungsrechnung. Jedermann akzeptiert unterschiedliche Messgrößen für die Stromstärke und die Spannung. Unterschiedliche Ziele der handelsrechtlichen und der internen Erfolgsrechnung verlangen in gleicher Weise unterschiedliche Rechnungskategorien.

Die Rechnungskategorien sollen im Folgenden noch etwas genauer betrachtet werden. Dabei sei dieses System noch um eine vierte Kategorie „Auszahlungen und Einzahlungen" ergänzt. Insgesamt ergeben sich also vier Begriffspaare, denen im Finanz- und Rechnungswesen eine besondere Bedeutung zukommt:

- Auszahlung, Einzahlung
- Ausgabe, Einnahme
- Aufwand, Ertrag
- Kosten, Leistung

Mit jedem dieser Begriffspaare verbindet sich ein jeweils anderer Zweck und eine andere Rechnung. Aus- und Einzahlungen und vor allem Ausgaben und Einnahmen sind die Rechnungskategorien nicht nur der Finanz- und Finanzierungsrechnung, sondern auch der Investitionsrechnung, die im Abschnitt F behandelt wird. Aufwand und Ertrag gehören zur externen Erfolgsrechnung im Kapitel G. Kosten und Leistung sind Kategorien der internen Erfolgsrechnung und werden im Abschnitt E im Einzelnen diskutiert.

Zwischen den Rechnungskategorien bestehen, wie oben bereits aufgezeigt, Zusammenhänge. Diese Zusammenhänge lassen eine geschlossene Übersicht vorab sinnvoll erscheinen, wie sie Abb. B2 zeigt.

Auszahlungen/Einzahlungen: Definiert sind Einzahlungen

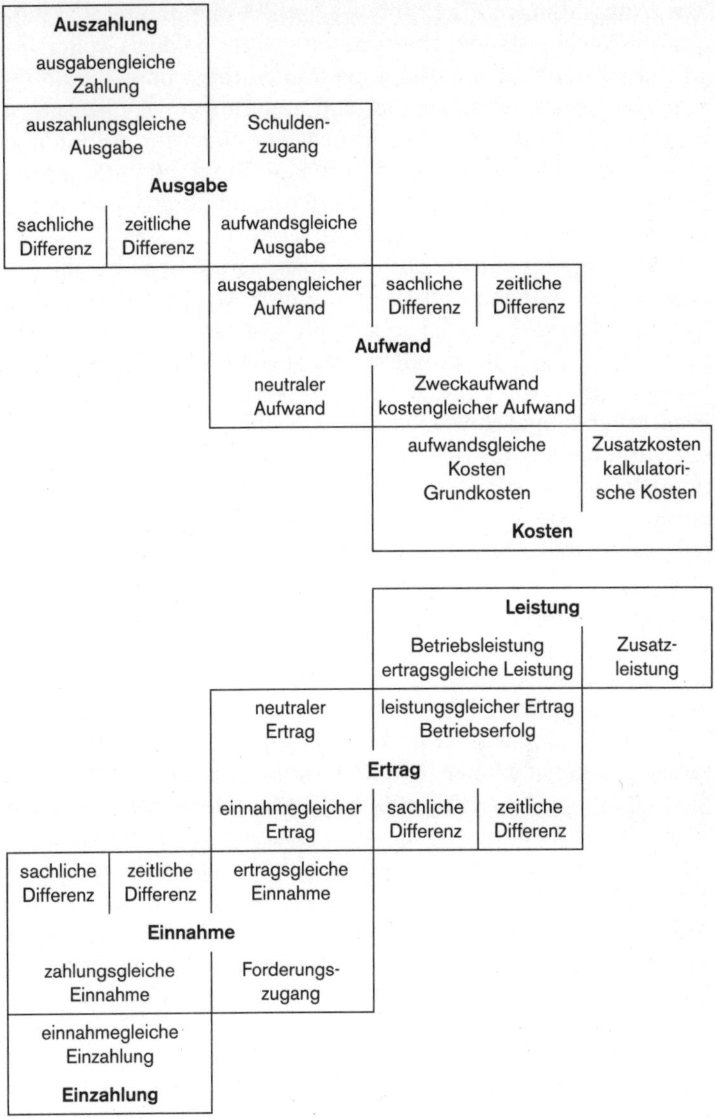

Abb. B 2: Wertgrößen des Finanz- und Rechnungswesens

bzw. Auszahlungen als Erhöhung bzw. Verminderung der Bar- und Buchgeldbestände. Die Differenz dieser beiden Größen ergibt damit eine Veränderung der Liquidität, wobei Liquidität sehr eng gefasst mit Kassenbestandsänderungen gleichzusetzen ist. Benötigt wird dieses Begriffspaar vor allem für die Finanzplanung der nächsten Tage und Monate. Kurzfristig müssen die Einzahlungen und der Bestand an Barliquidität ausreichen, um sämtliche Auszahlungen abzudecken.

Ausgaben/Einnahmen: Diese Begriffspaare gehen über die reinen Zahlungsvorgänge hinaus. Von Ausgaben spricht man dann, wenn der Kaufakt getätigt wurde, auch wenn die Zahlung noch nicht erfolgte, d. h. bei der Beschaffung von Produktionsfaktoren (Ausgaben) entsteht erst einmal eine Verbindlichkeit durch die Inanspruchnahme eines Lieferantenkredits. Einnahmen resultieren vornehmlich aus dem Verkauf von Produkten. Einnahmen und Einzahlungen unterscheiden sich, wenn Verkäufe auf Ziel erfolgen und zunächst Forderungen entstehen, die später zu Kundeneinzahlungen führen. In der erweiterten Liquiditätsbetrachtung werden also nicht nur die Zahlungen sondern auch noch die Verbindlichkeiten und Forderungen saldiert. Anwendung findet dieses Begriffspaar in der längerfristigen Finanzplanung.

In der Investitionsrechnung, in der ebenfalls eine Prognose der Daten über mehrere Jahre erfolgt, lassen sich kurzfristig entstehende Verbindlichkeiten und Forderungen für die zukünftigen Jahre nicht genau planen. Insofern wären Ausgaben und Einnahmen auch hier die richtigen begrifflichen Kategorien. Dennoch wird in der Investitionsrechnung in Zahlungsstrommodellen bevorzugt mit den Begriffen Aus-/Einzahlungen gearbeitet. Es wird z. B. unterstellt, dass geplante Umsatzsteigerungen durch ein Projekt auch in gleicher Höhe geplante Einzahlungen bedeuten.

Beide Begriffspaare sagen, wie bereits erwähnt, noch nichts über Erfolg oder Misserfolg aus. Grundsätzlich ist eine negative Kassenbestandsänderung oder ein negativer Cash Flow nichts Schlimmes, denn die Ursache kann beispielsweise darin liegen, dass umfangreiche Investitionen getätigt wurden, die erst in der Zukunft zu Erfolg führen. Allerdings muss in diesen Fällen frühzeitig die Finanzierung sichergestellt sein.

Über Erfolg bzw. Misserfolg einer Geschäftsperiode geben erst die beiden folgenden Begriffspaare Auskunft.

Aufwand/Ertrag: Der Aufwand ist definiert als erfolgswirksame, periodisierte Ausgabe bzw. Einnahme. Der Unterschied zwischen Ausgabe und Aufwand ergibt sich also in zweierlei Hinsicht. Zum einen gibt es Ausgaben, die niemals erfolgswirksam sind (sachliche Differenz). Dies ist z. B. bei einer Darlehensvergabe der Fall. Zum anderen liegt der Zeitpunkt der Erfolgswirksamkeit früher oder später als der Zeitpunkt der Ausgabe (zeitliche Differenz). Als typisches Beispiel ist hier der Kauf einer Maschine zu nennen. Die Ausgabe ist mit dem Kaufakt getätigt, die Höhe des Aufwandes wird durch die Abschreibungen der Maschine erfasst. Die Differenz zwischen Ertrag und Aufwand nennt man Jahresüberschuss bzw. -fehlbetrag. Verwendet wird dieses Begriffspaar vor allem zur Ermittlung des Unternehmenserfolges, wie er in der gesetzlichen Gewinn- und Verlustrechnung vorgeschrieben ist.

Kosten/Leistung: Kosten bzw. Leistung lässt sich als bewertete(r) sachzielbezogene(r) Güterverbrauch bzw. Gütererstellung definieren. Kosten und Aufwand unterscheiden sich damit in zwei Punkten. Einerseits gibt es Aufwand, der nicht durch das Sachziel verursacht ist. Dieser Teil des Aufwands, der keine Kosten darstellt, wird als neutraler Aufwand bezeichnet. Beispiele dafür sind Spenden, Verluste aus Wertpapiergeschäften, aber auch Verluste aus dem Abgang von Gegenständen des Anlagevermögens.

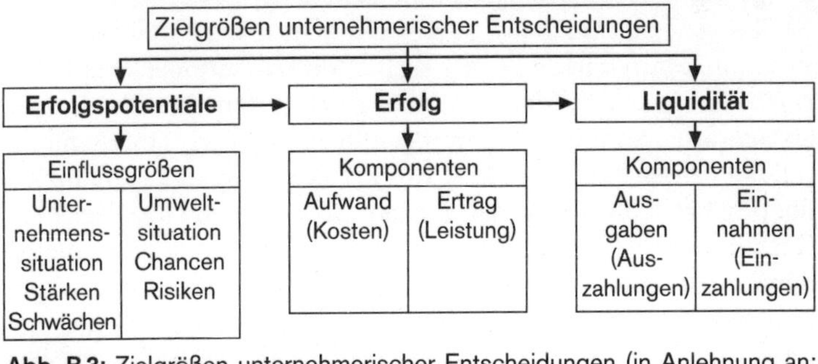

Abb. B 3: Zielgrößen unternehmerischer Entscheidungen (in Anlehnung an: *Coenenberg/Baum* [1987], S. 43)

Daneben gibt es Kosten, die keinen Aufwand darstellen. Während die Aufwandshöhe durch gesetzliche Regelungen bestimmt wird, unterliegt die Kostenhöhe diesen Zwängen nicht. So werden, abweichend von der Aufwandshöhe, beispielsweise die erwähnten kalkulatorischen Abschreibungen, kalkulatorischen Zinsen u. ä. als Kosten angesetzt. Die Differenz ergibt sich dadurch, dass die Kostenrechnung als wesentlichen Zweck die kurzfristige Wirtschaftlichkeitskontrolle hat. Was dabei wirtschaftlich zu nennen ist, bleibt dem Unternehmen überlassen. So gibt es z. B. Unternehmen, die ein Produkt erst dann als wirtschaftlich bezeichnen, wenn es so viel Überschuss verdient hat, dass die Maschine, auf der es gefertigt wird, ersetzt werden kann. Sie verrechnen deshalb in der Kostenrechnung die Abschreibungen auf Basis von Wiederbeschaffungswerten und nicht, wie der Gesetzgeber es beim Aufwand vorschreibt, auf Basis der historischen Anschaffungskosten.

Die Differenz von Leistung und Kosten wird als Betriebsergebnis bezeichnet. Es drückt das aus, was das Unternehmen aus der eigentlichen betrieblichen Leistungserstellung erwirtschaftet hat.

Liquiditätsplanungen und die beiden Arten der externen und internen Erfolgsrechnung erfolgen in zumeist kurzen Perioden jährlich oder monatlich. Daneben ist an Entscheidungen zu denken, die die Rahmenbedingungen möglicher Erfolge schaffen. Diese Entscheidungen zu Erfolgspotentialen werden gemäß Abb. B3 gemeinhin als **strategische Entscheidungen** bezeichnet. Ihre Einflussgrößen sind die Umweltsituation und die Unternehmenssituation. Man stellt den strategischen Entscheidungen die am Periodenerfolg und an der Liquidität orientierten Entscheidungen als **operative Entscheidungen** gegenüber. Offensichtlich bestimmten die Erfolgspotentiale, welcher Erfolg sich später in bilanziellen und betrieblich kalkulatorischen Rechnungen einstellt; ebenso ist der eintretende Erfolg regelmäßig eine hinreichende, wenn auch nicht notwendige Bedingung für die Sicherung der Liquidität. Eben hier liegt der Zusammenhang zwischen strategischer und operativer Planung. Beide Begriffe sollen im Folgekapitel C näher beleuchtet werden.

C. Strategische Planung

1. Das Strategiekonzept innerhalb der Unternehmensplanung

In der Unternehmenspraxis herrscht die Ansicht vor, nach der Wirtschaftsabläufe nicht ad hoc nach Kenntnisnahme der Umweltsituation, also gleichsam im Stil von laufender Improvisation zu gestalten seien, sondern vielmehr durch überlegte und durchaus mit zeitlichem Vorlauf angelegte Planung. Der behaupteten Überlegenheit der Planung stehen nicht jene Unabwägbarkeiten und Prognoseprobleme entgegen, die das eine oder andere Mal improvisatorische Entscheidungen erzwingen. Das „richtige" Verhältnis von Planung und Improvisation innerhalb der Unternehmenspolitik ist von jeher Gegenstand von Spekulation und anekdotisch anmutender Fallgeschichten. Im Folgenden geht es vor allem um die Planung in der Unternehmenspolitik.

Hinsichtlich der Planung besteht weitgehend Einigkeit, dass sie einerseits langfristig zu erfolgen habe – mit der Länge des zeitlichen Vorlaufs wächst gemeinhin die Zahl der verfügbaren Handlungsmöglichkeiten und damit die Vorteilhaftigkeit der Entscheidung –, aber andererseits kurzfristig angelegt sein sollte, damit sie der tatsächlich eintretenden Umweltsituation möglichst gut angepasst ist. Die Planungspraxis löst das offensichtliche Dilemma durch eine „zeitliche Spaltung der Planung" (nach *Helmut Koch* [1982]) in eine **strategische** und in eine **operative Planung**. Die exakte Abgrenzung und Begriffsbildung ist bislang Gegenstand einer nicht enden wollenden Diskussion gewesen.

Nun sind die Bahnen dieser Diskussion hier nicht nachzuzeichnen. Stattdessen ist eine im Anschluss an *Gälweiler* (1986) und *Baum/Coenenberg/Günther* (2004) entwickelte Begriffsunterscheidung vorzustellen, die durch ihre Plausibilität in der Planungspraxis weitgehend akzeptiert worden ist. Die operative Planung etwa eines Jahres besteht demnach in der zweckmäßigen Ausschöpfung gegebener Möglichkeiten und damit eines unternehmerischen Erfolgspotentials, das durch Entscheidungen mehr oder weniger lange vorab geschaffen worden ist. Die strategische Planung dagegen hat nicht die Ausschöpfung eines gegebenen Potentials zum Inhalt, sondern gerade den Aufbau und die zweckmäßige Gestaltung des Potentials, auf dessen Basis dann in operativen Planungen späterer Jahre die Periodenerfolge in erstrebtem Umfang realisiert werden oder nicht.

Die gemeinte Unterscheidung wird in der englischsprachigen Diskussion in dem Satz zusammengefasst, nach dem es bei der Strategie darum gehe, die richtigen Dinge zu tun, bei der operativen Planung aber darum, die einmal gewählten Dinge richtig zu tun.

Die Unterscheidung sei noch einmal anhand einer Metapher deutlich gemacht, deren Mittelpunkt die gedankliche Figur einer Urne bildet. Die Urne enthält Kugeln, die für mögliche Unternehmenserfolge im Jahre 2006 stehen. Für andere Jahre gibt es andere Urnen, ebenfalls mit Kugeln, die die Erfolgsmöglichkeiten des betreffenden Jahres enthalten. Welcher Erfolg sich im Jahr 2006 wirklich einstellt, hängt davon ab, welche Kugel in diesem Jahr gezogen wird. Bei gegebenem Inhalt der Urne kann es für die operative Planung des betreffenden Jahres nur darum gehen, eine der besseren Kugeln, wenn möglich die überhaupt beste Kugel zu ziehen, so das vorhandene Potential auszuschöpfen und aus der Situation das Beste zu machen. Das im Jahre 2006 ausschöpfbare Potential wird durch die Anzahl und Qualität der Kugeln in der Urne gebildet. Welche Kugeln in der Urne sind, d. h. welche Erfolge in 2006 überhaupt möglich sind, macht das Erfolgspotential aus und wird weitgehend durch die strategische Planung festgelegt. Defensive Strategien zielen darauf, Kugeln mit existenzgefährdenden Unternehmensergebnissen vorsorglich zu entfernen und so Bedrohungen nach Umfang und Wahrscheinlichkeit zu reduzieren. Offensive Strategien sind dagegen geeignet, Kugeln mit guten Ergebnissen in die Urne zu bugsieren, um so Chancen im Betrag und hinsichtlich der Wahrscheinlichkeit zu steigern.

Welche Kugel im Jahr 2006 wirklich gezogen wird, wie der tatsächliche Erfolg dann tatsächlich ausfallen wird, ist Resultat einmal der operativen Planungen des Jahres und zum anderen der dann eintretenden Umweltsituation. Die strategische Planung ist die Planung der Voraussetzungen zur Erzielung erwünschter Periodenerfolge, sie steht für die Fähigkeit zur nachhaltigen Gewinnerzielung und hat die **Planung von Erfolgspotentialen** zum Gegenstand.

Durch die Gestaltung der Erfolgspotentiale übernimmt die strategische Planung gleichsam die Vorsteuerung für den Erfolg (Periodenergebnis), der seinerseits eine Vorsteuerungsgröße für die Zahlungsbereitschaft (Liquidität) des Unternehmens darstellt. Die Zusammenhänge sollen durch die Pfeile in Abb. B3 (S. 9) ausgedrückt werden.

Was macht nun im Einzelnen das Erfolgspotential eines Unternehmens aus? Große oder kleine Erfolge ergeben sich aus dem Zusammentreffen von Umweltkonstellationen mit spezifischen Unternehmenssituationen, z. B. Produktentwicklungen, die auf die passende Nachfrage stoßen oder eben nicht oder der Aufbau einer Vertriebsschiene für Südamerika, die bei soeben einsetzendem starken Marktwachstum dort zu guten Erfolgshoffnungen Anlass gibt oder nicht. Erfolge sind ferner stets mit Blick auf die Konkurrenz festzustellen; Erfolge und Erfolgspotentiale ergeben sich damit aus **nachhaltigen Wettbewerbsvorteilen** und Wettbewerbsnachteilen gegenüber der Konkurrenz. Wettbewerbsvorteile können sich im Absatzbereich ergeben, etwa durch besonders qualifizierte Vertriebsschienen oder überzeugende Reputation oder unschlagbare Möglichkeiten des Preiskampfes dank günstiger Kosten. Wettbewerbsvorteile sind auch in allen anderen Bereichen, etwa in der Produktion, im Bereich der Finanzierung oder bei der Beschaffung wichtigster Rohstoffe denkbar. Wettbewerbsvorteile im letztgenannten Bereich lassen sich in besonderen Ressourcen-Strategien realisieren, die etwa eine exklusive preisgünstige Versorgung sicherstellen. Wettbewerbsvorteile im Absatzbereich begründen dagegen Produkt-Markt-Strategien, und das Erfolgspotential eines Unternehmens bestimmt sich maßgeblich danach, welche strategischen Möglichkeiten ihm hier offenstehen.

Das dargelegte Strategiekonzept wird in der Realität der Unternehmensplanung in zwei Varianten sichtbar. Zum einen geht es um die **strategische Planung der Unternehmung**, gemeint ist die Planung des Unternehmensganzen über alle Teile simultan, also die Entscheidung, wie die Unternehmung in den Märkten aufgestellt sein soll. Zum anderen kommt es auf die **strategische Planung in der Unternehmung** an, also die Planung von Teilen der Unternehmung, sei es die Planung von strategischen Geschäftsbereichen, ggf. auch einzelner Funktionen wie Finanzierung, Forschung und Entwicklung etc., oder sei es die Planung einzelner strategischer Projekte.

Die Aufteilung der Unternehmung in strategische Geschäftsbereiche folgt dem organisatorischen Grundsatz, Geschäftsaktivitäten mit starken Interdependenzen zu Geschäftsbereichen zusammenzufassen und Geschäftsaktivitäten mit schwachen Interdependenzen unterschiedlichen Geschäftsbereichen zuzuordnen. Es herrscht generell die Ansicht vor, dass das Planungsergebnis – eben die Strategien – eng mit der gewählten Organisationsstruktur zusammenhängen; ob aber die Struktur die Strategien bestimmt oder aber umgekehrt, ist eine vieldiskutierte Frage.

Strategische Projekte sind zeitlich terminierte Aktivitäten jenseits der Geschäftsbereichszuordnung, die sachlich begrenzt sind und sich deshalb nicht mit dem Unternehmensganzen gleichsetzen lassen. Gemeint ist z. B. der Neuaufbau der Grundlagenforschung mit Bedeutung für mehr als einen Geschäftsbereich oder die Einrichtung eines Schulungszentrums für mittlere Führungskräfte.

Die strategische Planung der Geschäftsbereiche wie jene in den Geschäftsbereichen haben die einzelnen Teile miteinander abzustimmen, also im ersten Fall die einzelnen Geschäftsbereiche und im zweiten Fall die Produktgruppen, die den fraglichen Geschäftsbereich ausmachen. In beiden Fällen kommt es darauf an, die Teile nach ihren Eigenschaften vorteilhaft zu kombinieren. Diesen vorteilhaften Ausgleich zu erreichen, ist Ziel der strategischen Portfolio-Analyse im nächsten Abschnitt. Danach werden das Vorgehen der strategischen Planung sowie ihre Umsetzung zwecks Steuerung und Kontrolle der Unternehmensplanung dargelegt.

2. Der Ausgleichsgedanke: Der Ansatz der Portfolio-Analyse

a) Die empirische Basis: Ansatz und Ergebnisse der strategischen Erfolgsfaktorenforschung

Die strategische Planung zielt, wie dargelegt, darauf, Erfolgspotentiale zu schaffen.

Was denn in der Wirtschaftspraxis das Erfolgspotential ganzer Unternehmen und vor allem das Erfolgspotential strategischer Geschäftseinheiten im Einzelnen ausmacht, ist von Strategie-Forschern als Frage nach den Erfolgsfaktoren intensiv untersucht worden. Die Ergebnisse der empirischen Erfolgsfaktorenforschung haben den in der Praxis vorherrschenden Ansatz der strategischen Planung entscheidend geprägt und sind deshalb im nächsten Schritt vorzustellen.

Warum sind die einen Unternehmen recht erfolgreich und warum dagegen andere Unternehmen kläglich gescheitert? Die Bedingungen für erfolgreiche Unternehmen lassen sich nach den Regeln des logischen Schließens einmal auf deduktivem Weg eruieren – und diesen Weg ist die ökonomische Wissenschaft häufig gegangen –, zum anderen aber auch mit Hilfe der Induktion. Um diesen zweiten Weg geht es im Folgenden, wenn von der empirischen Erfolgsfaktorenforschung als Basis der strategischen Planung die Rede ist.

Im Einzelnen geht es darum, den Unternehmenserfolg oder den Erfolg der strategischen Geschäftseinheit, gemessen als Rentabilität ROI (Return on Investment = Gewinn/eingesetztes Kapital), als abhängige Variable statistisch aus dem Zusammenwirken einiger unabhängiger Variablen zu erklären. Dabei wird ein Zusammenhang nach Art der multiplen linearen Regressionsanalyse unterstellt, und man ist auf der Suche nach jenen Variablen, die den empirisch festgestellten Verlauf der ROI-Variablen besonders gut statistisch erklären. Zu diesem Zweck sind zahlreiche Variablen mit vermutetem Erfolgseinfluss zu erheben, z. B. Produktqualität, Preise, Marktanteile, Wachstumsraten von Märkten, Kundeneigenschaften, Produktivität, das Verhältnis von Eigenkapital zu Fremdkapital (Kapitalstruktur) und viele andere mehr. Datensätze für diese Variablen sind weltweit für mehr als 2.500 Geschäftseinheiten und in kurzen Zeitabständen gesammelt worden. Die Datenerhebung bildet den Kern des PIMS-Ansatzes (Profit Impact of Market Strategy).

Die PIMS-Daten sind ausgiebig analysiert worden. Die statistische Analyse legt es nahe, vor allem drei Variablen als Erfolgsfaktoren zu betrachten, nämlich einmal als Korrelation mit positivem Vorzeichen den relativen Marktanteil (definiert als Verhältnis des eigenen Marktanteils zum Marktanteil des größten Wettbewerbers), zweitens ebenfalls positiv die relative Produktqualität und drittens mit negativem Vorzeichen die Investmentintensität (definiert als betriebsnotwendiges Kapital einer Geschäftseinheit geteilt durch deren Umsatz).

Insgesamt ist der induktive Ansatz der Erfolgsfaktorenforschung auch auf ausgiebige Kritik gestoßen, die hier indessen nicht zu diskutieren ist. Immerhin ist unbestritten, dass der Ansatz das strategische Denken außerordentlich beflügelt hat. Die Analyse führt zu zwei Erklärungskonzepten, die auch von Kritikern des Ansatzes hoch geschätzt werden und wichtige Methoden der strategischen Planung fundieren. Gemeint sind zum einen der Produktlebenszyklus und zum anderen das Konzept der Erfahrungskurve.

Das **Konzept des Produktlebenszyklus** geht von einer begrenzten Marktperiode aus, in der das Produkt verkäuflich ist, und beschreibt den Prozessablauf des Verkaufs vom Beginn bis zum Ende der Vermarktung in der Form von zumeist vier Phasen: Einführung, Wachstum, Reife und Sättigung (siehe Abb. C1). Der mengenmäßige Absatz sowie der daraus resultierende frei disponible Geldmittelzufluss (Cash-Flow) sind auf der senkrechten Achse vermerkt; auf der waagerechten Achse steht die Zeit, in der das Produkt, z. B. CD-Player, Schallplatte, Sofortbildkamera, auf dem Markt neu erhältlich ist. Mit Blick auf den Kurvenanstieg ist phasenspezifisch von großem, kleinem oder gar negativem Marktwachstum zu sprechen. Offensichtlich verlangen die Phasen nach unterschiedlichen Aktionen seitens des Anbieters. Gerade hier liegt die intuitive Attraktivität des Konzeptes.

In der Einführungsphase muss zunächst ein Markt für das Produkt geschaffen werden. Das Wachstum ist dabei vergleichsweise klein, das Absatzvolumen gering. Die Wachstumsphase ist gekennzeichnet durch ein hohes Marktwachstum. Das Produkt erreicht hier annähernd seinen Absatzhöchststand.

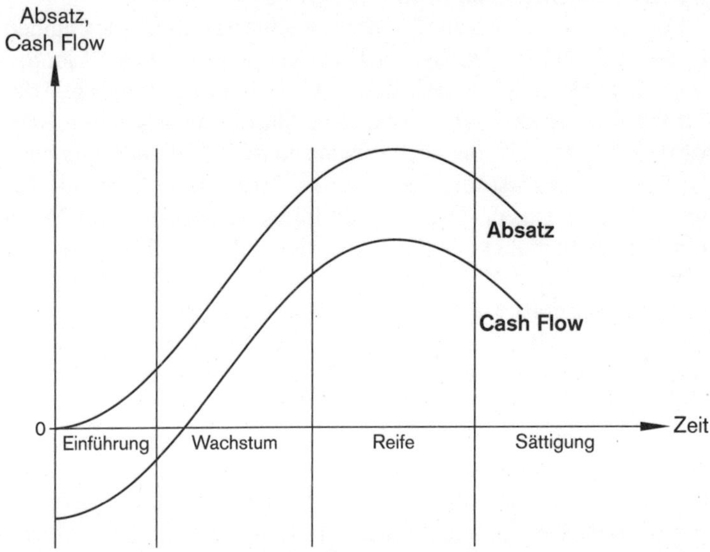

Abb. C 1: Idealtypischer Verlauf der Produktlebenszykluskurve

Dieser wird in der Reifephase in etwa gehalten, das Marktwachstum ist damit quasi Null. Und schließlich sinkt in der Sättigungsphase der jährliche Absatz, das Marktwachstum wird also negativ, bis das Produkt vom Markt genommen wird. Als eigenständiges Planungsinstrument eignet sich dieser Ansatz sicherlich nicht, da dieser idealtypische Verlauf sich in der Realität erst nach Glättung zeigt. So ist nur sehr schwer zu ermitteln, ob ein Rückgang im Absatz den Beginn der Sättigungsphase anzeigt oder ob konjunkturelle Gründe vorliegen, die für den Rückgang verantwortlich sind. Außerdem lässt sich durch Anpassungsmaßnahmen, etwa im technischen Bereich oder im Marketingbereich, der Lebenszyklus verlängern.

Wichtig für die strategische Planung ist vor allem das Wissen darum, dass diese Phasen existieren. So können beispielsweise in der Wachstumsphase die Entscheidungen getroffen werden, die den Übergang in die Reifephase erleichtern. Eine reine Extrapolation der derzeitigen Situation in die Zukunft würde zu strategischen Fehlentscheidungen führen.

Darüber hinaus ist die finanzielle Situation in der jeweiligen Phase von Bedeutung: Die idealtypische Kurve für den Liquiditätsbeitrag gemessen durch den Cash-Flow in Abhängigkeit der Phasen des Produktlebenszyklus verläuft ähnlich wie die Kurve des Absatzes. In der Einführungsphase ergibt sich eine starke Liquiditätsbelastung, die dann langsam in einen Liquiditätsüberschuss wechselt. Dieser sollte in der Reifephase sein Maximum erreicht haben, um dann in der Sättigungsphase wieder zurückzugehen.

Insgesamt muss die strategische Mischung der Produkte stimmen. Sind nur Produkte vorhanden, die sich in der Einführungsphase befinden, so ist abzusehen, dass die Finanzierung sehr bald ein Problem werden kann.

Sind andererseits nur Produkte vorhanden, die in der Sättigungsphase sind, so ist der Fortbestand des Unternehmens gefährdet. Somit muss ein Ausgleich unter den Produkten geschaffen werden, der finanziell machbar ist und der die Zukunft des Unternehmens sichert.

Die aus Sicht eines Produkts beschriebenen Phasen lassen sich sinngemäß **auch auf Geschäftsfelder anwenden**.

Das **Erfahrungskurvenkonzept** bezieht sich auf die Produktion von gleichartigen Gütern. Es besagt, dass die Stückkosten, die der Wertschöpfung des Unternehmens unterliegen, also ohne die Kosten für zugekaufte Materialien, z. B. bei einer Verdoppelung der im Zeitablauf kumulierten Produktionsmenge potentiell und inflationsbereinigt um einen festen Prozentsatz α sinken. Dieser Prozentsatz α ist in einigen Fällen zwischen 20 % und 30 % festgestellt worden. Die Kostenkurve lässt sich durch die folgende Funktion beschreiben:

$$K(x) = K_0 \cdot (1-\alpha)^{\log x / \log 2}$$

Dabei gelten folgende Bezeichnungen: K(x) = Kosten der x-ten Einheit K_0 = Kosten der 1. Einheit, α = Erfahrungssatz (0,2 $\leq \alpha \leq$ 0,3), log = Logarithmusfunktion. Die Kurve wird in Abb. C2 wiedergegeben.

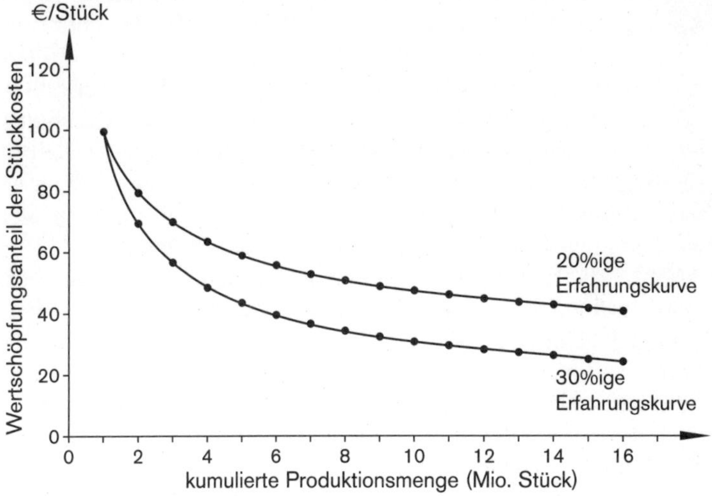

Abb. C 2: Erfahrungskurve

Dieses Phänomen, das man für die Arbeitszeit speziell in der Flugzeugindustrie schon sehr lange kennt, wurde nun bezogen auf den Wertschöpfungsanteil an den Stückkosten eines Produktes beobachtet (*Henderson* 1974).

Wichtig dabei ist, dass es sich um ein **Kostensenkungspotential handelt**, die Kostensenkung damit nicht automatisch geschieht, sondern nur durch die konsequente Umsetzung entsprechender Maßnahmen, wie beispielsweise Rationalisierung erreicht werden kann.

Besonders deutlich kann man diesen Effekt bei neuen elektronischen Produkten beobachten, etwa bei Fernsehgeräten, Videorecordern und Rechnern. Der Effekt ist sinngemäß auch bei neuen Geschäftsfeldern insgesamt nachgewiesen. Bei neuen Produkten ist die Zeit, in der sich eine Verdoppelung der Produktionsmenge ergibt, relativ kurz. Daher spürt man als Verbraucher die Kostensenkung in der Preisentwicklung. Bei alten Produkten ist die Zeitspanne, in der die bisherige Produktion verdoppelt wird, sehr lang. Daher wird häufig die Kostensenkung durch die Inflationsentwicklung überkompensiert.

Neuere Beispiele realer Erfahrungskurven finden sich etwa bei *Kerin/Mahajan/Varadarajan* (vgl. Abb. C3). Man beachte dort die Logarithmierung beider Achsen.

Für die strategische Planung ergibt sich aus der Erfahrungskurve folgende Empfehlung: Für ein Unternehmen oder Geschäftsfeld im **Massengeschäft** ist es sinnvoll, den Marktanteil zu erhöhen, denn je höher der erreichte Marktanteil ist, um so höher ist das dahinter stehende Produktionsvolumen und um so größer werden folglich die Kosteneinsparungsmöglichkeiten.

Wenn alle Wettbewerber in einem derartigen Massengeschäft mit denselben Stückkosten beginnen, so kann derjenige die niedrigsten Stückkosten erreichen, der die höchste Gesamtproduktion hat. Der Abstand zur Konkurrenz ist dann um so größer, je höher der eigene Marktanteil im Vergleich zur Konkurrenz ist. Dies lässt sich auch durch eine Größe messen, die als **relativer Marktanteil** bezeichnet wird:

$$\text{relativer Marktanteil (RMA)} = \frac{\text{eigener Marktanteil}}{\text{Marktanteil des größten Konkurrenten}}$$

Ein relativer Marktanteil > 1 bedeutet Marktführerschaft im betreffenden Geschäftsfeld, da der Marktanteil des größten Konkurrenten kleiner ist als der eigene Marktanteil.

Für alle übrigen Wettbewerber muss dann der relative Marktanteil < 1 sein. Je größer der Abstand des Marktführers zum nächstfolgenden Konkurrenten wird, um so höher wird auch der relative Marktanteil. Bei einem hohen relativen Marktanteil ist man – vorausgesetzt die Kostensenkungspotentiale werden realisiert – in einer **besseren Kostenposition** und damit Wettbewerbssituation. Wettbewerbsvorteile werden gesteigert, das Erfolgspotential ausgebaut.

Der durch die Vorreiterrolle auf der Erfahrungskurve erlangte Wettbewerbsvorteil in einem Geschäftsfeld zeigt sich vor allem bei der Preispolitik. Abb. C4 zeigt drei Anbieter mit unterschied-

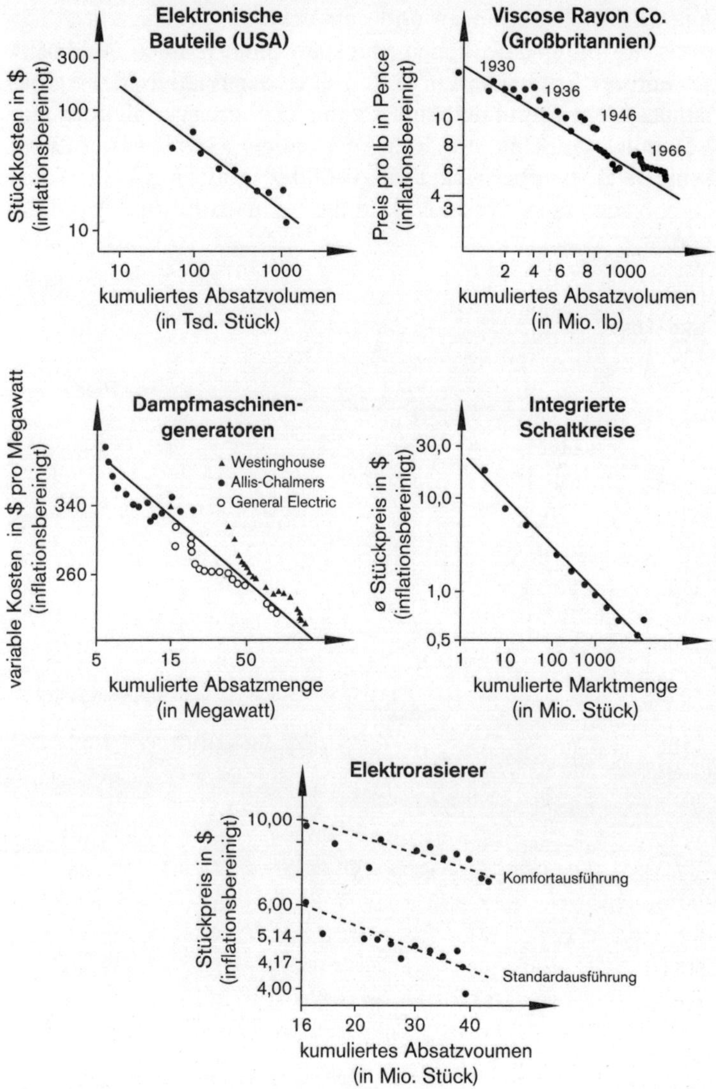

Abb. C 3: Beispiele realer Erfahrungskurven (Quelle: *Kerin/Mahajan/Varadarajan* [1990], S. 118)

lich großen Erfahrungen und deswegen bei gegebenem Stückpreis mit unterschiedlichen Stückgewinnen je nach der Position auf der Erfahrungskurve. Je höher der relative Marktanteil ist, desto eher kann der Anbieter auch bei Preisverfall noch auskömmlich anbieten und desto eher hat er es selbst in der Hand, seine Wettbewerber weiter oben auf der Erfahrungskurve durch eigene aggressive Preispolitik in die Verlustzone zurückzudrängen.

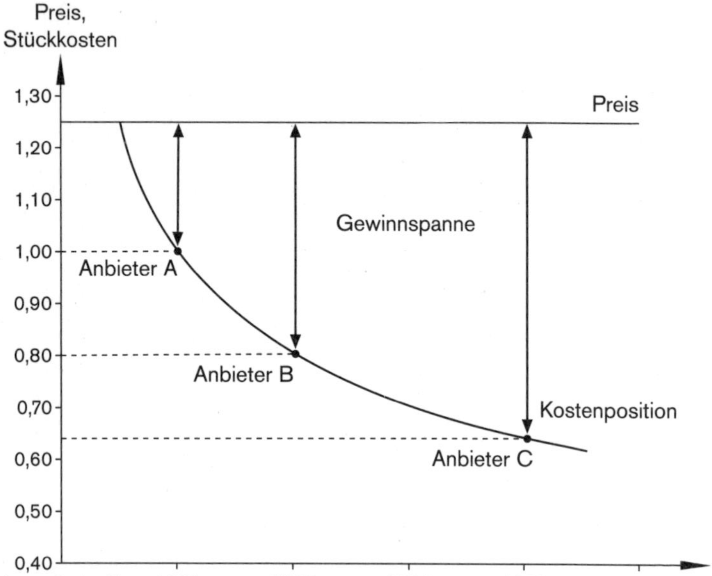

kumulierte Produktionsmenge	1000	2000	3000	4000	5000
absoluter Marktanteil	12,5 %	25,0 %		50,0 %	
relativer Marktanteil	0,25	0,50		2,0	

Abb. C 4: Gewinnspanne in Abhängigkeit vom relativen Marktanteil

b) Umsetzung in Strategie-Portfolios, dargestellt am Konzept der Boston Consulting Group

Unternehmerische Aktivitäten sind regelmäßig nicht voneinander unabhängig zu planen, sondern sollten - so ein evidentes Gebot der Vernunft - aufeinander abgestimmt sein. Es gilt dies sowohl für Geschäftsfelder eines Unternehmens als auch für das Unternehmen insgesamt, das eben diese Geschäftseinheiten gut aufeinander abzustimmen hat. Im Folgenden sei vor allem diese Gesamtsicht eingenommen und dafür das Postulat der Abgestimmtheit erläutert, so wie es in der vorherrschenden Portfolio-Analyse der strategischen Planung deutlich wird.

Die Bezeichnung „Portfolio-Analyse" erklärt sich aus der traditionellen Theorie der Wertpapiermischung. Die dort entwickelte Kernaussage lautet: Anleger können bei vorgegebener Renditeerwartung ihr Risiko durch Kombinationen (Portfolios) von Wertpapieren reduzieren. In Frage kommen dabei Anlagearten, deren erwartete Renditen untereinander weniger als perfekt positiv korrelieren, möglichst gar nicht oder gar negativ korrelieren. In diesem Fall sind nützliche Risikostreuungen (Diversifikationen) durch Portfolios möglich, die risikoscheue Anleger realisieren werden. Der Vernunftgrund dahinter entspricht der Kinderweisheit, nach der man tunlichst nicht alle vom Hühnerhof zu holenden Eier in einen einzigen Korb legen sollte.

Es liegt nun nahe, den Portfolio-Gedanken auf die strategische Planung zu übertragen. Nicht wenige Unternehmen sichern sich gegen die Gefahren einer einseitigen Spezialisierung ab, indem sie durch Kombination unterschiedlicher Geschäftsfelder gleichsam diversifizieren. Ein solches Unternehmen lässt sich dann als **Portfolio strategischer Geschäftsfelder** analysieren.

Dreh- und Angelpunkt der Portfolio-Analyse ist der Ausgleichsgedanke. Der Gedanke ist sowohl bei der Marktentwicklung bedeutsam als auch hinsichtlich der Finanzlage des Unternehmens.

Aus Sicht der Gesamtunternehmensentwicklung wäre offensichtlich eine Situation zu vermeiden, in der alle Geschäftsfelder sich in derselben Phase des Marktwachstums, wiedergegeben durch die Positionen im Produktlebenszyklus, befänden. Besser unter Risikoaspekten ist fraglos eine Streuung über die Zyklusphasen und damit ein Ausgleich zwischen Geschäftseinheiten auf Märkten mit unterschiedlichem Tempo, aber auch Risiko der zukünftigen Entwicklung.

Mit dem Ausgleich der Marktphasen ist regelmäßig auch ein finanzieller Ausgleich verbunden. Phasen rapiden Marktwachstums erfordern - soll der Marktanteil gehalten oder gar gesteigert werden - Investitionen, die durch den Cash-Flow der betrachteten Geschäftseinheit nicht allein zu bestreiten sind. Andererseits benötigen Geschäftsfelder auf reifen Märkten allenfalls Mittel für Ersatzinvestitionen und können mit überschüssigem Cash-Flow das Wachstum anderer Geschäftseinheiten bewirken. Die Sinnhaftigkeit eines solchen finanziellen Ausgleichs liegt auf der Hand.

Der Gedanke des Ausgleichs zwischen den Geschäftsfeldern mit Blick auf Marktrisiken und Finanzstatus macht den Kern der Portfolio-Analyse aus. Inzwischen liegen zahllose Varianten des Vorgehens vor. Die Gemeinsamkeiten liegen zum einen im Ausgleichsgedanken und zum anderen im Analyseziel, **Strategieempfehlungen (Normstrategien)** zu entwickeln. Bei der Entwicklung von Normstrategien sind fünf Schritte zu unterscheiden.

Im ersten Schritt geht es darum, diejenigen Erfolgsfaktoren aufzuspüren und messbar zu machen, die für das betrachtete Geschäftsfeld in seinem Umfeld das Erfolgspotential ausmachen. Je nach den Umständen des Falls kommen nach Zahl und Art unterschiedliche Faktoren in Frage, deren Operationalisierung und Messung zudem noch in ganz unterschiedlicher Weise erfolgen kann. So mag man z. B. die Wettbewerbsintensität als Erfolgsfaktor etwa über Zahl und Höhe der Markteintrittsbarrieren oder über die durch Preisänderungen bewirkten Absatzvariationen oder über weitere Größen messen.

Im zweiten Schritt geht es um die räumliche Darstellung des Erfolgspotentials mit den operationalisierten Faktoren als Raumdimensionen. Die räumliche Darstellung ist bei nur zwei Faktoren besonders einfach.

Der dritte Schritt besteht in der Parzellierung des aufgespannten Raums: Je nach der Genauigkeit, mit der Faktorausprägungen unterschieden werden können, wird der Raum in viele oder wenige Bereiche aufgeteilt. Im einfachsten Fall wird für die Planer vermutet, dass sie sich bei beiden Faktoren lediglich zu einer dichotomen Kennzeichnung in große und kleine Faktorausprägungen in der Lage sehen. Entsprechend ergeben sich die vier Felder der Matrix.

Im vierten Schritt werden die Beurteilungsobjekte, also Produkte oder – wie im Folgenden vornehmlich betrachtet – ganze strategische Geschäftsfelder, entsprechend der Feldeinteilung klassifiziert und damit im Raum gleichsam lokalisiert. Es ergibt sich ein Ist-Portfolio, das mit Blick auf die Achsen eine qualitative Lagebeurteilung des Unternehmens erlaubt. Ganz offensichtlich ist ein Unternehmen mit Schwerpunkt der Geschäfte in dem einen Feld anders einzuschätzen als Unternehmen mit Aktivitätsschwerpunkten in einem ganz anderen Feld.

Die Beurteilung des Ist-Portfolios führt im fünften Schritt zur Ableitung feldspezifischer Strategieempfehlungen, die sich bei zulässiger Verallgemeinerung mit gebotener Vorsicht als „**Normstrategien**" verstehen lassen. Die Orientierung an solchen Normstrategien impliziert Vorstellungen von einem „optimalen Portfolio" (Ziel-Portfolio) und macht zum Abschluss die formale Lösung des Planungsproblems aus.

Der erste Vorschlag der Portfolio-Planung ist seinerzeit von der Boston Consulting Group vorgelegt worden. Seitdem sind zahllose Varianten entwickelt worden, die hier nicht aufgezählt werden oder wiedergegeben werden können. Das oben skizzierte grundsätzliche Vorgehen soll im Folgenden am Beispiel des ersten Vorschlags illustriert werden.

Der Vorschlag überführt, wie Abb. C5 (S. 26) deutlich macht, die empirisch abgesicherten Konzepte des Produktlebenszyklus und der Erfahrungskurve in einen zweidimensional aufgespannten Raum. Raumdimensionen sind einmal die Unternehmenssituation in der Branche mit zwei Ausprägungen und zum anderen die Umweltsituation als Phase der Marktentwicklung, ebenfalls mit zwei Ausprägungen.

Im ursprünglichen Vorschlag wird die **Unternehmenssituation**

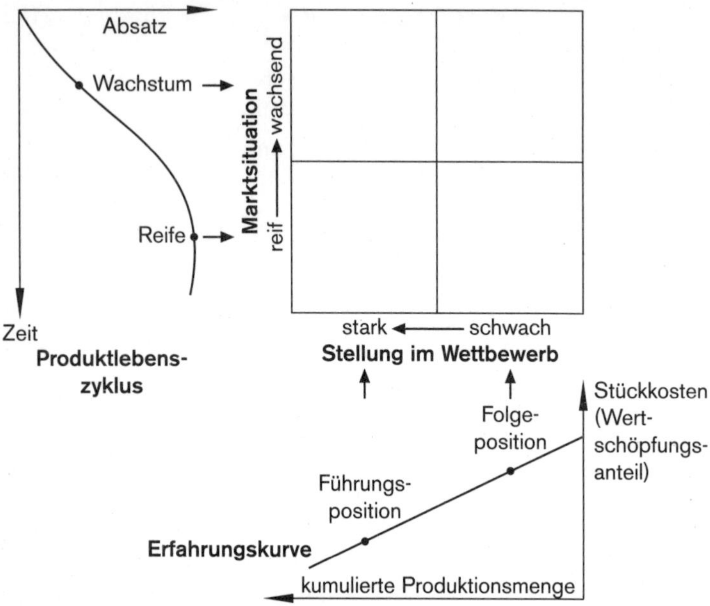

Abb. C5: BCG-Portfolio im Zusammenhang

durch den relativen Marktanteil gekennzeichnet und die **Umweltsituation durch das Marktwachstum** ausgedrückt. Es ergibt sich die Matrix der Abb. C6. Ungewöhnlich daran ist vielleicht die horizontale Achse, die nicht von links nach rechts ansteigt, sondern genau umgekehrt. Rechts stehen also die Geschäftsfelder mit niedrigem relativen Marktanteil, links die mit hohem.

Der Sinn dieser Darstellung liegt darin, alle Geschäftsfelder mit Hilfe einer Unternehmensanalyse einerseits und einer Umweltanalyse andererseits zu klassifizieren. Vereinfacht wird die Unternehmensanalyse durch den relativen Marktanteil beschrieben. Unternehmen, die einen hohen relativen Marktanteil besitzen, gelten als stark, bei Unternehmen mit einem geringen relativen Marktanteil ist die Unternehmensstärke niedrig.

Die Grenze zwischen niedriger und hoher Unternehmensstärke wird meist bei einem relativen Marktanteil von 1 gezogen. In diesem Fall sind Geschäftsfelder, die links von der Trennlinie liegen,

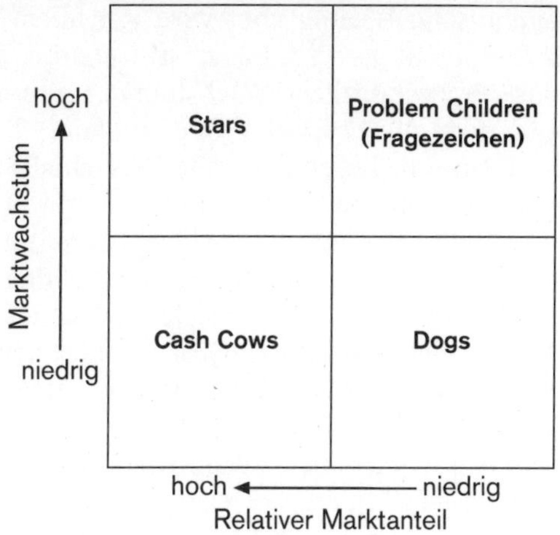

Abb. C 6: Portfolio nach der Boston Consulting Group

die Marktführer; liegen sie dagegen rechts von der Trennlinie, so gibt es im betreffenden Geschäftsfeld einen größeren Konkurrenten. Ist der relative Marktanteil genau 1, so gibt es (mindestens) zwei gleichstarke Marktführer für dieses Geschäftsfeld.

Manchmal spricht man auch erst von einem hohen relativen Marktanteil, falls der Abstand zum nächstgrößten Konkurrenten genügend groß ist. Dann wird die Trennlinie erst bei einem relativen Marktanteil von z. B. 1,5 gesetzt (vgl. Abb. C 10, S. 33). Dies ist also dann der Fall, wenn der Marktanteil des Marktführers um 50 % höher liegt als der des größten Konkurrenten.

Analog gibt es auch für die Umweltsituation eine Größe, die die Chancen aufgrund der Umweltbedingungen messen soll. Dies ist das Marktwachstum. Bei Geschäftsfeldern mit einem hohen Marktwachstum wird die Umweltsituation als günstig angesehen, ist dagegen das Marktwachstum klein, so spricht man von einer ungünstigen Umweltsituation. Auch hier muss die Trennlinie zwischen hoch und niedrig festgelegt werden. Als pragmatische Lösung wird häufig der Wert von 10 % verwendet. Ist das Marktwachstum größer als 10 %, so liegt ein hohes Marktwachstum vor, im anderen Fall dagegen spricht man von einem niedrigen Marktwachstum.

Diese pragmatische Lösung aber wird vor allem schrumpfenden Branchen nicht gerecht. Besser ist sicherlich, wenn die Trennlinie das durchschnittliche Wachstum der gesamten Branche beschreibt, nicht nur des Teiles, in dem man selbst tätig ist. Oberhalb der Trennlinie liegen dann alle Geschäftsfelder, die innerhalb der Branche ein überdurchschnittliches Marktwachstum zeigen, unterhalb dagegen diejenigen, die ein unterdurchschnittliches Marktwachstum aufweisen. Bei schrumpfenden Branchen (d. h. das durchschnittliche „Marktwachstum" ist also negativ) können durchaus Geschäftsfelder selbst mit negativem Marktwachstum noch als „hoch" eingestuft werden, nämlich dann, wenn sie weniger stark schrumpfen, als dies die Gesamtbranche tut. Dadurch, dass man nach zwei Kriterien mit jeweils zwei Ausprägungen klassifiziert, ergeben sich vier verschiedene Möglichkeiten:

Problem Children (Fragezeichen): In diesem Fall ist die Unternehmensstärke im betrachteten Geschäftsfeld schwach, aber die Umweltsituation gemessen durch das Marktwachstum sehr günstig. Als Normstrategie wird hier empfohlen, zu selektieren. Wenn die Möglichkeit besteht, die Unternehmensstärke für das Geschäftsfeld deutlich zu verbessern, so sollte dieses Geschäft gefördert werden. Wird dagegen keine Möglichkeit gesehen, die Marktführerschaft zu erreichen, so wird empfohlen, sich aus diesem Sektor zurückzuziehen.

Stars: Hier ist man Marktführer, die Unternehmensstärke entsprechend hoch, dazu ist die Umweltsituation günstig. Diese Geschäftsfelder werden Stars genannt. Als Normstrategie wird hier empfohlen, die Position auf jeden Fall zu halten. Die bereits erreichte Spitzenposition im Markt soll also durch zusätzliche Investitionen eher ausgebaut als aufgegeben werden.

Cash Cows: Ist die Unternehmensstärke hoch, die Umweltsituation aber nicht besonders günstig, so spricht man von Cash Cows. Bei diesen Geschäftsfeldern ist eine Erntestrategie als Norm geboten. Hier soll so viel wie möglich an finanziellen Mitteln abgeschöpft werden, ohne dass die Position des Marktführers besonders gefährdet wird.

Dogs: Es bleibt noch der Bereich, in dem sowohl die Unternehmensstärke als auch die Umweltsituation schlecht sind. Diese Geschäftsfelder bezeichnet man als „arme Hunde“ (Dogs), und man empfiehlt hier einen langsamen Rückzug aus diesem Geschäft. Dabei sollen noch möglichst viel finanzielle Mittel aus diesen Geschäften herausgezogen werden, auch wenn dabei die Position, also der relative Marktanteil verschlechtert wird. Enden soll dieser Prozess in einer Aufgabe des Geschäfts.

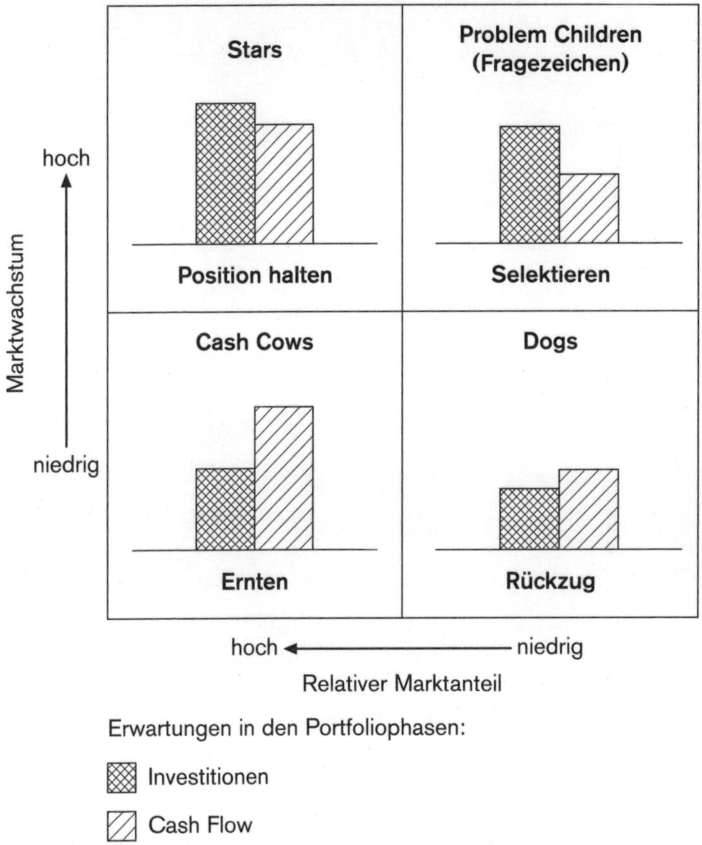

Abb. C 7: Finanzbedarf in den einzelnen Portfoliophasen

Man kann nun **Investitionen und Cash-Flow** in den einzelnen Phasen betrachten und kommt zu Abb. C7. Diese Art der Darstellung entstammt ursprünglich der strategischen Finanzanalyse. Man wollte ermitteln, wie die Mischung an Geschäftsfeldern im Unternehmen aussehen muss, ohne dass das Unternehmen in finanzielle Schwierigkeiten gerät. Dazu hat man sich überlegt, wie die finanziellen Auswirkungen in einem Geschäftsfeld sind, wenn die Normstrategien Anwendung finden.

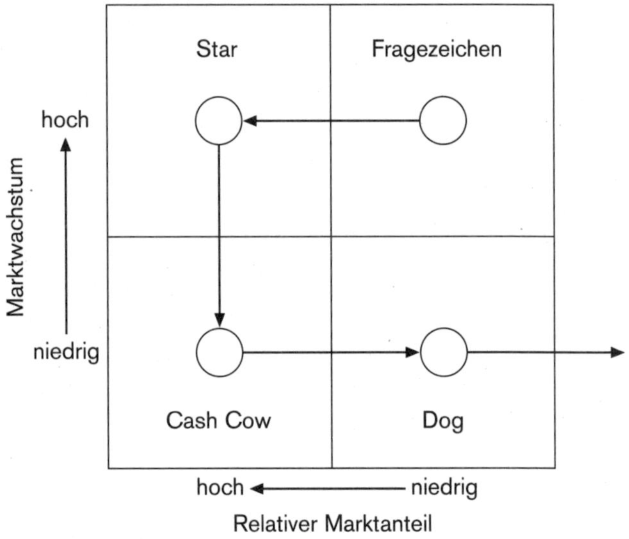

Abb. C8: Weg des typischen Erfolgsläufers

Bei Fragezeichen besteht im Durchschnitt ein hoher Finanzmittelbedarf, da die notwendigen Investitionen einerseits bedingt durch das hohe Marktwachstum und andererseits wegen des Ausbaus der eigenen Position den Cash-Flow im allgemeinen deutlich übersteigen. Auch bei den Stargeschäftsfeldern ist in der Regel noch mit einem leichten Finanzmitteldefizit zu rechnen, auch wenn in dieser Situation meist der Übergang zu einem Finanzmittelüberschuss erreicht wird. In der Cash Cow-Position soll der durch den Umsatz erwirtschaftete Cash-Flow die nötigen Investitionen deutlich übersteigen. Wird die Marktposition dann im Zeitablauf schlechter, so nimmt auch die Höhe des Finanzmittelüberschusses ab und es erfolgt der Übergang in den Bereich der armen Hunde.

Diese Betrachtung entspricht dem Liquiditätsverlauf, der auch in den einzelnen Phasen des Produktlebenszyklus unterstellt wird. Betrachtet man den typischen „Erfolgsläufer" eines Geschäftsfeldes, so wird folgender Weg beschritten (Abb. C8):

Der „Erfolgsläufer" fängt irgendwo als Substitution eines bestehenden Geschäftsfelds oder als völlig neues Geschäftsfeld an. Er ist deshalb im Fragezeichenbereich positioniert. Möglicherweise gelingt es dann bei ausreichender Investition, die Marktführerschaft (RMA >1) zu erreichen.

Im Sinne des Portfolios wird er dann zu einem Stargeschäftsfeld. Im Laufe der Zeit lässt das Marktwachstum nach, so dass dann aufgrund des Volumens die Position einer Cash Cow erreicht wird. Irgendwann wird das Wachstum so stark zurückgehen, dass sich für das Unternehmen keine weiteren Investitionen mehr lohnen. Man wird jedoch versuchen, den Markt langsam zu verlassen, um noch möglichst viel Cash-Flow abzuschöpfen, so dass als Zwischenstadium die Position eines Dogs erreicht wird.

Akzeptiert man diese normgerechten finanziellen Auswirkungen der jeweiligen strategischen Position, so ergibt sich daraus aus Finanzierungssicht, dass ein Portfolio ausgeglichen sein muss. Konzentrieren sich die Geschäftsfelder in den beiden unteren Quadranten (Cash Cows und Dogs), so ist mit einem ständigen Finanzmittelüberschuss zu rechnen, für den wenig Investitionsalternativen bestehen. Langfristig wird das Unternehmen schrumpfen.

Findet dagegen in den oberen Quadranten (Fragezeichen und Stars) eine Häufung der Geschäftsfelder statt, so stellt die Finanzierung einen echten Engpass dar. Ein solches Unternehmen muss dann (zumindest eine gewisse Zeit lang) zusätzliche Finanzmittel beschaffen, um das hohe Wachstum bewältigen zu können. Erst nach einer gewissen Zeit wird das Unternehmen in der Lage sein, die notwendigen Investitionen aus eigener Kraft zu finanzieren. Bis dahin muss eine langfristige Finanzierung die Existenz des Unternehmens sichern.

Dieser Ausgleichsgedanke ist für die Portfoliotechnik von entscheidender Bedeutung. Der Sinn liegt nicht darin, ein einzelnes Geschäftsfeld zu analysieren. Man will mit dem Portfolio vielmehr die Gesamtheit aller Geschäftsfelder hinsichtlich einer **ausgewogenen Gesamtstruktur** beurteilen.

In diesem Sinne sind auch die Normstrategien zu verstehen. Werden sie angewendet, so führt das zu einer für das Unternehmen aus Finanzierungssicht machbaren Gesamtstrategie, die gleichzeitig den Fortbestand des Unternehmens sichern soll, indem genügend Nachwuchsgeschäftsfelder gefördert werden, um damit in der Zukunft auslaufende Geschäfte zu ersetzen.

Beispiele für Portfolios von existierenden Unternehmen werden verständlicherweise nur sehr selten veröffentlicht. Aber vereinzelt tauchen auch in der Literatur derartige Darstellungen auf. Die folgenden Portfolios entstammen einer Dissertation aus dem Jahre 1981, so dass die Portfolios die Situation etwa Ende der 1970er Jahre beschreiben. Die Größe der jeweiligen Kreise ist proportional zum Umsatz des Geschäftes gezeichnet.

Caterpillar (Abb. C9) ist im Baumaschinensektor tätig. Dieses

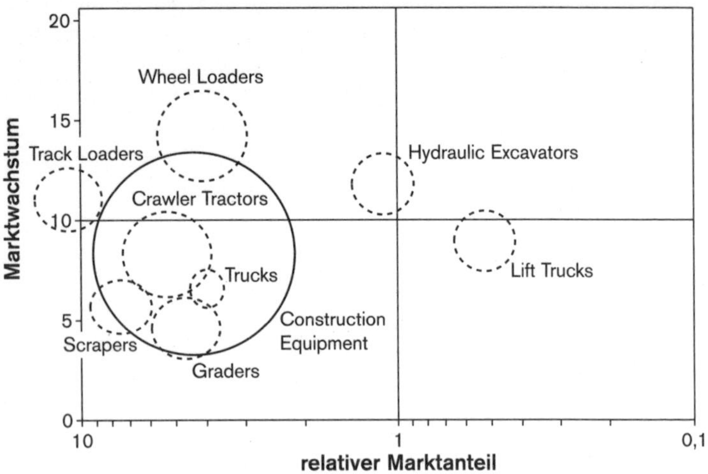

Abb. C9: Unternehmensportfolio Caterpillar (Quelle: *Scheel* [1981], S. 174)

Portfolio ist dadurch gekennzeichnet, dass eine Häufung der Geschäftsfelder im Cash Cow-Bereich besteht. Wenn also die Überlegungen stimmen, die der Portfolioanalyse zugrunde liegen, so müsste Caterpillar mit einem hohen jährlichen Finanzmittelüberschuss rechnen können. Dies ist so lange ungefährlich für das Unternehmen, wie das Marktwachstum (hier mit ca. 7 % im Durchschnitt) noch relativ hoch liegt. Erst wenn das Marktwachstum deutlich nachlässt, wird das Unternehmen in große Schwierigkeiten kommen, da nicht genügend Geschäftsfelder nachkommen, die zukünftige Cash-Flows generieren.

Zum Verständnis des Bildes sei noch erwähnt, dass das Geschäftsfeld „Construction Equipment" die Zusammenfassung der gestrichelt dargestellten Geschäftsfelder ist.

Schließlich sei noch das damalige Portfolio der Firma 3M angesprochen (Abb. C 10). Dies ist ein typisches Innovator-Portfolio. Einer Reihe von Cash Cow-Geschäften steht ein hoher Teil an Nachwuchsgeschäftsfeldern gegenüber. Auch wenn nicht alle diese Geschäfte zu Starprodukten werden, so scheint doch die Unternehmenstätigkeit auf lange Sicht ungefährdet zu sein.

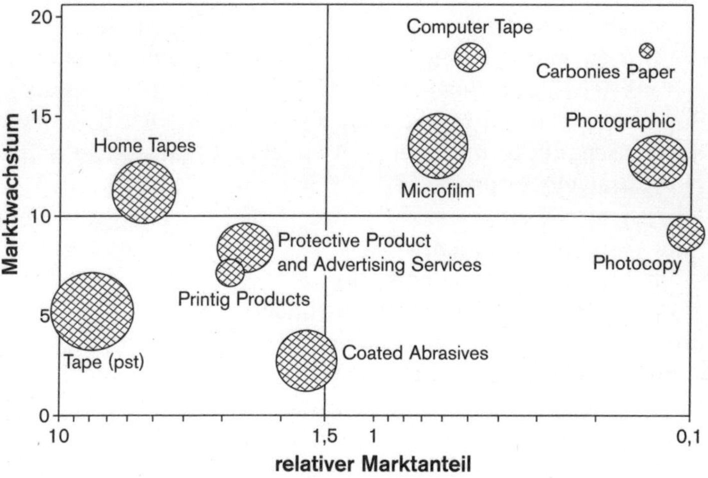

Abb. C 10: Unternehmensportfolio 3M-Company (Quelle: *Scheel* [1981], S. 175)

Finanziell ergibt sich ebenfalls eine günstige Lage. Durch die Konzentration vieler Geschäfte im Cash Cow-Bereich dürfte sich dort ein hoher Finanzmittelüberschuss ergeben, der zur Abdeckung des Finanzbedarfes der vielen Nachwuchsgeschäfte verwendet werden kann.

Dem Modell der Portfolioanalyse liegen eine Reihe von Annahmen zugrunde, die erfüllt sein müssen, damit die Normstrategien sinnvoll angewendet werden können. Sind diese Annahmen nicht erfüllt, so muss die Interpretation des Portfolios anders erfolgen, als dies über die Normstrategien geschieht. So kann es etwa sinnvoll sein, ein als Dog positioniertes Geschäftsfeld zu fördern, weil andere Faktoren als Marktwachstum und relativer Marktanteil für die Entwicklung des Geschäftsfeldes entscheidend sind. Die Methode als solches bleibt damit weiterhin verwendbar, nur auf eine Anwendung der hier dargestellten Normstrategien sollte dann verzichtet werden.

Vollständigkeit der Achsen: Zunächst einmal muss gewährleistet sein, dass die Achsen auch das Gewünschte messen. So soll die Achse „relativer Marktanteil" ein Maß für die Unternehmensstärke sein. Ist dies nicht der Fall, d. h. liegen die Stärken des Unternehmens für ein Geschäftsfeld auf einem anderen Gebiet als der Kostensituation, die im Sinne der Erfahrungskurve durch den relativen Marktanteil wiedergegeben wird, so muss die wirtschaftliche Interpretation anders ausfallen, als dies die Normstrategie ausdrückt. So können die Stärken für ein Geschäftsfeld z. B.

- im Vertriebsweg liegen,
- durch das Image bestimmt sein,
- auf dem Beschaffungssektor begründet sein,

oder sie können durch ganz andere Bereiche geprägt sein.

Analoge Überlegungen gelten für die Achse „Marktwachstum", welche die Chancen der Umwelt repräsentieren soll. Falls die Chancen der Umwelt für ein Geschäftsfeld durch ganz andere Faktoren als das Marktwachstum bestimmt werden, kann auch die Anwendung der Normstrategie sicherlich nicht vernünftig sein. Beispiele für solche anderen Größen, die die Chancen der

Umwelt messen, können sein: Lieferschnelligkeit für Vorprodukte, Rohstoffverfügbarkeit, Qualität der Vorprodukte usw.

Marktanteilsmessung: Eine weitere Schwierigkeit ergibt sich durch das Problem der Marktanteilsmessung. Provokativ könnte man formulieren, dass aus strategischer Sicht Marktanteile grundsätzlich nicht messbar sind. Aus strategischer Sicht muss der Markt durch das Kundenproblem definiert werden und nicht, wie dies meist geschieht, durch eine der möglichen Technologien zur Lösung dieses Problems. So verkauft die Lufthansa beispielsweise private Mobilität und nicht Flugkilometer. Sie steht damit in Konkurrenz zur Deutschen Bundesbahn, zum Automobil, zum Motorrad usw. Wird dann der Marktanteil z. B. durch den Anteil an den Inlandsflügen gemessen, so wird nicht sichtbar, wenn eine Lösungstechnologie durch eine andere substituiert wird. So stieg der Marktanteil der Anker-Werke auf dem Markt für mechanische Registrierkassen ständig an, nicht weil das Unternehmen immer besser wurde, sondern weil der Kunde eine verbesserte Lösungstechnologie für sein Kundenproblem nachfragte.

Für die Interpretation des Portfolios bedeutet das folgendes: Wird der Marktanteil in der Lösungstechnologie des Kundenproblems gemessen, z. B. beim Auto die Klasse über drei Liter Hubraum, so müssen zusätzlich Indikatoren beobachtet werden, die anzeigen, ob entweder eine Verschiebung des Kundenproblems stattfindet oder ob eine neue Technologie zur Lösung dieses Kundenproblems angeboten wird, die eventuell die alte substituieren kann.

Unabhängigkeit: Die dritte wichtige Voraussetzung, die bei der Portfolioanalyse gemacht wird, ist die Tatsache, dass die betrachteten Geschäftsfelder voneinander unabhängig sein müssen. Wenn etwa Nachfrageverbund oder Kostenverbund zwischen verschiedenen Geschäftsfeldern wirksam werden, so müssen, falls dies machbar ist, diese Geschäftsfelder zu einem zusammengefasst werden. Ist dies nicht sinnvoll, so müssen bei der Interpretation des Portfolios die Verbundeffekte berücksichtigt werden. Besteht etwa zwischen einem Starprodukt und einem Dog-Produkt ein komplementärer Nachfrageverbund, so bewirkt die

Anwendung der Normstrategie auf das Dog-Produkt gleichzeitig, dass auch das Starprodukt aufgegeben wird.

Cash-Flow-Struktur: Nun werden noch einige Punkte angesprochen, die den Ausgleichsgedanken betreffen. Aus finanzieller Sicht ist ein formal ausgeglichenes Portfolio nur dann wirklich ausgeglichen, wenn die Cash-Flow-Struktur der einzelnen Geschäftsfelder „normal" ist, so wie dies in Abb. C7 (S. 29) dargestellt ist. Weichen einzelne Geschäftsfelder von dieser Norm ab, so verschiebt sich der Punkt des Portfolios, den man als finanziell ausgeglichen bezeichnet.

Diesem Umstand kann man z. B. dadurch Rechnung tragen, dass man in jedem Kreis, der ein Geschäftsfeld repräsentiert, durch einen Kreisausschnitt den erwirtschafteten Cash-Flow bzw. den Cash-Flow-Bedarf darstellt. So kann man relativ schnell einen Überblick darüber bekommen, ob ein Portfolio tatsächlich finanziell ausgeglichen ist oder nicht.

Bekannte Produktlebenszykluslänge: Zumeist geht man bei einem Portfolio davon aus, dass alle Geschäftsfelder gleiche Produktlebenszykluslängen haben. Nur dann kann man aufgrund des Bildes schnell auf die Ausgeglichenheit eines Portfolios schließen.

Ist dies nicht der Fall, so muss die Ausgeglichenheit gesondert überprüft werden. Haben beispielsweise alle Star- und Fragezeichengeschäftsfelder eine sehr kurze Produktlebenszykluslänge, die übrigen Geschäftsfelder dagegen eine längere, so ist der Fortbestand des Unternehmens zumindest gefährdet. In diesem Sinne kann dann das Portfolio nicht als ausgeglichen bezeichnet werden.

Weitere Annahmen: Daneben gibt es noch einige weitere Annahmen, die der Portfolioplanung zugrunde liegen. So wird z. B. davon ausgegangen, dass keine unüberwindlichen Marktaustrittsbarrieren existieren. Ist dies der Fall, so ist die Normstrategie für die Dog-Geschäftsfelder nicht durchführbar.

Des Weiteren spielen Risikoüberlegungen beim Portfolio keine Rolle. So ist das Risiko für ein Fragezeichen-Geschäftsfeld sicherlich höher anzusehen, als das Risiko, das mit einer Cash Cow verbunden ist. Das bedeutet, dass ein Portfolio auch dahingehend überprüft werden muss, ob es vom Risiko her gesehen als ausgeglichen bezeichnet werden kann.

Die vorstehenden Anmerkungen sollen nicht den Eindruck erwecken, dass die Portfolioplanung an sich nicht anwendbar ist, wenn eine dieser Annahmen nicht erfüllt ist. Sie sollen lediglich zeigen, dass eine unkritische Durchführung der Normstrategien falsch ist. Bevor derartige Entscheidungen getroffen werden, müssen eine Reihe von zusätzlichen Informationen untersucht werden. So kann sich beispielsweise herausstellen, dass ein als Dog klassifiziertes Geschäftsfeld eigentlich ein Star ist. Dies kann z. B. dadurch der Fall sein, dass ein starker Nachfrageverbund zu den Nachwuchsgeschäften besteht. Oder es kann daran liegen, dass zum einen eine besonders lange Produktlebenszykluslänge gegeben ist und zusätzlich eine günstige Cash-Flow-Struktur existiert. Aber auch andere Gründe sind denkbar.

Offensichtlich sind die Normstrategien nicht mit Patentlösungen gleichzusetzen. Das ist auch sicherlich nicht verwunderlich. Strategische Planung kann nicht so simpel sein, dass mit der Aufstellung eines Portfolios alle Probleme gelöst sind. Vielmehr müssen die spezifischen Besonderheiten für jedes Geschäftsfeld in die Überlegungen einbezogen werden, so dass dem Grundgedanken der Portfolioplanung individuell Rechnung getragen werden kann: Die Geschäftsfelder des Unternehmens sollen in mehrfacher Hinsicht ausgeglichen sein. Ist dies nicht der Fall, so müssen frühzeitig Maßnahmen getroffen werden. So muss z. B. ein sehr stark wachsendes Unternehmen frühzeitig dafür sorgen, dass der zu erwartende Kapitalbedarf in der Zukunft auch gedeckt werden kann.

3. Das Vorgehen der strategischen Planung

a) Informationsgrundlagen: Umwelt- und Unternehmensanalysen

Wenn die strategische Planung Erfolgspotentiale schaffen soll, liegt es nahe, die Umwelt- und die Unternehmenssituation als die beiden Einflussgrößen von Erfolgspotentialen genauer zu betrachten und dabei Chancen und Risiken der Umwelt einerseits und Stärken und Schwächen des Unternehmens andererseits zu unterscheiden. Damit ergibt sich die SWOT-Analyse der Abb. C11.

		Ergebnis der Unternehmensanalyse	
		Stärken (Strengths)	**Schwächen (Weaknesses)**
Ergebnis der Umfeldanalyse	**Chancen (Opportunities)**	Einsatz der Stärken des Unternehmens zur Ausnutzung der Chancen des Unternehmensumfeldes (insbesondere Wachstumsstrategie)	Überwindung der Schwächen des Unternehmens durch die Ausnutzung der Chancen des Unternehmensumfeldes
	Risiken (Threads)	Einsatz der Stärken des Unternehmens zur Minimierung der Risiken des Unternehmensumfeldes	Minimierung der Schwächen des Unternehmens und der Risiken des Unternehmensumfeldes

Abb. C11: SWOT-Analyse (Quelle: *Baum/Coenenberg/Günther* [1999], S. 75)

Offensichtlich kommt es darauf an, die Chancen des Umfelds durch den Einsatz der Stärken des Unternehmens zu nutzen und dabei Schwächen nach Möglichkeit nicht wirksam werden zu lassen. Schwächen zu beseitigen und Stärken auszubauen, ist zudem eine Strategie, die Risiken des Umfeldes auf ein akzeptables Maß zu begrenzen. In jedem der Fälle werden Wettbewerbsvorteile gesteigert und Wettbewerbsnachteile reduziert.

Überlegungen zu Wettbewerbsvorteilen und zur Gestaltung von Erfolgspotentialen können an den „Triebkräften des Branchenwettbewerbs" ansetzen, die *Michael Porter* beschrieben hat (Abb. C12). Im Kern geht es darum, die Intensität des Branchenwettbewerbs durch die Rivalität unter den bestehenden Unternehmen zu erklären, im Einzelnen etwa durch Anzahl und Größenstruktur der bereits vorhandenen Wettbewerber. Hinzu kommen vier weitere Einflussgrößen, nämlich die Verhandlungsstärke der Abnehmer und jene der Lieferanten, dann die Bedrohung durch neue Anbieter und durch Ersatzprodukte.

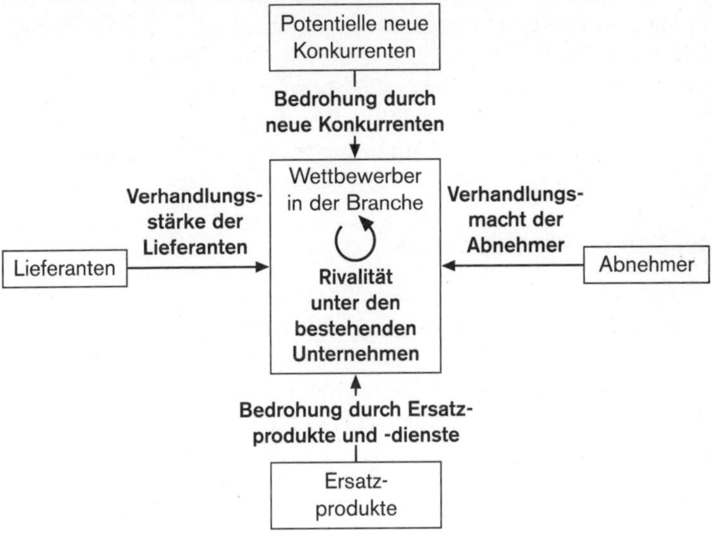

Abb. C 12: Die Triebkräfte des Branchenwettbewerbs (Quelle: *Porter* [1999b], S. 26)

Je größer die Wettbewerbsintensität, desto geringer ist das Erfolgspotential eines Unternehmens im Vergleich zu konkurrierenden Kapitalanlagen gleichen Risikos: Übermächtige Lieferanten schrauben die Einkaufspreise wichtiger Rohmaterialien nach oben und lassen die Stückgewinne sinken; mit gleichem Ergebnis erzwingen dominierende Abnehmer immer größere Preisnachlässe. Günstige Stückgewinne sind zudem nicht realisierbar, wenn neue Konkurrenten durch keinerlei Barrieren gehindert in den Markt drängen oder wenn massive Nachfrageverschiebungen zu Ersatzprodukten zu befürchten sind. Unter Bedingungen maximaler Wettbewerbsintensität verfügen die Unternehmen der Branche über keine nennenswerten Wettbewerbsvorteile.

Umgekehrt steht geringe Wettbewerbsintensität regelmäßig für die Existenz beträchtlicher Wettbewerbsvorteile der Unternehmen der Branche: Man verfügt etwa über exklusive Produktionserfahrungen, beherrscht die Bezugswege, hat infolge überragender Reputation bei den Endkunden eine starke Position gegenüber dem Handel, bietet ein Preis-Leistungsverhältnis, das keine Substitutionskonkurrenz zu fürchten hat, verfügt über einen geschulten und loyalen Außendienst mit überragender Kompetenz. Die Liste möglicher Wettbewerbsvorteile ist schwer zu komplettieren. Die strategische Planung hat die Aufgabe, solche Wettbewerbsvorteile aufzuspüren, zu etablieren und nachhaltig zu sichern.

b) Das Entscheidungsfeld

Das Entscheidungsfeld bezeichnet die Menge der Strategiealternativen, die in Betracht gezogen werden. Die Handlungsmöglichkeiten sind in der Wirklichkeit der Unternehmensplanung nicht etwa gegeben; sie sich auszudenken macht vielmehr neben der späteren Strategiewahl die Hauptaufgabe der mit strategischer Planung befassten Personen aus. Die Aufgabe liegt fern von Routine und Formularen und stellt an Sachwissen, Vorstellungskraft und Einflussreichtum ganz besondere Anforderungen.

Die grundsätzliche Ausrichtung der Strategien mag mit Erkenntnissen aus der Kriegs- und Politikgeschichte begründet werden: Auf der Basis etwa der SWOT-Analyse muss es regelmäßig darum gehen, Stärken weiter auszubauen und Schwächen unwirksam bleiben zu lassen, im übrigen aber einerseits die Kräfte zu konzentrieren, aber andererseits Energien aufzubauen.

Um den Denkprozess jenseits solcher konventionellen Weisheiten zu stimulieren und zu strukturieren, haben sich einige Klassifikationen als nützlich erwiesen.

Eine bekannte Klassifikation solcher Strategien folgt einem Grundgedanken von *Ansoff*:

Märkte / Produkte	alt	neu
alt	Marktdurchdringung	Marktentwicklung
neu	Produktentwicklung	Diversifikation

Abb. C 13: Produkt-Markt-Matrix nach *Ansoff* (Quelle: *Ansoff* [1965], S. 109)

Eine andere Klassifikation folgt den Überlegungen, die *Michael Porter* in seiner Arbeit zur Wettbewerbsstrategie präsentiert hat. Ausgangspunkt ist ein beobachtbarer Zusammenhang zwischen Kapitalrentabilität („return on investment") und relativem Marktanteil, der in Abb. C14 wiedergegeben wird. Gemäß der dort dargestellten U-Kurve kann die Rentabilität bei großen und auch bei kleinen Marktanteilen hoch sein, fällt dazwischen aber deutlich ab.

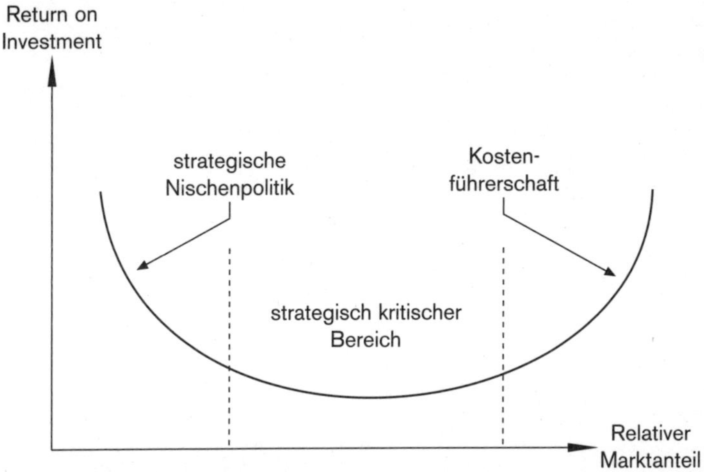

Abb. C14: U-Kurve von *Porter* (in Anlehnung an: *Porter* [1999a], S. 81)

Im rechten Bereich hoher relativer Marktanteile lässt sich wie im Rahmen der Portfolio-Analyse für eine Strategie der Kostenführerschaft argumentieren. Die hohen Rentabilitäten links bei kleinen relativen Marktanteilen sind Ergebnis einer strategischen Nischenpolitik, die mit besonderer Ausgestaltung der angebotenen Leistung bei speziellen Kundengruppen nachhaltig auskömmliche Preise erzielt. Wer weder Nischen bedient noch im Volumengeschäft reüssiert, bleibt im strategisch kritischen Bereich in der Mitte stecken.

Insgesamt lassen sich damit also je nach Geschäftstyp zukünftige **Erfolgspositionen sowohl über die Kostenseite als auch über**

die Erlösseite erringen. Die Abb. C 15 soll diesen Zusammenhang deutlich machen.

Eine vorteilhafte Kostenposition folgt im Sinne der Erfahrungskurve aus der Strategie der Kostenführerschaft. Hier wird nicht nach Kundenwünschen differenziert, sondern der ganze Markt wird im Zuge des Massengeschäfts einheitlich bearbeitet. Dies ist anders bei der Differenzierungsstrategie, bei der alle Teilmärkte (Segmente) unterschiedlich bearbeitet werden. Beschränkt sich der Anbieter auf einen oder wenige Teilmärkte, wird von Spezialisierung gesprochen.

Abb. C 15: Drei Wettbewerbsstrategien nach *Porter* (Quelle: ZVEI [1993], S. 34)

Für die Erstellung der strategischen Entscheidungsfelder kommen schließlich auch Klassifikationen in Frage, die sich an einzelnen Merkmalen der Entscheidungssituation orientieren, bei der Ausrichtung an Marktstufen etwa, horizontale versus vertikale Strategien, also Strategien die sich speziell an Wettbewerbern ausrichten oder Strategien mit Orientierung an Zulieferern oder Abnehmern.

Nach anderen Klassifikationen kann man mit Blick auf das Entwicklungsstadium des Marktes Wachstumsstrategien und Strategien bei stagnierenden sowie schrumpfenden Märkten unterscheiden, bei Betrachtung einzelner Funktionen die Gegenüberstellung von Beschaffungsstrategien, Forschungs- und Entwicklungsstrategien, Finanzierungsstrategien etc.

c) Strategiewahl

Ausbauprozesse setzen Kriterien und Verfahren voraus, in denen Kriterien zur endgültigen Entscheidung gegeneinander abgewogen werden.

Bereits die Frage der Kriterien ist regelmäßig recht verwickelt. Strategien hinsichtlich ihrer Erfolgspotentiale miteinander zu vergleichen, setzt schließlich voraus, solche Potentiale in ihren relevanten Merkmalen beschreiben und messen zu können. Diese Anforderung wird in exaktem Sinne regelmäßig nur schwer zu erfüllen sein, man denke nur an die Erfolgshöhe, das Risiko und beides mit zeitlichem Bezug. Man wird sich nicht selten mit plausiblen Ersatzkriterien wie „interne Durchführbarkeit" und „Konsistenz" behelfen müssen und sich an Einzelkriterien wie Krisenanfälligkeit, Anpassungsfähigkeit, Passgenauigkeit zu rechtlichen oder ethischen Vorgaben ausrichten. Sofern einem messbaren Einzelkriterium überragende Bedeutung beigemessen wird, liegt die Strategiewahl möglicherweise auf der Hand: Man entscheidet sich etwa für jene Strategie, die über den Planungszeitraum hinweg den maximalen Marktanteil oder den maximalen Gewinn verspricht.

Sind aber – wie im offensichtlichen Regelfall – mehrere Kriterien bedeutsam, kommt man nicht um eine Einstufung nach ihrer Wichtigkeit herum und kann dann Einzelkriterien in ein künstliches Oberziel überführen. Das Vorgehen wird später im Marketing-Kapitel als Punktbewertungsverfahren illustriert werden. In den speziellen Fällen hoher Transparenz, Messbarkeit und Prognosevermögen mögen sogar die besonderen Verfahren der Investitionsrechnung angewandt werden können, die ebenfalls später im Einzelnen darzustellen sind.

4. Die strategische Planung als Grundlage für Steuerung und Kontrolle der Unternehmensplanung

Die Ergebnisse der strategischen Planung legen das Unternehmen in seinen Grundzügen fest; der im einzelnen verbleibende Handlungsspielraum wird durch Entscheidungen anderer Instanzen ausgefüllt, die in Summe als operative Unternehmensplanung bezeichnet werden. Indem sich die operative Planung an den strategischen Vorgaben orientiert, lässt sich von einer Steuerung durch die Strategien sprechen. Zugleich sind es erst die Umsetzungen durch operative Planungen, die eine strategische Planung als Wunschdenken oder als erreichbares Ziel aufdecken. Hierin liegt dann wieder ein wichtiges Element der Kontrolle für überkommene und für zukünftige strategische Planungen.

5. Aufgabe: Die Heinzel GmbH

Der HEINZEL-Konzern mit Sitz in Augsburg zählt mit einer Jahresproduktion von 2,5 Millionen Tonnen zu den führenden europäischen Herstellern von Pressedruckpapieren. Die Produkte, die unter diesen Begriff zusammengefasst werden, unterscheiden sich vor allem hinsichtlich ihres Verwendungszwecks und der eingesetzten Rohstoffe.

- **Zeitungsdruckpapier (ZP):** mindestens 80 % Altpapieranteil, Oberfläche nicht gestrichen
- **Gestrichenes Papier (GP):** bis 40 % Altpapieranteil, Oberfläche gestrichen
- **Naturpapier (NP):** bis 20 % Altpapieranteil, Oberfläche satiniert
- **Druckpapier auf Hanfbasis (DH):** Papiermasse besteht zu einem Großteil aus Hanffasern, Oberfläche unbehandelt oder gestrichen

Heinzel beliefert mit seinen Druckpapieren europaweit Verlagshäuser sowie Druckereien und erzielte 1999 einen Umsatz von 3,03 Mrd. €. Dieser verteilte sich wie folgt auf die Produktgruppen:

ZP: 1,85 Mrd.
GP: 0,82 Mrd.
NP: 0,26 Mrd.
DH: 0,10 Mrd.

Daneben stellt Heinzel in Aschaffenburg ausschließlich für den deutschen Markt **Hygienepapier (HP)** her. Der 1999 erzielte Umsatz liegt bei 250 Mio. €.

Insgesamt stellt sich die Geschäftssituation von Heinzel als problematisch dar. Zurückzuführen ist dieses nach Auskunft des Vorstandsvorsitzenden Gerber im Wesentlichen auf zwei Faktoren:

(1) Mangelnde Auslastung der Produktionsanlagen durch sinkende Nachfrage nach Druckpapieren
(2) Starker Anstieg der Altpapierpreise von 15 € auf jetzt 29 €/100 kg.

Aus Veröffentlichungen der CEPI (Confederation of European Paper Industries) und des VDP (Verband Deutscher Papierfabriken e.V.) sind folgende Daten bekannt:

Produkt-gruppe	Markt	Markt-volumen in Mrd. DM (1999)	geschätz-tes Markt-wachs-tum	Name und Sitz des größten Konkurrenten	Umsatz des größten Kon-kurrenten in DM
ZP	Europa	5,5 Mrd.	± 0%	UPM/Kymmene, Finnland	0,9 Mrd.
GP	Europa	3,2 Mrd.	+ 2%	Stora, Schweden	1,3 Mrd.
NP	Europa	2,1 Mrd.	+ 3%	UPM/Kymmene, Finnland	0,8 Mrd.
DH	Europa	0,8 Mrd.	+10%	Rossel, Deutschland	0,5 Mrd.
HP	Europa	3,0 Mrd.	+ 0,5%	SCA, Schweden	1,2 Mrd.

Abb. C 16: Daten des europäischen Papiermarkts

Vor diesem Hintergrund werden Sie gebeten, eine Analyse der Ausgangsposition und Strategieempfehlungen für die einzelnen Geschäftsfelder zu erarbeiten. Beziehen Sie sich dabei auf ein von Ihnen erstelltes Marktanteils-Marktwachstums-Portfolio für die Heinzel GmbH!

Lösung:

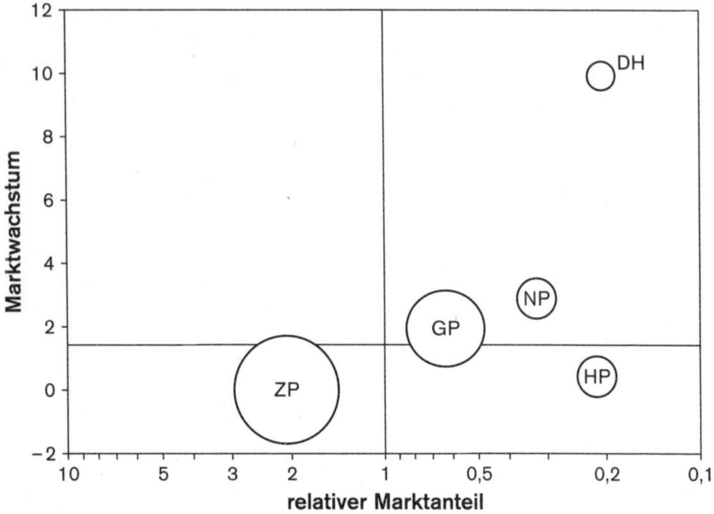

Abb. C 17: BCG-Portfolio der Heinzel GmbH

Die relativen Marktanteile der einzelnen Geschäftsfelder ergeben sich jeweils aus dem Verhältnis des eigenen Umsatzes zu dem Umsatz des jeweils größten Konkurrenten. Zusammen mit den angegebenen Marktwachstumsraten lassen sich die Geschäftsfelder in einem BCG-Portfolio positionieren.

Die Grenze zwischen hohem und niedrigem Marktwachstum wurde beim Durchschnitt der mit den Marktvolumina gewichteten segmentspezifischen Wachstumsraten gezogen. Die Kreisflächen sind proportional zum von der Heinzel GmbH in den Geschäftsfeldern erzielten Umsatz gezeichnet. Die horizontale Achse mit dem relativen Marktanteil ist in Anlehnung an die Darstellung von Erfahrungskurven logarithmisch skaliert.

Es ergibt sich folgende Klassifikation der Geschäftsfelder:

- **Problem Children:** Druckpapier auf Hanfbasis (DH), Naturpapier (NP), Gestrichenes Papier (GP)
- **Cash Cows:** Zeitungsdruckpapier (ZP)
- **Dogs:** Hygienepapier (HP)

Insgesamt erscheint das Portfolio nicht ausgeglichen. Die Heinzel GmbH verfügt über kein Stargeschäftsfeld. Der Markt für das umsatzstärkste Geschäftsfeld, Zeitungspapier, stagniert zudem. Gleichzeitig sind in der Vergangenheit die Rohstoffkosten für Zeitungspapier stark angestiegen. Es ist zweifelhaft, ob in diesem Bereich der üblicherweise für Cash Cows unterstellte Finanzmittelüberschuss erwirtschaftet werden kann.

Literatur

Ansoff, H. I. (1965): Corporate Strategy, New York, 1965

Baum, H.-G./Coenenberg, A. G./Günther, T. (2004): Strategisches Controlling, 3. Auflage, Stuttgart 2004

Gälweiler, A. (1986): Unternehmensplanung. Grundlage und Praxis, Frankfurt/M. 1986

Henderson, B. D. (1974): Die Erfahrungskurve in der Unternehmensstrategie, Frankfurt/M. 1974

Kerin, R. A./Mahajan V./Varadarajan, P. R. (1990): Contemporary Perspectives on Strategic Market Planning, Boston u. a. 1990

Koch, H. (1982): Integrierte Unternehmensplanung, Wiesbaden 1982

Oettinger, Bolko v. (Hrsg.) (1994): Das Boston Consulting Group Strategie Buch, 2. Aufl., Düsseldorf 1994

Porter, M. E. (1999a): Wettbewerbsstrategie: Methoden zur Analyse von Branchen und Konkurrenten, 10. Aufl., Frankfurt/M. 1999

Porter, M. E. (1999b): Wettbewerbsvorteile. Spitzenleistungen erreichen und behaupten, 5. Aufl., Frankfurt/M. 1999

Scheel, F. (1981): Neuere Konzepte des strategischen Portfolio-Managements im diversifizierten Unternehmen, Diss., Berlin 1981

Welge, M. K./Al-Laham, A. (2003): Strategisches Management: Grundlagen – Prozess – Implementierung, 4. Aufl., Wiesbaden 2003

Zentralverband Elektrotechnik- und Elektronikindustrie (ZVEI), Betriebswirtschaftlicher Ausschuß (Hrsg.) (1993): Unternehmenscontrolling, Frankfurt/M. 1993

D. Marketing

1. Grundlagen

a) Marketing als betriebliche Funktion

Marketing setzt schon von der Bezeichnung her einen „Markt" voraus, also einen Ort, an dem zwischen Anbietern und Nachfragern jener Austausch von Produkten, Dienstleistungen und Geld vonstatten geht, der Marktwirtschaften als Wirtschaftsordnung kennzeichnet. Marketing bildet neben Produktion, Beschaffung, Finanzierung etc. eine der betrieblichen Funktionen und steht dabei für die Art und Weise, mit der Anbieter ihre Leistung auf dem Markt ins rechte Licht setzen, Verkäufe erzielen und abwickeln.

Marketing lässt sich auch weiter fassen, nämlich als Maxime, nach der sich alles unternehmerische Handeln am Zweck des Verkaufs an Kunden auszurichten habe. Marketing meint dann generell die Markt- und Kundenorientierung jeglicher Geschäftspolitik. Im Folgenden ist stets die engere Kennzeichnung als betriebliche Funktion gemeint. Die Marketing-Politik lässt sich gliedern in eine **Produktpolitik** (Produktauswahl, Programmgestaltung etc.), eine **Preispolitik** (Preissetzung, Rabattgewährung etc.), eine **Kommunikationspolitik** (Werbung, persönlicher Verkauf etc.), und eine **Distributionspolitik** (Gestaltung von Absatzkanälen, Vertriebslogistik). Man spricht hier auch von den vier Marketing-Instrumenten.

Insgesamt geht es beim Marketing um den Aufbau und die Erhaltung der Marktbeziehungen durch den Einsatz besagter Instrumente. Dabei unterscheidet die Praxis regelmäßig in ein **operatives** und ein **strategisches Marketing**. Im ersten Fall werden unmittelbar die Entscheidungen zum Einsatz der Marketing-Instrumente getroffen, im zweiten Fall geht es um vorgelagerte Basis-Entscheidungen, die eine bessere Steuerung des Instrumenteneinsatzes bewirken sollen. Gemeinsamkeit der operativen und strategischen Sichtweise ist die grundsätzliche Kundenorientierung.

Ist der Kunden- oder Marktbezug wirklich eine Selbstverständlichkeit? Zur Probe wäre etwa im Einzelfall danach zu fragen, wie gut Unternehmen die Wünsche ihrer Kunden kennen. Welchen Stellenwert haben die einzelnen Produkteigenschaften für den Kunden? Welche sind wichtig, und welche sind bestenfalls nachrangig? Die Probe geht in der Wirklichkeit nicht selten negativ aus: Der Kunde ist das weithin unbekannte Wesen, und der Anbieter handelt im Blindflug. Die **strikte Kundenorientierung**, die das Marketing fordert, wirkt dem entgegen. „Was sich nicht verkaufen lässt, will ich auch nicht erfinden." *Thomas Alva Edison* hat die Kundenorientierung damit auf den Punkt gebracht.

Der Kundenorientierung von Unternehmen entspricht es, das Kundenproblem und den Kundennutzen als den Lösungsbeitrag der eigenen Leistung in den Mittelpunkt der Überlegungen zu stellen. Dabei kommt es auf eine nicht zu enge Sichtweise an: Der Anbieter von Booten für die private Nutzung auf Binnengewässern sollte sich nicht allein mit der Technik seines Produktes beschäftigen, sondern auch nach den Nutzenerwartungen seiner Kunden fragen. So mag man sich vom Bootskauf ein sicheres Freizeitvergnügen für die ganze Familie versprechen, oder man wünscht sich zugleich ein Fahrzeug und eine gemütliche Bleibe für Wanderfahrten oder aber zielt auf sportliche Boote mit leistungsstarkem Antrieb für Wasserski. In diesen Fällen ist der Kunde vermutlich nur insoweit an den Details der technischen Leistung interessiert, als sie zu dem erwarteten Kundennutzen beitragen, und gerade der zielbewusste Verkäufer ist gut beraten, sich diese Orientierung am Kundennutzen zu eigen zu machen.

In gleicher Weise ist es für einen Motorradanbieter viel zu kurz gedacht, sein Angebot allein im engen technischen Sinne zu betrachten. Er verkauft keineswegs Pferdestärken auf zwei Rädern, sondern Lebensgefühl. Seine Wettbewerber sind jene Anbieter, deren Leistungen ohne Einsatz von Motorrädern vergleichbare Gefühle vermitteln.

Besteht das Kundenproblem darin, Unregelmäßigkeiten im Herzschlag bei Menschen erträglich zu machen oder gar zu beheben, kommen im Grundsatz sowohl einschlägige Pharmaka in Frage als auch die elektrische Stimulation des Herzmuskels durch batteriegetriebene Implantate (Herzschrittmacher). Beide Lösungstechnologien liefern einen vergleichbaren Kundennutzen und konkurrieren deshalb im Grundsatz miteinander.

Ob Anbieter miteinander im Wettbewerb stehen oder nicht, bestimmt sich somit nicht allein durch die technischen Einzelheiten des Produkts, sondern auch über die Gemeinsamkeiten bei dem zu lösenden Kundenproblem. Dies ist für die Konkurrenzanalyse und die Strategiewahl der einzelnen Anbieter bedeutsam: Nicht allein die Hersteller technisch ähnlicher Produkte sind im Wettbewerb zu beachten, sondern auch die Anbieter ganz anderer Leistungen, sofern sie dieselben Kundenprobleme im Visier haben.

Mit der Orientierung am Kundenproblem ist auch die Unterscheidung in ein **standardisiertes** Marketing einerseits und in ein **individualistisches** Marketing andererseits verbunden. Im ersten Fall werden technisch identische Produkte mit Hilfe einer für alle Kunden gleichen Werbeansprache verkauft, eben Massen- oder standardisiertes Marketing. Im zweiten Fall geht es jeweils um eine einzelne Person, der eine nur für sie bestimmte Leistung angeboten wird und dies über eine höchst persönliche Schiene, etwa der Maßanzug angeboten in einem, nur für diesen Kunden bestimmten, Brief, eben individualisiertes oder Direktmarketing. Zwischen diesen aufgeführten Eckpunkten gibt es zahlreiche Mischformen.

b) Käuferverhalten

Kundenproblem und der Kundennutzen bilden auch den Dreh- und Angelpunkt für die Analyse des Käuferverhaltens. Wie die Käufer sich auf dem Markt informieren, wie sie kaufen und welche Einflussgrößen dabei wirksam sind, ist für die Verkäufer von größter Wichtigkeit.

Als potentielle Käufer kommen zum einen die Endverbraucher in privaten Haushalten in Frage, auch jene in Behörden, Verbänden und Firmen, und zum anderen die Firmen, die als Handelsfirmen weiterverkaufen oder als Industriebetrieb weiterverarbeiten. Im ersten Fall geht es um **Konsumgütermarketing** und das Konsumentenverhalten; für den zweiten Fall hat sich die Bezeichnung **Business-to-Business-Marketing** eingebürgert. Das einschlägige Einkaufsverhalten hier mag vom Konsumentenverhalten insoweit abweichen, als es im Grundsatz vernunftgemäßer, weil kontrollierbarer und belegbarer zu erfolgen hätte. Dennoch sind Ähnlichkeiten zwischen dem Verhalten von Konsumenten und industriellen Einkäufern unübersehbar.

Konsumentenverhalten meint zum einen Kaufaktivitäten samt vorangehender Informationsaufnahme und Informationsverarbeitung sowie zum anderen das Verwendungsverhalten einschließlich der möglichen Entsorgung des erworbenen Produkts.

Es ist üblich, psychische und soziale Einflussgrößen des Konsumentenverhaltens zu unterscheiden, also etwa den Einfluss individueller Motivationen einerseits und den Einfluss der Zugehörigkeit zu bestimmten Gruppen andererseits. Mit Blick auf die psychischen Einflussgrößen mag man zusammenfassend von **Präferenz** oder **Einstellung** sprechen, dies gemeint als eine einigermaßen dauerhafte Neigung, auf Stimuli (z. B. Werbung) mit vorhersehbaren Verhaltensweisen (z. B. Kauf) zu reagieren. Man denke sich das Kaufverhalten als mehr oder weniger durch Einstellungen gesteuert, und es liegt dann nahe, Gefühl und Verstand als affektive und kognitive Komponenten der Präferenz zu unterscheiden.

Affektive Komponenten der Präferenz sind höchst individuelle Vorlieben, etwa die Lieblingsfarbe oder die Geringschätzung der einen Produkteigenschaft zugunsten einer anderen. Diese Neigungen werden nicht durch den eigenen Verstand gesteuert; affektiv dominierte Entscheidungen erfolgen gefühlsmäßig und gleichsam aus dem Bauch heraus.

Für die **kognitiven Komponenten** der Präferenz kommt es dagegen auf den individuellen Verstand an, z. B. bei der Wahrnehmung einer Produkteigenschaft, bei der Verarbeitung der Information mit Blick auf gespeicherte Erfahrungen und der Ableitung von Folgerungen für zukünftiges Verhalten.

Die Zerlegung in die beiden Komponenten mag nicht immer die Realität angemessen darstellen, etwa nicht in Fällen, in denen das Wollen ein nüchternes Wahrnehmen und Abwägen erschwert und man im Sinne einer selektiven Wahrnehmung nur das sieht, was man sehen möchte. Die Zerlegung hat sich indessen für das Verständnis des Kaufverhaltens als außerordentlich nützlich erwiesen und ist für das Marketing von ganz grundsätzlicher Bedeutung: Je nachdem, ob auf das Gefühl gezielt oder aber der Verstand angesprochen werden soll, wird z. B. eine Werbeanzeige ganz unterschiedlich konzipiert sein müssen.

Ob Konsumenten überhaupt zu einem bestimmten Produkt eine Einstellung haben oder nicht, hängt u. a. davon ab, mit welchem Interesse sie ihre Käufe betreiben. Die Verhaltensforscher sprechen hier vom **Involvement** der Konsumenten und meinen damit deren Ich-Beteiligung und gedankliche Aktivierung, sofern sie eine gewisse Dauer hat. Offensichtlich haben Verkaufsanstrengungen von Kunden mit schwachem Involvement gegenüber Kunden mit starkem Involvement ganz anders auszusehen; im ersten Fall erscheinen starke gefühlsmäßige Stimuli über Bilder angemessen, im zweiten Fall eine ausführliche und nüchterne Textinformation.

In welchem Umfang Konsumenten sich verstandesmäßig verhalten ist eine Frage, die nicht selten ideologisch diskutiert wird. Die Wirklichkeit des Konsums ist augenscheinlich geprägt von Vorurteilen gegenüber Produkten und mehr oder minder großen Verzerrungen der Wahrnehmung. Man denke etwa an den Vergleich zweier Autos hinsichtlich einer bestimmten Eigenschaft, etwa des Umfangs der durch Konstruktion, Verarbeitung und Zubehör eingebauten Sicherheit. Produkt A weist in Abb. D 1 (S. 54) objektiv mehr Sicherheitseigenschaften auf als Produkt B, aber bei B werden mehr Eigenschaften wahrgenommen und B wird deshalb fälschlicherweise für deutlich sicherer als A gehalten. Kommt es auf die Wahrnehmung an oder auf die tatsächliche Existenz der Eigenschaften, gleich ob sie wahrgenommen werden oder nicht? Das **Wahrnehmungsprinzip** besagt hierzu: Entscheidend für den Erfolg im Markt ist es nicht, ob ein Wettbewerbsvorteil auf der technisch-objektiven Ebene existiert, sondern ob er von den Kunden subjektiv wahrgenommen wird. Man hat hier eben zur Kenntnis zu nehmen, dass auch Vorurteile Fakten sind.

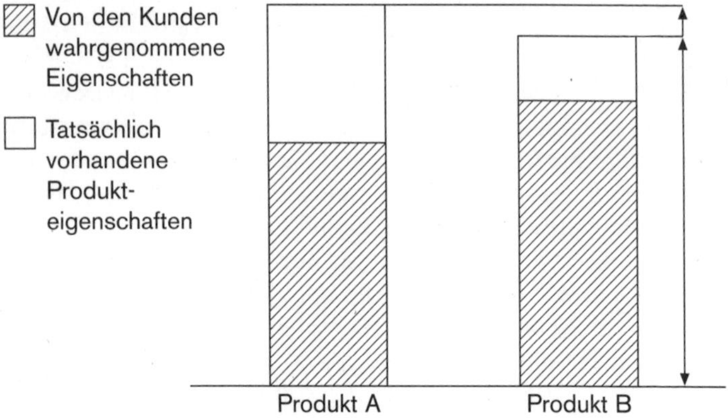

Abb. D 1: Wahrnehmungsprinzip

Die Präferenz für häufig zu kaufende Produkte wird vor allem von der Zufriedenheit mit der bisher gekauften Variante abhängen. **Zufriedenheit** wird häufig verstanden als **Differenz zwischen Qualitätserwartung** einerseits, gebildet etwa durch eigene Erfahrung, durch Werbung, durch Mund-zu-Mund Propaganda im Bekanntenkreis und der durch den Produkteinsatz gemachten unmittelbaren **Produkterfahrung** andererseits.

Die Kennzeichnung macht deutlich, dass sich übertriebene Werbung keineswegs auszahlen muss: Möglicherweise bleibt die tatsächliche Produkterfahrung soweit hinter der hochgetriebenen Qualitätserwartung zurück, so dass das Produkt als Ärgernis empfunden wird und mit der geringen Kundenzufriedenheit die Wiederkaufwahrscheinlichkeit auf Null sinkt.

Zufriedene Kunden hingegen werden regelmäßig zum Wiederkauf des Produktes neigen. Je häufiger ein Kunde bei ein und demselben Anbieter kauft, desto größer ist die Produkt- bzw. Markentreue und desto stärker ist die Bindung des Kunden an seinen Anbieter. Dabei kann man im Wesentlichen zwei Arten von Kundenbindung unterscheiden:

Kundengebundenheit lässt sich beispielsweise durch vertragliche Regelungen herstellen. Die Loyalität des Kunden zu seinem Anbieter entsteht dabei nicht freiwillig, sondern sie wird durch eine vertragliche Ausgestaltung erzwungen.

Kundenverbundenheit beschreibt in gewissem Sinne die klassische Form von Kundenbindung. Der Kunde verhält sich bei seinen Einkäufen loyal zu einem Anbieter, weil er beispielsweise die Produktattribute des Anbieters kennt und schätzt oder durch weitere Kundenbindungsstrategien an den Anbieter gebunden wird. Mögliche Strategien um Kundenverbundenheit herzustellen sind Prämien, Rabatte oder Boni, beispielsweise in Form von Vielfliegerprogrammen, für treue Kunden.

Während Kundengebundenheit im Wesentlichen im Business-to-Business Verkauf praktiziert wird, zielt ein Großteil der absatzpolitischen Maßnahmen darauf ab, freiwillige Kundenbindung, also Kundenverbundenheit, herzustellen. Die Vorteile einer hohen Kundenbindung sind vor allem Kosteneinsparungen. Kunden, die in einer längerfristigen Beziehung zu einem Unternehmen und seinen Produkten stehen, kennen die Produkte bereits, so dass Aufwendungen für Aufklärung und Beratung reduziert werden können. Auch bergen loyale Kunden „Cross-Selling" oder „Up-Selling-Potentiale" in sich, die zu weiteren Einnahmen eines Unternehmens führen können.

Gegenüber den Vorteilen von Kundenbindung stehen allerdings verhältnismäßig hohe Kosten für Kundenbindungsmaßnahmen. Es gilt demnach auch zu überprüfen, wie hoch diese Kosten sein dürfen. Um die Wirtschaftlichkeit solcher Maßnahmen zu überprüfen, bietet es sich an, die geschätzten Aufwendungen für den Aufbau und Erhalt der Beziehung zu einem Kunden, dem Wert, den der Kunde für das Unternehmen besitzt, dem **Kundenwert**, gegenüberzustellen. Die Ermittlung dieses Wertes kann an folgendem **Beispiel** verdeutlicht werden.

Ein Händler für Gartengeräte verkauft einen Rasenmäher an den Kunden X für 490 €. Ab dem Zeitpunkt des Kaufes bietet der Händler kostenlose Wartungsarbeiten in Höhe von 25 € pro Jahr an, mit dem Ziel, den Kunden langfristig an sich binden zu können.

Der Händler geht dabei von der Annahme aus, dass der Kunde X alle drei Jahre Reparaturarbeiten für den Rasenmäher in Höhe von ungefähr

80 € durchführen lässt und er nach zehn Jahren einen neuen Rasenmäher an den Kunden verkaufen kann, wobei er den gleichen Preis veranschlagt. Der Händler hat in dem Beispiel zwei Möglichkeiten. Entweder er verkauft den Rasenmäher an den Kunden X und verzichtet auf die Kundenbindungsmaßnahmen und somit auch auf die Einnahmen durch Reparatur und Ersatzinvestition, oder er versucht den Kunden langfristig an sich zu binden. Wie ist im vorliegenden Fall nun der Wert des Kunden zu berechnen?

Im ersten Fall würde man den Kundenwert mit dem Auftragswert von 490 E gleichsetzen, da der Händler nicht mit weiteren Auszahlungen für den Kunden und weiteren Einzahlungen von dem Kunden plant.

Im zweiten Falle wäre dies zu kurzfristig gedacht, da die kostenlosen Wartungsarbeiten als Auszahlungen einerseits und die kostenpflichtigen Reparaturen sowie der Kauf eines neuen Rasenmähers als Einzahlungen aus Umsätzen andererseits nicht berücksichtigt würden. Stattdessen betrachtet man zunächst die Reihe der Ein- und Auszahlungen in den zehn Jahren.

Jahre	0	1	2	3	4	5	6	7	8	9
Einzahlungen	490	0	0	80	0	0	80	0	0	490
Auszahlungen	0	−25	−25	−25	−25	−25	−25	−25	−25	0

Abb. D 2: Ein- und Auszahlungen im Zeitablauf

Die Ermittlung des Kundenwertes (*V*) erfolgt nun nach dem Barwertkalkül (vgl. Abschnitt G, S. 206 f.)

$$V = \sum_{t=0}^{n} \frac{(E_t - A_t)}{(1+i)^t}$$

Über alle Perioden ($t=1,...,n$) hinweg werden periodenweise die Auszahlungen (A_t) von den Einzahlungen (E_t) subtrahiert und über den Faktor $(1+i)^t$ abgezinst. Diese Abzinsung bewirkt, dass Zahlungen, die erst zu späteren Zeitpunkten erfolgen, mit einer schwächeren Gewichtung in den Kundenwert einfließen. Nach diesem Modell beträgt der Kundenwert in dem konkreten Beispiel bei einem Zins von $i=0,1$ (=10 %) 669,70 €. Damit lohnen sich die Durchführungen der kostenlosen Wartungsarbeiten, da der langfristig an das Unternehmen gebundene Kunde einen höheren Wert zu dem Unternehmenserfolg beiträgt, als der ungebundene Kunde.

c) Marktforschung

Aufgabe der Marktforschung ist die Erarbeitung konkret-numerischer Zusammenhänge für die Entscheidungen über den Einsatz der Marketing-Instrumente. Das Unternehmen möchte z. B. wissen, bei welchen Konsumenten seine Produkte große Absatzchancen haben, welche Produkteigenschaften bevorzugt werden, welche Preisbereitschaft besteht, welche Informationsquellen für die Käufer bedeutsam sind oder welche Geschäftstypen des Einzelhandels bevorzugt aufgesucht oder aber gemieden werden.

	Variable						
Objekt	1	2	3	...	j	...	m
1	X_{11}	X_{12}	X_{13}	...	X_{1j}	...	X_{1m}
2	X_{21}	X_{22}	X_{23}	...	X_{2j}	...	X_{2m}
3	X_{31}	X_{32}	X_{33}	...	X_{3j}	...	X_{3m}
.	.	.	.		.		.
.	.	.	.		.		.
.	.	.	.		.		.
i	X_{i1}	X_{i2}	X_{i3}	...	X_{ij}	...	X_{im}
.	.	.	.		.		.
.	.	.	.		.		.
.	.	.	.		.		.
n	X_{n1}	X_{n2}	X_{n3}	...	X_{nj}	...	X_{nm}

Abb. D 3: Datenmatrix (Quelle: *Green/Tull* [1982], S. 275)

Welche Arbeitsfelder die Marktforschung im Einzelnen umfasst, lässt sich mit Hilfe der Datenmatrix in Abb. D 3 erschließen. In der Datenmatrix sind in den Zeilen die erfassten Objekte vermerkt, etwa die Personen der gezogenen Stichprobe. Über diese Personen werden nun eine Reihe von Merkmalen erhoben, z. B. Geschlecht, Alter, Schulbildung, Einkommen, Einstellung zum Produkt, Denkweisen, Lebensgewohnheiten. Diese Merkmale sind die Variablen in den Spalten der Matrix. So kann man

Geschlecht durch die Variable 0 und 1 wiedergeben, die Schulbildung gemäß einer Klassifikation von 1 (ohne Schulabschluss) bis 10 (Hochschulabschluss), die Einstellung zum Produkt durch einen Punktwert auf einer Skala von –7 (völlige Ablehnung) bis +7 (uneingeschränkte Begeisterung) etc.

Die Schwierigkeiten der Datengewinnung sind offensichtlich: Mangelnde Bereitschaft zu wahrhaftiger Auskunft einerseits, andererseits die Probleme, so komplexe Begriffe wie Einstellungen überhaupt messbar zu machen.

Mit Blick auf die Datenmatrix lassen sich zwei Phasen der Marktforschung unterscheiden, zum einen die **Phase der Datengewinnung**, in der es darum geht, die Matrix zu erstellen, und zum anderen die **Phase der Datenanalyse**. Hier steht die Auswertung der Matrix an: Lassen sich bestimmte Käufergruppen mit Präferenz für diese oder jene Produktvariante erkennen? Gibt es andere Regelmäßigkeiten? Variiert die Preisbereitschaft mit der Wertschätzung für eine bestimmte Produkteigenschaft?

Die Phase der Datenanalyse wird bestimmt durch statistische Verfahren, etwa Regressions-, Korrelations- oder Varianzanalysen. Ob diese Verfahren der Auswertung ihren Sinn erfüllen oder nicht, bestimmt sich vor allem nach der vorangegangenen Phase der Datengewinnung. Sind die Angaben zuverlässig erfasst? Messen die Angaben auch wirklich das, was sie zu messen vorgeben? Sind die erhobenen Daten in einer repräsentativen Weise erhoben und erlauben sie somit generalisierende Folgerungen?

Diese Fragen markieren drei grundsätzliche Qualitätsmerkmale der Marktforschung: **Reliabilität**, **Validität** und **Repräsentativität.**

Die Daten können im Einzelfall durch Beobachtung und Befragung im Feld oder unter Laborbedingungen erfasst werden. Jede Methode der Erfassung hat Vor- und Nachteile, die indessen hier nicht im Einzelnen darzulegen sind.

Die Marktforschung ist die Grundlage für Marketingentscheidungen. Im Folgenden geht es um ein einfaches Beispiel für eine Marktforschung. Aufgabe ist die Schätzung der Nachfragereaktion auf veränderte Preise. Eine solche Information wird in Form einer Preisabsatzfunktion erarbeitet.

d) Fallstudie zur Schätzung der Nachfragereaktion auf veränderte Preise

Ein Unternehmen der Unterhaltungsindustrie verkauft seine Stereoanlagen in acht verschiedenen Verkaufsgebieten zu unterschiedlichen Preisen. Der Absatz (Stück) mit den zugehörigen Preisen (in 100 €) in den acht Verkaufsgebieten kann der Abb. D4 entnommen werden.

Verkaufsgebiet i	Absatzmenge y_i	Preis p_i
1	700	2
2	500	5
3	650	3
4	580	4,5
5	750	1,3
6	480	5,25
7	620	3,5
n = 8	680	2,8
Σ	4.960	27,35

Abb. D4: Preis-Absatz-Kombination der Verkaufsgebiete

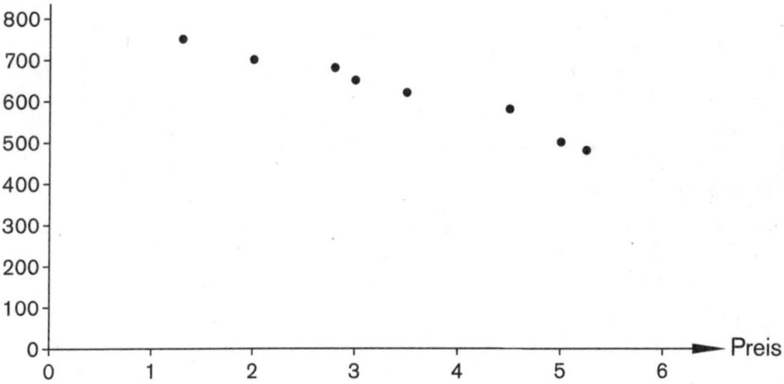

Abb. D5: Streudiagramm der Variablen Preis und Absatz

Einen ersten Ansatzpunkt für einen Zusammenhang zwischen den Variablen Preis und Absatz liefert die Darstellung der p_i-y_i-Punktepaare in einem Streudiagramm (vgl. Abb. D5) mit dem

Preis als unabhängiger Variable bzw. Regressor und dem Absatz als abhängiger Variable bzw. Regressand. Aufgrund dieses Streudiagramms kann ein negativer linearer Zusammenhang zwischen den beiden Variablen vermutet werden, der sich mit Hilfe der folgenden Regressionsfunktion beschreiben lässt:

$$\hat{y} = a_0 + a_1 \cdot p$$

mit $\hat{y}$ als dem durch die Regressionsgerade an der Stelle p für y gelieferten Schätzwert, a_0 als Absolutglied und a_1 als Steigungskoeffizienten, der die Neigung der Geraden bestimmt.

Die zentrale Aufgabe besteht darin, die Parameter gemäß der Methode der kleinsten Quadrate (KQ-Methode) so zu schätzen, dass die Summe der quadrierten Abweichungen der Beobachtungswerte von y_i von den entsprechenden durch die Regressionsgerade geschätzten Werte $\hat{y}_1$ minimiert wird. Bei Anwendung der KQ-Methode erhält man als Schätzwerte:

$$\hat{a}_1 = \frac{n\left(\sum p_i \cdot y_i\right) - \left(\sum p_i\right)\left(\sum y_i\right)}{n\left(p_i^2\right) \cdot \left(\sum p_i\right)^2} = 65{,}86$$

$$\hat{a}_0 = \frac{1}{n}\left(\sum y_i\right) - \hat{a}_1 \cdot \frac{1}{n}\left(\sum p_i\right) = 845{,}1$$

und damit als Regressionsfunktion

$$\hat{y} = 845{,}17 - 65{,}86 \cdot p$$

Die Güte dieser Regressionsfunktion kann mit Hilfe des Bestimmtheitsmaßes R^2 beurteilt werden, das sich wie folgt berechnet:

$$R^2 = \frac{\text{durch das Modell erklärte Varianz}}{\text{Gesamtvarianz}}$$

Das Bestimmtheitsmaß ist um so größer, je höher der Anteil der durch das Modell erklärten Varianz an der Gesamtvarianz ist. Im Extremfall, wenn die gesamte Varianz erklärt wird, ist $R^2 = 1$, im anderen Extremfall entsprechend $R^2 = 0$. Für den vorliegenden Datensatz ergibt sich $R^2 = 0{,}964$. Folglich werden 96,4 % der Gesamtvarianz durch das Modell erklärt.

2. Operatives Marketing: Der Einsatz der Marketing-Instrumente

a) Produktpolitik

Im Mittelpunkt der Marketing-Politik stehen gemeinhin die angebotenen Produkte und Dienstleistungen.

Eine gängige Unterscheidung rechnet Produkten einen **Grundnutzen** und einen **Zusatznutzen** zu, im Fall eines Füllfederhalters edler Provenienz etwa die Fähigkeit zu schreiben als Grundnutzen und der für den Käufer zu erzielende Prestigegewinn bei Nutzung der Edelmarke als Zusatznutzen. Der mit dem Kauf von Marken verbundene Zusatznutzen wird nicht selten für Kunden mit niedrigem Involvement den Ausschlag geben. Neben Prestigeeffekten ist dafür die ersparte Mühe bei der Informationsaufnahme und -verarbeitung verantwortlich. Die Käufer glauben, sich diese Mühe bei Markenprodukten ersparen zu können, und vertrauen auf die Markenstärke als einen validen Qualitätsindikator.

Die Entscheidung zugunsten des Markenprodukts ist somit durch Informationsüberlastung ausgelöst und über die ersparten Informationsaktivitäten letztlich ökonomisch begründet. Dahinter steckt Vertrauen auf einen kühl rechnenden Anbieter, der über viele Jahre mit ansehnlichen Werbebudgets und guten Produkten eine Reputation aufgebaut hat, die er nicht durch zeitweilige Qualitätsmängel aufs Spiel setzen wird. Die Wirtschaftspraxis formuliert diese Folgerung drastischer: Markenreputation ist wie eine Geisel in der Hand der Öffentlichkeit; der Markenanbieter tut gut daran, alles zu vermeiden, was das Wohlergehen der Geisel gefährden könnte.

Produkte bestehen des weiteren aus einem **technischen Produktkern**, etwa der physisch wahrnehmbaren Röntgenapparatur, und darum herum aus zahlreichen weiteren Leistungen, die die **Produktperipherie** ausmachen, etwa Zusatzgeräte, Ersatzteilversorgung, Instandhaltung und Service-Garantien und Finanzierungshilfen, Software-Produkte, Anwendungshilfen etc. Nicht selten wird die Produktperipherie beim Kauf den Ausschlag geben, insbesondere dann, wenn hinsichtlich des Produktkerns wenige Unterschiede wahrgenommen werden. Anbieter werden sich dann über die Produktperipherie zu profilieren suchen, und hier sind auch zunehmend jene Bereiche zu finden, die in besonders starkem Maße zum Gewinn beitragen.

Produkte werden von Kunden gekauft, wenn der gelieferte Nutzen den geforderten Preis übertrifft. Nun ist der Kundennutzen ein zunächst überaus abstrakt gehaltenes Konzept, das aber anschaulich und messbar zu machen ist. Man mag sich zu diesem Zweck vorstellen, dass Produkte von den Käufern als Bündel von Eigenschaften wahrgenommen werden. Je nach Ausstattung mit diesen Eigenschaften stuft der Kunde das Produkt als sehr attraktiv (hoher Kundennutzen) oder als wenig attraktiv (geringer Kundennutzen) ein. Die Beurteilung zerfällt damit in zwei Teile, zum einen in die **Wahrnehmung** der jeweiligen Produkteigenschaft und zum anderen in deren **Bewertung.** Eine als nicht vorhanden wahrgenommene Eigenschaft kann auf der Wunschliste ganz oben stehen; umgekehrt mag eine wenig geschätzte Eigenschaft als reichhaltig vorhanden wahrgenommen werden. Wahrnehmung und Bewertung sind somit im Grundsatz unterschiedliche Prozesse und die gedankliche Trennung ist insoweit sinnvoll.

Die Abb. D 6 gibt einen sehr einfachen Produktwahrnehmungsraum wieder, der lediglich zwei Eigenschaften (Dimensionen) aufweist. Punkte stehen in der Abbildung für einzelne Produkte. Offensichtlich ordnet man den Produkten ganz unterschiedliche Beträge der einzelnen Eigenschaften zu. Durch Verschieben der Punkte im Raum werden in den Augen der Kunden neue Kombinationen der Eigenschaften erreicht: Der Anbieter betreibt Produktgestaltung und Produktvariation. Offenbar ist die Variation einer Eigenschaft auch dann möglich, wenn die andere Eigenschaft fixiert bleibt. Diese Unabhängigkeit der Eigenschaften voneinander wird dadurch ausgedrückt, dass die Achsen im rechten Winkel zueinander stehen. Der Schnittpunkt der Achsen markiert gedankliche Mittelwerte beider Eigenschaften.

Für Konsumenten, die mehr als zwei Eigenschaften des fraglichen Produkts als bedeutsam wahrnehmen, muss man den Wahrnehmungsraum auf 3, 5, 12 oder mehr Dimensionen erweitern. Dabei mag irgendwann die erwähnte Unabhängigkeit der Eigenschaften fraglich werden. Eine allzu starke Erweiterung erscheint zudem deswegen nicht als geboten, als Käufer bei ihrem Urteil erfahrungsgemäß eine recht begrenzte Zahl von Eigenschaften zu Grunde legen.

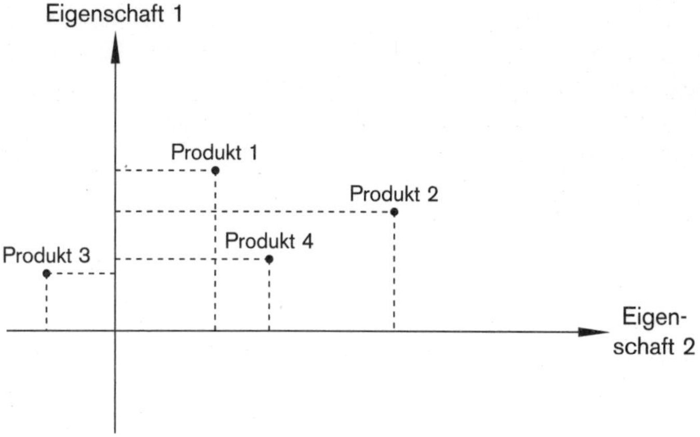

Abb. D 6: Produktwahrnehmungsraum mit zwei Dimensionen

Für die Abbildung gilt im Übrigen das Wahrnehmungsprinzip. Das Bild erhebt keinen Anspruch auf Objektivität in einem abstrakt-technischen Sinn, sondern ist eine subjektive Momentaufnahme. Bei stark lernenden Käufern wird sich das Bild im Zeitablauf deshalb ändern.

Bis jetzt steht die Abb. D 6 für die produktspezifischen Wahrnehmungen eines einzelnen Konsumenten. Stellt man auf die Wahrnehmung durch ganze Käufergruppen ab, müssen aus den individuellen Werten Durchschnitte gebildet werden, und man gerät bei großen Unterschieden in der individuellen Wahrnehmung in die bekannte Problematik der Durchschnittsbildung. Es mag deshalb sehr hilfreich sein, für die betrachteten Personen vom gleichen Informationsstand und damit von gleicher Wahrnehmung auszugehen, aber gerade dies ist in der Realität keineswegs gewährleistet.

Auch bei gleicher Wahrnehmung mögen sich die Wünsche der Kunden durchaus unterscheiden. Man kann diese Wünsche in Form von **„Idealprodukten“** in einer Abbildung der vorhandenen Wahlmöglichkeiten vermerken. Die vorhandenen Produkte sind die **„Realprodukte“**. Unterschiedliche Wünsche schlagen sich in Abb. D 7 in unterschiedlichen Idealprodukten nieder; die Wahrnehmung der vorhandenen Produkte bleibe von der Unterschiedlichkeit der Wünsche unberührt. Die Erfahrung einer selektiven Wahrnehmung („Man sieht vor allem das, was man sehen möchte“) spiele einmal keine Rolle.

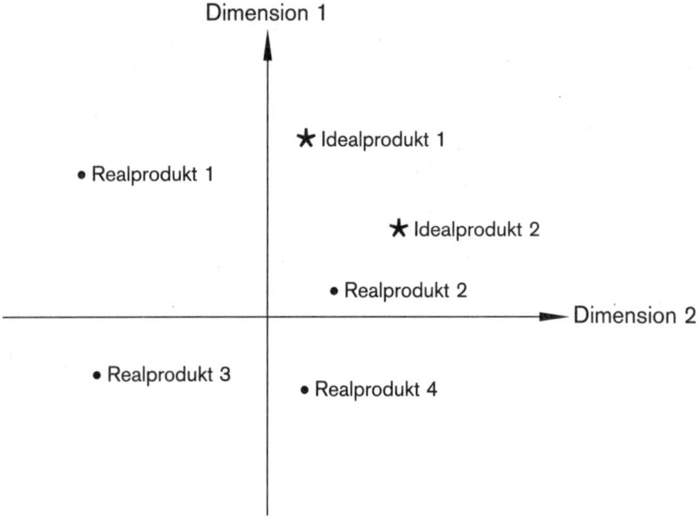

Abb. D 7: Produktwahrnehmungsraum mit Real- und Idealprodukten

Abb. D 7 illustriert die grundsätzliche Frage der Produktpolitik: Mit welchen Ausprägungen der Eigenschaften muss der Anbieter das Produkt ausstatten, damit es den Idealprodukten möglichst vieler Kunden nahe kommt? Diese Fragestellung ist schlüssig, wenn die jeweilige Produktausstattung durch hinreichend hoch involvierte Kunden einigermaßen korrekt wahrgenommen wird. Bei niedrigem Involvement werden Produkteigenschaften typischerweise unvollständig wahrgenommen, Produkte insoweit von den Konsumenten aus Herstellersicht „falsch“ eingeschätzt. Hier haben Unternehmen im Grundsatz die Möglichkeit, die Positionen der Produkte im Raum ohne Änderung der Produkteigenschaften durch bloße Einflussnahme auf Wahrnehmungen zu verändern, also z. B. durch Werbung.

Wie viele Eigenschaftsachsen sind nötig, um ein Produkt in Konkurrenz mit anderen hinreichend genau zu kennzeichnen? Die Antwort bestimmt sich u. a. nach der Komplexität des Produkts und nach dem Differenzierungsgrad, mit dem die Kundschaft das Angebot wahrnimmt.

Welche Eigenschaften zur Kennzeichnung des Produkts heranzuziehen sind, hängt davon ab, wie relevant sie für das Kaufverhalten sind. Nicht selten werden eindeutig und leicht messbare Eigenschaften (z. B. Rauminhalt einer Vase) für die Produktwahl unwichtig sein, schwer messbare Eigenschaften (z. B. Schönheit) sind aber überaus wichtig.

Wie wichtig sind einzelne Eigenschaften im Kundenurteil? Welche Eigenschaften sind es vor allem, die den **Kundennutzen** bestimmen? Man kann sich den Kundennutzen im einfachsten Fall als über alle Eigenschaften i aufsummierte Multiplikation aus zwei Faktoren, nämlich y_i als wahrgenommene Ausprägung der Eigenschaft i beim betrachteten Produkt und w_i als Gewichtungsfaktor für den Stellenwert (die Wichtigkeit) der Eigenschaft für den Kunden, vorstellen:

$$\text{Kundennutzen} = \sum_{i=1}^{n} y_i \cdot w_i$$

Der Kundennutzen bezieht sich auf ein gegebenes Produkt aus der Sicht eines einzelnen Kunden. Dabei werden der Einfachheit halber metrisch skalierte Eigenschaften betrachtet, z. B. der Kraftstoffverbrauch pro Kilometer Fahrstrecke und ein weniger oder mehr dieser Eigenschaft wird stets durchgehend positiv oder negativ bewertet. Will man den Kundennutzen für eine Gruppe von Käufern feststellen, sind Durchschnitte zu bilden.

Sind die relevanten Eigenschaften bekannt und werden sie von allen Kunden in gleicher Weise wahrgenommen, ist der Ansatz der y_i weitgehend unproblematisch. Man mag hier auf objektive

Messungen oder auf durchschnittliche Wahrnehmungswerte zurückgehen. Schwieriger ist es, den Stellenwert der jeweiligen Eigenschaft im Kundenkalkül zu erfassen. Wie findet man die Eigenschaften mit hohen Wichtigkeitswerten? Die w_i-Werte lassen sich auf **direktem** und auf **indirektem** Wege feststellen.

„Die Sicherheit bei Pkws ist für mich ..."

ausge-sprochen wichtig	sehr wichtig	ziemlich wichtig	eher unwichtig	überhaupt nicht wichtig
1 ☐	2 ☐	3 ☐	4 ☐	5 ☐

Abb. D8: Ratingskala

Die **direkte Methode** konfrontiert die Nachfrager mit einer mehr oder minder großen Anzahl von Eigenschaften und fragt jeweils separat, etwa mit Hilfe einer Ratingskala, nach dem Stellenwert der Eigenschaft für das Kundenurteil. Das Vorgehen ist bedenklich: Mancher Kunde mag so mit Eigenschaften Bekanntschaft machen, an die er ansonsten nie gedacht hätte. Zudem werden die einzelnen Eigenschaften offensichtlich voneinander getrennt bewertet. Beide Schwachpunkte der direkten Methode versucht das **indirekte Verfahren** der konjunkten Analyse zu vermeiden.

Bei der konjunkten Analyse werden Personen aufgefordert, in den einzelnen Eigenschaften systematisch variierte Produkte jeweils als Ganzes zu beurteilen und in eine eindeutige Präferenzrangfolge zu bringen. Der Marktforscher kennt damit sowohl den Kundennutzen der Produkte, gemessen als Präferenzrangwert, als auch deren Eigenschaftsausprägungen. Mit diesen Daten lässt sich die Wichtigkeit der variierten Produkteigenschaften aus Kundensicht schätzen. Als Zielkriterium dieser Schätzung gilt, dass die auf ihrer Basis rekonstruierte Präferenzrangfolge möglichst nahe bei der von den Versuchspersonen angegebenen liegen sollte. Unterstellt, die genannte Formel für den Kundennutzen ist gültig, ergeben sich die gesuchten Gewichte der Produkteigenschaften beispielsweise einfach als Ergebnis einer Regressionsanalyse mit den gegebenen Präferenzrangwerten als abhängige Variable und den Eigenschaften als unabhängige Variable. Nach dieser Rechnung mag Eigenschaft 1 zum Kundennutzen mit 55 % beitragen, Eigenschaften 2 und 3 jeweils mit 10 % etc. bis hin zu Eigenschaft 12 mit 0,05 %. Eigenschaften wie die letztgenannte sind offensichtlich ohne Relevanz und spielen für den Kundennutzen keine Rolle.

Das Wissen um die wirklich relevanten Produkteigenschaften ist für die Unternehmen der zentrale Punkt in der Produktpolitik. Praxiserfahrungen zeigen hier nicht selten beträchtliche Wissenslücken mit dramatischem Fehlerpotential: Entwicklungsabteilungen verbessern dann Produkteigenschaften, die im Markt weitgehend unbeachtet bleiben, und geben denjenigen Eigenschaften nicht die angemessene Aufmerksamkeit, die im Kern den Kundennutzen ausmachen.

Die Produktpolitik wird für viele Anbieter den Kern des Marketings ausmachen. Problemlösungen in diesem Kernbereich sollen im Folgenden anhand von vier Entscheidungstechniken illustriert werden:

(1) Produktpositionierung mit Fallstudie „Schnee-Flop“
(2) Entscheidungsbaum mit Fallstudie „See Clear“
(3) Punktbewertungsmodell mit Fallstudie „Allround AG“
(4) Break-Even-Analyse mit „Schäffners Backspezialitäten“

Fallstudie (1) „Schnee-Flop“: Der Nahrungsmittelhersteller „Schnee-Flop“ muss feststellen, dass der Absatz seines Müsliriegels „Schoko-CoCo“ seit längerer Zeit stagniert, obwohl das Marktvolumen in den letzten Jahren deutlich gestiegen ist. Das Unternehmen gibt daraufhin eine Positionierungsstudie in Auftrag. Die Studie ergibt, dass allein die Merkmale „Nussgehalt“ und „Schokoladengehalt“ wahrnehmungsrelevant sind, wobei die merkmalspezifischen Beurteilungen voneinander unabhängig sind.

Der in Abb. D9 dargestellte Raum gibt die Positionen der wichtigsten (ca. 70 % kumulierter Marktanteil) Marken sowie die Idealpunkte der ermittelten Nachfragersegmente wieder:

(a) Stellen Sie eine Rangreihe der Produktpräferenzen für das

Nachfragersegment B auf! Von welchen Annahmen können Sie dabei ausgehen?

(b) Welche Möglichkeiten bieten sich der Unternehmung „Schnee-Flop" für eine Neupositionierung der Marke „Schoko-CoCo"

(c) Welche Ansätze zu einer Kritik liefert die Darstellung der Marken und Idealpunkte in einem Wahrnehmungsraum?

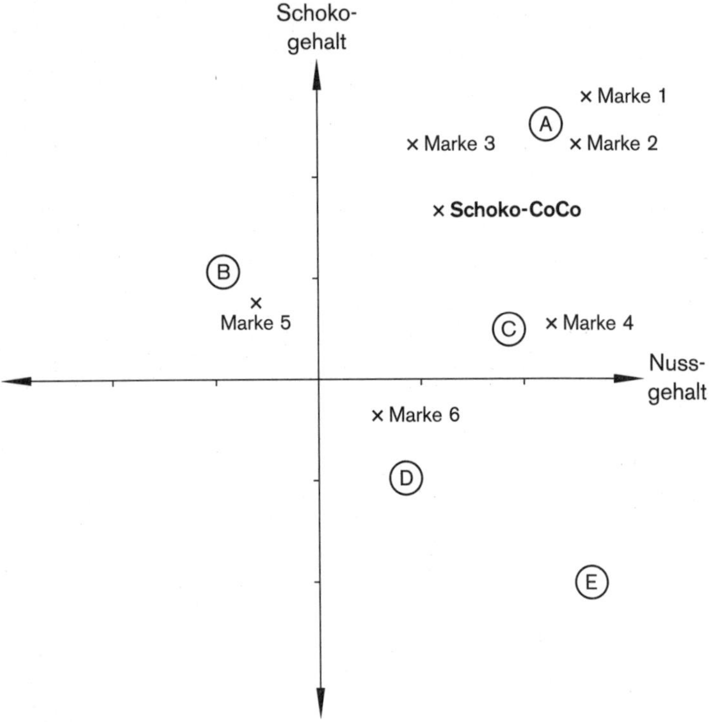

Abb. D9: Produktwahrnehmungsraum mit Kundensegmenten bei zwei Dimensionen

Lösung:

(a) Rangfolge: 5 > 6 > 3 > **Schoko-CoCo** > 4 > 2 > 1
Dieser Präferenzordnung kann die Annahme zu Grunde gelegt werden, dass sich die Präferenz für ein bestimmtes Objekt als eine Funk-

tion der Distanz zwischen der Wahrnehmung des Objektes und dem Idealpunkt des jeweiligen Kundensegments interpretieren lässt. Die Distanzen zwischen den Objekten in dem Merkmalsraum beschreiben das Ausmaß der Unterschiede in der Wahrnehmung der Marken. Je näher zwei Objekte in dem Raum beieinander liegen, desto ähnlicher werden die Objekte wahrgenommen.

(b) In Bezug zu den Konkurrenzmarken nimmt „Schoko-CoCo" bei keiner der wahrnehmungsrelevanten Eigenschaften eine herausragende Position ein. Die Marke weist bezüglich beider Dimensionen mittelhohe Werte auf.
„Schoko-CoCo" entspricht nicht den Idealvorstellungen irgendeines Kundensegments, so dass keine ausreichende Nachfragerorientierung bei der Positionierung der Marke vorhanden ist. Bei einer Entscheidung für eine Neupositionierung ihres Müsliriegels könnte sich „Schnee-Flop" einerseits entschließen, den Nussgehalt zu verringern, um somit den Idealvorstellungen von Nachfragersegment C zu entsprechen. Andererseits könnte eine Verringerung des Schokoladengehalts dazu führen, den Idealvorstellungen des Nachfragersegments D zu entsprechen.
Eine Neupositionierung in eine der beiden Richtungen würde jedoch dazu führen, dass „Schoko-CoCo" in Wettbewerb zu anderen Marken steht. Im vorliegenden Falle käme auch eine Neuprodukteinführung in Frage, wobei das Neuprodukt möglichst den Idealvorstellungen von Kundensegment E nahe kommen sollte und so in einem „wettbewerbsfreien" Raum positioniert werden kann.

(c) Die Verwendung des Idealpunktmodells kann nur dann gerechtfertigt werden, wenn Homogenität der Wahrnehmungen zwischen den Konsumenten unterstellt werden kann. Kann Homogenität nicht angenommen werden, so müssen für Nachfragersegmente mit homogenen Wahrnehmungen jeweils eigene Objekträume gebildet werden.
Bezüglich der gegebenen Handlungsempfehlungen zu der Positionierung von „Schoko-CoCo" ist es fraglich, ob eine Neupositionierung auch tatsächlich realisiert werden kann. Zum einen müssen die relevanten Produkteigenschaften veränderbar sein, zum anderen müssen Veränderungen dieser Eigenschaften auch an die Konsumenten kommuniziert werden, damit eine Veränderung real existierender Ausprägungen relevanter Produkteigenschaften auch zu einer Veränderung der wahrgenommenen Ausprägungen relevanter Produkteigenschaften führen kann. Ferner ist zu prüfen, ob diejenigen Merkmale, die von den Konsumenten wahrgenommen werden, auch den Ausschlag für die Präferenzbildung geben. Ist dies nicht der Fall, so müssen die

empfohlenen Strategien zu einer Neupositionierung in Frage gestellt werden.

Es bleibt noch, darauf hinzuweisen, dass nicht alle Konkurrenten mit in die Analyse einbezogen wurden. Mit 70 % kumulierter Marktanteile wird ein großer Teil des Gesamtmarktes nicht berücksichtigt.

Fallstudie (2) „See Clear": Die Firma „See Clear" erwägt die Markteinführung eines neuartigen Reinigungstuches für Brillen unter der Marke „Glixi". Ein umfangreiches Testprogramm mit Konsumenten würde 25.000 € kosten. Der Gegenwartswert der zukünftigen Gewinne aus Herstellung und Verkauf von „Glixi" beläuft sich auf 500.000 € falls die Marke erfolgreich ist. Falls sie nicht erfolgreich ist, steht ein Nettoverlust von 250.000 € zu erwarten. Wenn „Glixi" nicht eingeführt wird, bleibt der Konzerngewinn von „See Clear" unverändert.

Das Management schätzt die Erfolgschancen des Reinigungstuches ohne Konsumententest auf 50 %. Der Konsumententest wird mit 40 % zur Produkteinführung ermutigen (günstiges Testergebnis). Bei günstigem Testergebnis wird die Erfolgschance von „Glixi" auf 80 % veranschlagt, bei schlechtem Ergebnis immerhin noch auf 30 %. Was soll „See Clear" tun?

Lösung:

Das vorliegende Beispiel spiegelt eine typische Entscheidungssituation unter Unsicherheit wider. In diesem Falle muss, bevor eine adäquate Entscheidung gefällt wird, das Entscheidungsproblem möglichst exakt strukturiert werden. Als mögliche Darstellungsform zur Strukturierung von Entscheidungsproblemen bietet sich der Entscheidungsbaum an. Im vorliegenden Falle kann ein Entscheidungsbaum wie in Abb. D 10 dargestellt werden.

Vor allem die strikte Trennung von Handlungsalternativen und Umweltzuständen spielt eine elementar wichtige Rolle bei der Strukturierung eines Entscheidungsproblems. Der Entscheider muss genau wissen, an welchen Knoten des Entscheidungsprozesses er die spätere Auszahlung beeinflussen kann und an welchen Knoten keine Einflussmöglichkeiten bestehen. Im dargestellten Entscheidungsbaum sind die Knoten, an denen „See Clear" zwischen Handlungsalternativen wählen kann, durch Vierecke dargestellt. Zunächst muss das Unternehmen die Entscheidung

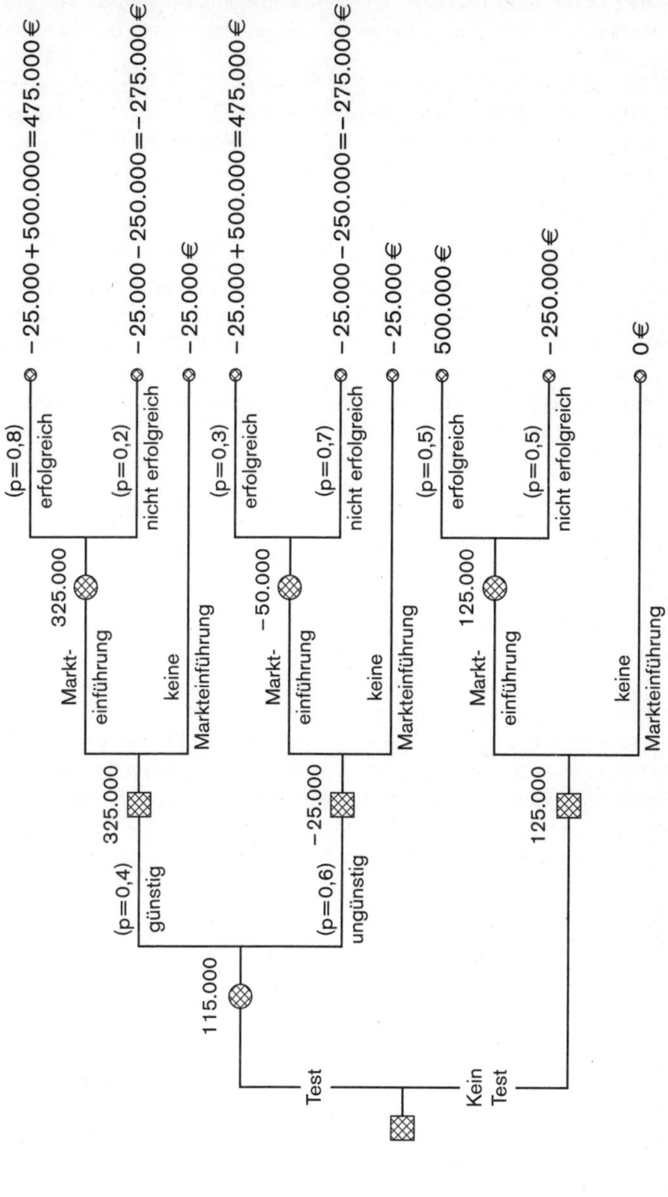

Abb. D 10: Entscheidungsbaum

darüber treffen, ob ein Konsumententest durchgeführt werden soll. Diese Entscheidung wird durch den ersten Knoten am Stamm des Baumes dargestellt.

Als zweite Entscheidung muss „See Clear" über eine Markteinführung entscheiden. Diese Entscheidungssituationen werden durch die anderen, dem Stamm nachgelagerten, viereckigen Knoten im Baum veranschaulicht.

Jede Entscheidung, die „See Clear" fällt, zieht bestimmte Konsequenzen nach sich, die in unterschiedlichen Umweltzuständen resultieren. Diese Umweltzustände können von „See Clear" nicht kontrolliert oder verändert werden, ihr Eintreten kann jedoch mit einer bestimmten Wahrscheinlichkeit vorausgesagt werden. Diese Wahrscheinlichkeiten werden durch die p-Werte an den Ästen des Baumes dargestellt. Entscheidet sich „See Clear" beispielsweise für einen Produkttest, so fällt die Prognose für das neue Produkt „Glixi" mit einer Wahrscheinlichkeit von 60 % (p=0,6) negativ aus, mit einer Wahrscheinlichkeit von 40 % (p=0,4) fällt sie positiv aus.

Nachdem das Entscheidungsproblem von „See Clear" detailliert strukturiert wurde, kann eine Handlungsempfehlung für die erste Entscheidung (Konsumententest ja/nein) aus dem Entscheidungsbaum abgeleitet werden. Dazu wird das „Roll-Back"-Verfahren angewandt. Dabei werden die Auszahlungen vom hinteren Ende an mit den Eintrittswahrscheinlichkeiten gewichtet, aufsummiert und an die jeweils vorgelagerten Knoten geschrieben. Diese Werte können als Nutzenwerte einer Entscheidung interpretiert werden. Dieses Vorgehen wiederholt sich bis zum Stamm des Baumes. Vom Stamm des Baumes aus gesehen beträgt der Nutzenwert bei einer Entscheidung für einen Konsumententest 115.000 €. Der Nutzenwert bei einer Entscheidung gegen einen Konsumententest liegt bei 125.000 €. Somit entscheidet sich „See Clear" gegen einen Konsumententest. In einem nächsten Schritt muss nun entschieden werden, ob „Glixi" eingeführt werden soll. Der Nutzenwert bei einer Entscheidung gegen die Einführung liegt bei 0 Euro. Bei einer Entscheidung für eine Produkteinführung liegt der Wert wieder bei 125.000 €. „See Clear" wird sich also für eine Produkteinführung von „Glixi" ohne vorherige Durchführung eines Konsumententests entscheiden.

Fallstudie (3) Die Allround AG: Neuproduktideen werden von den beteiligten Technikern und Kaufleuten nicht selten überaus kontrovers beurteilt. Immerhin sind mangels Markterfahrung Prognosen von Erlösen und Kosten noch nicht möglich, und man ist auf qualitative Beurteilungen durch Punktbewertung angewiesen. Das grundsätzliche Vorgehen lässt sich an der folgenden Fallstudie „Allround AG" erläutern.

Die Forschungs- und Entwicklungsabteilung des zur Allround AG gehörenden Unternehmensbereichs „Bau- und Bastelbedarf" hat einen neuen Klebstoff namens Klebon entwickelt. Dieser Klebstoff zeichnet sich durch seine hervorragende Klebekraft, seine Geruchlosigkeit und seine besondere Umweltverträglichkeit aus. Aufgrund dieser Eigenschaften sind zwei Abteilungen dieses Unternehmensbereichs an dem Produkt interessiert. Während die Abteilung für Baubedarf diesen Klebstoff als Fliesenkleber in ihr Sortiment aufnehmen will, strebt die Abteilung für Bastelbedarf die Vermarktung von Klebon als Bastelklebstoff an.

Aufgrund finanzieller Restriktionen kommt für die Unternehmensbereichsleitung die Vermarktung nur einer einzigen Produktalternative in Frage, was zu erheblichen Spannungen zwischen den betroffenen Abteilungen führt. Um eine Entscheidung für eine dieser beiden Produktalternativen zu finden, wird vorgeschlagen, das Punktbewertungsverfahren heranzuziehen.

(a) Erläutern Sie allgemein die Ablaufschritte eines Punktbewertungsverfahrens!

(b) Für welche Produktalternative sollte sich die Unternehmensbereichsleitung entscheiden?

Lösung:

(a) Die Vorgehensweise des Punktbewertungsverfahrens lässt sich in zwei Phasen unterteilen. In der **Ausgestaltungsphase** wird zunächst ein Katalog von Kriterien aufgestellt, die für gegebene Zielvorgaben relevant sind und mit denen sich die einzelnen Produktalternativen beurteilen lassen. Im Anschluss wird eine Benotungsskala festgelegt, mit der jede Produktalternative hinsichtlich jedes Kriteriums benotet wird, und eine prozentuale Gewichtung der einzelnen Kriterien vorgenommen. Die Summe der Gewichtungsprozente muss 100 % ergeben.
In der **Beurteilungsphase** werden dann die Produktalternativen hinsichtlich jedes Kriteriums in die Benotungsskala eingestuft, bevor die Einzelpunktwerte durch die Multiplikation des Benotungsskalenwertes eines Kriteriums mit dem dazugehörenden Gewicht ermittelt werden. Die Addition der zu einer Produktalternative gehörenden Einzelpunktwerte ergibt schließlich den Gesamtpunktwert, dessen Höhe die Entscheidung für oder gegen die Realisierung der entsprechen-

den Produktalternative liefert. So wird in der Regel diejenige Produktalternative realisiert, deren Gesamtpunktwert am höchsten ist.
Im Folgenden beauftragt die Unternehmensbereichsleitung beide Abteilungen, eine Punktbewertung sowohl für den Fliesenkleber (PA 1) als auch für den Bastelklebstoff (PA 2) durchzuführen. Die heranzuziehenden Kriterien werden von der Unternehmensbereichsleitung vorgegeben. Zum einen handelt es sich um marktbezogene Kriterien wie Marktanteil, Preisspielraum, Imagewirkung und Sortimentseffekt, zum anderen um betriebsbezogene Kriterien wie Kosten, unterteilt nach einmaligen Kosten für die Einführung des Produktes und nach laufenden Kosten für Personal und Material sowie den Kapazitätseffekt.
Die Ergebnisse sind in der Abb. D 11 wiedergegeben. Für die Benotungsskala wird ein Zehnerabstand gewählt mit den Extrempositionen 10 = sehr ungünstig und 50 = sehr günstig. Die Einstufung der Produktalternativen in die Benotungsskala erfolgte in den beiden Abteilungen identisch. So wird beispielsweise die Imagewirkung und der Sortimentseffekt für den Fliesenkleber (PA 1) als sehr günstig beurteilt, wohingegen die laufenden Kosten als eher ungünstig eingestuft werden.

	Bewertung von		Gewichte von Abteil.	Einzelpunkte von		Gewichte von Abteil.	Einzelpunkte von	
Kriterien	PA 1	PA 2	Bau	PA 1	PA 2	Basteln	PA 1	PA 2
Marktanteil	30	40	0,4	12	16	0,5	15	20
Preisspielraum	30	20	0,15	4,5	3	0,1	3	2
Imagewirkung	50	30	0,06	3	1,8	0,05	2,5	1,5
Sortimentseffekt	50	40	0,09	4,5	3,6	0,1	5	4
Kosten								
• einmalige für Einführung	40	30	0,1	4,0	3	0,08	3,2	2,4
• laufende	20	30	0,12	2,4	3,6	0,12	2,4	3,6
Kapazitätseffekt	30	20	0,08	2,4	1,6	0,05	1,5	1
Gesamtsumme			1	32,8	32,6	1	32,6	34,5

Abb. D 11: Punktbewertung der markt- und betriebsbezogenen Kriterien

(b) Ausgangspunkt für die zu treffende Entscheidung bildet die Höhe der für die beiden Produktalternativen aus der Summe der Einzelpunktwerte gebildeten Gesamtpunktwerte. Aufgrund der von den Abteilungen Bau- und Bastelbedarf unterschiedlich gewählten Gewichte ergibt sich keine eindeutige Lösung. So spricht die Höhe der Gesamtpunktwerte im ersten Fall für die Einführung eines neuen Fliesenklebers (32,8 > 32,6) und im zweiten Fall für die Einführung eines neuen Bastelklebstoffs (34,5 > 32,6). Die Wahl einer optimalen Produktalternative wird folglich maßgeblich von den subjektiven Einschätzungen über die Gewichtung der einzelnen Kriterien beeinflusst, was zugleich auch ein erheblicher Nachteil des Punktbewertungsverfahrens darstellt. Um eine endgültige Entscheidung für eine der beiden Produktalternativen zu treffen, muss sich die Unternehmensbereichsleitung kritisch mit den gewählten Gewichten auseinandersetzen und überprüfen, welche Gewichtung sie selbst für angemessen hält.

Einem qualitativen Verfahren wie der **Punktbewertungsmethode** wird nicht selten entgegen gehalten, es sei subjektiv und daher beliebig manipulierbar. Der Vorwurf verkennt indessen den Vorteil des Verfahrens, der sich vor allem dann zeigt, wenn Personen mit unterschiedlichen Erfahrungen und unterschiedlichen Interessenlagen die Punktbewertung vornehmen und zu ganz unterschiedlichen Urteilen kommen. Das Verfahren klärt auf, welches die Gründe für die unterschiedliche Beurteilungen sind. Hat man andere Kriterien herangezogen und/oder andere Gewichte verwandt und/oder andere Punktwerte zugeordnet? Das Verfahren hebt die Transparenz solcher Entscheidungsprozesse, lokalisiert Divergenzen, setzt Vertreter unterschiedlicher Meinungen unter Begründungszwang und fördert so das Streben nach intersubjektiver Nachprüfbarkeit der Argumentation.

Neuproduktplanungen erfolgen regelmäßig angesichts beträchtlicher Ungewissheiten hinsichtlich der erzielbaren Preise, der anfallenden Kosten und der nachgefragten Stückzahlen. Im Folgenden sei von einer Situation ausgegangen, in der das Unternehmen zu einer Preisprognose in der Lage ist, und zudem die zukünftigen Kosten einigermaßen absehen kann. Fraglich ist vor allem das Absatzrisiko: Wird die Nachfrage groß genug sein, um aus dem Neuprodukt einen Erfolg zu machen? Das Verfahren der **Break-Even-Analyse** gibt Anhaltspunkte zur Abschätzung dieses Risikos. Die Überlegungen lassen sich in der Abb. D 12 wiedergeben.

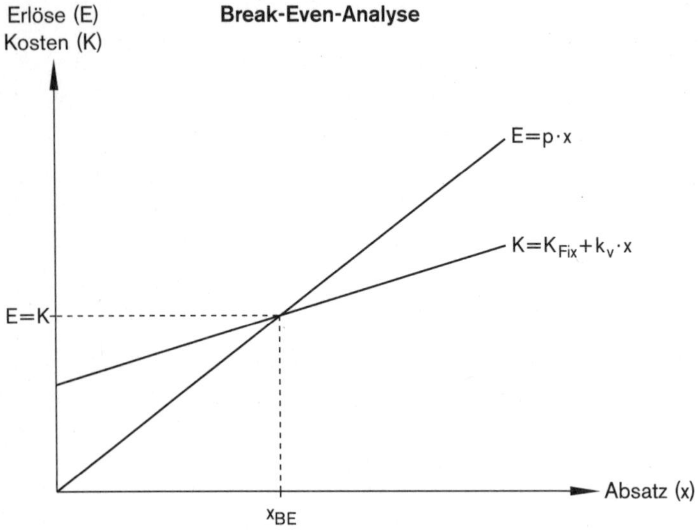

Abb. D 12: Break-Even-Analyse

In der Abb. D 12 ist der Absatz x auf der Abszisse abgebildet; der Umsatz und die Kosten finden sich auf der Ordinatenachse. Bei gegebenem Preis und linearen Kosten mit K_{Fix} als Fixkosten und k_v als den variablen Stückkosten markiert der Abszissenwert des Schnittpunkts mit x_{BE} jenen Absatz, bei dem gerade Kostendeckung erreicht wird. Geringere Nachfrage führt in die Verlustzone, größere in die Gewinnzone.

Man kann nun den erwarteten Absatz mit dem Break-Even-Absatz x_{BE} vergleichen und gewinnt durch die Differenz einen Risikoindikator: Je größer der erwartete Absatz im Vergleich zum Break-Even-Absatz, desto geringer das fragliche Absatzrisiko; je geringer die Differenz, desto größer das Absatzrisiko.

Der Grundgedanke der Break-Even-Analyse lässt sich anschaulicher anhand der folgenden Fallstudie „Schäffners Backspezialitäten“ aufzeigen.

Fallstudie (4) Der Großbäckereibetrieb Schäffners Backspezialitäten: Der Großbäckereibetrieb „Schäffners Backspezialitäten“ beabsichtigt die Markteinführung von „Petite Cuisine“, einem halb ausgebackenen Baguettebrot, das vom Endverbraucher in wenigen Minuten fertig gebacken werden kann und eine lange Haltbarkeitsdauer besitzt, in den Absatzgebieten Brandenburg und Mecklenburg-Vorpommern. Zuvor sind umfangreiche Modernisierungsarbeiten in den erworbenen Gebäuden des ehemaligen VEB Backwarenkombinats „Ernst Thälmann“ durchzuführen. Ausführliche Planungsrechnungen der Abteilungen Produktion und Einkauf sowie ausgiebige Marktstudien führten zu folgenden Absatz- und Kostenschätzungen:

- erzielbarer Durchschnittspreis je 3er-Packung: 2,50 €
- proportionale Einzelkosten je 3er-Packung: 1,30 €
- produktspezifische Investitionen in t_0 in die Entwicklung, Herstellung sowie in den neuen Absatzmarkt: 618.000,00 €
- einmalige Schutzgebühr für das Markenzeichen: 12 Mio. €
- absetzbare 3er-Packungen in
  t_1: 160.000 Stück
  t_2: 240.000 Stück
  t_3: 450.000 Stück

(a) Bestimmen Sie die Break-Even-Absatzmenge und den Break-Even-Umsatz! In welcher Periode wird der Break-Even-Punkt erreicht?

(b) Firmenchef Schäffner setzt für eine Investition in den neuen Markt eine Mindest-Umsatzrentabilität von 3 % (Gewinnanteil am Umsatz) sowie die Erreichung des Break-Even-Absatzes innerhalb der ersten drei Jahre voraus. Bei einer Überprüfung der Marktforschungsergebnisse stellt sich zudem heraus, dass die Zahlen für die absetzbaren Packungen wie folgt zu korrigieren sind:
absetzbare 3er-Packungen in
t_1: 120.000 Stück
t_2: 180.000 Stück
t_3: 200.000 Stück
Berechnen Sie unter Beachtung des Rentabilitätszieles die

Break-Even-Absatzmenge! Zeigen Sie unter Einsatz der Break-Even-Analyse, bei welchen Werten für die fixen Kosten bzw. für die proportionalen Einzelkosten das Rentabilitätsziel erreicht wird?

(c) Zeigen Sie unter Einsatz der Break-Even-Analyse, welche Werte für den erzielbaren Durchschnittspreis das Rentabilitätsziel erreichen lassen!

Lösung:

(a) Bestimmung des Break-Even-Absatzes

Der Break-Even-Absatz ist die Menge, die ein Unternehmen produzieren muss, um einen Gewinn von Null zu realisieren, also $G = E - K = 0$

$$2{,}50[€/ME] \cdot x_{BE} - 1{,}30[€/ME] \cdot x_{BE} - 618.000[€] - 12.000[€] = 0$$

$$x_{BE} = \frac{618.000[€] + 12.000[€]}{2{,}50[€/ME] - 1{,}30[€/ME]} = 525.000[ME]$$

Der Break-Even-Absatz liegt bei 525.000 Stück 3er-Packungen.

Bestimmung des Break-Even-Umsatzes

$$U_{BE} = p \cdot x_{BE} = 2{,}50[€/ME] \cdot 525.000[ME] = 1.312.000[€]$$

Der Break-Even-Umsatz liegt bei 1.312.500 €.

Bestimmung der Periode, in der der Break-Even-Punkt erreicht wird

$$160.000 + 240.000 = 400.000 < 525.000$$
$$400.000 + 450.000 = 850.000 > 525.000$$

Der Break-Even-Punkt wird in Periode 3 erreicht!

(b) Berechnung des Break-Even-Absatzes unter Beachtung des Rentabilitätszieles

$$\frac{\text{Gewinn}}{\text{Umsatz}} \geq 0{,}03$$

$$\frac{(p - k_v) \cdot x - K_{Fix}}{p \cdot x} \geq 0{,}03$$

$$x_{BE} \geq \frac{K_{Fix}}{(1 - 0{,}03) \cdot p - k_v}$$

$$x_{BE} \geq \frac{630.000[€]}{0,97 \cdot 2,50[€/ME] - 1,30[€/ME]}$$

$$x_{BE} \geq 560.000[ME]$$

Die Break-Even-Absatzmenge liegt in diesem Fall bei 560.000 Packungen.

Berechnung der Werte für die fixen Kosten, bei denen das Rentabilitätsziel erreicht wird. Annahme: x = 500.000 (Risikoziel bzw. Break-Even-Menge wird exakt erreicht)

$$\frac{(p - k_v) \cdot x - K_{fix,\,BE}}{p \cdot x} \geq 0,03$$

$$(p - k_v) \cdot x - K_{fix,\,BE} \geq 0,03 \cdot p \cdot x$$

$$(p - k_v) \cdot x - 0,03 \cdot p \cdot x \geq K_{fix,\,BE}$$

$$K_{fix,\,BE} \leq \{(1 - 0,03) \cdot 2,50[€/ME] - 1,30[€/ME]\}$$

$$\cdot 500.000[ME]$$

$$\leq 562.500[€]$$

Die fixen Kosten müssten kleiner als bzw. gleich 562.500 € sein.

Berechnung der Werte für die proportionalen Einzelkosten, die das Rentabilitätsziel erreichen lassen. Annahme: x = 500.000

$$(p - k_{v,BE}) \cdot x - K_{Fix} \geq 0,03 \cdot p \cdot x$$

$$-k_{v,BE} \cdot x \geq 0,03 \cdot p \cdot x - p \cdot x + K_{Fix}$$

$$k_{v,BE} \leq (0,97 \cdot p \cdot x - K_{Fix})/x$$

$$k_{v,\,BE} \leq \{0,97 \cdot 2,50[€/ME] \cdot 500.000[ME] - 630.000[€]\}$$

$$/500.000[ME]$$

$$k_{v,\,BE} \leq 1,165[€/ME]$$

Die proportionalen Einzelkosten je 3er-Packung müssten kleiner als bzw. gleich 1,165 € sein.

(c) Berechnung der Werte für den erzielbaren Durchschnittspreis, die das Rentabilitätsziel erreichen lassen. Annahme: x = 500.000

$$(p_{BE} - k_v) \cdot x - K_{Fix} \geq 0{,}03 \cdot p_{BE} \cdot x$$

$$0{,}97 \cdot p_{BE} \cdot x \geq k_v \cdot x + K_{Fix}$$

$$p_{BE} \geq \{k_v \cdot x + K_{Fix}\} / \{0{,}97 \cdot x\}$$

$$p_{BE} \geq \{1{,}30[€/ME] \cdot 500.000[ME] + 630.000[€]\}$$

$$/\{0{,}97 \cdot 500.000[ME]\}$$

$$p_{BE} \geq 2{,}64[€]$$

Der erzielbare Durchschnittspreis je 3er-Packung müsste größer als bzw. gleich 2,64 € sein.

b) Preispolitik

Jedes Bemühen um eine gute, weil für den Anbieter günstige Preissetzung verlangt ein Wissen um Preis-Absatz-Zusammenhänge: Wie wird die nachgefragte Menge oder der mögliche Absatz beim Setzen eines hohen Preises p_1 und bei einem niedrigeren Preis p_2 ausfallen? Der einschlägige Zusammenhang steht als **Preisabsatzfunktion** im Mittelpunkt der Suche nach dem geeigneten Preis, und die Schätzung einer solchen Funktion stößt nicht selten auf größte Schwierigkeiten. Ein einfaches Beispiel wurde oben bereits gegeben.

Eine solche Preisabsatzfunktion steht für die Menge der Preisalternativen, aus denen zu wählen ist, und ordnet jedem Preis den dabei zu erwartenden Absatz zu. Für die Ermittlung der Funktion kommt es etwa auf Erfahrungswissen der Vergangenheit an: Welcher Absatz hat sich in der Vergangenheit bei diversen Preissetzungen ergeben? Oder man fragt für neuartige Produkte potentielle Kunden nach ihrem Kaufwunsch bei alternativen Preisen. In beiden Fällen lassen sich die erhobenen Rohdaten mit Hilfe von Regressionsanalysen in die gesuchte Preisabsatzfunktion überführen. Nicht diese statistische Rechnung, sondern die vorangehende Erhebung der Rohdaten macht die Hauptschwierigkeit aus. Schätzungen der Funktion sind somit so gut wie immer mit besonderer Vorsicht zu betrachten.

Abb. D 13 gibt zwei Preisabsatzfunktionen wieder, die sich

durch unterschiedliche Steigungen auszeichnen. Hinter solchen Funktionen verbergen sich eine Reihe von Einflussgrößen, z. B. das für Konsum verfügbare Einkommen der Kundschaft, die Stärke der Produktpräferenzen, Art und Umfang der Werbung, die Intensität des Wettbewerbs. Bei p_1 erwartet man für Produkt II den Absatz x^{II}_1, für Produkt I die deutlich größere Menge x^I_1. Fällt der gesetzte Preis auf p_2 wird dafür bei Preisabsatzfunktion II ein erheblich größerer Absatz erwartet als für I, nämlich $x^{II}_2 > x^I_2$. Offenbar ist der Preis für Produkt II ein wirksameres Mittel, Absatz zu gewinnen, als für Produkt I. Je wichtiger der Preis, je flacher die Preisabsatzfunktion, desto größer ist der Konkurrenzdruck.

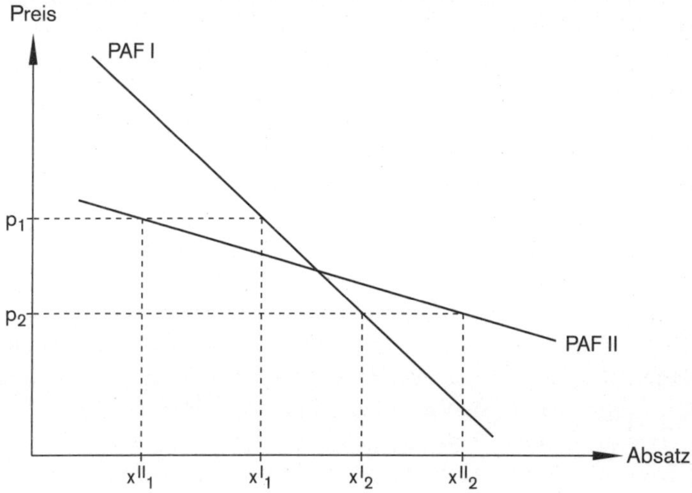

Abb. D 13: Preisabsatzfunktionen unterschiedlicher Steigung

Geht man umgekehrt von p_2 aus und steigert den Preis auf p_1, so verliert Produkt II offensichtlich wesentlich mehr Absatz als das Produkt I mit der steileren Preisabsatzfunktion. Dies kann bei vergleichbaren Produkten daran liegen, dass die Käufer von I eine größere Markentreue aufweisen und sich in beachtlicher Zahl auch durch den Preisanstieg nicht vom Kauf der geschätzten Marke abhalten lassen. In diesem Sinn ist die **Steilheit der**

Preisabsatzfunktion ein wichtiger Indikator für die **Intensität des Wettbewerbs.** Je steiler die Preisabsatzfunktion, desto geringer sind die Nachfragewirkungen bei Preisvariationen. Der Anbieter, der auf Massenmärkten angesichts zahlreicher anonymer Nachfrager den Preis verbindlich setzt und die eintretende Nachfrage abwartet, muss eine, im Einzelfall auch grobe, Vorstellung der für ihn geltenden Preisabsatzfunktion aufweisen.

Welcher der in der Preisabsatzfunktion abgebildeten Preise ist nun vom Anbieter zu wählen? Eine gängige Antwort orientiert sich an den Stückkosten, die gesteigert um einen prozentualen Gewinnzuschlag zum Verkaufspreis führen. Nach einem anderen Vorschlag sollte sich die Preisstellung an vergleichbaren Konkurrenzprodukten ausrichten. Schließlich wird zum Dritten empfohlen, sich strikt an dem Gewinnziel auszurichten, für alternative Preise gleichsam im Zuge von gedanklichen Simulationen die zugehörigen Erlöse und Kosten zu schätzen und den gewinnmaximalen Preis zu wählen. Analysiert man das Problem im Stil der traditionellen Kurvendiskussion, so folgt der gewinnmaximale Preis samt zugehöriger Menge aus dem Vergleich der ersten Ableitung von Erlös- und Kostenfunktion.

Die soeben diskutierte Preisabsatzfunktion enthält implizit die Nutzenkalküle der Kunden. Der Kundennutzen lässt sich aber auch explizit als Preis-Leistungsverhältnis ausdrücken und für Preisverhandlungen des anbietenden Unternehmens mit einzelnen Kunden nutzbar machen. Bei der Leistungsbeurteilung von Produkten werden Kunden oft mehrere Merkmale oder Eigenschaften in die Bewertung einbeziehen und unterschiedlich gewichten. Solche Bewertungsprozesse lassen sich quantitativ durch **mehrdimensionale Präferenz- oder Einstellungsmodelle** beschreiben. Für das nachfolgende Beispiel sei ein einfaches linear-kompensatorisches Modell herangezogen. Der Leistungsindex eines Produktes j ergibt sich als

$$L_j = \sum_i w_i \cdot y_{ij}$$

Hierbei sei w_i eine Gewichtung des Merkmals i und y_{ij} die Ausprägung des Merkmals i bei Produkt j. Bei der gewählten Modellstruktur ist einsichtig, dass eine schlechtere Bewertung eines

Merkmals durch die bessere Bewertung eines anderen Merkmals kompensiert werden kann.

Die Funktionsweise des Modells kann anhand der Beschaffung von Wäschetrocknern anschaulich diskutiert werden. Abb. D 14 enthält in der Kopfzeile die vom Konsumenten herangezogenen Leistungsmerkmale eines Wäschetrockners, die bei der Kaufentscheidung relevant sind. In der zweiten Zeile sind Gewichtungsfaktoren aufgeführt, die sich zu 100 summieren. Das gewählte Gewichtungsschema ist konsumentenspezifisch und variiert über unterschiedliche Konsumenten.

Kriterium	**Füllgewicht**		**Stromverbrauch**		**Programmanzahl**		**Markenimage**		**Summe**	**Preis**	**Preis : Leistung**
Gewichtung	*20*		*30*		*10*		*40*		*100*		
Marke A	3 kg		2,6 kW/h		3		niedrig		140	699	**4,99**
	2	40	1	30	3	30	1	40			
Marke B	5 kg		1,4 kW/h		10		hoch		420	1299	**3,09**
	4	80	3	90	5	50	5	200			
Marke C	6 kg		0,8 kW/h		5		niedrig		330	1099	**3,33**
	5	100	5	150	4	40	1	40			

Abb. D 14: Produktbeurteilung bei Wäschetrocknern

In den einzelnen Kästchen sind folgende Werte angegeben: Die obere Zahl ist die Merkmalsausprägung, die linke untere Zahl ist die Ausprägung des Merkmals bei den drei beispielhaften Trocknermarken, wobei die Bewertungsskala von 1 bis 5 reicht und 5 die beste Merkmalsausprägung darstellt. Die rechte untere Zahl ist das Produkt aus Merkmalsausprägung und Gewichtung.

Die **Preis-Leistungsbeurteilung** lässt nun folgende Rangfolge zu: B, C, A. Für den Anbieter von Produkt C ist ersichtlich, dass ein Preisvorteil von 200 € nicht ausreicht, sein Produkt dem Trockner des Anbieters B gleichzustellen. Wäre dem Anbieter C das Bewertungsschema des Konsumenten bekannt, so folgt eine wichtige Einsicht: Unter Preis-Leistungsgesichtspunkten lässt sich für ihn ein mit Alternative B vergleichbares Angebot entweder durch eine massive Steigerung des Markenimages oder durch eine Preisreduktion auf 1019,70 € erreichen.

c) Distributionspolitik

An erster Stelle stehen hier die Entscheidungen zum **Absatzkanal,** vor allem dabei die Frage, ob der Hersteller sein Produkt eigenständig an den Endkunden verkaufen sollte (Direktvertrieb, kurzer Absatzkanal) oder sich dabei diverser Groß- und Einzelhandelsstufen bedienen sollte (langer Absatzkanal). Die Entscheidung hat sich u. a. daran zu orientieren, ob der Hersteller seinen Interessen gegenüber dem Handel hinreichend Geltung verschaffen kann oder nicht.

Der Hersteller hat z. B. dann eine starke Machtposition im Absatzkanal, wenn er über starke und exklusive Markenprodukte verfügt, die kein Händler von Rang in seinem Sortiment auslassen darf. Die Entscheidung für und gegen lange Absatzkanäle hängt auch davon ab, ob der Hersteller auf Grund seiner finanziellen und personellen Ressourcen zum Direktvertrieb in der Lage ist.

Ob Handelsstufen eingeschaltet werden sollen oder nicht, ist traditionell vor allem aus der Sicht des Gesamtmarktes und mit Blick auf die **Transaktionskosten** diskutiert worden. Der Grundgedanke ist im Folgenden kurz darzustellen.

Man mag in einem Gedankenexperiment einmal von einem Zustand ausgehen, in dem alle wirtschaftlichen Einheiten ihre Konsumgüter selbst erstellen und zwar in der Nähe ihres Wohnorts; Entfernungen brauchen nicht zurückgelegt zu werden, ein Leistungsaustausch zwischen den Einheiten findet nicht statt. In diesem Zustand sind allein die Produktionskosten bedeutsam.

Wenn dagegen die Vorzüge der Arbeitsteilung erkannt werden, teilen sich die wirtschaftlichen Einheiten in Unternehmen und Haushalte und die Unternehmen wählen immer höhere Grade ihrer Spezialisierung. Als Folge bleibt es nicht länger bei den Produktionskosten, sondern es kommt zu besonderen Transaktionsaktivitäten: Haushaltungen müssen die Anbieter aufsuchen (oder umgekehrt), die Haushaltungen müssen sich eingehend über die Angebote informieren, und man handelt Kaufverträge aus, deren Einhaltung zu kontrollieren ist. Die mit diesen Aktivitäten verbundenen Kosten werden als Transaktionskosten bezeichnet.

Die Sinnhaftigkeit einer Einschaltung von Handelsstufen lässt sich nun anhand der Abb. D 15 diskutieren.

In Abb. D 15 ist links die Situation ohne Handelsstufe, rechts die Situation mit Handelsstufe wiedergegeben. Ohne Handelsstufe muss jeder Haushalt mit jedem Produzenten Kontakt aufnehmen. Die damit verbundenen Kontaktkosten machen einen beträchtlichen Teil der Transaktionskosten aus. Bei m Produzenten und n Haushaltungen folgen m · n Kontakte und entsprechend hohe Transaktionskosten für das System.

Baligh-Richartz-Effekt

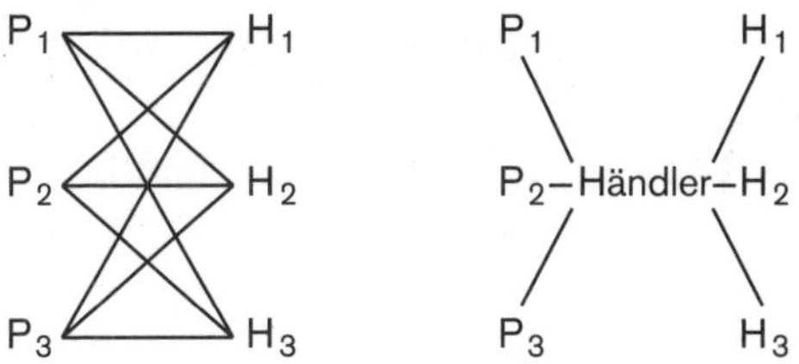

n Haushalte **und** m Produzenten

m · n Kontakte **m + n Kontakte**

Abb. D 15: Baligh-Richartz-Effekt

Mit einem Händler folgen offensichtlich lediglich (m+n) Kontakte und damit schon bei m = n = 3 niedrigere Kontaktkosten. Der Kontaktkostenersparnis stehen nun allerdings die durch den Händler verursachten Kosten gegenüber, und man kann aus dem Vergleich beider Größen auf die ökonomische Sinnhaftigkeit von Handelsstufen schließen.

Die für das Gesamtsystem angestellten Überlegungen lassen sich unschwer auf die Situation des Herstellers übertragen, der die Einschaltung von Handelsstufen bedenkt. Fraglos hat er die Kosten, die Handelsstufen für ihn mit sich bringen, also vor allem Preiszugeständnisse und andere Stützungsaktivitäten, mit den Kontaktkosten zu vergleichen, die beim Direktvertrieb seiner Produkte anfallen würden.

Für die Wahl zwischen einem kurzen und einem langen Absatzkanal kommt es also vor allem auf die Transaktionskosten an. Im Folgenden sollen vier wichtige Einflussgrößen dafür aufgezeigt werden.

(1) Grad der Standardisierung des Erzeugnisses für den Nachfrager: Je höher der Standardisierungsgrad eines Erzeugnisses ist, desto wahrscheinlicher wird es über den Handel vermarktet. Durch die Standardisierung von Erzeugnissen werden zum einen insbesondere die Beschreibungs-, Bewertungs-, Vereinbarungs- und Kontrollkosten sowohl auf der Anbieter- als auch der Nachfragerseite entlastet, und zum anderen besteht dadurch erst die Möglichkeit, weitere selbstständig handelnde Akteure einzuschalten, die die Transaktionskosten des Absatzes weiter vermindern könnten.

(2) Zahl der Anbieter und Nachfrager einer Erzeugnisart: Je höher die Zahl der Anbieter und Nachfrager ist, desto wahrscheinlicher wird das Produkt über den Handel (mehrstufig) vermarktet. Nachfrager wie Anbieter sparen durch das Einschalten des Handels als Kontaktminimierer vor allem Anbahnungs-, Such-, Vergleichs- und Vereinbarungskosten. Die Ersparnis ist Ausdruck des erwähnten Baligh-Richartz-Effektes.

(3) Kommunikationsmöglichkeit zwischen Anbietern und Nachfragern: Je schwieriger die Kommunikationsmöglichkeiten zwischen Anbietern und Nachfragern zu gestalten sind, desto eher wird der Handel (mehrstufig) eingeschaltet. Schwierigkeiten für eine direkte Verständigung zwischen Anbietern und Nachfragern entstehen unter anderem, weil die objektiven Kosten der direkten Kommunikation und Informationsverarbeitung zwischen Produzent und individuellem Nachfrager im Verhältnis zu dem Wert der nachgefragten Erzeugnisse sehr hoch sind. Durch die Einschaltung des Handels als Kommunikationsspezialist werden die Kommunikationskosten pro Mengeneinheit eines Produktes sinken.

(4) Zeitlich-mengenmäßige Abstimmung zwischen Nachfragern und Anbietern einer Erzeugnisart: Je schwieriger die zeitlich-mengenmäßige Abstimmung zwischen Nachfragern und

Anbietern einer Erzeugnisart zu realisieren ist, desto wahrscheinlicher wird diese Erzeugnisart über den Handel vertrieben. Weichen Produktionsmengen und -zeitpunkte vom Bedarf der Nachfrager beispielsweise aus wirtschaftlichen Vorteilserwägungen ab, dann muss der Anbieter die produzierten Mengen in nachfragegerechte Quanten aufteilen und bis zum Bedarfszeitpunkt zur Verfügung halten, was zu erheblichen Transaktionskosten führt.

Die Nachfrager werden ebenfalls mit zusätzlichen Transaktionskosten konfrontiert, da sie sich aufgrund einer zeitlich-mengenmäßigen Abstimmungsproblematik dauernd vergewissern müssen, ob die Anbieter die gewünschten Mengen termingerecht bereitstellen können. In dieser Situation bietet sich dann eine unternehmerische Gelegenheit für den Handel, der sich auf die Abwicklung derartiger Transaktionen spezialisiert.

Zur Distributionspolitik gehört, neben der Entscheidung zum Absatzkanal mit der **Absatzlogistik** die physische Seite der Distribution. Die Trennung in eine verkaufsbezogene und eine physische Distribution leuchtet ein: An beide Bereiche sind ganz unterschiedliche Anforderungen zu stellen. Nicht jeder, der sehr erfolgreich Pianos verkauft, ist zugleich auch ein geschickter Auslieferer.

Die Qualität der Absatzlogistik wird gemeinhin durch den Lieferservice gemessen, z. B. durch die Beschaffenheit der Lieferung (etwa die Art der Verpackung), durch die Lieferflexibilität und vor allem durch die Lieferzeit, im einzelnen durch die Länge und die Zuverlässigkeit, mit der zeitliche Liefervereinbarungen eingehalten werden.

Gerade die Lieferzeit ist nicht selten von entscheidender Bedeutung für das Kaufverhalten. Dabei kommt es auch darauf an, wie stark die Käufer auf einzelne Produktvarianten fixiert sind. Abb. D 16 zeigt den Zusammenhang zwischen Absatz, Lieferzeit und Markenverbundenheit der Käufer.

Generell mag man davon ausgehen, dass mit zunehmender Lieferzeit Nachfrager von der ursprünglichen Kaufabsicht abspringen. Die Existenz einer kritischen Lieferzeit, die sich an branchenüblichen Gegebenheiten orientieren wird, ist sehr plausibel.

Darüber hinaus aber kommt es zu starken Reduktionen in der Nachfrage und dies jeweils um so stärker, je leichter der Kundschaft der Wechsel zu einer vergleichbaren Marke fällt.

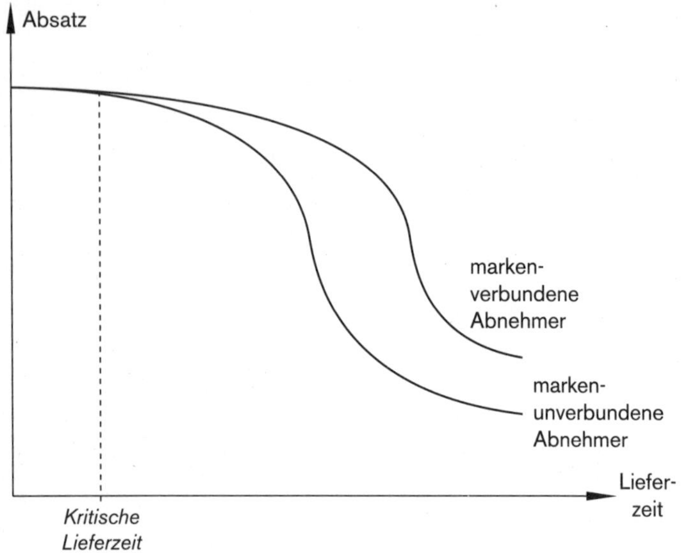

Abb. D 16: Absatz, Lieferzeit und Markenverbundenheit (Quelle: *Böcker/Helm* [2003], S. 406)

d) Kommunikationspolitik

Die unternehmerische Kommunikationspolitik umfasst neben **Verkaufsförderung, Öffentlichkeitsarbeit** und den **Kommunikationsanstrengungen im persönlichen Verkauf** vor allem den Bereich der **Werbung.** Bei der Werbung geht es um die Wahl der Botschaft, der einzusetzenden Medien und um die Bemessung des Budgets. Das grundsätzliche Problem lässt sich mit Hilfe der Abb. D 17 aufzeigen, deren Bezeichnungen aus der Welt der technischen Kommunikation stammen.

Sender ist der Produktanbieter, und sein intendiertes Signal ist klar die Aufforderung zum Kauf. Die Aufforderung muss begründet werden, etwa mit versprochenem Kundennutzen in der einen oder anderen Weise; damit wird das ursprüngliche Signal kodiert und geht auf seinen Weg in Richtung zum Nachfrager als Empfänger der Nachricht. Ob es dort je empfangen wird, hängt von vielen Faktoren ab, etwa von der Informationsflut, der der Empfänger sowieso ausgesetzt ist, von seinem Involvement, von der gewählten Werbebotschaft, vom benutzen Medium.

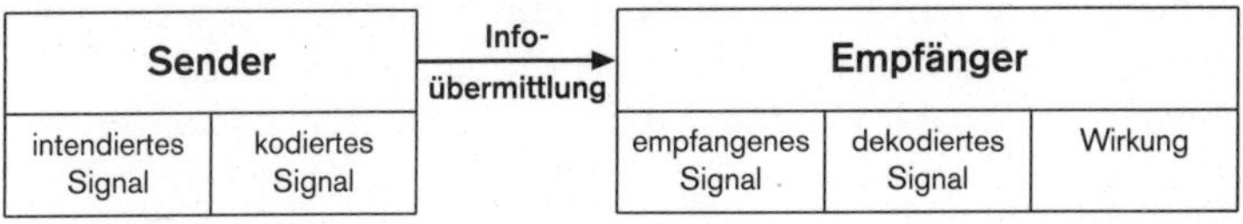

Abb. D 17: Grundmodell der Kommunikation

Das empfangene Signal muss sodann in die intendierte Richtung dekodiert werden. Die umworbene Zielgruppe hat den beabsichtigten Schluss zu ziehen, im Fall der Bacardi-Party am Palmenstrand z. B. nicht etwa den nächsten Urlaub in der Karibik zu verbringen, sondern beim nächsten Besuch im Supermarkt das gezeigte Rum-Erzeugnis zu kaufen. Eine solche Verhaltenswirkung ist offensichtlich das ultimative **Werbeziel**. Auf dem Weg dahin sind Zwischenstufen auszumachen, die ebenfalls für die Werbeplanung als Ziele dienen, etwa die Steigerung der Produktbekanntheit, die bessere Kenntnis der Produkteigenschaften, die Erzeugung günstiger Emotionen, die Aufbesserung der Einstellungen seitens der Kunden oder aus Anbietersicht die Verbesserung des Produktimages.

Ob diese Ziele mit einer Kampagne erreicht oder verfehlt werden, lässt sich häufig durchaus präzise messen. Stellt man beim Werbeziel mit dem Kauf allein auf die Verhaltenswirkung ab, ist die **Depotwirkung der Werbung** zu beachten: Werbemaßnahmen führen nicht selten erst nach einiger Zeitdauer zum erwünschten Verhalten, etwa dann, wenn die Bekanntheit und Einstellung erst Schritt für Schritt im Zeitablauf aufgebaut werden müssen, oder im Fall von seltener gekauften Gebrauchsgütern.

Voraussetzung für die Realisierung eines jeden der genannten Werbeziele ist der hergestellte Kontakt zwischen Sender und Empfänger. Die Anzahl der im Einzelfall realisierten Kontakte hängt neben der Werbebotschaft vor allem vom gewählten

Medium ab. Die betrachtete Kontaktzahl wird Reichweite eines Mediums genannt. Zum Wirtschaftlichkeitsvergleich wird regelmäßig der Tausenderpreis, der Preis für 1.000 Kontakte, herangezogen. Ein reiner Preisvergleich wird aber zwischen recht unterschiedlichen Medien nicht ausreichen. Hier sind zusätzlich die zwischen Medium und Medium möglicherweise sehr unterschiedlichen Wirkungen eines Kontakts zu beachten, eben die Kontaktqualitäten. Sie differenzieren von Medium zu Medium etwa aufgrund der Glaubwürdigkeit des Mediums oder der spezifischen Präsentation der Nachricht (z. B. nur Text oder bewegte Bilder mit Farbe und Ton).

Die Wirkungen der Werbung sind nicht nur für die jeweilige Marketingplanung einzelner Anbieter, sondern auch in grundsätzlicher Hinsicht für das Verständnis von Marktprozessen von Bedeutung. *Farris und Albion* haben **zwei Denkschulen zur Rolle der Werbung** in der Wirtschaft unterschieden. Werbung ist zum einen geeignet, durch Information die Markttransparenz zugunsten der Verbraucher zu steigern. Sie kann zum anderen aber auch im Fall von Markenanbietern zum Aufbau von Marktmacht beitragen und wäre dann aus Verbrauchersicht eventuell anders zu beurteilen. Der Kern der Überlegungen von *Farris* und *Albion* wird in Abb. D 18 wiedergegeben.

3. Strategisches Marketing: Die Steuerung des Einsatzes der Marketing-Instrumente

Strategien dienen dem Aufbau und der Sicherung von Erfolgspotentialen. Das gilt auch für Marketing-Strategien; man denke etwa an den Aufbau von Vertrauenskapital (Reputation) mit überaus langfristiger Wirkung oder an Überlegungen zur Einführung neuer Produkte. Strategien sind wegen des weiteren sachlichen und zeitlichen Bezugrahmens üblicherweise abstrakter formuliert als Aussagen direkt zum konkreten Instrumenteneinsatz in einer Periode. Marketing-Strategien sind deshalb geeignet, den konkreten Einsatz der Marketing-Instrumente zu steuern, während ansonsten der Bezug zum Unternehmensziel allzu oft verschwommen oder gar verloren gehen könnte.

Zwei Denkschulen zur Rolle der Werbung nach Farris/Albion

Werbung = Marktmacht		**Werbung = Information**
Werbung beeinflusst Präferenzen und Geschmack der Konsumenten, ändert Produkteigenschaften und hebt das Produkt vom Konkurrenzangebot ab.	Werbung	Werbung informiert Konsumenten über Produkteigenschaften und ändert nicht deren Bewertung.
Konsumenten werden markentreu und weniger preisempfindlich, nehmen weniger gleichwertige Ersatzmöglichkeiten zu den beworbenen Marken wahr.	Kaufverhalten des Konsumenten	Konsumenten werden preisempfindlicher und kaufen nach dem besten Preis-Leistungsverhältnis. Nur die Beziehung zwischen Preis und Leistung beeinflusst Nachfrageelastizität für bestimmte Produkte.
Mögliche neue Anbieter müssen mit gewachsener Markentreue fertig werden und verhältnismäßig viel für Werbung ausgeben.	Markteintrittsbarrieren	Erst die Werbung ermöglicht neuen Marken den Markteintritt, weil sie die Produkteigenschaften den Konsumenten vermittelt.
Anbieter separieren sich vom Marktwettbewerb und möglichen Konkurrenten; Konzentration steigt und überlässt Unternehmen größere Entscheidungsspielräume.	Branchenstruktur und Marktmacht	Konsumenten können Konkurrenzangebote leicht vergleichen; dadurch wird der Konkurrenzdruck größer. Kostengünstige Anbieter bleiben im Markt, kostenungünstige Anbieter fallen heraus und machen neuen Anbietern Platz. Auswirkungen auf den Konzentrationsgrad sind nicht eindeutig festzustellen.
Anbieter können höhere Preise fordern, Qualitäts- und Preiswettbewerb wird weniger wahrscheinlich, Innovationen gegebenenfalls reduziert.	Marktverhalten	Informierte Konsumenten verursachen Druck auf die Anbieter in Richtung niedriger Preise und höherer Qualität. Innovationen werden durch neue Anbieter gefördert.
Den Werbenden wachsen hohe Preise und überhöhte Gewinne zu, die weiteren Anreiz zur Werbung geben. Geringere Absatzmenge als bei vollständiger Konkurrenz.	Marktergebnis	Branchenpreise werden gedrückt. Die Auswirkungen über verstärkten Wettbewerb und Kostendruck auf die Gewinne sind nicht eindeutig festzustellen.

Abb. D18: Zwei Denkschulen zur Rolle der Werbung (Quelle: *Farris/Albion* [1980], S. 18)

Strategisches Marketing besteht vor allem aus zwei Konzepten: **Marktsegmentierung** und **Anbieterpositionierung.** Die Konzepte stehen für zwei Richtungen, in denen der Anbieter-Kunden-Zusammenhang („Markt") interpretiert werden kann. In der Abb. D 19 sind links die Kunden und rechts die Anbieter symbolisch vermerkt.

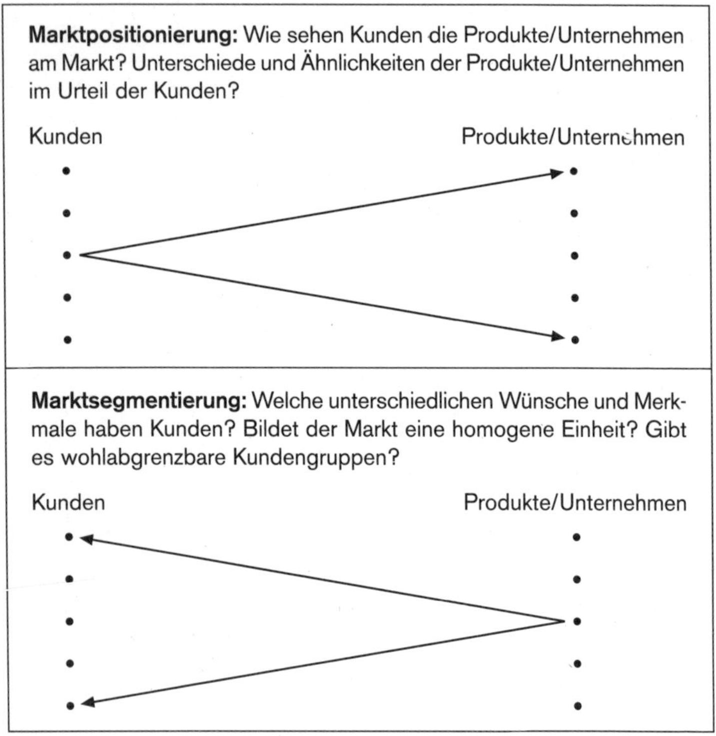

Abb. D 19: Marktpositionierung und Marktsegmentierung

Der Anbieter macht sich die Kundensicht zu Eigen und fragt: Wie sehen die einzelnen Kunden und der Markt insgesamt die verfügbaren Produkte? Dies ist die Frage der Anbieterpositionierung, und die Antwort besteht aus räumlichen Darstellungen mit Beurteilungsdimensionen als Raumachsen, mit denen Anbieter aufgrund von Kundenurteilen ihre charakteristische Position zugeordnet bekommen. Die Zuordnung ist nicht unveränderlich, vielmehr kann durch Einsatz der Marketing-Instrumente auf die Kundenurteile eingewirkt und eine Anbieterposition so oder so verändert werden.

Aus der Sicht der Anbieter lässt sich in umgekehrter Richtung und mit Blick auf die Käufer fragen: Gibt es Ähnlichkeiten in den Kundenwünschen, gar homogene Kundengruppen? Sollte man auf die Wünsche der einzelnen Gruppen eingehen? Diese Fragen betreffen das Konzept der Marktsegmentierung, und die Antwort besteht darin, einerseits solche Kundengruppen zu identifizieren und zu beschreiben (differenzierte Markterfassung) und andererseits die Marketing-Instrumente gruppenspezifisch einzusetzen (differenzierte Marktbearbeitung). Abb. D 19 zeigt, dass beide Konzepte den Markt als Anbieter-Kunden-Zusammenhang gleichsam gemeinsam ausleuchten.

a) Anbieterpositionierung

Zunächst sei das Ergebnis aufgezeigt, nämlich die Abbildungen der Anbieter im Raum der Kundenurteile.

Produkte lassen sich, wie bereits vorab erwähnt, in einem Eigenschaftsraum als Kombination besagter Eigenschaften abbilden; jedes Produkt macht dann einen Punkt (eine Position) innerhalb eines Raumes mit zwei, drei, vier oder mehr Dimensionen aus. Eine solche Abbildung ist auch für Produktfamilien und ganze Unternehmen möglich. Die Abb. D 20 und Abb. D 21 (S. 94) zeigen einfache, weil lediglich mit zwei Dimensionen arbeitende Modelle des deutschen Waschmittelmarktes und des österreichischen Sportschuhmarktes.

Die Abbildungen geben die Kundenurteile zu einem bestimmten Zeitpunkt wieder. Es liegt nahe, die jeweils für die Kunden wichtigsten Eigenschaften als Raumdimensionen zu verwenden. Die genaue Position im Raum ergibt sich dann durch das Kundenurteil, in welchem Umfang die jeweilige Eigenschaft als bei dem Produkt oder bei dem Anbieter als vorhanden wahrgenommen wird. Offenbar traut man der Marke „Weißer Riese“ sowohl

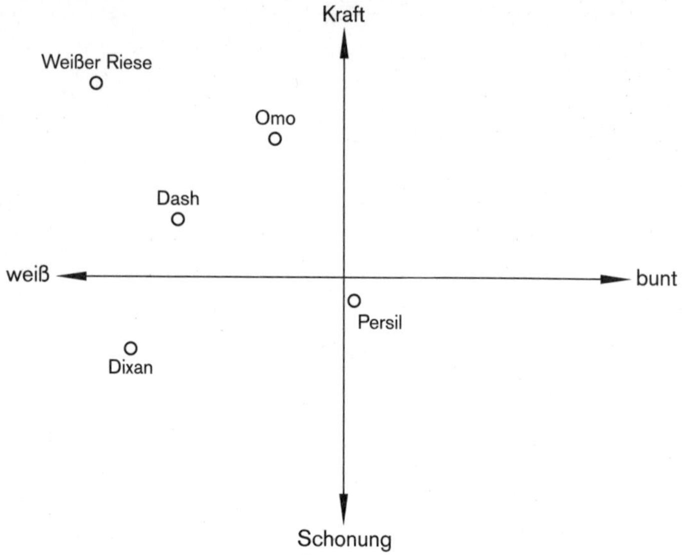

Abb. D 20: Zweidimensionales Modell des deutschen Waschmittelmarktes (Quelle: *Dichtl* [1973], S. 43)

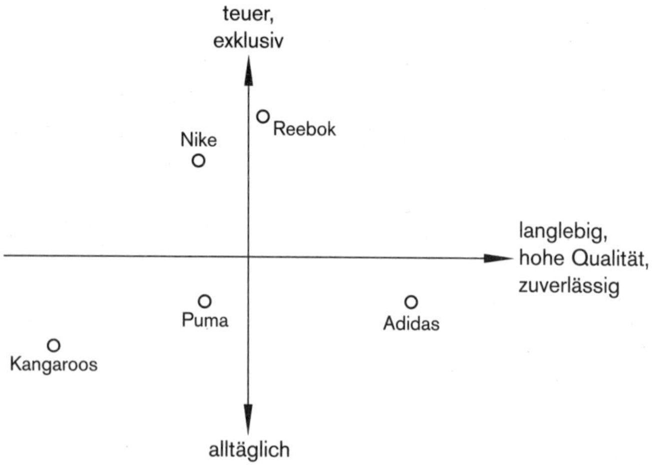

Abb. D 21: Zweidimensionales Modell des österreichischen Sportschuhmarktes (Quelle: *Schwaiger/Schrattenecker* [2001], S. 65)

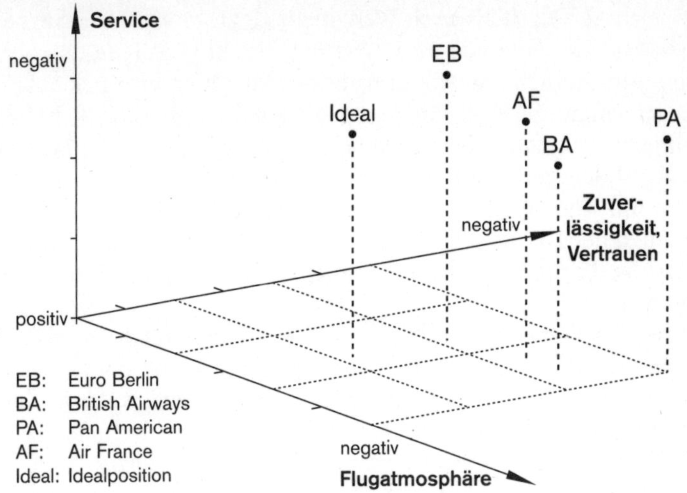

Abb. D22: Dreidimensionales Positionierungsmodell – Beispiel Fluggesellschaften (Quelle: *Trommsdorff* [1992], S. 330)

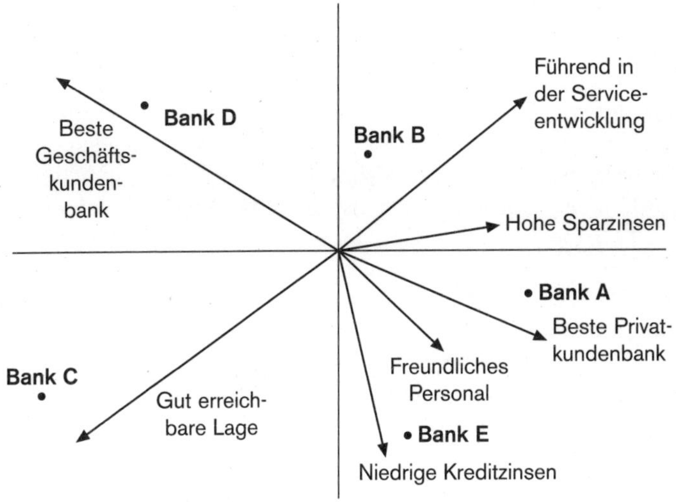

Abb. D23: Eigenschaftsraum und Positionierung – Beispiel Banken (Quelle: *Moutinho* [1991], S. 69)

hinsichtlich Kraft als auch Weiß mehr zu als etwa Persil, das seinerseits aber eine höhere Bewertung (Richtungspfeile der Achsen) hinsichtlich der Schonung bekommt. Oder mit Blick auf die Sportschuhe: Reebok wird hinsichtlich der Haltbarkeit nicht hervorgehoben, wohl aber hinsichtlich Preis und Exklusivität; Adidas gilt dagegen nicht als exklusiv, aber als ausgesprochen haltbar und zuverlässig.

Auch der Fall dreier relevanter Eigenschaften erlaubt eine einfache grafische Darstellung, wie dies in Abb. D22 (S. 95) demonstriert wird.

Nicht selten ist die Produktkennzeichnung durch mehr als drei Eigenschaften geboten und dennoch soll aus Anschaulichkeitsgründen auf eine Darstellung im zweidimensionalen Raum nicht verzichtet werden. Offensichtlich stehen die Eigenschaftsachsen in diesem Fall nicht rechtwinklig zueinander, sondern z. B. in der Weise, die Abb. D23 (S. 95) deutlich macht.

Den einzelnen Objekten werden auf den Eigenschaftsvektoren jene Ausprägungen zugeordnet, die sich per Lot vom Objekt auf den Vektor ergeben. Die Ausprägungen einer Eigenschaft pro Objekt sind individuelle Wahrnehmungen der Probanden. Für Kundengruppen oder die Nachfrage insgesamt werden Durchschnitte gebildet.

Da die wirklich relevanten Eigenschaften vorab häufig nicht bekannt sind, ist die Marktforschung versucht, im Zweifel mehr Eigenschaftsausprägungen abzufragen, als sich dies im Nachhinein dann als erforderlich erweist. Abb. D24 steht für einen solchen Fall. Gefragt wird hier in einer fiktiven Fallstudie nach dem Kundenurteil gegenüber sieben Anbietern von Herzschrittmachern auf dem US-Markt. Die Anbieter sind durch sieben Punkte markiert und werden von den Nachfragern, hier von Internisten, Chirurgen, professionellen Einkäufern der Krankenhäuser, anhand von insgesamt 21 Eigenschaften beurteilt. Das Bild zeigt, dass mit zahlreichen Eigenschaften letztlich doch die gleichen Merkmale gemessen werden: Wenn Objekte bei zwei und mehr Eigenschaften in etwa dieselben Ausprägungen aufweisen, mag der Schluss nahe liegen, dass die bezeichneten Eigenschaften letztlich den gleichen Sachverhalt messen. Man kann die Beurteilung deshalb auf wenige Eigenschaften reduzieren, im Beispiel auf vier, nämlich auf technische Qualität, Service, Bekanntheit und Preisniveau. Das so vereinfachte Bild erweist z. B. die Firma Meditec als einen Billiganbieter bei schlechtem Service, geringer Bekanntheit und mäßigem technischen Standard. Für die Firma Medtronic gilt im Kundenurteil das Gegenteil.

Bündelung der 21 Merkmale zu 4 Hauptfaktoren

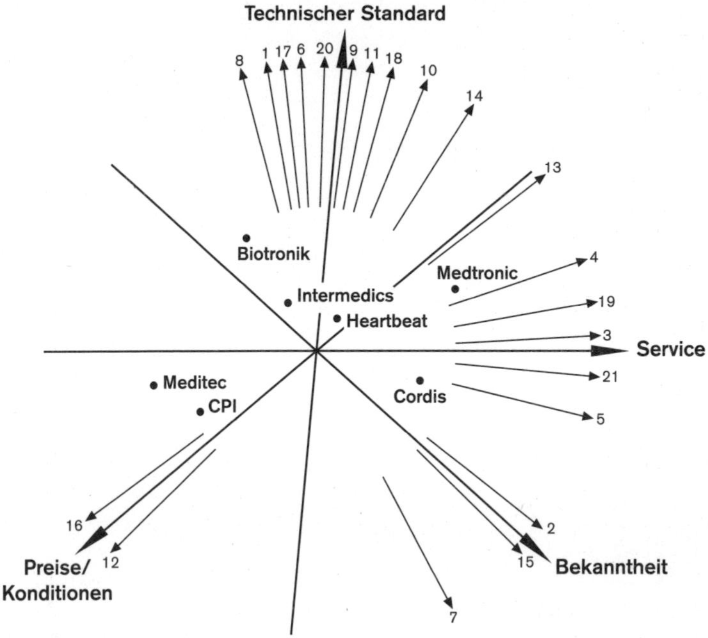

Abb. D 24: Positionierung von sieben Anbietern im US-Markt für Herzschrittmacher

Es sei noch einmal betont: Die wiedergegebenen Positionen reflektieren die unter Umständen höchst fragwürdigen Kundenurteile und keineswegs objektive, weil technisch eindeutig messbare Merkmale. Auch falsche subjektive Urteile sind indessen häufig objektiv messbare Gegebenheiten. Wiedergegeben werden so oder so die erhobenen Kundenurteile.

Da die Kundenurteile zu gleichen Objekten von Land zu Land unterschiedlich ausfallen werden, sind auch die Positionierungen gleicher Produkte/Anbieter international unterschiedlich. *Johannson und Thorelli* haben die Positionsunterschiede hinsichtlich gebräuchlicher Pkw-Marken zwischen Japan und den USA untersucht (Abb. D 25a und D 25b). Sie machen zugleich das Ausmaß einiger Fehlwahrnehmungen deutlich (Abb. D 25c).

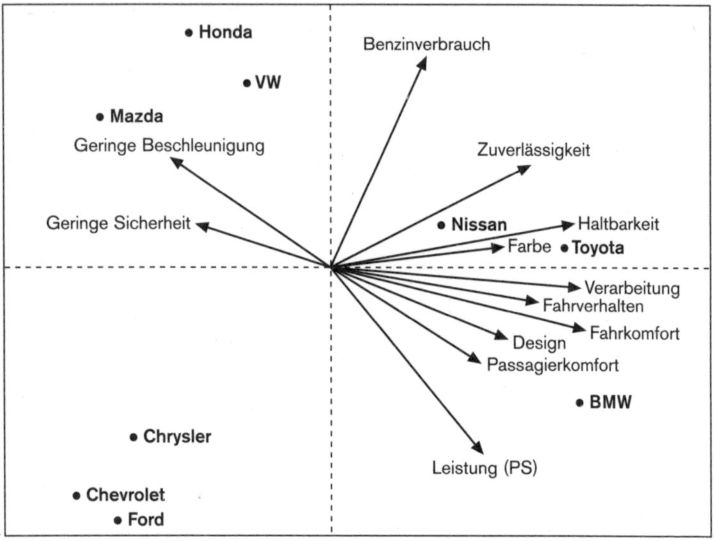

Abb. D 25a: Positionierung international unterschiedlich (Japan)

Die Quadrate messen die objektiv vorhandene Ausprägung einer Eigenschaft, etwa Anzahl der Pferdestärken oder Größe des Kofferraums, und die Sterne die jeweilige Wahrnehmung dieser Eigenschaft, bezogen jeweils auf eine Pkw-Marke. Von solchen Fehlwahrnehmungen lässt sich lediglich mit Blick auf objektiv messbare Eigenschaften sprechen, nicht im Fall von so wichtigen Merkmalen wie Schönheit, Sportlichkeit, Prestige. Die Möglichkeit von Fehlwahrnehmungen und die prinzipielle Subjektivität beeinträchtigt keineswegs den Nutzen der Positionierung, sofern die Urteile zeitstabil sind und nach den Gütekriterien der Marktforschung repräsentativ erfasst werden.

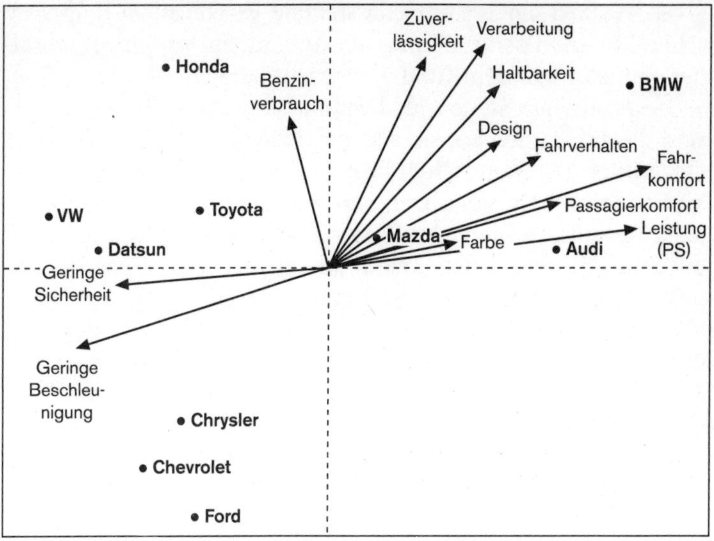

Abb. D 25b: Positionierung international unterschiedlich (USA)

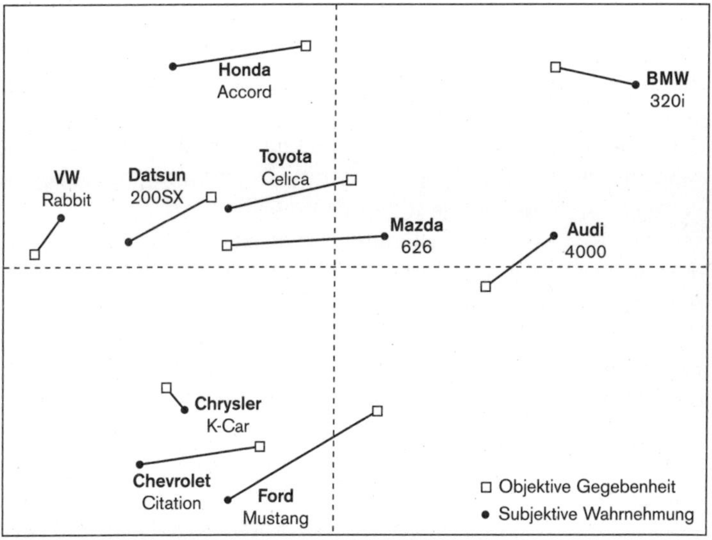

Abb. D 25c: Fehlwahrnehmung von Automobilmarken

Der Nutzen der Positionsdarstellung ist vor allem diagnostischer Art. Die Positionierung macht deutlich, wie das Produkt/der Anbieter von den Kunden beurteilt wird.

Die Positionen stehen für **Produkt-** und **Anbieterimages** und sind gleichsam das Spiegelbild der individuellen Einstellungen der Käufer: Die Kundschaft hegt gegenüber Produkten und Anbietern jeweils Einstellungen; aus der Sicht des Einstellungsobjekts Produkt/Anbieter hat sich die Bezeichnung Image eingebürgert. Die Positionen im Raum signalisieren somit Images, müssen keineswegs mit technisch messbaren, insoweit „objektiven" Merkmalen übereinstimmen, unterliegen vielmehr durchaus den individuellen Wahrnehmungsmängeln und sind insoweit im Grundsatz subjektiv. Als gegebenenfalls vorherrschende subjektive Ansichten sind solche Positionen wiederum eine objektive Beschreibung von Marktmeinungen, die – falsch oder nicht – sich sehr häufig als überaus dauerhaft herausstellen. Auch fehlerhafte, weil von den Ansichten der beteiligten Kaufleute und Technikern abweichende Kundenurteile sind eben Fakten.

Die Bedeutung der in Positionen dargestellten Images und Reputationen lässt sich schwerlich überschätzen. Eine starke Reputation reduziert als Qualitätssignal Kaufrisiken und Suchkosten der Konsumenten und bewirkt gleichsam eine Vorsteuerung des Käuferverhaltens.

Produktimages und Reputation mögen für jene Käufer wenig relevant sein, die über perfekte Kenntnis aller Wahlmöglichkeiten verfügen und entsprechend hohes Involvement aufweisen. Aber selbst diesen Kunden wird nicht immer egal sein, wie ihre soziale Umgebung über ihre Kaufgewohnheiten denkt, und möglicherweise selbst zu Produkten mit hohem Prestige greifen. Dies gilt um so mehr für jene große Mehrheit der Nachfrager, die ganz offenbar dem Standardfall niedrigen Involvements entsprechen.

Wie gelangt man nun zu solchen Positionsabbildungen? Dies ist die Frage nach der geeigneten Marktforschung.

Grundsätzlich ist hinsichtlich der zur Positionierung herangezogenen Eigenschaften zu fordern, dass sie **hohe Kaufrelevanz** aufweisen, im gebotenen Maß **zeitstabil** und im Übrigen **gemäß den üblichen Kriterien von Validität und Reliabilität zu**

messen sind. Gerade die letztgenannten Kriterien gebieten häufig eine sorgsame Operationalisierung von Begriffen wie „Prestige", „Sportlichkeit", „gutes Design" etc., die ansonsten eine vielfältige individuelle Ausdeutung zulassen. Andererseits sind leicht und von vornherein unstrittig zu messende Eigenschaften wie z. B. im Fall von Armbanduhren, „Gewicht", „Wasserfestigkeit bei X-Meter Tauchtiefe", „Laufgeräusche" häufig ohne besondere Kaufrelevanz.

Die Auswahl von Merkmalen, denen vorab Bedeutung für das Kundenurteil zugemessen wird, erfordert Vorausüberlegungen des Marktforschers, etwa explorative Auswertungen von Vorstichproben nach Art von Faktorenanalysen und Kausalanalysen.

Je nachdem, ob die Probanden von vornherein mit einzelnen Dimensionen konfrontiert werden oder zunächst die Objekte in globaler Weise beurteilen, lassen sich **direkte** und **indirekte Methoden der Positionierung** unterscheiden.

Im Fall der **direkten Methode** werden Probanden gebeten, die Objekte der Beurteilung unmittelbar auf dem Weg über Ratingskalen zu bewerten: Der erhobene Skalenwert, etwa zwischen –7 (sehr niedrige technische Produktqualität), und +7 (international als Spitze angesehene Produktqualität), legt das Objekt hinsichtlich dieser Dimension fest und markiert zusammen mit den anderen Festlegungen die Position des Objekts im Raum mit zwei, drei oder mehr Dimensionen.

Der offensichtliche Nachteil der direkten Methode liegt auf der Hand: Die befragte Person wird unter Umständen mit einer Dimension konfrontiert, auf die sie von sich aus nie gekommen wäre und die deshalb für Käufer dieser Art auch völlig irrelevant wäre.

Der möglicherweise schwerwiegende Nachteil wird vermieden, wenn die Marktforschung die **indirekte Methode** wählt, genauer: Das Verfahren der **mehrdimensionalen Skalierung (MDS).** Hierbei geht es im ersten Schritt um die globale, weil von einzelnen Merkmalen noch abstrahierende Erfassung von Ähnlichkeiten. So mag man die Probanden im Fall der Marktforschung für Herzschrittmacher darum bitten, die sieben wichtigen Anbieter auf dem US-Markt paarweise zu betrachten und den einzelnen Paaren (hier bei sieben Objekten 21 Paare) Rangziffern nach der Ähnlichkeit zuzuordnen. Das Ergebnis ist in der Ähnlichkeitsmatrix der Abb. D 26 wiedergegeben.

	Med-tronic	Cordis	Inter-medics	Medi-tec	Heart Beat	CPI	Bio-tronik
Medtronic	–	4	15	21	11	20	17
Cordis		–	8	19	6	18	16
Intermedics			–	9	1	7	3
Meditec				–	14	2	12
Heart Beat					–	10	5
CPI						–	13
Biotronik							–

Abb. D 26: Ähnlichkeitsmatrix

So mag z. B. das Paar Intermedics/Heartbeat den Rang 1 aufweisen, das Paar Medtronic/Meditec aber den Rang 21: Im ersten Fall ist man sich besonders ähnlich, im zweiten Fall besonders unähnlich. Man beachte, dass nicht gefragt wird, in welcher Hinsicht die Objekte sich ähnlich oder unähnlich sind. Es geht hier im ersten Schritt allein um globale, d. h. ohne Bezug auf bestimmte Merkmale abgefragte Ähnlichkeiten. Die individuellen Abfrageergebnisse werden für ganze Gruppen über eine geeignete Durchschnittsbildung aggregiert.

Im zweiten Schritt wird aus der Ähnlichkeitsrangfolge ein räumliches Bild konstruiert. Dabei soll als Grundsatz gelten: Sehr ähnliche Anbieter sollen geringen räumlichen Abstand aufweisen, sehr unähnliche entsprechend weit voneinander entfernt sein. Generell soll die erhobene Ähnlichkeit möglichst genau die räumliche Distanz zwischen den Objekten reflektieren. Diese Forderung lässt sich überprüfen: Man kann die Ähnlichkeitsränge der Abb. D 26 mit jenen Rängen vergleichen, die sich für ein gegebenes Bild aus den dann festzustellenden paarweisen Distanzen ergeben; das Paar mit Ähnlichkeitsrang 1 (2, 3, ...21) sollte im Idealfall in einer Reihung nach Distanzen genau denselben Rang belegen. Die Forderung lässt sich in hinreichend hoch dimensionierten Räumen, hier bei sieben Objekten in einem Raum mit sechs Dimensionen, unschwer erfüllen. Will man das Ergebnis in einem zweidimensionalen Raum abbilden, dann wird man dem Grundsatz häufig nicht in vollem Umfang entsprechen können. Für die Rechnung im Einzelnen existiert leistungsstarke Standardsoftware. Ob die Lösung im Einzelfall noch akzeptiert werden kann oder nicht, bestimmt sich nach einer wohl definierten **Kontrollgröße,** dem Stresswert von *Kruskal*. Über die Höhe des noch zu akzeptierenden oder abzulehnenden Stresswerts haben sich in der Marktforschung Konventionen gebildet. In unserem Herzschrittmacherbeispiel ergibt sich mit Abb. D27 eine Lösung mit sieben Punkten für sieben Anbieter und dem Stern als Schwerpunkt der Punktwolke; dieser Punkt liegt so, dass die quadrierten Distanzen zu den Objekten gerade in der Summe minimal sind. Man beachte das Fehlen der Achsen: Die Ähnlichkeitsurteile sind globaler Art, also ohne ausdrücklichen Rekurs auf einzelne Eigenschaften zustande gekommen.

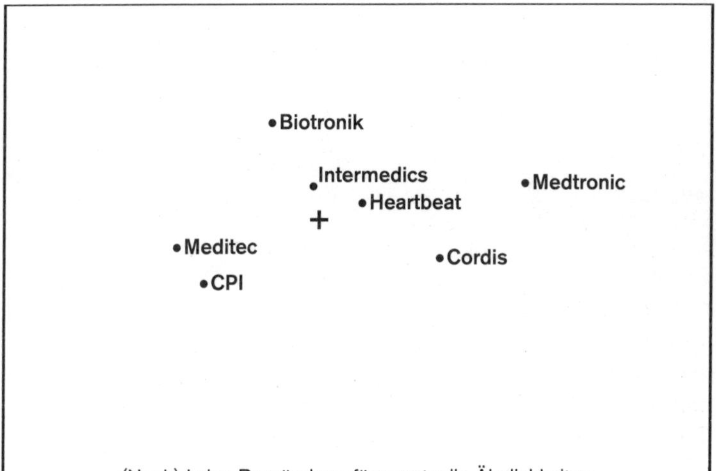

(Noch) keine Begründung für eventuelle Ähnlichkeiten

Abb. D27: Abbildung von sieben Anbietern im US-Herzschrittmachermarkt aufgrund globaler Beurteilung nach unspezifizierten Ähnlichkeiten

Im dritten und vierten Schritt geht es um die nachträgliche Identifikation von Eigenschaftsachsen. Zu diesem Zweck wird erst im dritten Schritt jedes Objekt auf einer Ratingskala danach benotet, inwieweit eine bestimmte Eigenschaft bei dem Objekt als vorhanden wahrgenommen wird oder nicht. Hierbei ist das Vorwissen um möglicherweise wichtige Merkmale bedeutsam. Im vierten Schritt werden die Benotungen benutzt, um die Lage der Achsen als Merkmalsvektoren festzulegen.

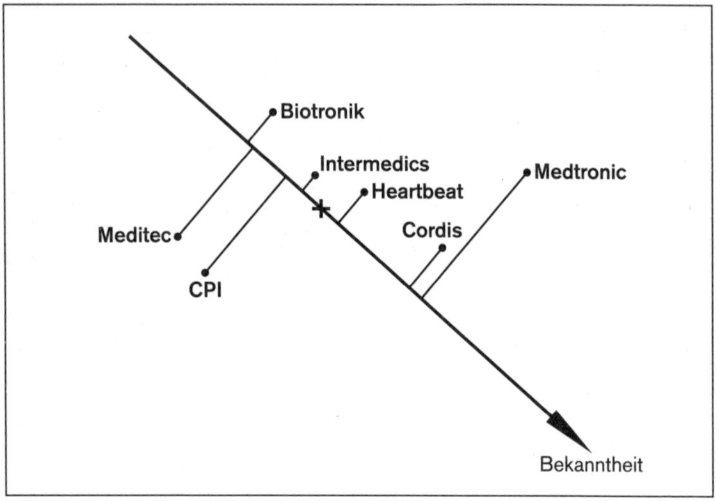

Abb. D 28: Einpassung eines Eigenschaftsvektors in das Ähnlichkeitsbild

Man betrachte einmal das Merkmal Bekanntheit. Die abgefragten Noten mögen Meditec als am bekanntesten erwiesen haben, vor Cordis, Heartbeat Intermedics und CPI, dahinter abgeschlagen Meditec und Biotronik mit dem geringsten Grad der Bekanntheit. Man mag in Abb. D 27 nun einen beliebigen Pfeil durch den Schwerpunkt ziehen und dann per Lot von den Objekten auf die Achse die Rangfolge der Objekte feststellen. Die Rangfolge wird selbstverständlich nur zufällig jener entsprechen, die im dritten Schritt abgefragt worden ist. Die Aufgabe besteht nun darin, für das Merkmal „Bekanntheit“ eben jene Vektorrichtung zu finden, bei der die Lote die erfragte Rangfolge der Bekanntheit möglichst exakt abbilden. Eben dies ist bei jener Achsenlage der Fall, die in Abb. D28 wiedergegeben ist.

Man kann mit Hilfe vorliegender Standardsoftware entsprechend für alle abgefragten Merkmale verfahren, im Beispiel also für 21 Merkmale - die Übereinstimmung mit der Zahl der Paarvergleiche ist ohne Bedeutung - und kommt entsprechend zu jenem Ergebnis, das bereits in Abb. D24 wiedergegeben ist. Offenbar misst eine Reihe von Eigenschaften im Urteil der Kunden den gleichen Sachverhalt; die offensichtliche Redundanz erlaubt es, die Positionierung auf jene vier Achsen zu verdichten, die in Abb. D24 vermerkt sind.

Was lässt sich nun mit einer solchen Positionierung als Ergebnis einer zumeist durchaus anspruchsvollen und aufwändigen Marktforschung anfangen?

Ein wichtiger Nutzen besteht in diagnostischen Einsichten: Die räumliche Abbildung der Kundenurteile in Positionen macht in eindringlicher Weise deutlich, auf welche Eigenschaften es den Kunden ankommt und auf welche nicht, ferner: Was Kunden an einem bestimmten Anbieter schätzen und was nicht, schließlich: Was Kunden überhaupt wahrnehmen und was ihrer Wahrnehmung entgeht. Insgesamt ergibt die Positionierung auch eine Visualisierung der Stärken und Schwächen der Wettbewerber.

Die Diagnose ist eine Beschreibung des Zustandes. Die Positionierung vermag darüber hinaus bei den beteiligten Anbietern aber auch strategische Überlegungen anzuregen, die auf Änderungen der Positionen abzielen.

So erscheint zum einen die Versuchung groß, die eigene Position in die Richtung der unter Umständen erfolgreichen Konkurrenz zu rücken; dabei wäre aber zu bedenken, ob die Nachfrager immer ähnlicher werdende Produkte („me-too-Produkte“) schätzen. Eine solche **Assimilationsstrategie** mag nicht selten erweisen, dass der Markt nicht ergiebig genug für eine Mehrzahl gleichartiger Anbieter ist. Zum anderen kann auch eine bewusste **Abgrenzungsstrategie** erfolgen, bei der die bisher freigelassenen Räume als profitable Marktnischen angestrebt werden.

Bis jetzt wurden Positionsdarstellungen betrachtet, die lediglich Realpositionen, also Urteile über im Markt tatsächlich vorhandene Produkte, enthalten. Werden auch Idealpositionen einbezogen, dann lassen sich die strategischen Überlegungen erweitern. Es liegt nahe, ein Realprodukt durch Variation von Produkteigenschaften in die Richtung eines attraktiven Idealprodukts zu verschieben. Umgekehrt gelten aber auch Idealpositionen nicht als für immer fixiert.

So kann ein technisch unverändertes Realprodukt dann aufgewertet werden, wenn der Markt die gegebenen Ausprägungen der Eigenschaften günstiger als vorher bewertet. Offenbar haben sich dann die Vorstellungen der Käufer darüber, was ein wirklich gutes Produkt ausmacht, also gleichsam ein Idealprodukt darstellt, geändert. Diese Umpositionierung eines Idealprodukts in Richtung eines vorhandenen Realproduktes mag auch durch die kommerzielle Kommunikation interessierter Unternehmen ausgelöst werden.

Hier sollen etwa über Werbung und Öffentlichkeitsarbeit die individuellen Vorstellungen über ein vorbildliches Produkt umgeformt werden, z. B. durch Propagierung neuer Dimensionen und Abwertung alter Dimensionen. Ein einschlägiges Beispiel bildet die nahezu universelle Instrumentalisierung der Umweltverträglichkeit als relevante Beurteilungsdimension.

Positionierungen spielen schließlich in jenen Fällen eine Rolle, die als Entscheidungen zwischen **Push-** und **Pull-Strategien** diskutiert werden. Die Alternativen werden in Abb. D29 wiedergegeben.

Pull-Strategien zielen darauf, durch massive Endverbraucherwerbung die eigenen Produkte mit einer vorteilhaften Position im Käuferurteil auszustatten, um so über die Endverbrauchernachfrage eine Zwischenhändlernachfrage mit hoher Preisbereitschaft und starkem Absatz herbeizuführen, gleichsam einen Nachfragesog zu verursachen. Der Anbieter versucht so durch Positionierung, seine Produkte als Herstellermarke im Käuferbewusstsein zu etablieren. Zu diesem Zweck muss zunächst die Marke bekannt gemacht und dann mit günstigen, starken und unverwechselbaren Eigenschaften im Käuferbewusstsein verbunden werden. Der Anbieter veranstaltet gleichsam einen „Vorverkauf“, der dem Handel lediglich eine Verteilerrolle lässt.

Die Vorteile sind offensichtlich: Gelingt der Markenaufbau und damit eine günstige und starke Positionierung, dann sind dank der Qualitätsvermutung höhere Preise für Premiumqualitäten abzuschöpfen; mit höherer Markentreue werden für Wettbewerber Eintrittsbarrieren aufgebaut, und es stellt sich größere Planungssicherheit für den Markenhersteller ein.

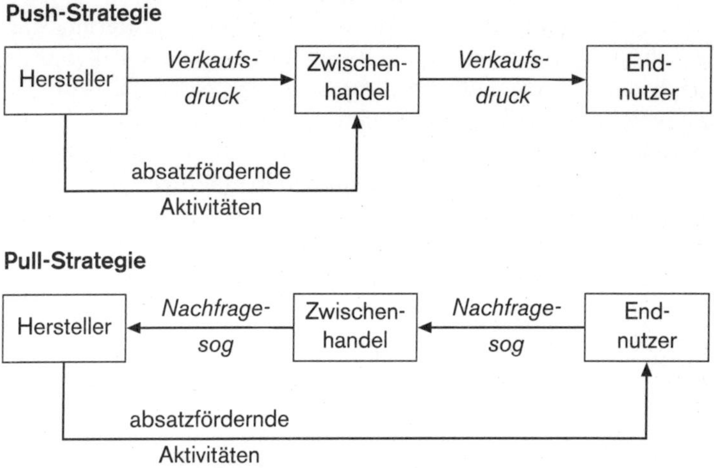

Abb. D 29: Push- und Pullstrategie (Quelle: *Kotler/Bliemel* [2001], S. 921)

Die Nachteile der Pull-Strategie betreffen offensichtlich Umfang und Risiko der erforderlichen Investitionen in den Aufbau einer nachhaltig wirksamen und günstigen Wettbewerbsposition. Die Etablierung einer Marke durch den konzertierten Einsatz von Produktqualität und Kommunikation erfordert einen beträchtlichen Mitteleinsatz. Ob die angestrebte Wirkung wirklich erreicht wird, ist regelmäßig mit großer Ungewissheit behaftet.

Anders als die Pull-Strategie verzichtet die **Push-Strategie** auf eine Positionierung im Urteil der Endverbraucher. Der Anbieter bleibt dem Endkunden weitgehend unbekannt oder verbirgt sich wie im Fall von Handelsmarken hinter dem Händler. Offensichtlich vermeidet der Anbieter so die Ausgaben und Risiken des Markenaufbaus. Sein Verzicht auf den „Vorverkauf" führt dazu, dass er dem Zwischenhandel in Form von Preisreduktionen, Handelszuschüssen etc. entgegenkommen muss. Er investiert gleichsam in Preiszugeständnisse und unterhält unter Umständen eine unstabile, riskante Kundenbeziehung.

b) Marktsegmentierung

Zunächst sei mit der differenzierten Bearbeitung heterogener Märkte das mögliche Ergebnis einer **Marktsegmentierung** dargelegt. Ausgangspunkt ist die wenig überraschende Erkenntnis, nach der unterschiedliche Kunden unterschiedliche Wünsche aufweisen. Zwischen den Nachfragern eines Produkts oder einer Dienstleistung bestehen nicht selten darüber markante Meinungsunterschiede, welche Eigenschaften im Einzelnen ein gutes Angebot innerhalb einer gegebenen Gattung ausmachen. So werden bekanntlich Joghurt-Produkte von diesen oder jenen Konsumenten aus ganz unterschiedlichen Motiven gekauft. Der extravagante Genießer wird einen sahnehaltigen, mit ausgesuchten Früchten veredelten Joghurt in kleiner Abpackung wünschen, während die sportliche und kalorienbewusste Großfamilie eine einfache Variante ohne Zucker, Sahne und Früchte in großer Abpackung bevorzugen mag.

Heterogene Märkte dann auch mit unterschiedlichen Angebotsvarianten zu bedienen, in unterschiedlicher Weise zu umwerben sowie die Art und Weise des Verkaufs unterschiedlich zu gestalten, entspricht als differenzierte Marktbearbeitung dem Grundgedanken der Spezialisierung. Eine **differenzierte Marktbearbeitung** zu erwägen, setzt die Kenntnis unterschiedlicher Kundengruppen voraus. Diese **Identifikation von Kundengruppen** ist eine Frage an die Marktforschung, die Entscheidung zur differenzierten Marktbearbeitung ist eine Frage der Marketingplanung. Marktsegmentierung meint sowohl die Identifikation der Gruppen (Segmente) als auch die Entscheidungen über eine differenzierte Marktbearbeitung der Segmente. Im Mittelpunkt der Marktsegmentierung steht somit der in Segmente aufgeteilte („segmentierte") Markt. Beispiele für solche segmentierte Märkte finden sich in Abb. D30, Abb. D31 (S. 110) und Abb. D32 (S. 111).

Abb. D30 gibt eine klassische Segmentierungsstudie für den amerikanischen Zahnpastamarkt der 1960er Jahre wieder. Die Spalten kennzeichnen vier Segmente, die pauschal, aber sehr anschaulich vier Menschentypen gegenüber stellen. In den Zeilen finden sich die Unterscheidungskriterien, z. B. die wichtigste Nutzenerwartung, demographische und Verhaltensmerkmale bis hin zur Einstellung zur Lebensführung. Die Segmentierung legt es nahe, die einzelnen Segmente mit ganz unterschiedlichen Produktvarianten und unterschiedlicher Werbung zu bearbeiten.

Zielgruppe / Kriterien	die Sensorischen	die Sozialen	die Ängstlichen	die Unabhängigen
wichtigste Nutzenerwartung	Geschmack und Produktaufmachung	weiße, strahlende Zähne	Verhütung von Zahnverfall	Preis
demographische Merkmale	Kinder	Teenager, junge Leute	große Familien	Männer
Besondere Verhaltensweisen	Lieben Zahnpasta mit Pfefferminzgeschmack	Raucher	Intensivverwender	Intensivverwender
bevorzugte Marken	Colgate, Stripe	Macleans, Plus, White, Ultra Brite	Crest	Sonderangebote
Persönlichkeitsmerkmale	Mit sich selbst beschäftigt	sehr kontaktfreudig und aufgeschlossen	hypochondrisch veranlagt	selbstständig, autonom
Einstellung zur Lebensführung	hedonistisch	aktiv	konservativ	wertorientiert

Abb. D30: Segmentierung für den amerikanischen Zahnpastamarkt (Quelle: *Haley* [1968], S. 33)

Abb. D32 (S. 111) ist das Ergebnis der Segmentierung des US-Markts für Herzschrittmacher im gleichen Jahrzehnt. Vier Segmente werden u. a. nach Kundengröße, nach Art der Beschaffungsprozesse (Gruppenentscheidung im Buying-Center, bestehend aus Internisten, Chirurgen, medizinischen Helfern und Kaufleuten mit unterschiedlichen Interessen) und vor allem danach gebildet, welche Nutzen (Benefits) sich die Kunden vom

	Familienorientierte Pkw-Nutzer	Durchschnittlicher Fahrer	Preisbewusste Frauen	Freizeitorientierte Pkw-Nutzer	Technisch, dynamische Fahrer	Sicherheitsorientierte Pkw-Nutzer
Prozentualer Anteil an der Gesamtstichprobe	16,1 %	31,2 %	14,5 %	13,3 %	15,2 %	9,7 %
Soziodemographische Daten	Tendenziell mehr Männer ab 45	Überwiegend mehr Männer mit geringer Schulbildung	Frauen zwischen 20 und 45 Jahren	Eher jüngere Männer mit gehobener Schulbildung	Überwiegend mehr Männer mit hoher Schulbildung	Eher ältere Personen mit geringer Schulbildung
Markennutzer	Überwiegend Mercedes- und Audi-Fahrer	Schwerpunktmäßig Opelfahrer	Hoher Anteil an Ford- und VW-Fahrern	Hoher Anteil an Toyota- und Nissan-Fahrern	Hoher Anteil ausländischer Fahrzeuge	Hoher Anteil an VW- und Mercedes-Fahrern. Keine ausländischen Marken
Persönliche Wertvorstellungen	Ausgeprägtes Familienbewusstsein	Geringes Interesse an Bildung und beruflicher Karriere	Hohes Freizeitbewusstsein, geringes Interesse an gesellschaftlicher Anerkennung	Progressiv und freizeitbewusst	Hohes Interesse an Sport und beruflicher Karriere	Hohes Sicherheitsbedürfnis, gesellschaftliche Anerkennung
Pkw-Kaufgründe	Starkes Interesse an Komfortautos, kein Interesse an Kleinwagen	Wenig Interesse an schnellen Autos, starkes Interesse an zuvrlässigen Autos	Niedriger Anschaffungspreis, weniger Interesse an Autotechnik	Deutsches Fabrikat sehr unwichtig	Hoher technischer Standard, Fahrverhalten	Deutsches Fabrikat sehr wichtig, Komfort und Sicherheit sehr wichtig

Abb. D 31: Westdeutscher Pkw-Markt in den 1980er-Jahren (Quelle: *Freter* [1988], S. 92)

Anbieter erhoffen. So legt Segment I größten Wert auf niedrige Preise und kann auf die Außendienstleistungen der Anbieter so gut wie verzichten. Im Segment III ist es genau umgekehrt: Hier spielt der Preis keine große Rolle, wohl aber in ganz entscheidender Weise der Außendienst. Segment IV ist besonders schwierig, weil man hier beide Benefits gleichzeitig möchte. Segment II steht für Forschungskrankenhäuser der Universitäten und wäre mit ganz anderen Benefits zu bedienen, etwa Forschungsbeihilfen, Unterstützung von Tagungen, Publikationen etc.

Segment I	Segment II	Segment III	Segment IV
Großkunden	mittelgroße Kunden	mittelgroße und kleine Kunden	mittelgroße Kunden
Entscheidung primär im Buying Center	Entscheidung primär durch Arzt	Entscheidung primär durch Arzt	Entscheidung primär durch Verwaltung
eigene Elektrophysiologie	eigene Elektrophysiologie	keine eigene Elektrophysiologie	keine eigene Elektrophysiologie
sehr preisempfindlich	Preis i. a. nebensächlich	Preis nebensächlich	sehr preisempfindlich
Außendienstleistungen nebensächlich	Außendienstleistungen i. a. nebensächlich	sehr reagibel in Bezug auf Außendienstleistungen	sehr reagibel in Bezug auf Außendienstleistungen
664*	266*	1.195*	530*
75,8**	49,0**	30,2**	35,0**
* Anzahl der Krankenhäuser im Segment geschätzt ** durchschnittliche Anzahl an Implantationen pro Krankenhaus und Jahr je Segment			

Abb. D 32: Segmentierung des US-Marktes für Herzschrittmacher

Wie kommen die soeben beschriebenen Marktsegmentierungen zustande? Wie lassen sich unterschiedliche Kundengruppen identifizieren? Auch hier lassen sich wiederum direkte und indirekte Methoden des Vorgehens unterscheiden.

Beim **direkten Vorgehen** wird über die anzuwendenden Kriterien der Segmentbildung vorab entschieden. So mag es vorab plausibel sein, dass weibliche Nachfrager andere Joghurt-Varianten präferieren als männliche, ältere Konsumenten andere Geschmacksrichtungen als jüngere oder dass je nach der Einkommenshöhe und Einstellung zu Naturprodukten andere Vorlieben bestehen. Wenn dies der Fall ist, sind Geschlecht, Alter, Einkommen und Einstellung von vornherein brauchbare Kriterien zur Segmentbildung. Teilt man den Markt nach diesen Kriterien in homogenere Teilmärkte auf, kommt man zu jenen Segmenten, die einer differenzierten Bearbeitung offen stehen.

Allgemein lassen sich **demographische Kriterien** (Geschlecht, Alter, Region etc.), **sozioökonomische Kriterien** (Einkommen, Haushaltsgröße, Beruf, Schulbildung etc.) und **psychographische Kriterien** (Werte, Einstellungen, Lebensstil) unterscheiden.

Von den Kriterien ist vor allem zu fordern, dass sie für das Konsumverhalten bedeutsam sind: Je nach Ausprägung des Kriteriums im Einzelfall sollen sich andere Vorlieben und Kaufgewohnheiten ergeben. Daneben sollten sie möglichst gut beobachtbar und messbar sein und eine gewisse Stabilität im Zeitablauf aufweisen.

Typischerweise bestehen zwischen den Anforderungen Konflikte: So sind leicht zu beobachtende Kriterien (z. B. Körpergröße oder Haarfarbe) nicht selten von geringer Verhaltensrelevanz für viele Angebote, während höchst relevante Kriterien dann schwierig zu messen sind (z. B. Einstellungen, Lebensstile).

Bei dem **indirekten Vorgehen** bildet der Raum der Produkteigenschaften den Ausgangspunkt. Gefragt wird im ersten Schritt nach der Wichtigkeit jeder einzelnen Eigenschaft für den individuellen Nachfrager. Die Wichtigkeit lässt sich individuell wiederum auf einer Ratingskala erfassen. Jeder befragte Kunde in der repräsentativen Stichprobe wird dann im Raum der Eigenschaften durch einen Punkt gekennzeichnet, dessen Koordinatenwerte die Wichtigkeit der jeweiligen Eigenschaft für den Kunden wiedergeben.

Im zweiten Schritt geht es darum, die Verteilung der Punkte im Raum zu untersuchen. Im Extrem könnte man sich einerseits vorstellen, dass alle Punkte in diesem Eigenschaftsraum gleichmäßig verteilt sind und sich irgendwelche Konzentrationen nicht ausmachen lassen. In diesem Fall sind Segmente von Nachfragern gleichartiger Präferenz offensichtlich nicht vorhanden und weitere Überlegungen zur Marktsegmentierung müssen entfallen. Auf der anderen Seite mag man indessen deutliche Punktkonzentrationen feststellen können, im zweidimensionalen Raum der Abb. D33 etwa zahlreiche Kunden, die Kombinationen hoher Werte der Eigenschaft 1 und niedriger Werte von 2 besonders schätzen, dazu aber auch viele Nachfrager mit Präferenzen gleichzeitig für niedrige Ausprägungen der Eigenschaft 1 und für hohe der Eigenschaft 2. Man hat offensichtlich zwei Segmente vorliegen, die sich voneinander sehr gut unterscheiden lassen und in sich sehr homogen sind. Eben dies ist ein Güteindikator für eine vorgenommene Segmentierung: **Große Streuung zwischen den Segmenten, aber niedrige Streuung jeweils innerhalb der Segmente.** Daneben gibt es die einen oder anderen Nachfrager, die außerhalb der beiden Segmente bleiben und als Ausreißer gewertet werden.

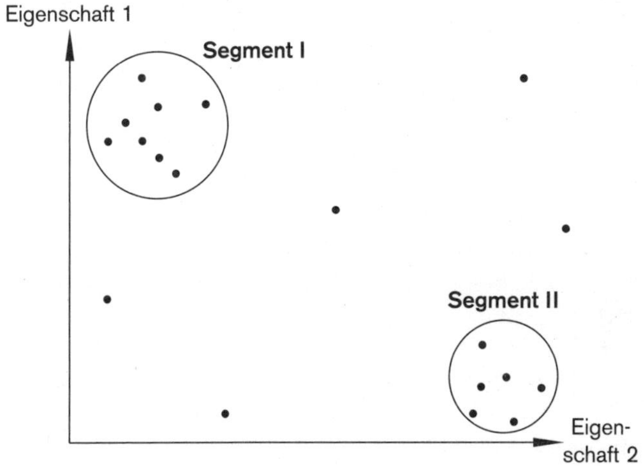

Abb. D33: Gruppenbildung in einem zweidimensionalen Eigenschaftsraum

Die im zweidimensionalen Raum demonstrierte Überlegung lässt sich in gleicher Weise in höher dimensionierten Räumen anstellen. Die dafür erforderlichen Techniken der Marktforschung sind die der Cluster-Analyse, für die wirksame Rechenalgorithmen und Standard-Software vorhanden sind.

Ergebnis ist die Aufteilung des heterogenen Marktes in Gruppen gleicher Nutzenerwartung. Deshalb hat sich dafür auch die Bezeichnung Benefit-Segmentierung eingebürgert.

Im dritten und letzten Schritt sind dann die ermittelten Segmente über die erwarteten Benefits hinaus zu beschreiben. Hier kommen dann jene demographischen, sozioökonomischen und psychographischen Kriterien ins Spiel, die simultan mit den erwünschten Benefits abgefragt werden und beim direkten Vorgehen den Ausgangspunkt bilden.

Zu jedem Punkt (Nachfrager) im Segment werden etwa Alter, Einkommen, Schulbildung, Einstellungen mit erhoben, und es ist zu prüfen, ob diese Kriterien in allen Segmenten gleichzeitig vertreten sind oder ob sie ersichtliche Schwerpunkte ausmachen. Sind die Vertreter von Segment I etwa zumeist ältere männliche Konsumenten mit niedriger Schulbildung und geringem Einkommen, und verhält es sich im Segment II möglicherweise genau umgekehrt?

Verhält es sich so, sind beide Segmente insoweit identifiziert, und es bliebe noch, die Segmente hinsichtlich der Nachfragegröße (Wie viele Nachfrager? Welche durchschnittliche Kaufmenge pro Woche?) zu beschreiben.

Aus der soeben skizzierten differenzierten Markterfassung lassen sich Folgerungen ziehen. Sollen alle Marktsegmente bedient werden oder lediglich eines oder wenige Segmente? Welches Segment ist besonders vorteilhaft, welches besonders kritisch zu beurteilen?

Als Kriterium der Segmentwahl kommen zum einen die **Stärken und Schwächen des Anbieters** und zum anderen **Eigenschaften des Marktes** in Frage. Ist der Anbieter zur Abdeckung des Segments in der Lage? Ist er als Spezialitätenanbieter auf höchstem, technischem Niveau glaubwürdig? Ist das Segment groß genug, und bietet es Wachstumschancen? Ist die Abgrenzung zu anderen Segmenten markant oder herrscht ausgeprägte Substitutionskonkurrenz? Wie intensiv ist der Wettbewerb in den einzelnen Segmenten?

Eventuell bedenkt der Anbieter auch die Möglichkeit, nicht nur ein Segment oder wenige Segmente, sondern alle Segmente zu bearbeiten. Dabei ist nach Kapazitäten und Finanzrestriktionen zu fragen, die einer Bearbeitung des Gesamtmarkts evtl. entgegenstehen können. Lassen sich im Übrigen hohe Standards bei unterschiedlichen Anforderungen in den einzelnen Segmenten gewährleisten? Ist das vermittelte Firmenbild als Alleskönner akzeptabel?

Mit der Segmentwahl hängt eine andere Frage zusammen: Sollen wohl identifizierte Segmente wirklich in jedem Fall differenziert bearbeitet werden, oder empfiehlt sich möglicherweise eine einheitliche Marktbearbeitung?

Eine **einheitliche Marktbearbeitung** liegt offensichtlich nahe, wenn die Marktforschung einen relativ homogenen Gesamtmarkt ohne erkennbare Gruppenbildung ermittelt, mag aber auch bei deutlicher Segmentbildung zu bedenken sein, sofern den Vorteilen der differenzierten Marktbearbeitung beachtliche Nachteile gegenüber stehen.

Die Vorteile der **differenzierten Marktbearbeitung** liegen auf der Hand: Der Anbieter geht mit seinem Produkt, seiner Werbung, der Art und Weise seines Verkaufs auf die besonderen Wünsche der Nachfrager im Segment ein und schafft als Nischenanbieter durch feine Produktdifferenzierungen Präferenzen, die sich in höherer Preisbereitschaft, größerer Nachfrage, höherer Markentreue etc. äußern. Zugleich ist mit Blick auf homogene Marktsegmente eine präzisere und damit wirksamere Steuerung der Marketinginstrumente möglich.

Diesem Vorteil stehen aber auch Nachteile gegenüber. So erfordert eine ausgeprägte Produktdifferenzierung im Fertigungsbereich kleine Lose, hohe Sortenwechselkosten sowie eine teurere Lagerhaltung. Im Verkauf sind weitere Produktvarianten dem Handel gegenüber möglicherweise nur schwer und dann nur gegen finanzielle Zugeständnisse durchzusetzen. Händler schätzen von ihren Markenlieferanten sehr häufig kleine Sortimente mit hohem Lagerumschlag.

Dies mag einer Verfeinerung der Marktsegmentierung nicht selten im Wege stehen und eine einheitliche Marktbearbeitung begünstigen, die voll und ganz auf die Kostenführerschaft als Wettbewerbsvorteil setzt.

Literatur

Böcker, F./Helm, R. (2003): Marketing, 7. Aufl., Stuttgart, 2003

Dichtl, E. (1973): Fallstudien zum Marketing, Teil 2, Lösungsskizzen, Berlin, 1973

Farris, P. W./Albion, M. S. (1980): The Impact of Advertising on the Price of Consumer Products, in: Journal of Marketing, Vol. 44, S. 17–35

Freter, H./Barzen, D. (1988): Segmentierung im Automobilmarkt, in: Marktforschung und Management, 3/1988, S. 87–92

Green, P. E./Tull, D. S. (1982): Methoden und Techniken der Marketingforschung, 4. Aufl., Stuttgart 1992

Haley, R. (1968): Benefit Segmentation: A Decision-Oriented Reserach Tool, in: Journal of Marketing, Vol. 32, No. 3, S. 30–35

Johansson, J. K./Thorelli, H. B. (1985): International Product Positioning, in: Journal of International Business Studies, 16, S. 57–75

Kotler, P./Bliemel, F. (2001): Marketing-Management, 10. Aufl., Stuttgart 2001

Moutinho, L. (1991): Problems in Marketing: Analysis and Application, London, 1991

Schwaiger, G./Schrattenecker, G. (2001): Werbung, 5. Aufl., Stuttgart 2001

Trommsdorff, V. (1992): Multivariate Imageforschung und strategische Marketingplanung, in: Handbuch des Electronic Marketing, hrsg. v. *Hermanns, A./ Flegel, V.*, München 1992, S. 321–338

E. Kostenrechnung

Bleiben die Aussagen der strategischen Planung oft noch sehr allgemein, so wird die Kostenrechnung bei ihren Analysen doch sehr konkret. Ein erstes Ziel der Kostenrechnung ist es, **festzustellen, ob in der letzten Periode wirtschaftlich gearbeitet wurde** oder nicht. Diese Frage ist aus zwei Gründen nicht ganz einfach zu beantworten:

Zum einen ist ein Unternehmen i. d. R. auf eine unbegrenzte Lebensdauer ausgerichtet. Um aber dann eine Kontrolle über die Tätigkeit des Unternehmens zu bekommen, ist es nötig, nach bestimmten Zeitabständen zu prüfen, **ob in der Vergangenheit wirtschaftlich gearbeitet wurde** oder nicht. Je weiter diese Zeitabstände auseinander liegen, um so später werden Fehlentwicklungen festgestellt. Je kürzer sie sind, um so schwieriger und aufwändiger ist die Bereitstellung der notwendigen Daten. Als Kompromisslösung hat sich in der Praxis ein Zeitraum von einem Monat, einem Quartal oder maximal von einem Jahr herausgebildet. Zur Kontrolle müssen nun alle wirtschaftlichen Vorgänge daraufhin überprüft werden, ob sie (vollständig oder teilweise) einerseits die betrachtete Periode betreffen oder nicht, andererseits die betriebliche Tätigkeit betreffen oder nicht. Diese notwendige Abgrenzung geschieht ebenfalls in der Kostenrechnung.

Der zweite Grund für die Notwendigkeit der Kostenrechnung besteht in der Komplexität des Geschäftes. Werden von einem Unternehmen beispielsweise mehrere Produkte erstellt, so besteht das Problem, **Kosten**, die für alle Produkte gemeinsam entstehen (z. B. die Kosten einer zentralen Verwaltung), **auf die einzelnen Produkte zuzurechnen**. Nur so lässt sich die Frage beantworten, ob es sich lohnt, ein einzelnes Produkt zu erzeugen. Darüber hinaus muss dann noch festgelegt werden, was wirtschaftlich arbeiten heißt. Aus dieser Definition heraus bestimmt sich dann der Wertansatz für die Kosten. Dies sei am Beispiel der Abschreibungen erläutert.

Will das Unternehmen nur die aktuelle Liquidität erhalten, so reicht es, wenn über die Preise die Abschreibungen auf Basis der historischen Anschaffungskosten verdient werden. Bei steigenden Preisen für die notwendigen Anlagen bedeutet dies allerdings, dass am Ende der Nutzungsdauer der alten Anlage das verdiente Geld nicht ausreicht, um eine neue zu beschaffen. Spricht man dagegen von wirtschaftlich arbeiten erst dann, wenn auch die Substanzerhaltung gewahrt ist, so müssen die Abschreibungen auf der Basis der Wiederbeschaffungswerte angesetzt werden. Die als plausibel und wirtschaftlich sinnvoll angesehenen Wertansätze bestimmen somit letztlich auch die Höhe der Kosten und damit die Ergebnisse der Kostenrechnung.

Bevor nun auf den Aufbau der Kostenrechnung eingegangen wird, müssen einige Begriffe erläutert werden.

1. Grundlegende Begriffe

Für die praktische Durchführung einer Kostenrechnung empfiehlt es sich, Kosten – wie oben bereits erwähnt – als **bewerteten, betrieblich bedingten Verbrauch von Produktionsfaktoren** zu definieren.

Betrieblich bedingt bedeutet, dass nur das eigentliche Betriebsgeschehen analysiert wird. Das übrige (neutrale) Geschäftsgeschehen des Unternehmens (z. B. Aufwendungen und Erträge aus der Anlage von Wertpapieren) bleibt in der Kostenrechnung unberücksichtigt.

Bewertet zeigt an, dass die Wirtschaftlichkeit des Unternehmens gemäß einer vorgegebenen Zielvorstellung gemessen wird, die vom Unternehmen angestrebt wird.

Für den Umgang mit der Kostenrechnung sind zwei Begriffspaare von besonderer Wichtigkeit: Zunächst unterscheidet man zwischen **variablen und fixen Kosten.**

Variabel sind Kosten dann, wenn sie sich mit der Produktionsmenge ändern. Die typischen variablen Kostenarten sind Fertigungsmaterial und extern bezogene Teile. Fertigungslöhne zur Bearbeitung der Produkte gelten zwar auch weit verbreitet als variabel, weil sie sich über geleistete Lohnminuten dem Produkt zuordnen lassen. Nun nehmen zwar die Fertigungslöhne mit steigender Produktionsmenge zu, da sie aber bei einem Produktionsrückgang wegen Kündigungsschutz nicht sofort abgebaut werden können, sind sie auf kurze Sicht eher als fix anzusehen. Selbst Akkordlöhne, die proportional zur Leistungsmenge berechnet werden, sind nicht eindeutig variabel. Bei Unterbeschäftigung gehen sie nur auf das in den letzten Monaten erzielte durchschnittliche Lohnniveau des Mitarbeiters zurück.

Von Fixkosten spricht man dementsprechend dann, wenn es sich um Kosten handelt, die unabhängig davon anfallen, ob produziert wird oder nicht. Typische Fixkostenarten sind Abschreibungen und die Gehälter von Angestellten. Diese Unterscheidung in fixe und variable Kosten spielt vor allem dann eine Rolle, wenn es um die Frage von zusätzlichen Kosten bei Ausweitung der Produktion geht.

Das Begriffspaar hat seinen Ursprung in der Tatsache, dass die Lebensdauer eines Unternehmens in bestimmte Plan- und Abrechnungsperioden zerlegt wird. Würde man die gesamte Unternehmensdauer als eine einzige Gesamtperiode unterstellen, so wären in dieser Langfristbetrachtung sämtliche Kosten variabel.

Bei dem zweiten Begriffspaar handelt es sich um **Einzelkosten und Gemeinkosten.**

Hierbei steht die Frage im Vordergrund: Wofür sind die Kosten angefallen? Es muss also jeweils eine Bezugsbasis angegeben werden, hinsichtlich der die Kosten als Einzel- oder Gemeinkosten eingestuft werden. Im Folgenden werden die Produkte als Bezugsbasis gesehen und es wird nach der **Zurechenbarkeit der Kosten auf die Produkte** gefragt. Produkteinzelkosten sind solche Kosten, die nur für die Erstellung des betrachteten Produktes anfallen und diesem auch präzise zugerechnet werden können. Als Beispiel sei hier der Verbrauch an Fertigungsmaterial für ein Produkt genannt. Gemeinkosten dagegen fallen für mehrere Produkte gemeinsam an. Beispiele dafür sind die Abschreibung für eine Halle, in der mehrere unterschiedliche Produkte erzeugt werden oder das Gehalt eines Meisters in der Fertigung, der für verschiedene Produkte zuständig ist.

2. Aussagemöglichkeiten der Kostenrechnung

Bei der Kostenrechnung muss unterschieden werden, ob man sie für spezifische Einzelentscheidungen verwenden will oder ob man vom laufenden Informationssystem spricht. Zunächst sei auf die Entscheidungsfunktion der Kostenrechnung kurz eingegangen:

Betriebswirtschaftliche Entscheidungen lassen sich in zwei Klassen einteilen. Einerseits gibt es **kurzfristige Entscheidungen**, wobei kurzfristig bedeutet, dass die Entscheidung **im Rahmen gegebener Kapazitäten** geschieht. Kurzfristige Entscheidungen sind also Entscheidungen darüber, wie eine vorhandene Ausstattung genutzt werden soll. Nur für solche Entscheidungen liefert die Kostenrechnung die richtigen Daten. Beispiele für derartige Entscheidungsprobleme sind:

- Bestimmung des optimalen Produktions- und Absatzprogrammes,
- Annahme eines Zusatzauftrages,
- Ermittlung von Preisunter- und Preisobergrenzen,
- Wahl zwischen Eigenfertigung oder Fremdbezug (make or buy)

Der zweite Typ von Entscheidungen wird entsprechend als **langfristig** bezeichnet, wobei langfristig bedeutet, dass über die **Veränderung der Kapazität** entschieden wird. Solche Entscheidungen betreffen also die Frage, ob eine zusätzliche Ausstattung angeschafft werden soll oder nicht. Für derartige Probleme ist die Kostenrechnung in aller Regel ungeeignet; zur Lösung benötigt man hier die Investitionsrechnung (vgl. Kapitel G).

Will man also eine kurzfristige Entscheidungsrechnung durchführen, so ist von der Theorie her kein wesentliches Problem gegeben. Man bewertet die Alternativen anhand der entscheidungsabhängigen Kosten. Und nur diese dürfen für die Beurteilung herangezogen werden. Denn setzt man Kosten an, die unabhängig von der Entscheidung anfallen, so können diese das Ergebnis verzerren. Ein Beispiel soll dies verdeutlichen:

Ein Unternehmen fertigt 10.000 Konserven pro Monat. Die

vorhandene Kapazität reicht für 12.000 Stück. Nun wird dem Unternehmen ein Zusatzauftrag über 1.000 Konserven angeboten. Soll der Auftrag angenommen werden?

Für die Beurteilung dieser Frage sind ausschließlich die variablen Kosten anzusetzen, also Fertigungsmaterial, eventuell zusätzliche Einzellöhne, die variablen Stromkosten für die Maschine usw. Alle anderen Kosten sind für die Entscheidung uninteressant.

Würden auch fixe Kosten wie z. B. Abschreibungen für die betreffende Maschine angesetzt, so würde der Zusatzauftrag erst dann akzeptabel erscheinen, wenn auch diese Kosten durch den Preis abgedeckt wären. Kurzfristig betrachtet ist der Auftrag aber bereits dann vorteilhaft, wenn der Preis die variablen Kosten, also die zusätzlich mit dem Auftrag verbundenen Kosten übersteigt. Der übersteigende Betrag trägt zur Deckung der ohnehin vorhandenen fixen Kosten bei und verbessert damit das Gesamtergebnis.

Theoretisch ist damit das Entscheidungsproblem einfach zu lösen. Es sind die **entscheidungsabhängigen Kosten** dem entsprechenden Umsatz gegenüberzustellen. Praktisch ist dies jedoch oft nicht ganz einfach zu lösen, denn die Ermittlung der entscheidungsabhängigen variablen Kosten stößt oft auf Schwierigkeiten. So sind manche Kostenarten teilweise variabel und teilweise fix, und die Anteile sind oft nur schwer (wenn überhaupt) ermittelbar. Ein Beispiel dafür sind die Abschreibungen für einen betrieblich genutzten Lkw. Der Wertverlust ist sicherlich auch durch den Zeitablauf bedingt. Ein Teil ist jedoch leistungsbedingt, also durch die gefahrenen km verursacht, und damit als variabel einzustufen.

Neben den beschriebenen Einzelentscheidungen muss die Kostenrechnung eine allgemeine Informationsfunktion erfüllen, nämlich dann, wenn sie als **laufendes Informationsinstrument** im Unternehmen verwendet wird. Hier ergibt sich allerdings eine Schwierigkeit. Ist bei der Einzelentscheidung immer genau ein spezifisches Problem zu lösen, so sind durch das gesamte **Kostenrechnungssystem** immer eine Reihe von Zwecken gleichzeitig zu erfüllen. Einige wichtige Zwecke dabei sind:

Planungsaufgabe: Die Kostenrechnung soll, wie gerade beschrieben, vorbereitende Informationen für Entscheidungen generieren.

Kontrollaufgabe: Ein zweiter Zweck besteht darin, zu prüfen, ob in allen Kostenstellen so wirtschaftlich wie erwartet gearbeitet wurde. Dazu werden zum Beispiel in der Fertigung Plankosten für ein bestimmtes Leistungsspektrum in der betrachteten Periode ermittelt und dann die der tatsächlichen Beschäftigungssituation angepassten Plankosten (= Sollkosten) den angefallenen Istkosten gegenüber gestellt.

Ergebnisrechnung: Schließlich besteht eine Hauptaufgabe der Kostenrechnung darin, das Betriebsergebnis der vergangenen Periode zu ermitteln. Man möchte wissen, ob sich die Arbeit in der abgelaufenen Periode insgesamt bzw. hinsichtlich einzelner Produkte gelohnt hat oder nicht.

Dies sind nur drei (allerdings wichtige) Aufgaben, die von der Kostenrechnung erfüllt werden sollen. Ein einziges System, das all diese Aufgaben gleichzeitig optimal erfüllt, kann es sicherlich nicht geben. Deshalb stellt die Ausgestaltung des Kostenrechnungssystems eine Art Kompromissentscheidung dar. Dies bedeutet, dass es kein „richtiges" oder „falsches" Kostenrechnungssystem geben kann. Wohl aber kann ein vorgegebenes System die eine oder andere Aufgabe besser oder schlechter erfüllen.

Der lang geführte Streit über die Wahl des „richtigen" Kostenrechnungssystems lohnt sich deshalb nicht. Wichtig ist nur, dass man ein gegebenes System für den jeweiligen Zweck richtig nutzt. Das heißt Folgendes: Will man die laufenden Informationen des Kostenrechnungssystems für eine spezifische Entscheidung nutzen, so ist in jedem Fall eine gesonderte Rechnung erforderlich, in der die Daten der Kostenrechnung an die spezielle Entscheidungssituation angepasst werden.

Im Folgenden wird nur auf die Frage der **Ausgestaltung und der Aussagen des Kostenrechnungssystems als laufendes, periodisches Informationssystem** eingegangen. Auf die Darstellung der Anwendung für spezifische Einzelentscheidungen wird hier verzichtet.

3. Abrechnungsstufen der Kostenrechnung

Grundsätzlich laufen Kostenrechnungssysteme nach dem in Abb. E1 dargestellten Schema ab. Dabei dient die Dreiteilung der Rechnung dazu, die angefallenen Kosten möglichst verursachungsgerecht auf die Produkte zu verteilen. Diese drei Stufen eines Kostenrechnungssystems sollen nun erläutert werden.

Abrechnungsstufen / Rechnungsgegenstand	**Kostenartenrechnung**	**Kostenstellenrechnung**	**Kostenträgerrechnung**
Periodenrechnung	**Welche** Kosten(-arten) sind angefallen?	**Wo** sind die Kosten angefallen?	**Kostenträgerzeitrechnung** **Wofür,** d. h. für welche Produktarten sind die Kosten einer Abrechnungsperiode angefallen?
Stückrechnung	–	–	**Kostenträgerstückrechnung** (Kalkulation) **Wofür,** d. h. für welche Produkteinheiten sind die Kosten angefallen?

Abb. E1: Ablauf einer Kostenrechnung (Quelle: *Hummel/Männel* [1998], S. 20)

a) Kostenartenrechnung

Zunächst einmal werden sämtliche angefallenen Kosten – meist aus vorgelagerten Abrechnungskreisen der Finanzbuchhaltung stammend – periodisch abgegrenzt und nach einem vorgegebenen Gliederungsschema systematisch erfasst. Bei der Klassifizierung der Kostenarten sollten die unternehmensspezifischen Bedingungen möglichst gut abgebildet werden. Als Orientierungshilfe für eine zweckmäßige Kostenartengliederung kann z. B. der Gemeinschafts-Kontenrahmen für die Industrie dienen (vgl. Abb. E2, S. 124 f.).

Die Kostenartenrechnung ist als **Vorstufe im weiteren Abrech-**

Kostenarten der Kontenklasse 4

40–42	**Stoffkosten u. dgl.**	
40–41	Stoffverbrauch (ohne Brennstoffe und Energien)	
	400	Stoffverbrauch-Sammelkonto
	401–402	Einsatzstoffe
	403–404	Fertigungsstoffe
	405	Klein- und Normteile
	406	Bestandteile (Einbauteile), Zwischenerzeugnisse und dergleichen
	407	Handelswaren
	408	Auswärtige Bearbeitung
	409	Stoffe für innerbetriebliche Leistungen
	410–411	Hilfsstoffe
	412–415	Betriebsstoffe
	416	Verpackungsstoffe (z. B. Kisten- und Lattenholz, Nägel, Bandeisen usw.)
	417–419	Werkzeuge und dergleichen
42	Brennstoffe, und Energien und dergleichen	
	420–424	Feste, flüssige und gasförmige Brenn- und Treibstoffe
	425–429	Energie und dergleichen
43–44	**Personalkosten**	
43	Löhne und Gehälter	
	430	Löhne-Sammelkonto (einschließlich Lohnabschlagszahlungen)
	431	Fertigungslöhne
	432	Löhne für innerbetriebliche Leistungen
	433–435	Hilfslöhne
	436	Betrieblich bedingte, bezahlte Wartezeiten
	437	Lohnarbeitszuschläge und besondere Zulagen
	438	Bezahlte Freizeit
	439	Gehälter
44	Sozialkosten und andere Personalkosten	
	440	Gesetzliche und tarifliche Sozialkosten
	441–447	Freiwillige Sozialkosten
	448	Andere Personalkosten

45 Instandhaltung, verschiedene Leistungen u. dgl.

450–454	Instandhaltung
455	Allgemeine Dienstleistungen
456	Entwicklungs-, Versuchs- und Konstruktionskosten
457–459	Mehr- bzw. Minderkosten

46 Steuern, Gebühren, Beiträge, Versicherungsprämien u. dgl.

460–463	Steuern
464–467	Abgaben, Gebühren u. dgl.
468	Beiträge und Spenden
469	Versicherungsprämien

47 Mieten, Verkehrs-, Büro-, Werbekosten u. dgl.

470–471	Raum-, Maschinenmieten u. dgl.
472–475	Verkehrskosten
476	Bürokosten
477–478	Werbe- und Vertreterkosten
479	Finanzspesen und sonstige Kosten

48 Kalkulatorische Kosten

480	Betriebsbedingte Abschreibungen
481	Betriebsbedingte Zinsen
482	Betriebsbedingte Wagnisprämien
483	Kalkulatorischer Unternehmerlohn
484	Sonstige kalkulatorische Kosten

49 Innerbetriebliche Kosten- und Leistungsverrechnung, Sondereinzelkosten und Sammelverrechnungen

490–494	Sondereinzelkosten
495–497	Innerbetriebliche Kosten- und Leistungsverrechnung
498	Sammelkonto, zeitliche Abgrenzung
499	Sammelkonto Kostenarten

Gliederung der Kostenarten innerhalb der Kontenklasse 4 des Gemeinschafts-Kostenrahmens für die Industrie (Vgl. Gemeinschafts-Kontenplan der Industrie auf der Grundlage des Gemeinschafts-Kostenrahmens der Industrie (GKR), Maschinenbau-Verlag GmbH Frankfurt am Main, o. J., S. 18–26).

Abb. E 2: Gemeinschafts-Kontenrahmen der Industrie

nungszyklus zu sehen, denn bereits eine klar abgegrenzte differenzierte Erfassung der Kostenarten bestimmt die Genauigkeit bei der Weiterverrechnung der Kosten auf Kostenstellen und Kostenträger.

Daneben erfüllt die Kostenartenrechnung auch bereits eine **grobe Kontrollfunktion** indem die absolute Höhe einzelner Kostenarten im Zeitablauf aufgezeigt wird. Auch der relative Anteil einzelner Kostenarten (z. B. einer Personalkostenart) an einem Gesamtkostenblock, über mehrere Perioden betrachtet, kann Aufschluss über wichtige Kostenstrukturverschiebungen geben.

b) Kostenstellenrechnung

Im zweiten Schritt werden diese Kostenarten dann auf die Orte ihrer Entstehung zugerechnet. Dazu wird das Unternehmen in sogenannte Kostenstellen aufgeteilt. Man unterscheidet fünf Grundtypen von Kostenstellen:

Vorkostenstellen: Hierbei handelt es sich um so genannte Hilfskostenstellen, die für die übrigen Stellen Leistungen erbringen, aber nicht direkt an den Produkten arbeiten. Als Beispiel sei die Reparaturabteilung genannt.

Materialkostenstellen: In diesen Kostenstellen geschieht die Beschaffung, die Prüfung, die Lagerung der verschiedenen Materialien, z. B. Einkauf, Wareneingangsprüfung, Rohstofflager.

Fertigungskostenstellen: Sie umfassen Bereiche (Abteilungen), in denen direkt an den Produkten des Unternehmens gearbeitet wird, z. B. Kostenstellen für die Bearbeitung in einzelnen Fertigungsstufen sowie die Endmontage.

Verwaltungskostenstellen: Sie umfassen den gesamten Bereich der allgemeinen Verwaltung, z. B. Personalabteilung, Rechnungswesen, Organisation, kaufmännische Verwaltung. Je nach Größe und Differenziertheit des Unternehmens sind die Kostenstellen im Bereich **Forschung und Entwicklung** getrennt zu sehen.

Vertriebskostenstellen: Alle Bereiche, die mit dem Absatz der erzeugten Produkte befasst sind, werden hierunter geführt, z. B. Kostenstellen für unterschiedliche Vertriebsregionen.

Eine wichtige Aufgabe der Kostenstellenrechnung liegt darin, nach vorangegangener Zuordnung der Gemeinkosten auf Kostenstellen diese dann möglichst gut (wie stark haben die Produkte die Kostenstellen beansprucht?) auf die einzelnen Produkte weiterzuverrechnen. Sie ist damit als **Bindeglied zwischen der Kostenartenrechnung und der Kostenträgerrechnung** zu sehen.

Tendenziell gilt: Je feiner das Unternehmen in Kostenstellen eingeteilt wird, um so genauer (verursachungsgerechter) lassen sich letztlich die angefallenen Kosten den Produkten zuordnen.

Neben der Funktion als Bindeglied zwischen der Kostenarten- und der Kostenträgerrechnung dient die Kostenstellenrechnung noch der Kostenkontrolle. Durch die Zuordnung der Kosten auf die Orte ihrer Entstehung besteht die Möglichkeit, eine **Wirtschaftlichkeitskontrolle der Kosten einer Kostenstelle** durchzuführen, indem für diese Stelle die geplanten Kosten ermittelt und den tatsächlich angefallenen Kosten gegenübergestellt werden. Bei größeren Abweichungen gilt es dann, die Ursachen für die Abweichungen zu analysieren und Maßnahmen zur Gegensteuerung einzuleiten.

c) Kostenträgerrechnung

Die dreiteilige Kostenrechnung mündet schließlich in der Kostenträgerrechnung. Sie umfasst zwei Bereiche:

Kostenträgerstückrechnung: In dieser Rechnung, die besser unter dem Namen **Kalkulation** bekannt ist, werden die Kosten auf die jeweiligen betrieblichen Leistungen, also die Produkte verrechnet um die **Selbstkosten je Produkteinheit** zu ermitteln. So hat man dann eine Kontrolle darüber, ob der am Markt erzielte Preis eine Kostendeckung und eine angemessene Gewinnmarge bietet.

Kostenträgerzeitrechnung: Aus den in der Kalkulation ermittelten Selbstkosten der Produkte ergeben sich unter Berücksichtigung der Stückzahlen die **Gesamtkosten der Periode oder auch nach Produkten differenzierte Gesamtkosten**. Wird über die Kostenrechnung hinaus noch der Umsatz der betreffenden Periode hinzugezogen und den durch die umgesetzten Produkte verursachten Kosten gegenübergestellt, erhält man die **kurzfristige Erfolgsrechnung**.

4. Vollkosten- versus Teilkostenrechnung

Bevor nun der Rechnungszusammenhang der Kostenrechnung an einem Beispiel erläutert wird, sind noch einige grundsätzliche Vorbemerkungen nötig. In der Literatur gab es eine lange Diskussion darüber, ob **alle angefallenen Kosten (fixe und variable Kosten) den Produkten (in der Kostenträgerrechnung) zugerechnet** werden sollen **oder nur ein Teil** (die variablen Kosten). Der übrige Teil (die fixen Kosten) könnte dann ohne differenzierte Produktzuordnung en bloc gleich direkt in die Ergebnisrechnung übernommen werden. Im ersten Fall spricht man von einer Vollkostenrechnung, im anderen Fall von einer Teilkostenrechnung.

In den beiden Fällen werden natürlich die gesamten Kosten zur Ermittlung des Betriebsergebnisses angesetzt. Ein Unterschied besteht nur in der Kalkulation. Bei einer Teilkostenrechnung werden dann vom Kalkulationsergebnis – also Umsatz ./. produktspezifische Kosten – alle Kosten abgezogen, die nicht dem Produkt zugerechnet worden sind. Häufig wird als Extremfall betrachtet, dass nur die variablen Kosten dem Produkt zugerechnet und alle Fixkosten den Gesamtkosten der Periode angelastet werden. Dieser Fall wird als Grenzkostenrechnung bezeichnet. Im Folgenden werden die beiden Rechnungen – die Voll- und die Grenzkostenrechnung – an einem Beispiel erläutert.

Auf die Frage, welche dieser beiden Rechnungen die Bessere ist, soll hier nicht eingegangen werden, da es, wie oben bereits erwähnt, kein optimales Kostenrechnungssystem geben kann. Es erscheint wesentlich wichtiger, wie man bei einem gegebenen System mit den ausgewiesenen Informationen umgeht. Die Ergebnisse der Kostenrechnung zu interpretieren und die richtigen Schlussfolgerungen daraus zu ziehen, das ist sicherlich keine leichte Aufgabe.

In der Praxis wird die Wahl des Kostenrechnungssystems nicht einheitlich entschieden. Neben einem Vollkostenrechnungssystem ist vielfach **zusätzlich** ein Teilkostenrechnungssystem im Einsatz, meist in Form einer stufenweisen Fixkostendeckungsrechnung (siehe unten Abschnitt 7).

Allein schon dadurch, dass für die Steuerbilanz die **Herstellungskosten** für fertige und unfertige Erzeugnisse pflichtgemäß auf Basis der Vollkostenrechnung - ohne Verwaltungskosten (Wahl) und Vertriebskosten (Verbot) - zu ermitteln sind, ergibt sich für die Unternehmen die Notwendigkeit, eine Vollkostenrechnung vorzunehmen. Eine etwaige andere Rechnung wird dann als Zusatzinformation angesehen.

5. Vollkostenrechnung

Zunächst soll hier eine Vollkostenrechnung beschrieben werden. Die Grafik (vgl. Abb. E3, S. 130) verdeutlicht den Ablauf dieser Rechnung.

Zunächst werden alle Kosten, getrennt nach Einzel- und Gemeinkosten in der Kostenartenrechnung erfasst. Die **Einzelkosten** lassen sich jedem Produkt direkt zurechnen und können deshalb direkt in die Kostenträgerrechnung übernommen. Die **Gemeinkosten** dagegen müssen indirekt über den Umweg der Kostenstellenrechnung letztlich den Produkten zugerechnet werden. Die Kostenzuordnung auf Kostenstellen erfolgt mit dem so genannten **Betriebsabrechungsbogen** (BAB). Die gestrichelte Linie in Abb. E3 soll andeuten, dass ein Teil der Einzelkosten wie Gemeinkosten behandelt wird, weil die Erfassung als Einzelkosten unwirtschaftlich wäre. Man spricht dann von unechten Gemeinkosten. Ein Beispiel für derartige Kosten ist etwa der Leim bei der Herstellung von Möbeln. Da die Kosten für den Leim relativ gering sind, wäre eine genaue Erfassung je Möbelstück viel zu aufwändig. Man wird deshalb pauschal einen festen Betrag, beispielsweise je Stuhl als Kosten ansetzen.

In der Kostenstellenrechnung werden dann zunächst die Kosten der Vorkostenstellen nach ihren erbrachten Leistungen den Hauptkostenstellen zugeordnet **(= innerbetriebliche Leistungsverrechnung).** Somit sind letztlich sämtliche Gemeinkosten auf die Hauptkostenstellen verteilt.

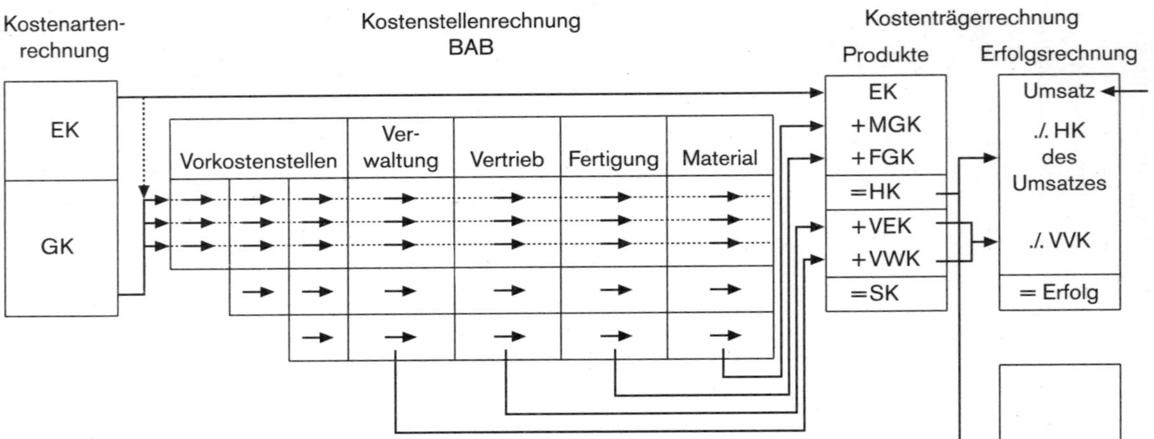

EK	Einzelkosten
GK	Gemeinkosten
MGK	Materialgemeinkosten
FGK	Fertigungsgemeinkosten
HK	Herstellkosten
VEK	Vertriebskosten
VWK	Verwaltungskosten
VVK	Vertriebs- und Verwaltungskosten
SK	Selbstkosten

Abb. E 3: Schematischer Ablauf der Vollkostenrechnung (Quelle: *Coenenberg* [2003], S. 58)

Schließlich werden die Kosten der Hauptkostenstellen nach differenzierten Bezugsgrößen den Produkten zugerechnet. Dies geschieht in der Regel mit Hilfe einer Zuschlagskalkulation. So erhält man dann die Herstellkosten und die Selbstkosten für jedes Produkt.

Stellt man den Selbstkosten der verkauften Produkte den Umsatz dieser Produkte gegenüber, so ergibt sich als Saldo der Periodenerfolg. Die produzierten, aber nicht verkauften Produkte erhöhen (bewertet zu Herstellkosten) den Lagerbestand. Entsprechend reduziert sich der Lagerbestand, wenn mehr verkauft wird als in der Periode produziert wurde. Dieser Ablauf soll nun an einem Beispiel erläutert werden.

Die Kostenartenrechnung für ein Unternehmen möge das folgende Aussehen haben:

Fertigungsmaterial	125.000	Einzelkosten
Fertigungslöhne	75.000	
Gehälter	36.000	Gemeinkosten
Abschreibungen	100.000	
Energiekosten	10.000	
andere Gemeinkosten	50.000	

Das hier vereinfacht dargestellte Unternehmen hat also zwei Einzelkostenarten und vier Gemeinkostenarten.

Trotz der zuvor genannten Einwände werden die Fertigungslöhne als Einzelkosten behandelt. Insgesamt sind 396.000 € an Kosten angefallen, wovon knapp die Hälfte, nämlich 196.000 € Gemeinkosten und 200.000 € Einzelkosten sind.

Die Aufteilung der Kostenarten auf die Kostenstellen möge die Abb. E4 (S. 132) ergeben.

Zunächst verwundert vielleicht, dass die Einzelkosten, also Fertigungsmaterial und Fertigungslöhne, hier in der Kostenstellenrechnung auftauchen, obwohl sie direkt auf die Produkte verrechnet werden. Sie dienen zunächst nur der Information und spielen später als Basis bei der Bildung von Zuschlagssätzen eine Rolle. Sie sind deshalb auch nicht in der Summenzeile, also in der Summe der primären Gemeinkosten enthalten.

Dabei heißen die Gemeinkosten **primär**, weil sie in diesen Stellen auch angefallen sind. **Sekundär** nennt man Gemeinkos-

Kostenstelle / Kostenarten	Summe der Kostenarten	Vorkostenstellen		Hauptkostenstellen			
		Arbeitsvorbereitung	Reparaturstelle	Materialstelle	Fertigungsstelle 1	Fertigungsstelle 2	Vertriebs- und Verwaltungsstelle
Einzelkosten							
Fertigungsmaterial	125.000						
Fertigungslöhne	75.000				50.000	25.000	
Gemeinkosten							
Gehälter	36.000	1.000	1.000	2.000	5.000	4.000	23.000
Abschreibungen	100.000	4.000	6.000	10.000	45.000	30.000	5.000
Energiekosten	10.000	500	1.500	1.000	4.000	2.000	1.000
Andere Gemeinkosten	50.000	2.500	5.500	10.000	11.000	16.000	5.000
Summe der primären Gemeinkosten	**196.000**	**8.000**	**14.000**	**23.000**	**65.000**	**52.000**	**34.000**

Abb. E4: Primäre Gemeinkosten nach Kostenstellen

Empfangende Kostenstelle / Leistende Kostenstelle	Σ	Arbeitsvorbereitung	Reparaturstelle	Materialstelle	Fertigungsstelle 1	Fertigungsstelle 2	Vertriebs- und Verwaltungsstelle
Arbeitsvorbereitung (Stunden)	800 Std.	–	100	–	400	300	–
Reparaturstelle (Stunden)	150 Std.	–	–	20	60	50	20

Abb. E5: Innerbetriebliche Leistungsverflechtung

ten, die einer Kostenstelle aufgrund der von Vorkostenstellen erbrachten Leistungen belastet werden.

Als erste Aufgabe ergibt sich nun, diese sekundären Gemeinkosten zu ermitteln. Das heißt, es sind die Kosten der Vorkostenstellen gemäß der erbrachten Leistung auf die Hauptkostenstellen zu verteilen. Dazu muss zunächst die erbrachte Leistung der Vorkostenstellen sowie der Empfänger der Leistungen ermittelt werden. Dies zeigt Abb. E5 (S. 132).

Wenn die Kostenstelle Arbeitsvorbereitung 800 Std. Leistung erbracht hat und dafür laut BAB 8.000 € an primären Gemeinkosten entstanden sind, so ist es sinnvoll, je Std. erbrachter Leistung Kosten in Höhe von

$$\frac{8.000}{800} = 10\,€/\text{Std.}$$

zu verrechnen. Damit erhält die Fertigungsstelle 1 wegen der Inanspruchnahme innerbetrieblicher Leistungen der Arbeitsvorbereitung 400 · 10 = 4.000 €, die Fertigungsstelle 2 noch 3.000 € und schließlich die Reparaturabteilung 1.000 € an sekundären Gemeinkosten aus der Stelle Arbeitsvorbereitung. Insgesamt sind dies dann Gemeinkosten in Höhe von 14.000 + 1.000 = 15.000 €.

In der Vorkostenstelle Reparatur sind insgesamt 15.000 € an Kosten angefallen, wobei 14.000 € primäre und 1.000 € sekundäre Gemeinkosten sind. Diesen Kosten steht eine Leistung von 150 Std. gegenüber, so dass sich ein Umlagesatz von

$$\frac{15.000}{150} = 100\,€/\text{Std.}$$

ergibt. Somit wird beispielsweise die Materialstelle mit 20 · 100 = 2.000 € sekundären Gemeinkosten belastet, die für die von der Reparaturabteilung erbrachten Leistungen angefallen sind. Vollständig ausgefüllt sieht der BAB dann aus wie in Abb. E6 (S. 134) dargestellt.

Interessant ist dabei die letzte Zeile. Die gesamten Gemeinkosten der Vorkostenstellen sind in Klammern gesetzt. Sie werden als Endkosten der Vorkostenstellen bezeichnet und dienen nur der Kontrolle, für die weitere Rechnung sind sie ohne Bedeutung.

Kostenstelle / Kostenarten	Summe der Kostenarten	Vorkostenstellen		Hauptkostenstellen			
		Arbeitsvorbereitung	Reparaturstelle	Materialstelle	Fertigungsstelle 1	Fertigungsstelle 2	Vertriebs- und Verwaltungsstelle
Einzelkosten							
Fertigungsmaterial	125.000						
Fertigungslöhne	75.000				50.000	25.000	
Gemeinkosten							
Gehälter	36.000	1.000	1.000	2.000	5.000	4.000	23.000
Abschreibungen	100.000	4.000	6.000	10.000	45.000	30.000	5.000
Energiekosten	10.000	500	1.500	1.000	4.000	2.000	1.000
Andere Gemeinkosten	50.000	2.500	5.500	10.000	11.000	16.000	5.000
Summe der primären Gemeinkosten	**196.000**	**8.000**	**14.000**	**23.000**	**65.000**	**52.000**	**34.000**
Umlage Arbeitsvorbereitung	8.000	–	1.000	–	4.000	3.000	–
Umlage Reparaturstelle	15.000	–	–	2.000	6.000	5.000	2.000
Summe der primären und sekundären Gemeinkosten	**219.000**	**(8.000)**	**(15.000)**	**25.000**	**75.000**	**60.000**	**36.000**

Abb. E 6: Betriebsabrechnungsbogen nach Vollkostenrechnung

Die übrigen vier Werte ergeben zusammen 196.000 und stellen damit die Summe der primären Gemeinkosten dar. Sie sind durch diese Rechnung vollständig auf die Hauptkostenstellen verteilt und werden dann in der Kalkulation den Produkten zugerechnet.

Wenn zwischen den verschiedenen Vorkostenstellen gegenseitige Leistungsverflechtungen bestehen, so verläuft die Umlage nicht ganz so einfach, wie hier im Beispiel gezeigt. Ein grundsätzliches Problem ergibt sich dadurch jedoch nicht, lediglich die Rechnung wird erschwert, da dann die Ermittlung der Verrechnungspreise für die innerbetrieblichen Leistungen der Vorkostenstellen z. B. über ein lineares Gleichungssystem erfolgt.

Bevor nun eine Kalkulation durchgeführt werden kann, sind einige zusätzliche Informationen (vgl. Abb. E7) nötig. Das Unternehmen möge zwei Produkte A und B herstellen, für die folgende Angaben gelten:

	A	B
Fertigungsmaterial (FM)	75.000 €	50.000 €
Fertigungslöhne (FL):		
Fertigungsstelle 1	20.000 €	30.000 €
Fertigungsstelle 2	10.000 €	15.000 €
Produzierte Menge	1.000 Stück	2.000 Stück
Preis/Stück	210 €	100 €

Abb. E7: Informationen zu den Produkten A und B

Die Aufgabe besteht nun darin, für jede Kostenstelle eine oder mehrere Bezugsgrößen zu finden, auf deren Basis die Gemeinkosten dieser Kostenstelle möglichst verursachungsgerecht auf die Produkte zugeordnet werden. „Richtig" kann dies nicht geschehen, sonst wären diese Kosten keine Gemeinkosten, sondern würden gleich als Einzelkosten erfasst. In dem Beispiel sind jeweils sehr einfache Bezugsgrößen gewählt, da es hier in erster Linie um eine Prinzipdarstellung geht.

Für die Materialstelle mögen die Kosten für Fertigungsmaterial als Materialeinzelkosten die Basis für die Weiterverrechnung bilden. Diese betragen 125.000 €. An Gemeinkosten ergeben sich in der Materialstelle laut BAB 25.000 €. Bezieht man nun diese

Gemeinkosten auf die Bezugsbasis (also die Einzelkostenbasis Fertigungsmaterial), so ergibt sich ein Satz von

$$\frac{25.000}{125.000} = 20\%$$

Dieser Satz wird Zuschlagssatz genannt. Denn werden auf die Materialeinzelkosten eines Produktes noch zusätzlich 20 % zur Abdeckung der Gemeinkosten verrechnet, so werden auf diese Weise die gesamten Gemeinkosten der Materialstelle auf die Produkte verteilt.

Analog werden die übrigen Zuschlagssätze, bezogen auf die entsprechende Basis, ermittelt. Die **gesamten Herstellkosten** der Periode errechnen sich dann wie folgt:

Fertigungsmaterial (FM	125.000
+ Materialgemeinkosten (MGK)	25.000
= Materialkosten (MK)	150.000
+ Fertigungslöhne der Fertigungsstelle 1 (FL1)	50.000
+ Gemeinkosten der Fertigungsstelle 1 (FGK1)	75.000
+ Fertigungslöhne der Fertigungsstelle 2 (FL2)	25.000
+ Gemeinkosten der Fertigungsstelle 2 (FGK2)	60.000
= Fertigungskosten (FK)	210.000
= Herstellkosten (HK) (= MK + FK)	360.000

Zusammengefasst ergeben sich die in Abb. E8 dargestellten Zuschlagssätze.

Damit lässt sich nun eine Kalkulation durchführen, die als Zuschlagskalkulation bezeichnet wird (vgl. Abb. E9). In dem hier vorgestellten vereinfachten Kalkulationsschema fehlen die Gemeinkosten für die Forschung und Entwicklung (FuE). Diese könnten (vergleichbar zu den Verwaltungsgemeinkosten) mit einem separat ermittelten Zuschlagssatz auf Basis der Herstellkosten zugeschlagen werden.

Teilt man nun die Selbstkosten durch die produzierte Menge (1.000 Stück bei A und 2.000 Stück bei B), so erhält man die Selbstkosten/Stück von 191,40 € für A und 102,30 € für B. Diese Werte werden nun mit dem Preis für die Produkte verglichen. So ergibt sich:

Kostenstelle	Zuschlagsbasis	zu verrechnende Gemeinkosten	**Zuschlagssatz**
Materialstelle	Fertigungsmaterial (125.000)	25.000 €	20 %
Fertigungsstelle 1	Fertigungslöhne der Fertigungsstelle 1 (50.000)	75.000 €	150 %
Fertigungsstelle 2	Fertigungslöhne der Fertigungsstelle 2 (25.000)	60.000 €	240 %
Vertriebs- und Verwaltungsstelle	Gesamte Herstellkosten (360.000)	60.000 €	10 %

Abb. E8: Zuschlagssätze bei Vollkostenrechnung

		A	B
	Fertigungsmaterial (FM)	75.000	50.000
+	Materialgemeinkosten (20 % auf FM)	15.000	10.000
=	Materialkosten (MK)	90.000	60.000
+	Fertigungslöhne (FL):		
	Fertigungsstelle 1	20.000	30.000
	Fertigungsstelle 2	10.000	15.000
+	Fertigungsgemeinkosten (FGK):		
	Fertigungsstelle 1 (150 % auf FL 1)	30.000	45.000
	Fertigungsstelle 2 (240 % auf FL 2)	24.000	36.000
=	Fertigungskosten (FK)	84.000	126.000
=	gesamte Herstellkosten (HK) = MK + FK	174.000	186.000
+	Vertriebs- und Verwaltungsgemeinkosten (VVK) (10 % auf HK)	17.400	18.600
=	**Selbstkosten (SK)** = HK + VVK	191.400	204.600

Abb. E9: Zuschlagskalkulation bei Vollkostenrechnung

		A	B
	Preis/Stück (p)	210,00	100,00
./.	Selbstkosten/Stück (k)	191,40	102,30
=	Gewinn/Verlust pro Stück (g/v)	18,60	–2,30

Insgesamt hat das Unternehmen – unter der Annahme, dass die produzierte Menge in der Periode der abgesetzten Menge entspricht – also einen Gesamtgewinn in Höhe von 14.000 € erzielt.

	Gesamtgewinn A	18.600	(1.000 Stück × 18,60)
./.	Gesamtverlust B	–4.600	(2.000 Stück × –2,30)
=	Gesamtgewinn	14.000	

Die so ermittelten Werte gilt es nun zu interpretieren:

(1) Das Produkt A weist einen Gewinn von 18,60 € und das Produkt B einen Verlust von –2,30 € aus. Dies bedeutet nicht unbedingt, dass A das bessere Produkt ist, denn immerhin werden 196.000 € an Gemeinkosten – also fast die Hälfte der Gesamtkosten – nicht „richtig", sondern nur „so gut wie möglich" den Produkten zugerechnet. Hätte man andere, ebenfalls plausible Verteilungsschlüssel für die Gemeinkosten gewählt, so wäre vielleicht A ein Verlustprodukt und B der Gewinnbringer. Unabhängig davon, wie sich die Gemeinkosten auf die Produkte verteilen, der Gesamtgewinn des Unternehmens beträgt bei vorgegebenem Preis der Produkte in jedem Fall 14.000 €.

(2) Bei nur zwei verschiedenen Produkten lässt sich für jede Kostenstelle sicherlich eine sehr plausible Zuschlagsbasis für die Zurechnung der Gemeinkosten dieser Stellen auf die Produkte finden. Hat das Unternehmen jedoch eine Vielzahl von Produkten, werden durch Grenzen in der verursachungsgerechten Zuordnung von Gemeinkosten zwangsläufig einige Produkte allein durch das Kostenrechnungssystem zu hoch oder zu niedrig mit Kosten belastet. Diese Ungenauigkeiten in der Produktkalkulation sollte man sich bewusst machen, wenn auf Basis der Produktkosten Entscheidungen getroffen werden.

(3) Der Gewinn (g) bzw. Verlust (v) pro Stück eines Produktes wird aus dem Preis (p) abzüglich der Selbstkosten (k) bestimmt, also:

$$g/v = p - k$$

Will man nun ein bisheriges Verlustprodukt in die Gewinnzone bringen, so gibt es hauptsächlich zwei Möglichkeiten: Zum einen kann dies durch eine Preisänderung geschehen, zum anderen durch eine Kostensenkung.

Bei einer ausschließlichen Änderung des Preises ergibt sich folgendes Problem: Allgemein geht man davon aus, dass bei einer Erhöhung des Preises die Absatzmenge x sinkt. Um wie viel dies der Fall ist, hängt in erster Linie von dem Produkt und der Kundentreue ab. Wird ein linearer Zusammenhang zwischen Absatzmenge und Preis unterstellt, so ergibt sich folgende Kurve (vgl. Abb. E10).

Eine derartige Beziehung lässt sich für jeden Wettbewerber im Markt ermitteln. Sie verläuft umso steiler, je größer die Kundentreue für diesen Wettbewerber ist.

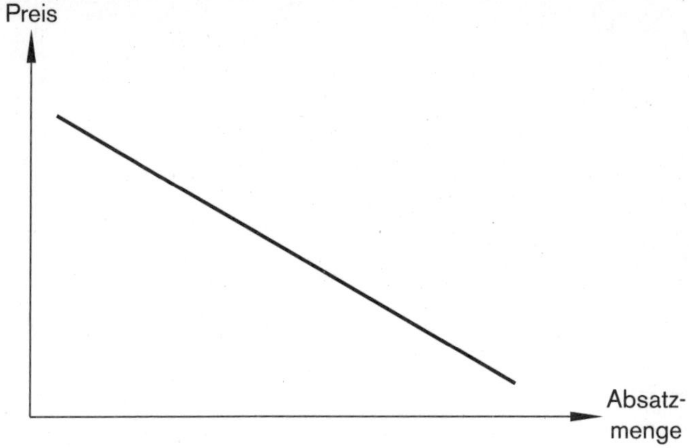

Abb. E10: Beispiel für eine Preisabsatzfunktion

Wenn aber die Absatzmenge sinkt, so steigen die Selbstkosten/Stück bei einer Vollkostenrechnung an, denn die Fixkosten für dieses Produkt verteilen sich nun auf weniger Einheiten. Grafisch gilt folgender Zusammenhang (vgl. Abb. E11, S. 140).
Der gewinnerhöhende Effekt einer Preissteigerung wird dadurch also gemindert. Das bedeutet, dass eine Preiserhöhung nicht zwangsläufig zu einer Verbesserung der Ergebnissituation führt. Der erwartete zusätzliche Erfolg kann durch die Kostensteigerung (höhere Fixkosten pro Stück) überkompensiert werden. Das aber heißt, dass vor einer Preisentscheidung in jedem Fall untersucht werden muss, ob die zu erwartende Mengenänderung dazu führt, dass sich insgesamt eine Verbesserung des Ergebnisses für das Produkt ergibt.
Ähnliche Überlegungen gelten für die Kostenseite. Eine Veränderung der Kostensituation führt in der Regel zu einer gegenläufigen Beeinflussung von variablen und fixen Stückkosten. Das heißt: Werden die variablen Kosten gesenkt, so ist dies häufig nur mit einer Fixkostenerhöhung (z. B. höhere Abschreibungen aufgrund stärkerer Automatisierung) zu erreichen. Umgekehrt kann eine Senkung der Fixkosten (z. B. durch Reduzierung der Fertigungstiefe und vermehrten externen Zukauf von Teilen) zu erhöhten variablen Kosten führen. Beide Wirkungen sind in Entscheidungssituationen zu berücksichtigen.

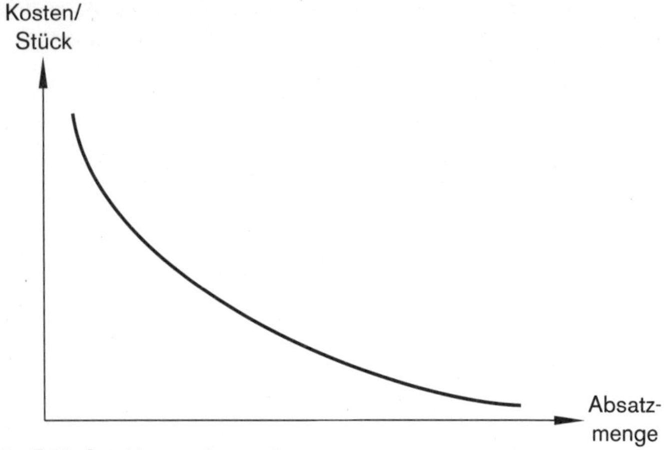

Abb. E 11: Stückkostendegression

(4) Falls bei einem Verlustprodukt keine Möglichkeit gesehen wird, weder durch Preiserhöhung noch durch Kostensenkung in die Gewinnzone zu gelangen, so stellt sich die Frage, ob dieses Produkt eingestellt werden soll. Allein die Tatsache, dass ein Produkt einen Verlust zeigt, bedeutet nicht, dass bei dessen Einstellung der Unternehmensgewinn steigt. Im obigen Beispiel soll das Produkt B insgesamt 109.600 € der Gemeinkosten, also etwa 56 % der Selbstkosten tragen, die jedoch aufgrund des Verlustes (– 4.600 €) nicht voll abgedeckt werden.
Eine Einstellung des Produktes lohnt sich nur dann, wenn dadurch in etwa dieser Betrag auch tatsächlich eingespart wird. Da jedoch Teile der Gemeinkosten als fixe Kosten gelten, die kurzfristig nicht abbaubar sind, kann es sich lohnen, das Produkt zunächst weiterhin anzubieten und den ausgewiesenen Verlust in Kauf zu nehmen. Dies empfiehlt sich dann, wenn das Produkt **über seine variablen Kosten hinaus noch einen Beitrag zur Abdeckung der ohnehin vorhandenen Fixkosten erwirtschaftet.**
Würde man Produkt B einstellen, müsste in einer Vollkostenrechnung das Produkt A kurzfristig die gesamten fixen Kosten (also auch die bisher von B getragenen) mit abdecken.

(5) Diese Überlegungen zeigen, dass ein Vollkostenrechnungssystem nicht für alle Entscheidungssituationen die richtigen Informationen liefern kann.

Für Entscheidungen im Rahmen kurzfristig nicht veränderbarer Kapazitäten bietet die nachfolgend dargestellte Grenzkostenrechnung die besseren Aussagen.

6. Teilkostenrechnung als Grenzkostenrechnung

Bei der Grenzkostenrechnung geht man von folgender Überlegung aus: Fixkosten sind Periodenkosten. Sie fallen in einem gegebenen Zeitraum an, unabhängig davon ob produziert wird oder nicht.

Deshalb sollten sie für kurzfristige Produktentscheidungen auch nicht dem Produkt zugerechnet werden, sondern nur in die Gesamt-Erfolgsrechnung der Periode eingehen. Nur die variablen Kosten, also die Kosten, die sich mit der Produktionsmenge ändern, sind produktspezifische Kosten und sollten auch den Produkten angelastet werden. Man erhält dann eine Beurteilungsgröße für jedes Produkt, die **Stück-Deckungsbeitrag** (d) genannt wird und die Differenz aus dem Preis (p) abzüglich der variablen Kosten (k_V) angibt, also

$$d = p - k_V$$

Die gesamten Fixkosten (F) spielen nur für die Ermittlung des Gesamterfolges (G) der Periode eine Rolle. Der Gesamterfolg ergibt sich bei einem Einproduktunternehmen, indem der Stück-Deckungsbeitrag (d) mit der Absatzmenge (x) multipliziert wird und davon die Fixkosten abgezogen werden, also

$$G = (p - k_V) \cdot x - F = d \cdot x - F$$

Der auf diese Weise ermittelte Gesamterfolg der Periode ist genau so hoch, wie der in der Vollkostenrechnung ausgewiesene Gesamterfolg (falls die produzierte Menge gleich der abgesetzten Menge ist). Der Unterschied beider Rechnungen besteht dann nur in einem jeweils anderen Beurteilungsmaßstab für die Produkte.

Wie dieses Kostenrechnungssystem schematisch abläuft, soll in Abb. E 12 (S. 143)gezeigt werden (*Coenenberg* [2003], die Abkürzungen sind wie in Abb. E 3 gewählt).

Zunächst müssen sämtliche Gemeinkostenarten einer Kostenstelle nach variablen und fixen Bestandteilen getrennt erfasst werden. Die Weiterverrechnung geschieht nun analog zur Vollkostenrechnung. Der Unterschied liegt darin, dass die Fixkosten aus allen Kostenstellen nicht in die Produktrechnung (also die Kalkulation) übernommen werden, sondern direkt in die Erfolgsrechnung der Periode als gesamter Fixkostenblock (F) eingehen.

Um dies zu verdeutlichen, ist obiges Beispiel erweitert worden. Werden die Gemeinkosten für jede Kostenart nach fix und variabel getrennt erfasst, so möge sich das Bild in Abb. E 13 (S. 144) ergeben.

Wiederum ist zuerst die Umlage der Vorkostenstellen auf die Hauptkostenstellen durchzuführen. Aus Sicht der leistenden Vorkostenstelle werden nur die variablen Kosten auf die Hauptkostenstellen weiter verrechnet.

Bei der empfangenden Hauptkostenstelle ist zu entscheiden, ob die Leistung (z. B. die in Anspruch genommenen Stunden) zu fixen oder variablen Kosten führt. Die hier zugrunde gelegte Leistungserfassung ist in Abb. E 14 (S. 144) dargestellt.

Nun kann die Umlage erfolgen. Die Arbeitsvorbereitung hat variable Kosten in Höhe von 2.400 € bei einer Leistung von 800 Std. Dies heißt, dass 2.400 : 800 = 3 € / Std. an variablen Kosten angefallen sind.

Werden also die variablen Kosten mit diesem Verrechnungssatz auf die nachfolgenden Stellen verteilt, so erhält beispielsweise die Reparaturstelle zusätzliche Fixkosten von 80 · 3 = 240 € und zusätzliche variable Gemeinkosten von 20 · 3 = 60 €

Insgesamt hat dann die Reparaturstelle in der Summe aus primärer und sekundärer Verrechnung variable Gemeinkosten von 4.440 + 60 = 4.500 € verursacht.

Nur diese sind für die Weiterverrechnung wichtig. Die gesamten Fixkosten in Höhe von 9.560 + 240 = 9.800 € werden nicht auf die nachgelagerten Kostenstellen verteilt. Sie mindern lediglich das gesamte Betriebsergebnis der Periode und werden deshalb direkt in die Ergebnisrechnung übernommen.

Die variablen Gemeinkosten in Höhe von 4.500 € sind für eine Leistung von 150 Std. entstanden, so dass sich ein Verrechnungssatz von 4.500 : 150 = 30 € / Std. ergibt.

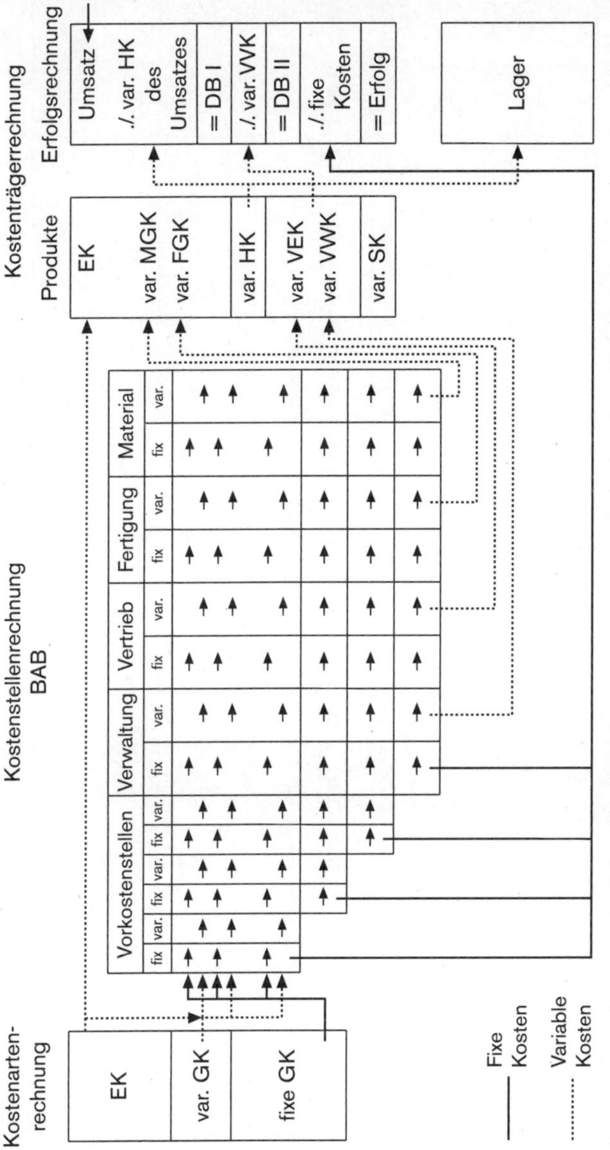

Abb. E 12: Schematischer Ablauf der Grenzkostenrechnung (Quelle: *Coenenberg* [2003], S. 99)

Kostenstelle / Kostenarten	Summe der Kostenarten	Vorkostenstellen: Arbeitsvorbereitung		Vorkostenstellen: Reparaturstelle		Hauptkostenstellen: Materialstelle		Hauptkostenstellen: Fertigungsstelle 1		Hauptkostenstellen: Fertigungsstelle 2		Hauptkostenstellen: Vertriebs- und Verwaltungsstelle	
		f	v	f	v	f	v	f	v	f	v	f	v
Einzelkosten													
Fertigungsmaterial	125.000						125.000						
Fertigungslöhne	75.000								50.000		25.000		
Gemeinkosten													
Gehälter	36.000	1.000	–	1.000	–	2.000	–	5.000	–	4.000	–	23.000	–
Abschreibungen	100.000	4.000	–	6.000	–	10.000	–	45.000	–	30.000	–	5.000	–
Energiekosten	10.000	300	200	200	1.300	–	1.000	1.000	3.000	1.400	600	825	175
Andere Gemeinkosten	50.000	300	2.200	2.360	3.140	6.600	3.400	5.200	5.800	15.000	1.000	3.000	2.000
Summe der primären Gemeinkosten	**196.000**	**5.600**	**2.400**	**9.560**	**4.440**	**18.600**	**4.400**	**56.200**	**8.800**	**50.400**	**1.600**	**31.825**	**2.175**

Abb. E13: Primäre Gemeinkosten nach Kostenstellen, getrennt nach fix (f) und variabel (v)

Empfangende Stelle / Leistende Stelle	Σ	Arbeitsvorbereitung		Reparaturstelle		Materialstelle		Fertigungsstelle 1		Fertigungsstelle 2		Vertriebs- und Verwaltungsstelle	
		f	v	f	v	f	v	f	v	f	v	f	v
Arbeitsvorbereitung (Stunden)	800 Std.	–	–	80	20	–	–	200	200	100	200	–	–
Reparaturstelle (Stunden)	150 Std.	–	–	–	–	–	20	40	20	40	10	20	–

Abb. E14: Innerbetriebliche Leistungsverflechtung für eine Grenzkostenrechnung

Kostenstelle / Kostenarten	Summe der Kostenarten	Vorkostenstellen				Hauptkostenstellen							
		Arbeitsvorbereitung		Reparaturstelle		Materialstelle		Fertigungsstelle 1		Fertigungsstelle 2		Vertriebs- und Verwaltungsstelle	
		f	v	f	v	f	v	f	v	f	v	f	v
Einzelkosten													
Fertigungsmaterial	125.000						125.000						
Fertigungslöhne	75.000								50.000		25.000		
Gemeinkosten													
Gehälter	36.000	1.000	–	1.000	–	2.000	–	5.000	–	4.000	–	23.000	–
Abschreibungen	100.000	4.000	–	6.000	–	10.000	–	45.000	–	30.000	–	5.000	–
Energiekosten	10.000	300	200	200	1.300	–	1.000	1.000	3.000	1.400	600	825	175
Andere Gemeinkosten	50.000	300	2.200	2.360	3.140	6.600	3.400	5.200	5.800	15.000	1.000	3.000	2.000
Summe der primären Gemeinkosten	**196.000**	**5.600**	**2.400**	**9.560**	**4.440**	**18.600**	**4.400**	**56.200**	**8.800**	**50.400**	**1.600**	**31.825**	**2.175**
Umlage Arbeitsvorbereitung	2.400	–	–	240	60	–	–	600	600	300	600	–	–
Umlage Reparaturstelle	4.500	–	–	–	–	–	600	1.200	600	1.200	300	600	–
Summe der primären und sekundären Gemeinkosten		**5.600**	**(2.400)**	**9.800**	**(4.500)**	**18.600**	**5.000**	**58.000**	**10.000**	**51.900**	**2.500**	**32.425**	**2.175**

Abb. E 15: Betriebsabrechnungsbogen nach Grenzkostenrechnung

Mit diesem Satz werden nun die variablen Gemeinkosten der Reparaturstelle auf die Hauptkostenstellen verteilt. Die Materialstelle beispielsweise erhält zusätzliche variable Gemeinkosten von 20 · 30 = 600 €.

Vollständig ausgefüllt ergibt sich dann der Betriebsabrechnungsbogen in Abb. E15 (S. 145). Wichtig ist hier wiederum die letzte Zeile. Die beiden eingeklammerten Beträge haben nur eine Bedeutung für die Stellenkontrolle der Vorkostenstellen. Sie spielen in der weiteren Verrechnung auf Produkte keine Rolle mehr.

Die Fixkosten aller Kostenstellen (von 5.600 € in der Arbeitsvorbereitung bis zu 32.425 € in der Vertriebs- und Verwaltungsstelle) werden en bloc in die Erfolgsrechnung der Periode übernommen. Sie tauchen in der Kalkulation nicht auf.

Dort werden nur die variablen Gemeinkosten der Hauptkostenstellen von 5.000 € in der Materialstelle bis zu 2.175 € in der Vertriebs- und Verwaltungsstelle weiter verarbeitet.

Verwendet man dieselbe Basis für die Zuschlagssätze wie in der Vollkostenrechnung, so errechnen sich für die **variablen Gemeinkosten** folgende Sätze (Abb. E16):

Kostenstelle	Zuschlagsbasis	zu verrechnende variable Gemeinkosten	**Zuschlagssatz**
Materialstelle	Fertigungsmaterial (125.000)	5.000€	4%
Fertigungsstelle 1	Fertigungslöhne der Fertigungsstelle 1 (50.000)	10.000€	20%
Fertigungsstelle 2	Fertigungslöhne der Fertigungsstelle 2 (25.000)	2.500€	10%
Vertriebs- und Verwaltungsstelle	Gesamte variable Herstellkosten (217.500)	2.175€	1%

Abb. E16: Zuschlagssätze bei Grenzkostenrechnung

Dabei ergeben sich die variablen Herstellkosten folgendermaßen:

	Fertigungsmaterial (FM)	125.000
+	variable Materialgemeinkosten (var. MGK)	5.000
=	variable Materialkosten (var. MK)	130.000

+ Fertigungslöhne der Fertigungsstelle 1 (FL1)	50.000
+ variable Gemeinkosten der Fertigungsstelle 1 (var. FGK1)	10.000
+ Fertigungslöhne der Fertigungsstelle 2 (FL2)	25.000
+ variable Gemeinkosten der Fertigungsstelle 2 (var. FGK2)	2.500
= variable Fertigungskosten (var. FK)	87.500
= variable Herstellkosten (var. HK) (= var. MK + var. FK)	217.500

Mit diesen Zuschlagssätzen kann nun die Kalkulation erfolgen:

		A	B
	Fertigungsmaterial (FM)	75.000	50.000
+	variable Materialgemeinkosten (4 % auf FM)	3.000	2.000
=	variable Materialkosten (var. MK)	78.000	52.000
+	Fertigungslöhne (FL):		
	Fertigungsstelle 1	20.000	30.000
	Fertigungsstelle 2	10.000	15.000
+	variable Fertigungsgemeinkosten (var. FGK):		
	Fertigungsstelle 1 (20 % auf FL 1)	4.000	6.000
	Fertigungsstelle 2 (10 % auf FL 2)	1.000	1.500
=	variable Fertigungskosten (var. FK)	35.000	52.500
=	variable Herstellkosten (var. HK)	113.000	104.500
+	Vertriebs- und Verwaltungsgemeinkosten (var. VVK) (1 % auf var. HK)	1.130	1.045
=	**variable Selbstkosten (var. SK)** (= var. HK + var. VVK)	114.130	105.545

Abb. E 17: Zuschlagskalkulation bei Grenzkostenrechnung

Berechnet man daraus **die variablen Selbstkosten pro Stück**, so ergibt sich für A ein Wert von 114,13 € und für B ein Wert von 52,7725 € (dieser Wert wird deshalb so genau berechnet, um zu zeigen, dass auch in der Grenzkostenrechnung der Periodenerfolg genau 14.000 € beträgt). Dies führt zu einem **Deckungsbeitrag/Stück** (d) von

		A	B
	Preis/Stück (p)	210,00	100,0000
./.	variable Selbstkosten/Stück (k_v)	114,13	52,7725
=	Deckungsbeitrag pro Stück (d)	95,87	47,2275

Damit lässt sich dann die Erfolgsrechnung auf der Basis einer Grenzkostenrechnung erstellen. Zunächst werden die Gesamtdeckungsbeiträge durch Multiplikation der Stückdeckungsbeiträge mit der jeweiligen Absatzmenge berechnet. Davon werden dann alle aus dem BAB (vgl. Abb. E 15) übernommenen Fixkosten abgezogen, so dass sich daraus der Gesamtgewinn von 14.000 € errechnet.

	Gesamtdeckungsbeitrag A (95,87 · 1.000)	95.870	
	Gesamtdeckungsbeitrag B (42,2275 · 2.000)	94.455	
	Gesamtdeckungsbeitrag (D) der Periode		190.325
	Fixkosten:		
	Arbeitsvorbereitung	5.600	
	Reparatur	9.800	
	Materialstelle	18.600	
	Fertigungsstelle 1	58.000	
	Fertigungsstelle 2	51.900	
	Vertriebs- und Verwaltungsstellen	32.425	
./.	Gesamte Fixkosten (F) der Periode		−176.325
=	Gesamtgewinn (G) der Periode		14.000

Diese Rechnung gilt es nun zu interpretieren:

(1) Man sieht nun, welchen Beitrag die einzelnen Produkte zur Abdeckung der Fixkosten leisten. Im Beispiel sind dies für die beiden Produkte A und B jeweils ca. 95.000 €. Wenn also auf die Produktion von B verzichtet wird, weil sie nach Vollkostenrechnung einen Verlust erbringt und alle Fixkosten trotzdem erhalten bleiben, reduziert sich der Gesamtgewinn um genau 94.455 € fehlenden Deckungsbeitrag.

(2) Aus der Kalkulation erhält man als Ergebnis für jedes Produkt den Deckungsbeitrag pro Stück. Ob dieser Wert gut ist, lässt sich ohne zusätzliche Angaben nicht erkennen. Erst wenn der Gesamtdeckungsbeitrag (D) ermittelt worden ist, der sich aus der Multiplikation von Stückdeckungsbeitrag (d) und Absatzmenge (x) ergibt, und dieser den gesamten Fixkosten (F) gegenübergestellt wird, kann eine Aussage darüber getroffen werden, ob ein gegebener Stückdeckungsbeitrag im Gesamtkontext zufrieden stellend ist oder nicht. Das heißt, eine Beurteilung der Produkte ist erst dann möglich, wenn für alle Produkte neben geplanten Stückdeckungsbeiträgen auch die geplanten Mengen vorliegen.

(3) Werden die Deckungsbeiträge pro Stück für die Preisstellung verwendet, so ist dies nur mit großer Vorsicht anzugehen. Wenn man im Preis nachgibt, so muss der dadurch entgangene Deckungsbeitrag durch die zusätzliche Absatzmenge aufgefangen werden. Ansonsten ist eine Preissenkung nicht sinnvoll. Keinesfalls darf der Deckungsbeitrag als eine Art Gewinn angesehen werden, denn langfristig kann das Unternehmen nur dann existieren, wenn der gesamte Deckungsbeitrag die Fixkosten übersteigt, also ein Gesamtgewinn erzielt wird. Bei Anwendung der Grenzkostenrechnung empfiehlt es sich, für jedes Produkt **geplante Mindestdeckungsbeiträge** vorzugeben. Werden diese im Einzelfall unterschritten, so ergibt sich für den Produktverantwortlichen ein Handlungsbedarf.
(4) Eine klare Aussage ist jedoch dann möglich, wenn der Deckungsbeitrag pro Stück (d) negativ wird. In diesem Fall müssen schon starke Verbundeffekte zu anderen Produkten existieren, wenn die Produktion weiterhin als sinnvoll erachtet werden soll. Denn ein negativer Stückdeckungsbeitrag bedeutet nicht nur einen Verlust (der Preis deckt nicht einmal die variablen Kosten jeder zusätzlichen Einheit), sondern er reduziert darüber hinaus auch noch die Liquidität.
(5) Zusammenfassend lässt sich feststellen, dass auch das System der Grenzkostenrechnung nur Hinweise auf einen grundsätzlichen Handlungsbedarf geben kann. Welche Entscheidung dann im Einzelfall tatsächlich zu treffen ist, muss – genau wie bei der Vollkostenrechnung – durch gesonderte Analysen ermittelt werden. In diesem Sinne stellt auch die Grenzkostenrechnung keine Entscheidungsrechnung dar, denn auch sie kann nicht die Besonderheiten einer speziellen Situation berücksichtigen.

7. Stufenweise Fixkostendeckungsrechnung

Die stufenweise Fixkostendeckungsrechnung lässt sich als eine Art Zwischenlösung der beiden Extreme Vollkosten- und Grenzkostenrechnung ansehen. Sie will zwar die Fixkosten den Produkten zurechnen, jedoch nur insoweit, wie keine Schlüsselung notwendig ist. Dazu teilt man das Unternehmen in eine zweckmäßige Hierarchie ein.

Zum Beispiel kann man Produkte zu Produktgruppen, diese wiederum zu Produktbereichen usw. zusammenfassen. Die Fixkosten werden in der Hierarchie nun an der Stelle erfasst, an der sie gerade noch direkt zurechenbar sind. Wie dieses abläuft, soll das folgende Beispiel zeigen:

Beispiel: Das Unternehmen Bader hat zwei Unternehmensbereiche: Getränke und Lebensmittel. Der Produktbereich Getränke umfasst die beiden Produkte Wein und Sekt, der Produktbereich Lebensmittel die Produktgruppen Backwaren und Soßen. Backwaren unterteilen sich in die tiefgefrorenen Produkte Pizza und Kuchen, die Produktgruppe Soßen enthält die Produkte Ketchup und Schokoladensoße.

Für den letzten Monat ergab sich die folgende Verkaufsstatistik (Abb. E18):

	Wein	Sekt	Pizza	Kuchen	Ketchup	Schoko
Preis €	10,80	14,50	7,70	8,60	2,90	3,80
Absatzmenge	10.000	8.000	20.000	5.000	40.000	5.000

Abb. E18: Verkaufsstatistik der sechs Produkte

Aus der Kostenrechnung sind die folgenden Informationen für die einzelnen Produkte (in €) zu entnehmen (Abb. E19):

	Wein	Sekt	Pizza	Kuchen	Ketchup	Schoko
variable Materialkosten/ Stück	2	3	4	4	1	1
variable Fertigungskosten/ Stück	4	5	0,50	1	0,40	0,20
fixe Kosten/ Produkt	10.000	8.000	20.000	5.000	40.000	5.000

Abb. E19: Kosteninformationen zu den sechs Produkten

Daneben fallen für die Produktgruppen jeweils **produktgruppenspezifische Fixkosten** an. Bei Backwaren sind dies 6.000 € und bei Soßen 4.000 €. Der Produktbereich Getränke verursacht 16.000 € **bereichsspezifische Fixkosten**, der Produktbereich Lebensmittel 22.000 € bereichsspezifische Fixkosten.

Darüber hinaus sind in dem Unternehmen noch **allgemeine Fixkosten** (unternehmensfixe Kosten) in Höhe von 90.000 € im letzten Monat zu verzeichnen. Aus diesen Angaben lässt sich nun die in Abb. E20 (S. 152) dargestellte Rechnung ableiten.

Zu dieser Art der Rechnung seien einige Anmerkungen gemacht:

(1) Je feiner die Hierarchiestufen für das Unternehmen gewählt werden, um so aussagefähiger wird diese Rechnung.

(2) Die Ergebnisse der einzelnen Hierarchiestufen, die jeweils als Deckungsbeitrag der Stufe bezeichnet werden, drücken jeweils aus, **wieviel die Produkte zur Abdeckung der bis hierhin noch nicht verrechneten Fixkosten beitragen**. Der Deckungsbeitrag III für die Produktgruppe Backwaren in Höhe von 28.000 € besagt also, dass die Produktgruppe Backwaren einen Deckungsbeitrag von 28.000 € erwirtschaftet zur Abdeckung der bereichsfixen und der unternehmensfixen Kosten (vgl. Abb. E20, S. 152).

(3) Für die Planung des Gesamterfolges empfiehlt es sich, von oben nach unten vorzugehen. Zunächst wird der Gewinn geplant. Dann muss mit den Bereichen abgestimmt werden, wer welchen Deckungsbeitrag (im Beispiel also z. B. den DB IV) liefert, damit der gewünschte Gewinn erreicht wird. Der Bereichsleiter klärt dann mit den Verantwortlichen der Produktgruppen, wie der notwendige Deckungsbeitrag des Bereiches (DB III) aus den Produktgruppen zu erreichen ist, usw.

(4) Die jeweiligen Deckungsbeiträge können nun zur Beurteilung der Produkte herangezogen werden. Ist der Deckungsbeitrag I negativ, so besagt dies, dass mit jeder abgesetzten Einheit nicht mehr die variablen Stückkosten abgedeckt werden. Solche Geschäfte sind – wie bereits oben erwähnt – nur in seltenen Ausnahmefällen, z. B. bei hohen Verbundeffekten, sinnvoll. Ist der Deckungsbeitrag II negativ, der Deckungsbeitrag I jedoch positiv, so gilt Folgendes: Falls weder durch Verbesserung der Absatzlage noch durch Kosteneinsparungen ein positiver Deckungsbeitrag II erreichbar ist, so ist es (aus Gewinnsicht) sinnvoll, das Produkt so lange beizubehalten, bis die zugehörigen produktfixen Kosten wieder zu Auszahlungen führen.
Dazu ein Beispiel: Auf einer Maschine wird nur ein Produkt gefertigt, für das gilt:

	Preis (p)	100
./.	variable Kosten (k_v)	80
=	Deckungsbeitrag I	20
./.	Abschreibung für die Maschine (k_f = produktfixe Kosten/Stück)	30
=	Deckungsbeitrag II	−10

So lange die Maschine nutzbar ist, reduziert sich der Verlust mit jeder verkauften Einheit um 20 €, denn die Abschreibungen fallen unabhängig davon an, ob produziert wird oder nicht. Sie sind auch durch

	BADER					
			Lebensmittel			
	Getränke		Backwaren		Soßen	
	Wein	Sekt	Pizza	Kuchen	Ketchup	Schoko
= Umsatz	108.000	116.000	154.000	43.000	116.000	19.000
./. variable Materialkosten	20.000	24.000	80.000	20.000	40.000	5.000
./. variable Fertigungskosten	40.000	40.000	10.000	5.000	16.000	1.000
= Deckungsbeitrag I	48.000	52.000	64.000	18.000	60.000	13.000
./. **produktfixe** Kosten	12.000	10.000	36.000	12.000	20.000	5.000
= Deckungsbeitrag II	36.000	42.000	28.000	6.000	40.000	8.000
Summe DB II	78.000		34.000		48.000	
./. **produktgruppenfixe** Kosten			6.000		4.000	
= Deckungsbeitrag III	78.000		28.000		44.000	
Summe DB III	78.000		72.000			
./. **bereichsfixe** Kosten	16.000		22.000			
= Deckungsbeitrag IV	62.000		50.000			
Summe DB IV	112.000					
./. **unternehmensfixe** Kosten	90.000					
= Deckungsbeitrag V = Gesamtgewinn	22.000					

Abb. E 20: Stufenweise Fixkostendeckungsrechnung

Einstellung der Produktion nicht einzusparen, da die Auszahlung für die Maschine längst erfolgt ist. Die Argumentation ändert sich erst dann, wenn die Maschine verkauft werden kann. In diesem Fall muss überprüft werden, ob der noch zu erwartende Deckungsbeitrag aus der Nutzung der Maschine höher ist als der Verkaufserlös. Ist dies der Fall, lohnt es sich, weiterhin zu produzieren. Im anderen Fall wäre die Einstellung der Produktion und der Verkauf der Maschine die bessere Alternative.

(5) Vergleicht man die obige Rechnung **mit einer reinen Grenzkostenrechnung**, in der die Fixkosten überhaupt nicht auf Produkte zugeordnet werden, so zeigt sich Folgendes (Abb. E21):

	BADER					
			Lebensmittel			
	Getränke		Backwaren		Soßen	
	Wein	Sekt	Pizza	Kuchen	Ketchup	Schoko
Umsatz	108.000	116.000	154.000	43.000	116.000	19.000
./. variable Materialkosten	20.000	24.000	80.000	20.000	40.000	5.000
./. variable Fertigungskosten	40.000	40.000	10.000	5.000	16.000	1.000
= Deckungsbeitrag I	48.000	52.000	64.000	18.000	60.000	13.000
Summe der Deckungsbeiträge I	255.000					
./. Summe der **produktfixen** Kosten	95.000					
./. Summe der **produktgruppenfixen** Kosten	10.000					
./. Summe der **bereichsfixen** Kosten	38.000					
./. **unternehmensfixe** Kosten	90.000					
= Gesamtgewinn	22.000					

Abb. E21: Grenzkostenrechnung

Der zusätzliche Informationsgehalt bei der stufenweisen Fixkostendeckungsrechnung ist offenkundig.

(6) Schließlich soll noch der **Vergleich zur Vollkostenrechnung** gezeigt werden (vgl. Abb. E22, S. 154): Dabei ist die Schlüsselung der Fixkosten so gut wie möglich vorgenommen worden. So sind etwa die bereichsfixen Kosten von 16.000 für den Bereich Getränke natürlich

nur auf die Produkte Wein und Sekt geschlüsselt worden. Die Vollkostenrechnung legt nun nahe, die Aufgabe des Bereiches Backwaren zu erwägen.

	BADER					
	Getränke		Lebensmittel			
			Backwaren		Soßen	
	Wein	Sekt	Pizza	Kuchen	Ketchup	Schoko
Umsatz	108.000	116.000	154.000	43.000	116.000	19.000
./. variable Materialkosten	20.000	24.000	80.000	20.000	40.000	5.000
./. variable Fertigungskosten	40.000	40.000	10.000	5.000	16.000	1.000
= Deckungsbeitrag I	48.000	52.000	64.000	18.000	60.000	13.000
./. **produktfixe** Kosten	12.000	10.000	36.000	12.000	20.000	5.000
./. **produktgruppenfixe** Kosten[1]	–	–	4.700	1.300	3.600	400
./. **bereichsfixe** Kosten[1]	7.700	8.300	11.200	3.100	7.000	700
./. **unternehmensfixe** Kosten[2]	15.900	19.100	25.500	7.200	19.100	3.200
= Gewinn/Produkt	12.400	14.600	–13.400	–5.600	10.300	3.700
= Gesamtgewinn	22.000					

1 geschlüsselt nach den variablen Verarbeitungskosten
2 geschlüsselt nach dem Umsatz

Abb. E 22: Vollkostenrechnung

Beide Produkte (Pizza und Kuchen) machen Verlust. Die Auswirkungen einer solchen Stilllegungsentscheidung sind dann der stufenweisen Fixkostendeckungsrechnung in Abb. E 20 zu entnehmen. Kurzfristig (also bis eventuell nicht mehr anfallende Fixkosten abgebaut sind) fehlt der Deckungsbeitrag III in Höhe von 28.000 € zur Abdeckung der bereichsfixen Kosten von 22.000 € und der unternehmensfixen Kosten von 90.000 €. Damit macht das Unternehmen kurzfristig einen Verlust von 6.000 €. Längerfristig reduziert sich dieser Verlust um den Teil der genannten Fixkosten, der tatsächlich abgebaut wird.

Zusammenfassend soll noch einmal betont werden: Die Ausgestaltung des Kostenrechnungssystems ist eine unternehmerische Entscheidung, die nicht als richtig oder falsch bezeichnet werden kann. Ist sie getroffen, so ist wichtig, dass die ausgewiesenen Daten dieses Systems richtig interpretiert werden können. Der Umgang mit diesen Informationen ist sicherlich nicht einfach und erfordert viel Erfahrung.

8. Wirtschaftlichkeitskontrolle in Kostenstellen

Ebenfalls auf der Grundlage eines Grenzkostensystems kann man, insbesondere in den Fertigungskostenstellen, eine **monatliche Soll-Ist Kostenkontrolle** installieren. Voraussetzungen hierfür sind:

- Jede in der Kostenstelle anfallende Kostenart muss in **fixe und variable Kostenanteile** aufgespalten sein (lineare Kostenfunktion).
- Für jede Kostenart sind **Plankosten** erforderlich.

Dazu ist zunächst (auf der Basis des geplanten Produktionsprogramms) die **durchschnittlich im Monat zu erbringende Leistung** einer Kostenstelle zu ermitteln. Als Planbezugsgröße für die Leistung kann nur in dem seltenen Fall völlig gleichartiger, homogener Produkte auf die Anzahl der zu fertigenden Produkte zurückgegriffen werden. Bei heterogenen Produkten wird daher als indirekte Größe stattdessen meist die durchschnittlich pro Monat erwartete **Anzahl der Fertigungs- oder Maschinenstunden** herangezogen.

Anschließend bestimmt man **für jede Kostenart** die bei der Planbezugsgröße (z. B. Anzahl der Maschinenstunden) **zu erwartenden Plankosten**.

- Monatliche Isterfassung: Zur Kontrolle müsste die **Istmenge der Bezugsgröße**, z. B. die tatsächlich angefallenen Maschinenstunden der Kostenstelle sowie die **Istkosten** für jede Kostenart erfasst werden.

Die Technik des Soll-Ist Kostenvergleichs soll nachfolgend am Beispiel der Kostenart **Energiekosten** in einer Fertigungskostenstelle verdeutlicht werden (vgl. Abb. E23, S. 156).

Bei einer durchschnittlichen monatlichen Leistung von 50.000 Maschinenstunden (Planbezugsgröße) werden Plankosten für Energie in Höhe von 200.000 € prognostiziert. Die fixen Plankosten betragen (entsprechend der früher ermittelten Kostenfunktion) 80.000 €. Wenn man annimmt, dass die variablen Energiekosten linear verlaufen, ergibt sich die sog. Sollkostenkurve.

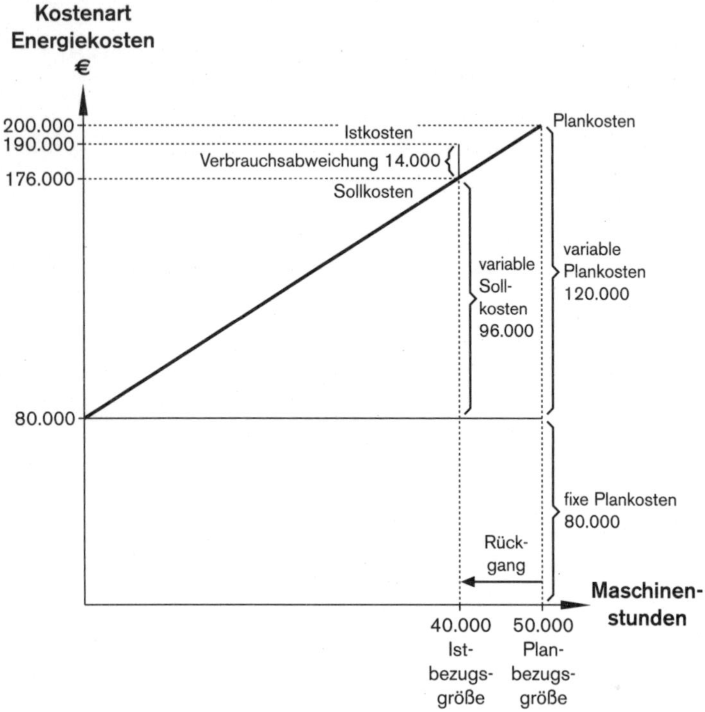

Abb. E 23: Prinzip der Kostenkontrolle in der Grenzplankostenrechnung

Weicht im Kontrollmonat die Istbezugsgröße von der Planbezugsgröße ab, im Beispiel verringern sich die geleisteten Maschinenstunden auf 40.000, so ergeben sich die entsprechend angepassten (nach der linearen Kostenfunktion) planmäßig zu erwartenden Kosten (= **Sollkosten**) in Höhe von 176.000 €. Unterstellt wird, dass kurzfristig die Plan-Fixkosten den Ist-Fixkosten entsprechen. Nur die Sollkosten sind der richtige Maßstab für einen Kostenvergleich mit den tatsächlich angefallenen Istkosten in Höhe von 190.000 €. Die als **Verbrauchsabweichung** bezeichnete

Soll-Ist Differenz in Höhe +14.000 € muss nun einer näheren Ursachenanalyse unterzogen werden, um letztlich diejenigen Kostenüberschreitungen zu lokalisieren, die vom verantwortlichen Kostenstellenleiter zu vertreten sind. Durch geeignete **Gegensteuerungsmaßnahmen** lassen sich somit zukünftig Unwirtschaftlichkeiten bei den Energiekosten verringern bzw. beseitigen.

Literatur

Coenenberg, A. G. (2003): Kostenrechnung und Kostenanalyse, 5. Aufl., Stuttgart 2003

Hummel, S./Männel, W. (1998): Kostenrechnung I: Grundlagen, Aufbau und Anwendung, 4. Aufl., Wiesbaden 1998

Josse, G. (2005): Basiswissen Kostenrechnung, 4. Aufl., München 2005

Kloock, J./ Sieben, G./Schildbach, T./Homburg, C. (2005): Kosten- und Leistungsrechnung, 9. Aufl., Stuttgart 2005

Plinke, W. (2006): Industrielle Kostenrechnung, 7. Aufl., Berlin u. a. 2006

Zimmermann, G. (1998): Grundzüge der Kostenrechnung, 7. Aufl., München, Wien 1998

F. Kostenmanagement

1. Weiterentwicklung zum marktorientierten Kostenmanagement

Die Weiterentwicklung der Instrumente zur **gezielten Beeinflussung der Kosten** (= Kostenmanagement) wurden durch tief greifende Veränderungen in den letzten beiden Jahrzehnten forciert.

Starre Automatisierung (Massenproduktion)	Flexibel automatisierte, computerintegrierte Produktion
• wenige Varianten in Serie	• viele Varianten
• große Stückzahlen erforderlich (Minimierung der Sorten- und Serienwechselkosten) Economies of Scale	• kleine Losgrößen, durch Prozessflexibilität kostengünstig zu fertigen (trotz hoher Automatisierung) Economies of Scope
• relativ lange Produktlebensdauer	• kurze Produktlebensdauer
• stark arbeitsteilige und hierarchisch organisierte Strukturen	• geringere Arbeitsteilung, stärkere Prozessorientierung, flache Organisationsstrukturen, verstärkte Logistik und Informationsverarbeitung, umfangreiches Qualitätsmanagement. Erhöhter Aufwand zur Kundenbetreuung
• Standardprodukte für wachsende, aufnahmefähige Märkte (→ Volumens-/Kostenführerschaftsstrategie)	• bedarfsgerechte (Spezial-)Produkte für gesättigte Märkte (→ Differenzierungsstrategie)

Abb. F1: Veränderungen durch flexibel automatisierte Produktionstechnologien

Technologisch vollzog sich in vielen Industrieunternehmen die Entwicklung der Wertschöpfungsstrukturen in Richtung einer flexibel automatisierten computerintegrierten Produktion (vgl. Abb. F1). Durch dezentrale Intelligenz in den einzelnen Bearbeitungsstationen der Produktion in Verbindung mit zentraler Computersteuerung war es nun möglich, dass auch bei vielen Produktvarianten in kleinen Losgrößen kostengünstig gefertigt werden konnte. Damit ließen sich auch stagnierende Märkte mit einer Strategie der Nachfragedifferenzierung erfolgreich bearbeiten.

Die dargestellten Tendenzen führten zu deutlichen **Veränderungen in den Kostenstrukturen**:

Mit der zunehmenden Automatisierung war ein **starker Rückgang der Lohneinzelkosten** verbunden, so dass auch die in der traditionellen Kostenrechnung häufig verwendete Lohneinzelkostenbasis an Bedeutung verlor. Hinzu kam ein **Anstieg der Materialeinzelkosten**, vielfach auf mehr als 50 % der Gesamtkosten, da nun – auf Grund verringerter Fertigungstiefe – neben Rohmaterialien vermehrt Teile und Komponenten extern zugekauft wurden. Flexibel automatisierte Produktionstechnologien hatten auch **steigende sog. Technologiekosten** zur Folge, wie z. B. Abschreibungen, kalkulatorische Zinsen, Energiekosten, Wartung und Instandhaltung. Als besonders markante Veränderung wurde jedoch ein starker **Anstieg der fixen Gemeinkosten in den sog. indirekten Bereichen** (außerhalb der Fertigung) festgestellt, also in Bereichen wie Forschung und Entwicklung, Beschaffung und Logistik, Produktionsplanung und -steuerung, Qualitätssicherung und -prüfung, Auftragsabwicklung, Vertrieb und Service. Mit zunehmend differenzierteren Produkten, kürzeren Produktlebenszyklen und komplexeren Produktionstechnologien nahmen die Planungs- und Abwicklungsaktivitäten in diesen indirekten Bereichen zu.

Kostenmäßige Konsequenzen und damit Handlungsbedarf für ein Kostenmanagement ergaben sich insbesondere auch aus der **zunehmenden Internationalisierung und Globalisierung**. Speziell für deutsche Unternehmen werden derzeit folgende Problembereiche gesehen, die für die nächsten Jahre eher noch eine Verschärfung des Kostendrucks erwarten lassen:

- Preisverfall in vielen angestammten Märkten (ausländische Wettbewerber drängen mit aggressiven Preiskämpfen in früher abgeschottete Heimatmärkte),
- Wettbewerbsnachteile deutscher Unternehmen aufgrund der Rahmenbedingungen des „Standorts Deutschland“ (z. B. hohe

Lohn- und Lohnnebenkosten, hohe Steuerbelastung der Unternehmen),
- stagnierender Heimatmarkt in vielen Branchen (die hohe Steuer- und Abgabenbelastung der Privathaushalte sowie die anhaltend hohe Arbeitslosigkeit bremst die Binnennachfrage),
- relativ hohe Umweltkostenbelastung deutscher Unternehmen im Vergleich zu ihren internationalen Wettbewerbern.

Angesichts der **veränderten Kostenstrukturen und des zunehmenden Kostendrucks im internationalen Wettbewerb** benötigen die Unternehmen ein verbessertes Kostenmanagement. Voraussetzung dafür sind weiterentwickelte Kostenrechnungssysteme. Das Management muss jederzeit in der Lage sein, auf der Basis von Kosteninformationen konkrete Maßnahmen zur Beeinflussung der Kosten von Produkten, Prozessen und Ressourcen einzuleiten.

Neue Konzepte werden meist mit dem Begriff **marktorientiertes Kostenmanagement** umschrieben. Sie zeichnen sich – im Vergleich zu herkömmlichen Vorgehensweisen – insbesondere in den nachfolgenden Punkten aus:
- **Proaktives Kostenmanagement:** Statt unter dem Druck größerer Problemsituationen nur noch reaktiv mit punktuellen ad hoc Maßnahmen handeln zu können, sollen vielmehr regelmäßig – auch bereits in guten Zeiten – Einsparmöglichkeiten aufgezeigt und realisiert werden (= proaktives Kostenmanagement). Dieses Vorgehen führt zu einer Reihe von Vorteilen (vgl. Abb. F2, S. 162) und ist eher auf eine langfristige Verbesserung der Kostenposition einer Unternehmung ausgerichtet.
- Berücksichtigung **marktbezogener Funktionsbereiche**: Soll Kostenmanagement wirklich an den Ursachen ansetzen, muss man den Marketing- und Vertriebsbereich stärker einbeziehen. Kostenprobleme kommen zwar häufig in der Produktion und im Logistikbereich zum Vorschein, ausgelöst werden sie jedoch durch Entscheidungen in den marktnahen Bereichen. Über die Anzahl der Produktvarianten entscheidet z. B. bereits der Vertriebsbereich. Vertriebsmitarbeiter, die über die Hereinnahme neuer Produktvarianten entscheiden, benötigen Informationen

Reaktives Kostenmanagement	Proaktives Kostenmanagement
Defensive ad hoc Reaktion auf massive Probleme (z. B. Ertragseinbruch)	Regelmäßige, systematische und frühzeitige Suche nach Kosten- und Qualitätsverbesserungen
Ziel: Schnell wirksame Maßnahmen der Kostensenkung (→ kurzfristige Ergebniswirkung)	**Ziel:** Langfristige Verbesserung der Kostenposition (→ nachhaltige Kostensenkungswirkung)
Merkmale: • Top down angeordnete, undifferenzierte Budgetkürzungen, • Zeitliche Projektverschiebungen, Einstellungsstopp und Personalabbau	**Merkmale:** • Von den Mitarbeitern initiierte kontinuierliche Verbesserungen von Produkten und Prozessen (japanischer Kaizen Ansatz) • Durchgängige Betrachtung der Geschäftsprozesse (Wertkette), Eliminierung von nicht wertschöpfenden Aktivitäten, präventive Qualitätssicherung, Orientierung an den Kundenanforderungen
Beurteilung: • Herumkurieren an den Symptomen (Probleme nicht beseitigt) • Kürzung von sog. „strategischen Kosten“ (z. B. FuE-Kosten, Weiterbildungskosten, Marketingkosten) bringt zwar kurzfristigen Ergebniseffekt, schwächt aber die zukünftigen Erfolgspotentiale	**Beurteilung:** • Setzt bei den wesentlichen Kostentreibern (= Ursachen) an, beginnt bereits in der frühen Phase der Produktentwicklung • Kontinuierlicher Verbesserungsprozess wird von allen Mitarbeitern getragen (dadurch gestärkte Eigenverantwortung und Motivation) verträglichere Personalanpassung (Ausnutzung der Fluktuation möglich)

Abb. F 2: Vergleich reaktives und proaktives Kostenmanagement

über die damit verbundenen Komplexitätskosten in der Produktion. Marktorientiertes Kostenmanagement konzentriert sich daher, über den engen Produktionsfokus der traditionellen Systeme hinaus, stärker auf die externen kostenbestimmenden Faktoren des Marketing- und Vertriebsbereichs, wie Kundenzufriedenheit, Kundenfluktuation und Komplexität des Sortiments.

- Stärkere **Kundenorientierung**: Die höheren Kosten einer intensiven Kundenbetreuung lohnen sich für ein Unternehmen in zweifacher Hinsicht:
  - Zufriedene und treue Kunden erhöhen die Kosteneffizienz der Abwicklung im Vertriebsbereich.
  - Die aus der Kundennähe gewonnenen Informationen können sehr direkt und effizient in die Entwicklung marktgerechter Produkte umgesetzt werden.

2. Neuere Kostenmanagementsysteme

Traditionell ist Kostenmanagement noch stark auf die Steuerung von abgegrenzten Kostenstellen - hauptsächlich auf die Fertigungskostenstellen - ausgerichtet. Durch einen **Soll-Ist Kostenvergleich** für den entsprechenden Beschäftigungsgrad werden Unwirtschaftlichkeiten (Verbrauchsabweichungen) aufgezeigt. Allerdings sind in dem gegebenen (kurzfristig nicht veränderbaren) Rahmen der Kostenstellen die Ansatzpunkte für eine operative Kostenbeeinflussung begrenzt.

Auf die **indirekten Kostenstellen (= Nicht-Fertigungskostenstellen)** ist dieser klassische Soll-Ist Kostenvergleich nicht ohne weiteres übertragbar. Einerseits ist die Bestimmung von Soll-Kosten wegen der komplexen Einflussfaktoren schwierig.

Andererseits kann hier nicht einfach von einer automatischen Kostenanpassung bei Beschäftigungsrückgang ausgegangen werden, wie dies bei den variablen Kosten in der Fertigung (z. B. den variablen Energiekosten) der Fall ist (vgl. oben Abschnitt E8). In den indirekten Bereichen, mit einem 80–90%igen Anteil kurzfristig fixer Gehaltskosten, muss die Anpassung (wegen des intervallfixen Charakters der Personalkosten) mittelfristig durch dispositive Maßnahmen stufenweise veranlasst werden.

Traditionelle Ansätze haben einen zu engen Fokus und betreiben lediglich eine Optimierung innerhalb bestehender Produkt- und Kostenstellenstrukturen. Neuere Kostenmanagementsysteme sind dagegen stärker auf die oben beschriebenen veränderten Anforderungen und eine **kostenstellenübergreifende Gestaltung der gesamten Wertschöpfungskette** vom Kunden bis zum Lieferanten ausgerichtet. Nachfolgend sollen daher Prozesskostenmanagement und Target Costing, als in der gegenwärtigen Praxis bedeutende neuere Systeme dargestellt werden.

a) Prozesskostenmanagement

Grundgedanke

Das Prozesskostenmanagement auf der Basis einer Prozesskostenrechnung entstand zunächst aus der Unternehmenspraxis heraus. Pionierunternehmen auf diesem Gebiet, wie z. B. die Siemens AG, suchten eine Lösung für zwei wesentliche Problemkreise (vgl. *Ziegler* 1992):

- Genauere (verursachungsgerechtere) Zurechnung der Gemeinkosten in der Produktkalkulation (über plausiblere Bezugsgrößen statt pauschaler wertbezogener Zuschlagsätze)
- Bessere Transparenz und Steuerung der stark angestiegenen Gemeinkosten in den indirekten Gemeinkostenbereichen außerhalb der Fertigung

In der wissenschaftlichen Diskussion um das „richtige" Kostenrechnungssystem standen sich anfangs kontroverse Standpunkte gegenüber. Während die Befürworter der Prozesskostenrechnung von einer Revolution im Rechnungswesen durch die nun eröffnete Möglichkeit eines strategischen Kostenmanagements sprachen, äußerten sich die Kritiker mit dem Hinweis auf die zahlreichen Widersprüche und ungelösten Zuordnungsprobleme dieser neuen Methode sehr skeptisch. Letztlich kam es zu einer Weiterentwicklung in enger Zusammenarbeit mit der Praxis. Mittlerweile sind Prozesskostensysteme in der Industrie, im Handel und in der Dienstleistungsbranche in Anwendung. Eine

1997/98 durchgeführte empirische Erhebung zum Prozesskostenmanagement in Deutschland (vgl. *Stoi* 1999) beschreibt den Einsatz dieses Systems bei 86 größeren Unternehmen (mit mehr als 1.000 Mitarbeitern). Etwa die Hälfte dieser 86 Unternehmen hatte 1996 oder später mit der Implementierung eines Prozesskostenmanagements begonnen. Berichte über praktische Anwendungserfolge in Verbindung mit der wissenschaftlichen Fortentwicklung lassen für die Zukunft eine weitere Verbreitung des Systems erwarten.

Die Prozesskostenrechnung stellt kein völlig neues Kostenrechnungssystem dar. Sie setzt auf den Daten der Kostenarten- und Kostenstellenrechnung auf und bildet eine wichtige Ergänzung zu den traditionellen Systemen. Sie bringt auch keine Veränderungen im Fertigungsbereich. In den Fertigungskostenstellen ist keine Prozessgliederung notwendig. Hier kann man davon ausgehen, dass die Kostenrechnung auf der Basis von Arbeitsplänen, Maschinenstundensätzen und des Systems der Grenzplankostenrechnung bereits ausreichend genau erfolgt. Mit der Prozesskostenrechnung sollen vielmehr Ansätze für eine Beeinflussung und genauere Verrechnung der (überwiegend fixen) **Gemeinkosten in den indirekten (Nicht-Fertigungs-) Bereichen** entwickelt werden.

Basis des neuen Systems ist die Überlegung, dass die Gemeinkosten in diesen Bereichen nicht primär – wie in der Fertigung – durch die dort gefertigten Produkte verursacht werden, sondern durch die zur Erreichung der Sachziele erforderlichen **Aktivitäten (Prozesse**). Die Kosten sind also eine Folge von Prozessen. Kostenverbesserungen sollten sich daher in diesen Bereichen auf die Gestaltung der Prozesse und deren Haupteinflussfaktoren konzentrieren.

Eine **durchgängige Prozessorientierung (über die Prozessgliederung in einzelnen Kostenstellen hinaus)** ist in verschiedener Hinsicht vorteilhaft. Dadurch werden vor allem die negativen Folgen übertriebener Arbeitsteilung vermieden, wie aufwändige Abstimmungs- und Koordinationsprozeduren, die vielfach zu Fehlern, Zeitverlusten und vermeidbaren Kosten führten. Entsprechend positiv wirkt sich aus, wenn die Mitarbeiter stärker für sachlich zusammengehörende Tätigkeiten (Prozesse) eingesetzt werden. Liegt die Entscheidung und Verantwortung für Prozesse mehr beim einzelnen Mitarbeiter (und nicht nur bei der übergeordneten Hierarchie), lässt sich ein Mitarbeiter auch eher für kreative Kostensenkungsvorschläge im Sinne eines proaktiven Kostenmanagements motivieren.

Unter einem **Prozess** wird eine Folge von Aktivitäten verstanden, die auf die Erstellung eines definierten **Leistungsoutputs** ausgerichtet sind. Aus Sicht des Kostenmanagements maßgebend ist, welche **Ressourceninanspruchnahme (bewertet in Kosten)** man für einen bestimmten Output (unter den Rahmenbedingungen Qualität und Durchlaufzeit) benötigt. Außerdem interessiert der für die Höhe der Prozesskosten **wesentliche Kosteneinflussfaktor (Maßgröße, Kostentreiber).**

Diese pragmatisch vereinfachte Betrachtung zwischen den Kosten eines Prozesses und **einem dominierenden Einflussfaktor** als Bezugsgröße ist jedoch nur für **repetitive Abwicklungsprozesse** anwendbar. Das sind sich häufig wiederholende, stark standardisierte Aktivitäten mit geringem Entscheidungsspielraum. Für den Prozess der „Lagerung bestimmter Materialien" bietet sich z. B. die Anzahl der Ein-/Auslagerungsvorgänge als dominierende Einflussgröße an, für den Prozess „Angebote von Lieferanten einholen" in der Einkaufsabteilung ist die Anzahl der eingeholten Angebote eine geeignete Bezugsgröße. Bei repetitiven Prozessen ist also der wesentliche Kostentreiber mit der **Anzahl der Prozessabwicklungen** (-durchführungen) gleichzusetzen.

Vorgehen beim Aufbau des Systems

Bei der Implementierung einer Prozesskostenrechnung gilt es, die spezifischen Prozessgliederungen in den indirekten Gemeinkostenbereichen und die Einbindung in das vorhandene Kostenrechnungssystem des Unternehmens festzulegen. Im Einzelnen sind dazu folgende **Vorgehensschritte**, die sich zum Teil gegenseitig bedingen und überlappen, notwendig:

Schritt (1): Vorläufige Hauptprozesse: Zu Beginn der Prozess-Strukturierungen ist eine erste Vorstellung über den Gesamtrahmen der (vorläufigen) Hauptprozesse hilfreich (zu Hauptprozessen siehe Schritt 3). Diese Ausgangsbasis kann z. B. durch die Führungskräfte des betreffenden Bereichs in einem Workshop unter Berücksichtigung der Unternehmensstruktur, des Produkt- und Fertigungsprogramms, der Lieferstruktur, der Kunden- und Auftragsstruktur sowie der angestrebten Kalkulationsgenauigkeit entwickelt werden.

Bei dieser Vorstrukturierung der Hauptprozesse sollte beachtet werden, dass für die Hauptprozesse schließlich auch solche Kostentreiber gefunden werden können, deren im Geschäftsjahr angefallene Ist- (Abwicklungs-)Mengen über das DV-System erfassbar sind. Auf der Grundlage vorläufiger Hauptprozesse ist die in Schritt 2 beschriebene Frage nach der zweckmäßigen Bildung von Teilprozessen, also der auf Kostenstellenebene für einen Hauptprozess zu erbringenden Aktivitäten, viel zielgerichteter zu beantworten.

Schritt (2): Teilprozesse und Teilprozesskosten auf Kostenstellenebene: Aufwändigster Teil der Implementierung ist die Erfassung der in den einzelnen Kostenstellen von den Mitarbeitern durchzuführenden Tätigkeiten mit dem dafür erforderlichen Zeitaufwand. Hier kann man sich auf Selbstaufschreibungen der Mitarbeiter, bereits vorhandene Arbeitsanalysen und auf Interviews mit den Kostenstellenleitern stützen.

In der daran anschließenden Teilprozessanalyse werden die ermittelten Tätigkeiten strukturiert und kostenstellenbezogen zur nächst höheren Hierarchiestufe von **Teilprozessen zusammengefasst** (vgl. Abb. F3, S. 167). Hierbei sollen möglichst homogene Aktivitäten gebündelt werden, für die sich auch sinnvolle Maßgrößen zur mengenmäßigen Quantifizierung des erbrachten Leistungsvolumens finden lassen. Innerhalb einer Kostenstelle wird differenziert in **leistungsmengeninduzierte Teilprozesse (lmi),** bei denen sich der Zeitaufwand und damit die zugeordneten Prozesskosten proportional zur Leistungsmenge verhalten und **leistungsmengenneutrale Teilprozesse (lmn)**, bei denen die Kosten unabhängig von der mengenmäßigen Ausbringung anfallen, wie z. B. Kostenstellenleitung und -verwaltung sowie Weiterbildungsaktivitäten.

Teilprozesse		Maßgrößen		Kapazitäts-zuordnung		Prozesskosten			Prozesskostensatz	
Nr.	Bezeichnung	Art	Menge	Basis MJ	Basis* Min.	lmi	lmn	Gesamt Vollkosten	lmi	Gesamt Vollkosten
1	Rahmenverträge abschließen	Rahmenverträge	70	0,70	900	70.000	→10.000,00	80.000	1.000,00	1.142,86
2	Abrufe über Rahmenverträge	Abrufe	5.000	1,50	27	150.000	→21.428,57	171.428,57	30,00	34,29
3	Bestellungen Serienmaterial Einzelbestellungen	Einzelbestellungen	2.000	2,00	90	200.000	→28.571,43	228.571,43	100,00	114,29
4	Bestellungen Gemeinkostenmaterial	Bestellungen	3.000	1,80	54	180.000	→25.714,29	205.714,29	60,00	68,57
5	Kontakte mit Lieferanten halten	Lieferanten	70	1,00	1.285	100.000	→14.285,71	114.285,71	1.428,57	1.632,65
6	Abteilung leiten			1,00	90.000		100.000,00			
	Summe MJ/Kostenstellenkosten			8,00	720.000			800.000,00		

*) Basis Min. pro Mengeneinheit

Abb. F3: Zurechnung der Kosten auf Teilprozesse, Beispiel Kostenstelle „Einkauf" (Quelle: *Mayer* [1998], S. 14)

Bei der Transformation der nach Kostenarten vorliegenden Gesamtkosten (Budget) einer Kostenstelle auf die Teilprozesse gilt folgende Überlegung: in den indirekten Gemeinkostenbereichen fallen ganz überwiegend Personalkosten an. Deshalb können die Kosten für einen Teilprozess meist über den entsprechenden (Arbeits-) **Zeitaufwand der Mitarbeiter** zugeordnet werden. Meist wird dazu in einer top down Betrachtung die gesamte jährlich bei geplanter Arbeitszeit zur Verfügung stehende Personalkapazität einer Kostenstelle, ausgedrückt in Mitarbeiterjahren (MJ), auf die Teilprozesse aufgeteilt. Dividiert man außerdem die Mitarbeiterjahre je Teilprozess durch die Menge der Maßgröße, so ergibt sich die durchschnittliche Zeitbeanspruchung für eine Durchführung (eines Abwicklungsvorgangs). Die Kosten für die Teilprozesse können dann, vom **jährlichen Kostenstellenbudget** abgeleitet, entsprechend dem zeitlichen Mengengerüst den Teilprozessen zugerechnet werden. Der Betrachtung liegen somit Durchschnittspersonalkosten zu Grunde, wobei i. d. R. die übrigen Kostenarten (z. B. Telefonkosten, Büromaterial) proportional zu den klar dominierenden Personalkosten behandelt werden. Spielen in bestimmten Kostenstellen die übrigen Kostenarten eine größere Rolle, wie z. B. die DV-Kosten, müssen evtl. Aufzeichnungen über die DV-Inanspruchnahme durch die einzelnen Teilprozesse für eine spezifische Zuordnung herangezogen werden.

Durch die Unterscheidung der Teilprozesse in lmi- und lmn-Prozesse lassen sich unterschiedliche Ziele der Kostenrechnung verfolgen. Will man Vollkosten in der Kalkulation abbilden, müssen bereits auf Teilprozessebene gesamte Prozesskosten für lmi-Prozesse (durch proportionale Umlage der lmn-Prozesse) gebildet werden. Sollen dagegen mengenmäßige Prozessanpassungen beurteilt werden, empfiehlt es sich, die Kosten von lmi- und lmn-Prozessen getrennt zu führen.

Schritt (3): Kostenstellenübergreifende Hauptprozesse: Bei diesem Schritt gilt es, die Vielzahl der betrieblichen Teilprozesse zu wenigen überschaubaren Hauptprozessen zu verdichten (vgl. Abb. F4, S. 170). Hierbei entsteht eine Prozesshierarchie, die zeigt, welche Teilprozesse im sachlogischen Zusammenhang für

HP-Nr.	Hauptprozesse	Kostentreiber	Menge	Kostenvolumen lmi	Kostenvolumen gesamt	Prozesskostensatz lmi	Prozesskostensatz gesamt
1	Neuprodukte einführen	Anz. Neuprodukte	10	185.000	200.000	18.500	20.000
2	Neuteile einführen	Anz. Neuteile	200	990.000	1.000.000	4.950	5.000
3	Produktänderungen durchführen	Anz. Änderungen	200	750.000	800.000	3.750	4.000
4	Teile verwalten	Anz. Aktiver Teilenr.	3.000	1.200.000	1.500.000	400	500
5	Varianten betreuen	Anz. Varianten	800	1.520.000	1.600.000	1.900	2.000
6	Lieferanten betreuen	Anz. Lieferanten	70	336.000	350.000	4.800	5.000
7	Beschaffung Serienmaterial über Rahmenverträge	Anz. Bestellungen	5.000	650.000	750.000	130	150
8	Beschaffung Serienmaterial Einzelbeschaffung	Anz. Bestellungen	2.000	560.000	600.000	280	300
9	Beschaffung Gemeinkostenmaterial	Anz. Bestellungen	3.000	330.000	360.000	110	120
10	Fertigungsauftragskommissionierung	Anz. Stücklistenpositionen	40.000	340.000	400.000	9	10
11	Fertigungsauftragssteuerung	Anz. Operationen im Arbeitsplan	30.000	540.000	600.000	18	20
12	Kundenauftragskommissionierung	Anz. Auftragspositionen	10.000	130.000	150.000	13	15
13	Auftragsabwicklung Inland	Anz. Aufträge	1.000	135.000	150.000	135	150
14	Auftragsabwicklung Export über Vertretungen	Anz. Aufträge	2.000	500.000	560.000	250	280
15	Auftragsabwicklung Export Drittländer	Anz. Aufträge	300	195.000	210.000	650	700
16	Kunden betreuen	Anz. Kunden	800	1.496.000	1.600.000	1.870	2.000
17	Personal betreuen	Mitarbeiter	500	225.000	250.000	450	500
18	Lohn- und Gehaltsabrechnung	Abrechnungen	6.500	520.000	650.000	80	100
19	Kostenplanung und –steuerung	Kostenstellen	100	280.000	300.000	2.800	3.000
Summe Kostenvolumen des Untersuchungsbereichs					12.030.000		

Abb. F4: Beispiele für Hauptprozesse (Quelle: *Mayer* [1998], S. 7)

die Erfüllung eines kostenstellenübergreifenden Vorgangs (im Sinne einer Prozesskette) erforderlich sind.

Die Hauptprozessbildung lässt sich am Beispiel des Hauptprozesses „Beschaffung Serienmaterial in Einzelbestellung" verdeutlichen. Vom Ablauf her sind Teilprozesse aus verschiedenen Kostenstellen an diesem Hauptprozess beteiligt (Abb. F5).

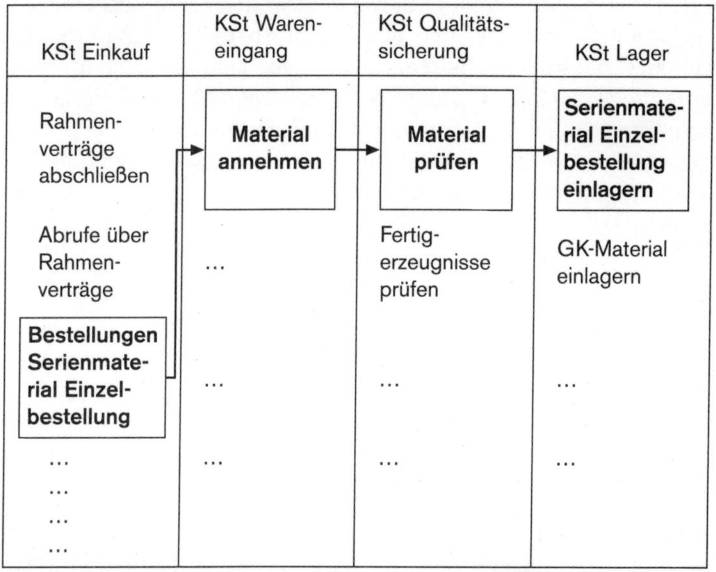

Abb. F5: Bildung des Hauptprozesses „Beschaffung Serienmaterial in Einzelbeschaffung"

Es gibt Teilprozesse, die vollständig einem Hauptprozess zugeordnet, aber auch Teilprozesse, die verschiedenen Hauptprozessen zugeordnet werden. Der Teilprozess „Material prüfen" in der Kostenstelle Qualitätssicherung kann sich hinsichtlich der Anzahl der Prüfungen (= Prozessmenge) auf die Prüfung von Serienmaterial in Einzelbeschaffung, aber auch auf die Prüfung von Serienmaterial, das über Rahmenverträge beschafft wird, beziehen. Entsprechend der Prozessmengen sind in einem solchen Fall die Prozesskosten nur anteilig dem Hauptprozess „Beschaffung Serienmaterial Einzelbeschaffung" zuzurechnen.

Schließlich ist für jeden Hauptprozess der für die Höhe der Prozesskosten jeweils **dominierende Kosteneinflussfaktor (Kostentreiber)** zu bestimmen. Auch wenn natürlich mehrere Kosteneinflussfaktoren auf einen Hauptprozess einwirken, ist es dennoch zweckmäßig, sich auf einen wesentlichen Kostentreiber zu konzentrieren. Das gesamte Prozesskostenmodell ist damit zwar nicht theoretisch exakt, dadurch aber weniger komplex und anwendungsfreundlicher. Für den Hauptprozess „Beschaffung Serienmaterial in Einzelbeschaffung" bietet sich als Kostentreiber z. B. die Anzahl der Bestellungen für Serienmaterial in Einzelbeschaffung an. Der Kostentreiber ist also eine Messgröße für die **Anzahl der Prozessdurchführungen** (hier: Anzahl der Einzelbeschaffungen für Serienmaterial).

Schritt (4): Prozesskostensätze für Hauptprozesse: Indem die Hauptprozesskosten (lmi-Kosten oder Vollkosten) mit der jährlichen Cost Driver Menge dividiert werden, erhält man **Prozesskostensätze**. Für den in Abb. F4 dargestellten Hauptprozess Nr. 8 ergibt sich z. B., dass jede Beschaffung von Serienmaterial in Einzelbeschaffung die betrieblichen Ressourcen (in allen tangierten Teilprozessen) durchschnittlich im Wert von 280 € (= reine lmi-Kosten) oder aber im Wert von 300 € (= Vollkostensatz mit anteiligen lmn-Kosten) beansprucht.

Anwendungen

Prozessorientierte Kalkulation: An die Ermittlung der Gemeinkosten nach zu Grunde liegenden Abwicklungsprozessen schließt sich deren Zuordnung auf Produkte/Aufträge an. Es soll die unterschiedliche Inanspruchnahme und damit die Kostenverursachung der Produkte in den indirekten Gemeinkostenbereichen ausgedrückt werden. Dies geschieht durch den Einbau von Prozesskosten (mittels Prozesskostensätzen der Hauptprozesse) in das Kalkulationsschema. Die Kenntnis der „richtigeren" Produktkosten hilft strategische Fehlsteuerungen zu vermeiden, insofern wird auch von „strategischer Kalkulation" gesprochen.

Wegen ihres überwiegenden Vollkostencharakters und den innerhalb einer Jahresperiode als fix angesehenen Gemeinkosten der Prozesse eignet sich die prozessorientierte Kalkulation nicht für kurzfristige Entscheidungen. Der Fokus liegt klar bei mittel- bis langfristigen Entscheidungen. Fragen im Zusammenhang mit der Entwicklung möglichst **gemeinkostengünstiger Neuprodukte** können ebenso beantwortet werden, wie Fragen nach dem unter Kostenaspekten **geeigneten Produkt-Mix**. Gerade bei **inhomogenen Bedingungen**, wenn sowohl Standardprodukte als auch Spezialvarianten (also einfachere und komplexere Material- und Teilestrukturen), wenige und mehrere zu steuernde Fertigungsstationen, Klein- und Großaufträge, weniger und stärker differenziertere Vertriebsstrukturen vorliegen, erweist sich die prozessorientierte Kalkulation als besonders vorteilhaft.

Der prinzipielle Unterschied zwischen traditioneller Zuschlagskalkulation und prozessorientierter Kalkulation soll zunächst am Beispiel der **Materialgemeinkosten (MGK)** verdeutlicht werden (vgl. Abb. F6, S. 174).

Bei der traditionellen Zurechnung der MGK über **Zuschläge** wird eine Proportionalität zwischen dem wertmäßigen Materialeinsatz und den Abwicklungskosten im MGK-Bereich unterstellt, die keinesfalls der tatsächlichen Kostenverursachung entspricht. Die Kosten im MGK-Bereich (für Materialdisposition, Bestellabwicklung, Eingangsprüfung, Lagerung) haben mit der Höhe des Bestellwertes nun wirklich nichts zu tun. Wenn man z. B. annimmt, dass für den Beschaffungsprozess von zwei elektronischen Bauteilen im Materialwert von 50 € und 500 € ähnliche Abwicklungsvorgänge anfallen, ist die völlig unterschiedliche MGK-Belastung in der Zuschlagskalkulation nicht gerechtfertigt. Bei wertproportionaler Zuordnung würde für die beiden Bauteile z. B. bei 80 % MGK-Zuschlag 40 € bzw. 400 € an Materialgemeinkosten kalkuliert.

Besser ist daher eine **prozessorientierte MGK-Zurechnung** auf der Basis von (Haupt-)Prozesskostenverrechnungssätzen. Bei sehr vielen verschiedenen Materialsorten erscheinen differenzierte Verrechnungssätze für jede Materialsorte kaum machbar. Als Näherungslösung empfiehlt sich daher eine Klassifizierung nach Materialgruppen und die Berechnung von MGK-Verrechnungssätzen je Gruppe. Schließlich kann über die **Mengenstruktur des jeweiligen Produktes** (Anzahl der Materialpositionen je

Materialgruppe) aus der Stückliste in Verbindung mit den betreffenden Verrechnungssätzen die unterschiedliche Kostenverursachung zum Ausdruck gebracht werden.

Zur Erläuterung des prozessorientierten Kalkulationsaufbaus werden nachfolgend die **(Stück-)Kalkulationen für eine einfache (zweilagige) Leiterplatte (Lp) und eine komplexe (14-lagige) Leiterplatte gegenübergestellt** (vgl. Abb. F7, S. 176 f.).

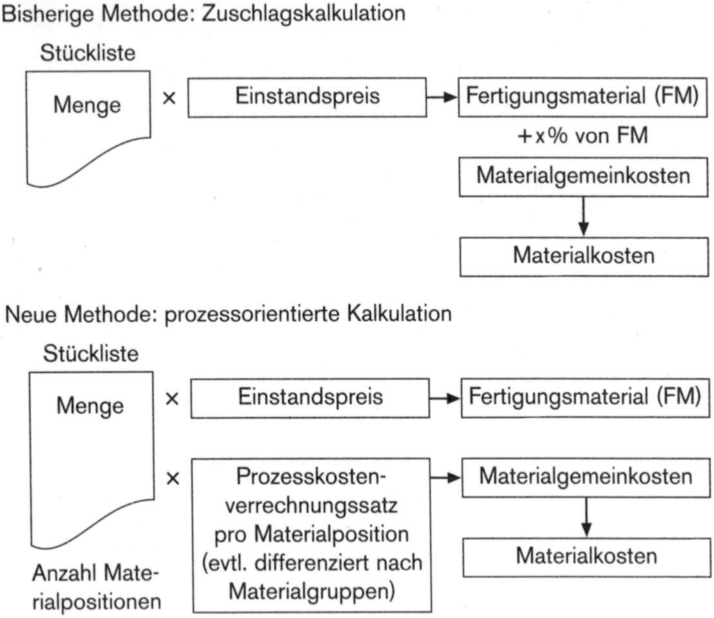

Abb. F6: Vergleich der MGK-Zurechnung in der Kalkulation

Die Beispiele stammen aus einem Leiterplattenbetrieb mit 95 Mio. € Gesamtkostenvolumen, 300 Mitarbeitern und jährlich 3.000 verschiedenen Produkttypen. Insbesondere die **Materialgemeinkosten (MGK)**, die **Allgemeinen Fertigungsgemeinkosten (AFGK)** und die **Auftragsabwicklungskosten** die zusammen 35 % des Gesamtkostenvolumens ausmachen, sollen auf der Basis von Prozessgliederungen und Prozesskostensätzen genauer kalkuliert werden.

Das Typenspektrum umfasst einerseits **einfache Leiterplatten** (hohe jährliche Gesamtstückzahl, in großen Fertigungslosen) für den Einbau in Personalcomputern und andererseits **komplexe (mehrlagige) Leiterplatten** (niedrige jährliche Gesamtstückzahl, in kleinen Fertigungslosen), die in Zentraleinheiten eingehen. Auch hinsichtlich der Auftragsabwicklung bestehen unterschiedliche Bedingungen. Während 80 % der Leiterplatten mit relativ geringerem Abwicklungsaufwand **intern** in die benachbarte Computerfertigung eingehen, werden die restlichen 20 % der Leiterplatten als **externe Aufträge** an andere Werke im Konzern verkauft. In der prozessorientierten Kalkulation lässt sich die unterschiedliche Gemeinkostenbelastung durch zwei getrennte Hauptprozesse „Lp-Aufträge für Interne abwickeln" und „Lp-Aufträge für Externe abwickeln" berücksichtigen, die wiederum aus unterschiedlichen Teilprozessen hergeleitet werden.

Bei der Zurechnung der **in den Fertigungskostenstellen anfallenden Gemeinkosten** war die traditionelle Leiterplatten-Kalkulation bisher schon sehr genau. Durch klare organisatorische Trennung in einen Fertigungsbereich für einfachere Typen und einen Fertigungsbereich für komplexere Typen mit weiterer Untergliederung der Fertigung in sog. Platzkostenstellen ist eine weitgehend verursachungsgerechte Kostenzurechnung auf die Produkte über Maschinenstundensätze gewährleistet.

Abb. F7 (S. 176 f.) zeigt die **prozessorientierte Ergänzung des Kalkulationsschemas** hauptsächlich in den Bereichen Materialgemeinkosten (**MGK**) und Allgemeine Fertigungsgemeinkosten (**AFGK**). Die **Auftragsabwicklungskosten** im Vertriebsbereich sind in den Beispielen weniger stark ausgeprägt (80 % der Produkte werden intern weiterverarbeitet). Die vergleichsweise umfangreicheren Aktivitäten für die an externe Kunden (andere Werke innerhalb des Konzerns) gelieferten Leiterplatten, wie z. B. Versandabwicklung, sind im Hauptprozess „Lp-Aufträge für Externe abwickeln" enthalten.

Die erreichten Kalkulationsverbesserungen resultieren aus folgenden Effekten:

- Über **detaillierte Prozesskostensätze** werden die Gemeinkosten den zu kalkulierenden Produkten zugerechnet **(= Allokations-**

Leiterplatte, 14-lagig, intern – geplante Jahresstückzahl: 50 (in 10 Fertigungsaufträgen, Losgröße 5)		
Kalkulationsaufbau (Werte in €):		Gemeinkostenzurechnung:
1. Fertigungsmaterial (FM)	131,99	
2. Materialgemeinkosten (MGK)		
– **Material Halbzeug beschaffen, eingangsprüfen und lagern**	7,16	**(3,98/Mat. pos.** Halbzeug × 9 Pos. × 10 Auftr.: 50 Stück)
– **Material Fotofolien beschaffen, eingangsprüfen und lagern**	1,20	**(0,86/Mat. pos.** Fotofolien × 7 Pos. × 10 Auftr.: 50 Stück)
– **Material Lacke beschaffen, eingangsprüfen und lagern**	–	– keine Lackpos. –
– **Material verzinsen**	3,74	(% von FM)
Mehrkosten Material aufwenden	2,86	(% von FM)
3. Materialkosten (MK)	**146,95**	
4. Fertigungslohn (FL)	22,30	
5. Fertigungsgemeinkosten (FGK)	32,70	(% von FL)
6. Platzkosten (PK)	153,74	(Maschinen-Std.Satz je KSt.)
7. Direkte Fertigungskosten (DFK)	**208,74**	
8. **Fertigungsplanung und -steuerung durchführen**	7,60	**(0,38/Fertigungsplanpos.** × 100 Pos. × 10 Auftr.: 50 Stück)
9. **Qualität der Fertigungsverfahren und Produkte sichern**	10,40	**(0,52/Fertigungsplanpos.** × 100 Pos. × 10 Auftr.: 50 Stück.)
10. **Steuerungsprogramme erstellen**	7,61	**(380,37/neue Type:** 50 Stück
11. **Spezialwerkzeuge einsetzen:**		
– **Druckwerkzeuge**	23,92	**(1.196:** 50 Stück)
– **Schnitt-/Stanzwerkzeuge**	7,18	(Kostenstellenindiv. % von DFK)
12. unfertige Erzeugnisse verzinsen	6,66	(Kostenstellenindiv. % von DFK)
13. Mehrkosten vor Ablieferung aufwenden	48,85	(% v. DFK)
14. Allgemeine Fertigungsgemeinkosten (AFGK)	**112,22**	
15. Herstellkosten (HK)	**467,91**	
16. **Aufträge für Interne abwickeln**	9,93	**(46,14/Auftrag** × 10 Aufträge: 50 Stück)
17. Neue Produkte und Fertigungsverfahren entwickeln und einführen	7,99	(% von HK)
18. Verwaltungsgemeinkosten	62,02	(% von HK)
19. Selbstkosten (SK) =	**547,85**	

Leiterplatte, 2-lagig, extern – geplante Jahresstückzahl: 8.000 (in 14 Fertigungsaufträgen, Losgröße 570)		
Kalkulationsaufbau (Werte in €):		Gemeinkostenzurechnung:
1. Fertigungsmaterial (FM)	2,64	
2. Materialgemeinkosten (MGK)		
– Material Halbzeug beschaffen, eingangsprüfen und lagern	0,01	**(3,98/Mat. pos.** Halbzeug × 1 Pos. × 14 Auftr.: 8.000 Stück)
– Material Fotofolien beschaffen, eingangsprüfen und lagern	0,00	**(0,86/Mat. pos.** Fotofolien × 1 Pos. × 14 Auftr.: 8.000 Stück)
– Material Lacke beschaffen, eingangsprüfen und lagern	0,00	**(0,27/Mat. pos.** Lacke × 1 Pos. × 14 Auftr.: 8.000 Stück)
– Material verzinsen	0,08	(% von FM)
Mehrkosten Material aufwenden	0,06	(% von FM)
3. Materialkosten (MK)	**2,79**	
4. Fertigungslohn (FL)	0,78	
5. Fertigungsgemeinkosten (FGK)	1,63	(% von FL)
6. Platzkosten (PK)	3,65	(Maschinen-Std.Satz je KSt.)
7. Direkte Fertigungskosten (DFK)	**6,06**	
8. **Fertigungsplanung und -steuerung durchführen**	0,02	**(0,38/Fertigungsplanpos.** × 31 Pos. × 14 Auftr.: 8.000 Stück)
9. **Qualität der Fertigungsverfahren und Produkte sichern**	0,03	**(0,52/Fertigungsplanpos.** × 31 Pos. × 14 Auftr.: 8.000 Stück.)
10. **Steuerungsprogramme erstellen**	0,05	**(380,37/neue Type:** 8.000 Stück
11. **Spezialwerkzeuge einsetzen:**		
– Druckwerkzeuge	0,14	**(1.091:** 1.000 Stück)
– Schnitt-/Stanzwerkzeuge	0,18	(Kostenstellenindiv. % von DFK)
12. unfertige Erzeugnisse verzinsen	0,10	(Kostenstellenindiv. % von DFK)
13. Mehrkosten vor Ablieferung aufwenden	0,19	(% v. DFK)
14. Allgemeine Fertigungsgemeinkosten (AFGK)	**0,71**	
15. Herstellkosten (HK)	**9,56**	
16. **externe Aufträge abwickeln**	0,19	**(110,50/Auftrag** × 14 Aufträge: 8.000 Stück)
17. Neue Produkte und Fertigungsverfahren entwickeln und einführen	0,18	(% von HK)
18. Verwaltungsgemeinkosten	0,99	(% von HK)
19. Selbstkosten (SK)	**10,92**	

Abb. F7: Prozessorientierte (Stück-)Kalkulation von Leiterplatten (Vergleich unterschiedlicher Typen)

effekt). In den Kalkulationen für die beiden Leiterplattentypen gilt dies z. B. für die Prozesskosten „Lp-Material beschaffen, eingangsprüfen und lagern". Der Prozesskostensatz je Materialposition wird mit der Anzahl der Materialpositionen (laut Stückliste für das jeweilige Produkt) multipliziert. Hier erfolgt noch eine weitere Differenzierung in die drei Materialkategorien Halbzeug, Fotofolien und Lacke. Auch die Prozesskosten für „Fertigungsplanung und -steuerung durchführen" und „Qualität der Fertigungsverfahren und Produkte sichern" werden über Prozesskostensätze je Arbeitsplanposition multipliziert mit der Anzahl Arbeitsplanpositionen (laut Arbeitsplan für das jeweilige Produkt) kalkuliert.

- Über das entsprechende **produktspezifische Mengengerüst** wird berücksichtigt, dass komplexe Spezialvarianten mit vielen Materialarten und Teilen (= Materialpositionen in der Stückliste) und einem Fertigungsdurchlauf mit vielen Fertigungsstationen und Arbeitsgängen (= Arbeitsplanpositionen) mehr Abwicklungsvorgänge in der Beschaffung und Fertigungsplanung und -steuerung in Anspruch nehmen als einfache Standardprodukte **(= Komplexitätseffekt).** Die Produkte werden dadurch genauer mit den tatsächlich durch sie verursachten Komplexitätskosten in den indirekten Gemeinkostenbereichen belastet.
  Im Beispiel der komplexen 14-lagigen Leiterplatte umfasst das Mengengerüst für die Zurechnung der Prozesskosten für Planung, Steuerung und Qualitätsüberwachung 100 verschiedene Fertigungsschritte (Arbeitsplanpositionen). Bei der einfachen zweilagigen Leiterplatte sind dagegen lediglich 31 Fertigungsschritte tangiert.
  Gerade in diesem Punkt bringt die traditionelle Zuschlagskalkulation erhebliche Verzerrungen: Zuschlagsätze basieren auf einer Durchschnittsbetrachtung der Gemeinkostenverhältnisse. Bei der Ermittlung wird der betreffende Gemeinkostenblock (z. B. die gesamten Allgemeinen Fertigungsgemeinkosten = AFGK) in Relation zur Zuschlagsbasis (z. B. die gesamten Direkten Fertigungskosten) gesetzt. In der Kalkulation führt die Anwendung dieser pauschalen Zuschlagsätze nun dazu, dass einfache Standardprodukte vergleichsweise zu teuer und kom-

plexe Spezialprodukte zu niedrig kalkuliert werden (vgl. Abb. F8).

- Durch **Division der auftragsfixen Abwicklungskosten mit der jeweiligen Auftragslosgröße** können die unterschiedlichen Kostenwirkungen von Groß- oder Kleinaufträgen in der Kalkulation aufgezeigt werden **(= Stückkostendegressionseffekt).** Da bestimmte Abwicklungsvorgänge pro Auftrag bzw. pro Los mit einem hierfür ermittelten konstanten Kostensatz anfallen, ergeben sich bei größerer Stückzahl eines Auftrags geringere Kosten pro Stück.
  In den Leiterplattenkalkulationen werden z. B. die Prozesse „Fertigungsplanung und -steuerung durchführen" und „Qualität der Fertigungsverfahren und Produkte sichern" sowie die Prozesse der Auftragsabwicklung hinsichtlich der Auftragslosgröße betrachtet. Für die 14-lagige Leiterplatte, die in Fertigungsaufträgen mit jeweils Losgröße 5 hergestellt wird (siehe Abb. F7, S. 176 f.), verteilt sich der pro Fertigungsauftrag (auftragsfix) anfallende Prozesskostensatz in Höhe von 46,14 € auf eine geringere Stückzahl. Somit werden **Kleinaufträge mit vergleichsweise höheren Gemeinkosten pro Stück belastet.**

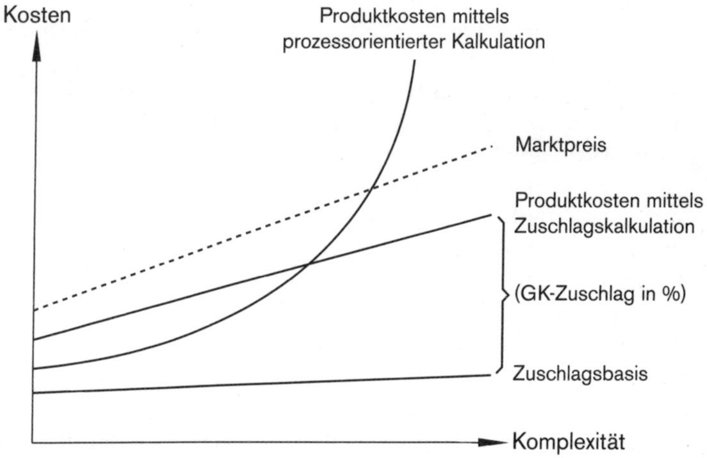

Abb. F8: Komplexitätseffekt der Gemeinkostenzurechnung in der Kalkulation (Quelle: In Anlehnung an *Coenenberg* [2003], S. 224)

Die in Abb. F7 dargestellten Beispiele lassen auch die **Grenzen einer prozessorientierten Kalkulation** erkennen. Bei der Zurechnung der Gemeinkosten wird jetzt die wertproportionale Zurechnung zum Teil durch eine **mengenproportionale** ersetzt. Das bedeutet aber: auf Produktebene gibt es nur begrenzte Ansatzpunkte für ein Mengengerüst in der Kalkulation (Anzahl Materialpositionen, Anzahl Arbeitsplanpositionen, Anzahl Aufträge) das zur Multiplikation mit den Prozesskostensätzen geeignet erscheint. Für einen innovativen Vorleistungsprozess (für den keine repetitiven Abwicklungsvorgänge und damit auch keine Prozesskostensätze vorliegen) wie „Neue Produkte und Fertigungsverfahren entwickeln und einführen" muss nach wie vor ein wertbezogener Zuschlagssatz angewendet werden. Dennoch ist die Kostenzurechnung auf die Produkte im Vergleich zum traditionellen Vorgehen bereits genauer. Während traditionell für mehrere zu einem Kalkulationsbereich zusammengefasste Kostenstellen ein Gemeinkostenzuschlag gebildet wird, leitet man hier einen enger definierten Zuschlagssatz für den betreffenden Hauptprozess ab, indem z. B. die Hauptprozesskosten in Bezug zu den gesamten Herstellkosten gesetzt werden. Bereits bei der Herleitung der Hauptprozesskosten aus sachlogisch zusammenhängenden Teilprozessen verschiedener Kostenstellen wird die traditionelle Kostenstellenbetrachtung überwunden.

Mit Kenntnis der „richtigeren" Produktkosten aus der prozessorientierten Kalkulation lassen sich strategische Fehlentscheidungen vermeiden. Etwa bei einer **Kostenführerschaftsstrategie**, bei der es darum geht über große Mengen Volumensvorteile und damit möglichst niedrige Kosten pro Stück zu erreichen. Jede Genauigkeitsverbesserung durch Anwendung der prozessorientierten Kalkulation, die zu niedrigeren Stückkosten führt, wirkt hierbei unterstützend: Bei Massenprodukten mit geringer Komplexität werden (im Vergleich zur Zuschlagskalkulation) niedrigere Gemeinkosten kalkuliert. (vgl. oben Abb. F8). Insbesondere Aufträge mit großen Stückzahlen werden über den Degressionseffekt bei losgrößenabhängigen Abwicklungsprozessen genauer kalkuliert und führen zu entsprechend niedrigeren Kosten pro Stück.

Eine **Differenzierungsstrategie** setzt auf Nutzenvorteile, d. h. ein Eingehen auf spezifische Kundenvorteile, wofür der Kunde dann auch bereit ist einen entsprechend höheren Preis zu bezahlen. Erfolgreich kann diese Strategie nur dann sein, wenn es gelingt Preise durchzusetzen, die über den Kosten für die differenzierten Kundenwünsche liegen. Dazu ist es notwendig, die **Kosten für die differenzierten Produktmerkmale möglichst exakt aufzuzeigen**. Auch hier ermittelt die prozessorientierte Kalkulation die genaueren Stückkosten, indem sie zum Ausdruck bringt, dass komplexe Produkte mehr Gemeinkosten verursachende Aktivitäten erfordern und damit höhere Stückkosten verursachen. Außerdem ist erkennbar, wie bei Kleinaufträgen, die ja im Rahmen einer Differenzierungsstrategie überwiegen, die losabhängigen Abwicklungsvorgänge zu höheren Stückkosten führen.

Für eine fundierte Preisstellung sind diese verbesserten Kosteninformationen ganz entscheidend. Die erhöhte Kostentransparenz kann u. U. auch dazu führen, dass man verstärkt versucht, **unprofitable Kleinaufträge zu vermeiden**. Werden die Kosten der Komplexität auf der Produktebene besser aufgezeigt, liefert dies evtl. den Anstoß, nachhaltige Verbesserungen bei den Ursachen der Komplexität, z. B. eine **Verringerung der Teilevielfalt**, einzuleiten.

Prozessorientiertes Gemeinkostenmanagement

Allein schon die geschaffenen Prozessgliederungen ermöglichen eine in dieser Form bisher nicht vorhandene Transparenz über bestehende Aktivitäten und deren Ressourceninanspruchnahme. Kennt man die kostenträchtigsten Prozesse (auf Teilprozess- und Hauptprozessebene), so bieten sich diese als unmittelbare Ansatzpunkte für Verbesserungen an.

Die Prozesskostenrechnung liefert die Kosten für die betrieblichen Abläufe (Prozesse) im Istzustand. Darauf aufbauend kann man aufzeigen, inwieweit **Prozessoptimierungen** zu Gemeinkostensenkungen in den indirekten Bereichen führen: was geschieht, wenn bestimmte **nicht wertschöpfende Aktivitäten wegfallen**? Mit Hilfe einer sog. **Prozess-Wertanalyse** lässt sich z. B. für einen bestimmten Teilprozess das Ausmaß der wirklichen Kerntätigkeiten und der flankierenden Tätigkeiten (wie Besprechungen, Konferenzen, Registraturtätigkeit) herauskristallisieren. Flankierende Tätigkeiten können am ehesten reduziert werden, ohne dass das eigentliche Prozessergebnis beeinträchtigt wird. Häufig sind hier bereits über organisatorische Ablaufverbesserungen (z. B. Schnittstellenmanagement und besserer Informationsfluss zwischen den Abteilungen) deutliche Verbesserungen erreichbar.

Große Gemeinkostensenkungspotentiale werden sichtbar und damit gestaltbar, wenn es gelingt, durch die geeignete Prozessgliederung aufzuzeigen, wie stark sog. Non Value-Added Activities, z. B. Nacharbeiten an Ausschussprodukten, Reparaturen oder die Abwicklung von Garantieleistungen die Ressourcen in den indirekten Bereichen beanspruchen.

Bei der Planung und Steuerung der Gemeinkosten **auf Prozessebene** in den indirekten Bereichen sind **monatliche Soll-Ist Vergleiche nicht sinnvoll**. Wir haben es hier mit einem **hohen Anteil an kurzfristig fixen (Gehalts-)Kosten** und weniger mit kurzfristig beeinflussbaren variablen Kostenanteilen zu tun. Eine Kostensteuerung über monatliche Verbrauchsabweichungen, wie sie in den reinen Fertigungskostenstellen – auf Kostenarten bezogen – mit einer Flexiblen Plankostenrechnung (siehe oben Abschnitt E8) erfolgt, ist daher für Prozesse nicht möglich.

Wegen der hohen Fixkostenanteile geht es bei der prozessorientierten Gemeinkostensteuerung primär um die **Auslastung** bei einzelnen Prozessen. Im **jährlichen Turnus sollen Unterauslastungen (Leerkapazitäten und deren Kostenauswirkungen) bzw. Kapazitätsanspannungen bei den Prozessen** sichtbar gemacht werden, die dann wiederum zu Konsequenzen für die nächste Jahresplanung führen. Mittelfristig will man so durch richtige Ressourcendimensionierung und ständige Verbesserungen bei den Abwicklungsprozessen zu deutlichen Produktivitätssteigerungen kommen. Am nachfolgenden Beispiel (vgl. Abb. F9) soll das Vorgehensprinzip gezeigt werden.

Eine geplante Veränderung der für einen Hauptprozess geltenden Kostentreibermenge wirkt sich auch auf das Arbeitsvolumen der vorgelagerten Teilprozesse aus. Im Beispiel gilt der Kostentreiber „Anzahl neue Produkte“ auch auf Teilprozessebene (hier wird er dann als Maßgröße bezeichnet). Wenn, wie im Beispiel, die Prozessmenge von geplanten 400 Neuprodukten auf tatsächlich 380 Neuprodukte zurückgeht, müssten dem mengenangepasste Soll-Prozesskosten in Höhe von 152.000 € entsprechen. Tatsächlich stehen jedoch Ist-Prozesskosten in Höhe von 170.000 € gegenüber (Ermittlung durch Aufteilung der Ist-Gesamtkosten der Kostenstelle nach Ist-Mitarbeiterjahren je Prozess).

Insofern ergibt sich eine Soll-Ist Differenz der Prozesskosten von +18.000 €, die voll als Beschäftigungsabweichung interpretiert wird. Sie zeigt in welchem Ausmaß im betreffenden Geschäftsjahr **Leerkosten aufgrund Unterauslastung** gegeben waren, also vorhandene Mitarbeiterkapazitäten nicht genutzt wurden. Daraus abgeleitete mittelfristige Kosten- und Ressourcenanpassungen müssen **dispositiv** und - wegen des intervallfixen Charakters der Personalkosten - in Stufen **herbeigeführt** werden.

Planung auf Basis von Prozessmengen (jährlich)

Teilprozess	Maßgröße	Plan-Prozessmenge	Plan-Prozesskosten	Prozesskostensatz (lmi)
Arbeitspläne erstellen	Anzahl neue Produkte	400	160.000,-€	400,-€

Soll-Ist Vergleich:

Teilprozess	Prozesskostensatz (lmi)	Ist-Prozessmenge	Soll-Prozesskosten	Ist-Prozesskosten	Abweichung
Arbeitspläne erstellen	400,-€	380	152.000,-€	170.000,-€	+18.000,-€

Abb. F9: Beispiel zur prozessorientierten Gemeinkostensteuerung

Grenzen für die Prozesskostenrechnung bestehen ganz eindeutig bei Prozessen mit unstrukturierten, dispositiven und kreativen Aktivitäten, für die aufgrund der heterogenen Kostenverursachung keine Prozessbezugsgrößen und -mengen identifizierbar sind. Hierzu zählen z. B. die Grundlagenforschung, die kaufmännische Leitung und Stabsbereiche wie die Organisations- und Verfahrensentwicklung. Die Kosten dieser Bereiche lassen sich nicht auf der Basis von Prozessmengen steuern und müssen nach wie vor wenig differenziert über wertbezogene Zuschlagssätze auf die Produkte verrechnet werden.

b) Zielkostenmanagement (Target Costing)

Konzept

Zielkostenmanagement ist ein ursprünglich in japanischen Unternehmen praktizierter umfassender marktorientierter, auf den gesamten Produktlebenszyklus bezogener Ansatz, der mittlerweile auch bei deutschen Unternehmen, insbesondere in den Branchen Automobil, Elektrotechnik/Elektronik, Maschinenbau weit verbreitet ist. Das Konzept bedeutet eine **völlige Umkehr in der Denkweise**.

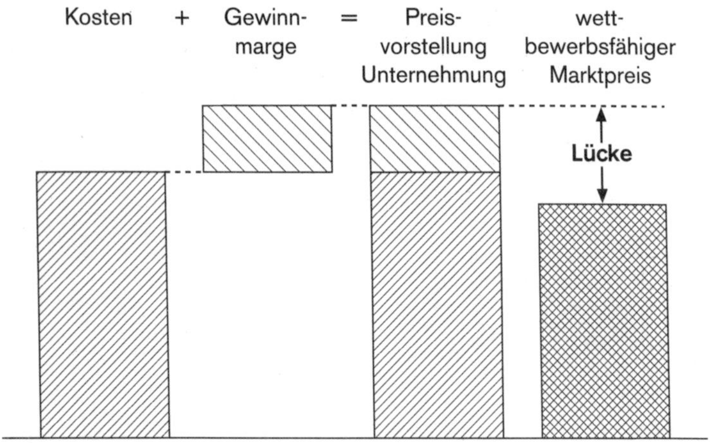

Abb. F 9a: Traditioneller Kosten plus Gewinnzuschlag Ansatz

Bei der Neuentwicklung von Produkten kann, insbesondere in wettbewerbsintensiven Branchen, deren Marktpreis nicht mehr wie traditionell aus der Kalkulation der geplanten vollen Selbstkosten plus einer Gewinnmarge ermittelt werden. Dies hatte in der Vergangenheit zwar häufig zu technologisch exzellenten Produkten, jedoch mit einem zu hohen (nicht wettbewerbsfähigen) Marktpreis geführt (vgl. Abb. F9a).

Der Preis wird nun nicht aus der internen Sicht des Unternehmens abgeleitet, sondern **vom Markt diktiert.** Um zu marktgerechten (wettbewerbsfähigen) Produkten zu kommen, muss die Unternehmung konsequent von den Markt- und Kundenanforderungen ausgehen. Es gilt zuerst die Frage zu beantworten „Welchen Preis ist ein Kunde für ein Produkt – bei bestimmten gewünschten Produkteigenschaften – bereit zu zahlen?“ Von diesem Preis sind nach Abzug einer Gewinnmarge die zu seiner Realisierung **höchstens zulässigen Kosten (= Zielkosten)** abzuleiten (vgl. Abb. F9b). Im Mittelpunkt der Betrachtung stehen daher Fragen wie **„Was darf ein Produkt kosten?“** und **„Was dürfen einzelne Produktfunktionen, -komponenten kosten?“)**

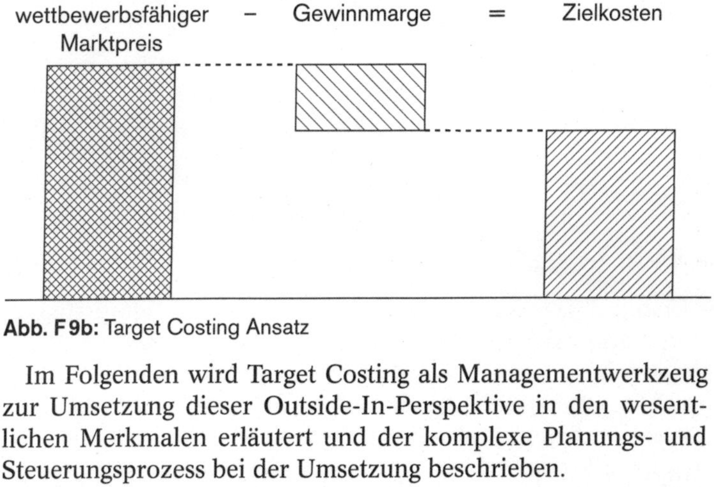

Abb. F9b: Target Costing Ansatz

Im Folgenden wird Target Costing als Managementwerkzeug zur Umsetzung dieser Outside-In-Perspektive in den wesentlichen Merkmalen erläutert und der komplexe Planungs- und Steuerungsprozess bei der Umsetzung beschrieben.

Im Gegensatz zum klassischen „Kosten plus Gewinnzuschlag Ansatz“ geht das Target Costing (vgl. Abb. F10) retrograd von einem **geplanten Absatzpreis** und den damit zusammenhängenden geplanten Stückzahlen für ein Produkt im Lebenszyklus aus. Basis hierfür sind die aus Marktforschungen stammenden

Daten (z. B. für wie wichtig erachten die Kunden einzelne Produktfunktionen?) und die angestrebte strategische Positionierung des Produktes.

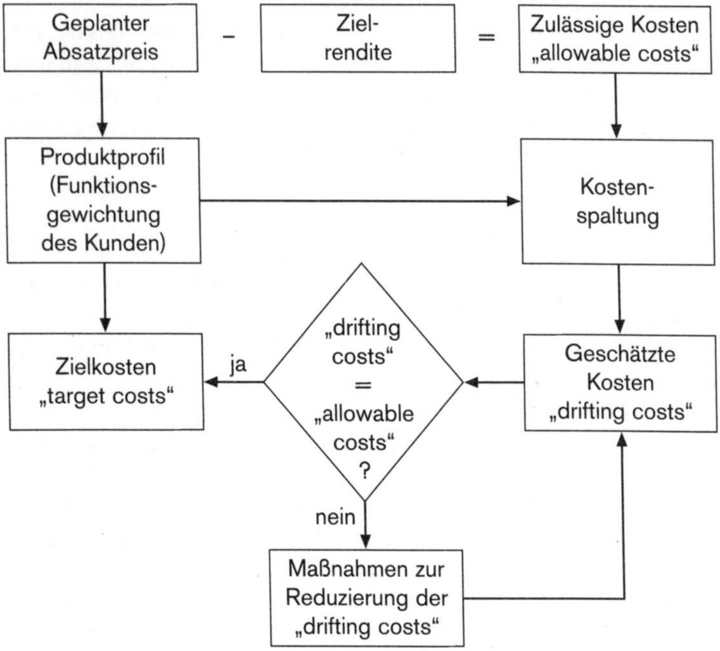

Abb. F10: Prinzip des Target Costing (Quelle: *Coenenberg* [2003], S. 443)

Vom prognostizierten Gesamtumsatz wird die geforderte Gewinnmarge (abgeleitet aus der Ziel-Umsatzrendite) abgezogen um auf die **zulässigen Kosten (= vom Markt erlaubten Kosten)** zu kommen. Als meist extrem harte Zielvorgabe ist dies dann der Gesamtkostenblock, der bei der geplanten Stückzahl über den gesamten Produktlebenszyklus erreicht werden muss, wenn die Marktziele nicht gefährdet sein sollen. Die Festlegung der zulässigen Kosten erfolgt (rein marktbestimmt) ohne Berücksichtigung der zur Umsetzung im Unternehmen vorhandenen Technologien und Verfahren.

Der Gesamtkostenblock der zulässigen Kosten muss dann bis

auf einzelne Funktionen, Komponenten und Teile **heruntergebrochen** und den jeweiligen kostenverantwortlichen Personen bzw. Teams zugeordnet werden **(= Kostenspaltung).**

Um die Produktkostensituation einschätzen zu können, ist eine Kostenprognose bei **den bisher gegebenen Technologie- und Verfahrensbedingungen** im Unternehmen vorzunehmen. Dazu werden für **sämtliche Komponenten jeweils geplante Standardkosten** in Plan-Kalkulationen ermittelt und für das Gesamtprodukt aggregiert zu den sog. **geschätzten Kosten** (drifting costs).

Da die geschätzten Kosten in der Regel noch wesentlich höher liegen als die, aus den Markt- und Kundenanforderungen abgeleiteten, maximal zulässigen Kosten, müssen **geeignete Maßnahmen zur Reduzierung der geschätzten Kosten geplant werden**. Hier liegen die wesentlichen Stärken des umfassenden Target Costing Ansatzes. Das Kostenmanagement konzentriert sich besonders auf die **frühen Phasen der Produktentwicklung**, nachdem empirische Studien ergaben, dass 80 % der im gesamten späteren Lebenszyklus anfallenden Produktherstellkosten bereits am Ende der Phase der Konstruktion festgelegt sind. Insofern besteht bei Neuprodukten über eine mit den gewünschten Leistungsmerkmalen der Kunden abgestimmte kostenzielbezogene Entwicklung und Konstruktion das größte Kostensenkungspotential (vgl. S. 194 f.) Maßnahmen zur Kostenreduktion = Realisierung der Zielkosten).

Eine hier von vornherein z. B. durch Reduktion der verwendeten Teile erreichte Vereinfachung der Produktstruktur wirkt sich auf die Einzelkosten (Fertigungsmaterial, Fertigungslöhne) ebenso aus wie auf die Gemeinkosten (über weniger komplexe Abläufe und Abwicklungsvorgänge). In der nachgelagerten Phase der Produktion ist dagegen – bei bereits determinierten Produktstrukturen – der Spielraum für weitere Kostensenkungen wesentlich geringer.

Meist mehrmals wiederholte Planungen zur Kostenreduzierung (bis die Anpassung der geschätzten an die zulässigen Kosten erreicht ist) führen schließlich zu einem abgestimmten **Produktkonzept** mit **verbindlich vorgegebenen „Kostenzielen“** für das Gesamtprodukt sowie für die Produktkomponenten und -teile.

Umsetzung des Target Costing

Langfristige Preissetzung: Die charakteristische Marktverankerung des Target Costing beginnt bei der strategischen Zielbestimmung für das neue Produkt. Eingebunden in die strategische Planung sind die folgenden Punkte einzuschätzen:

die Entwicklung der strategischen Zielmärkte, die Wettbewerbssituation, die zukünftigen Kundenanforderungen, die strategische Ausgangslage der Unternehmung und die verfolgte Strategie im betreffenden Geschäftsfeld.

Informationen zum **Marktpreis**, den die Kunden bereit sind zu zahlen, können durch Marktforschung (z. B. durch konjunkte Analyse vgl. S. 66 f.) gewonnen werden.

Für eine langfristige Preisfestlegung (differenziert nach verschiedenen Phasen im Produktlebenszyklus) sind noch weitere Informationen zu berücksichtigen, z. B. die Marktsegmentierung in unterschiedliche Kundengruppen sowie die relative Einschätzung der Konkurrenzprodukte durch den Kunden (hinsichtlich Preis und Leistungsmerkmalen).

Zielkostenfindung auf Gesamtproduktebene (Retrograde Kalkulation): Aus der Rückrechnung vom Ziel-Umsatz (= strategischer Preis x geplante Absatzstückzahl im Produktlebenszyklus) abzüglich der verbindlich fixierten Gewinnvorgabe ergeben sich die vom Markt zulässigen Kosten (vgl. Abb. F11) Welches ist nun aber die geeignete Größe um die Gewinnvorgabe zu ermitteln? In japanischen Unternehmen stützt man sich bevorzugt auf die geplante Umsatzrendite (aus der mittelfristigen Ergebnisplanung). Im Vergleich zur Ableitung aus Kapitalrenditezielen erscheint dies vorteilhaft. Zum einen wird bei vielen verschiedenen Produkten die Umsatzrendite für besser geeignet gehalten, die unterschiedliche Profitabilität auf der Produktebene auszudrücken. Zum anderen ist die auf Einzelprodukte entfallende Kapitalbasis schwer abgrenzbar. Die Betonung von Umsatzrenditezielen im Target-Costing heißt aber nicht, dass japanische Unternehmen die Umschlagshäufigkeit des Kapitals (als zweite Hauptdeterminante der Kapitalrendite, vgl. S. 278) nicht berücksichtigen. Diese wird parallel mit dem Just-in-time Konzept verfolgt, das auf eine möglichst geringe Kapitalbindung in den Vorräten zielt. Für ein abgestimmtes Vorgehen empfiehlt es sich vom Oberziel Kapitalrendite bzw. Beitrag des betreffenden Geschäftes zur Wertsteigerung auf die daraus resultierende geplante Umsatzrendite als Zielvorgabe zurückzurechnen.

vom Markt akzeptierter Preis (netto) (9.000 € x geplante Stückzahl (750 Stück))	Werte in Tsd. €
= **geplanter Produktumsatz (Lebenszyklus)**	**6.750**
./. Gewinnvorgabe (Ziel-Umsatzrendite 8 %)	540
= **zulässige Produktkosten (allowable costs) (= 100 %)**	**6.210**
./. Ziel-Allgemeine Gemeinkosten (Gesamtunternehmung, Bereich) (14 %)	869
./. Zielgemeinkosten für produktnahe Prozesse (26 %)	1.615
= ***direkt beeinflussbare Produktzielkosten* (= 60 %)** **(→ Umrechnung auf Stückebene und Aufspaltung)**	**3.726**
⇩ Zielkostenlücke ⇧	960
unter gegebenen Bedingungen erreichbare (geschätzte) direkte Produktkosten	**4.686**

Abb. F 11: Retrograde Kalkulation

In der weiteren retrograden Rechnung werden von den zulässigen Kosten **diverse Allgemeine Gemeinkostenblöcke** abgezogen um letztlich auf die „**direkten Produktzielkosten**" zu kommen, die im Target Costing unmittelbar beeinflusst werden können. Auch bei den Allgemeinen Gemeinkosten handelt es sich um fixierte Zielkostenblöcke, die in umfassenden Strukturentscheidungen gestaltet werden müssen. Speziell im sog. Bereich für **produktnahe Prozesse** (Material-, Allgemeine Fertigungs- und Vertriebsgemeinkosten) lassen sich durch Prozesskostenmanagement Verbesserungen erzielen. Die Verbesserungen sind jedoch nicht allein aus der Produktperspektive des Target Costing durchsetzbar. Voraussetzung dafür ist auch ein Zusammenwirken mit dem Kostencontrolling, das eine Strukturierung dieser Gemeinkostenbereiche und eine darauf aufsetzende Prozesskostenrechnung vornimmt. In der Gegenüberstellung von externer und interner Sicht zeigt sich die **Zielkostenlücke**, die den direkt beeinflussbaren Kostensenkungsrahmen darstellt.

Zielkostenspaltung: In einem nächsten Schritt werden nun die direkt beeinflussbaren Zielkosten des Gesamtprodukts weiter heruntergebrochen auf einzelne Produktfunktionen/-komponenten. Zuvor müssen jedoch noch einige für das Gesamtprodukt anfallende (nicht weiter aufteilbare) Kostenblöcke abgezogen werden, z. B. Kosten für Marktforschung, Markteinführung, Vertriebskanalkosten, anteilige Vorentwicklung. Man erhält modifizierte Produktzielkosten.

Die Aufspaltung erfolgt dann – nach Division mit der geplanten Stückzahl im Lebenszyklus – auf der Stückkostenebene. Auch für Subkostenziele kann damit ein operationaler Kostenbegrenzungsrahmen vorgegeben werden. Außerdem lässt sich auf dieser Ebene ein Bezug herstellen zwischen den von den Kunden präferierten Produkteigenschaften und den bei der Umsetzung in den einzelnen Funktionen/Komponenten anfallenden Kostenanteilen.

In der ersten Stufe empfiehlt sich, insbesondere bei komplexen Neuprodukten, eine Zielkostenaufspaltung **nach Produktfunktionen**. Konkretisieren sich in den einzelnen Produktfunktionen doch sehr stark die Kundenwünsche. Kunden bewerten sowohl nach „harten" (technischen) Funktionen aber auch nach „weichen" (Service) Funktionen. Insofern sollten auch Dienstleistungen als Produktfunktionen (z. B. Wartungsfreundlichkeit) erfasst werden.

Die Zielkostenspaltung erfolgt in den folgenden Arbeitsschritten:

- Festlegung der **Funktionsstruktur** eines Produkts
- Ermittlung der **relativen Wichtigkeit einzelner Produktfunktionen** für die Kunden (z. B. durch konjunkte Analyse vgl. S. 66 f.)
- Bestimmung der **Komponenten (Baugruppen)**, die zur Erfüllung der Funktionen notwendig sind (= Grobentwurf für das

Produkt) und Kostenschätzung für die einzelnen Komponenten

- **Gewichtung der Komponenten** (in welchem Umfang tragen die Komponenten zur Erfüllung der jeweiligen Funktionen bei?)
- Ermittlung eines **Zielkostenindex für die einzelnen Komponenten** (stimmt die relative Bedeutung einer Komponente mit ihrem relativen Zielkostenanteil überein?)
- **Zielkostenoptimierung** für die Komponenten mit Hilfe des Zielkostenkontrolldiagramms

Zur weiteren Erläuterung wird als Beispiel die Neuentwicklung eines Pkw-Motors aufgezeigt:

Die in Abb. F12 (S. 192) dargestellte Matrix zeigt unter KW (Kundenwert) die aus der Kundenbefragung abgeleitete **Gewichtung** (relative Wichtigkeit in %) **der Produktfunktionen bzw. Produkteigenschaften**. Für **jede der Komponenten** wird dann von den technischen Experten im Unternehmen beurteilt, mit welchem **Anteil (A) die Komponente zur Erfüllung der Produkteigenschaften beiträgt**. Die beiden Einschätzungen werden zunächst multipliziert KW · A = G. In der Summe erhält man die Gesamtbedeutung der jeweiligen Komponente (in %).

Stellt man in einem nächsten Schritt die **relative Gesamtbedeutung einer Komponente** mit deren relativem Zielkostenanteil (in %) an den direkt beeinflussbaren Produktzielkosten gegenüber, ergeben sich Anhaltspunkte, inwieweit einzelne Komponenten hinsichtlich Kundenbedeutung und Zielkosten übereinstimmen. Dazu wird für jede Komponente ein **Zielkostenindex (= relative Bedeutung einer Komponente/relativer Anteil einer Komponente an den Gesamtzielkosten)** berechnet (vgl. Abb. F13 S. 192).

Die Idealvorstellung eines Zielkostenindex von 1, hier würde die Wertschätzung der Kunden und der Ressourceneinsatz (Zielkosten) für eine Komponente völlig übereinstimmen, ist in der Praxis kaum erreichbar. Daher lässt man zu, dass der Zielkostenindex einer Komponente innerhalb einer gewissen Bandbreite (Zielkostenzone) vom Idealwert 1 abweichen kann. Grafisch wird dies in Form eines **Zielkostenkontrolldiagramms** dargestellt (vgl. Abb. F14 S. 193). Innerhalb der Zielkostenzone dürfen we-

Produktfunktionen/ Eigenschaften Motor		Komponenten									
		Triebwerk		Zylinderkopf		Saugmodul		Lademodul		Nebenaggregate	
KW	Angaben in %	A	G	A	G	A	G	A	G	A	G
21,86	Benzinverbrauch	20,00	4,37	20,00	4,37	26,67	5,83	20,00	4,37	13,33	2,91
18,22	Leistung	20,00	3,64	20,00	3,64	20,00	3,64	26,67	4,86	13,33	2,43
16,28	Kosten	31,00	5,05	16,00	2,60	29,00	4,72	13,00	2,12	11,00	1,79
11,03	Umweltverträglichkeit	8,33	0,92	16,67	1,34	25,00	2,76	25,00	2,76	25,00	2,76
10,80	Lebensdauer	9,09	0,98	18,18	1,96	27,27	2,95	18,18	1,96	27,27	2,95
7,54	Wartungsfreundlichkeit	9,09	0,69	9,09	0,69	18,18	1,37	27,27	2,06	36,36	2,74
6,75	Laufruhe	33,33	2,25	16,67	1,13	25,00	1,69	8,33	0,56	16,67	1,13
4,95	Drehmoment	20,00	0,99	20,00	0,99	20,00	0,99	26,67	1,32	13,33	0,66
2,57	Gewicht	46,55	1,20	13,72	0,34	12,10	0,31	9,31	0,24	18,81	0,48
100,00	**Gesamt**		**20,08**		**17,56**		**24,26**		**20,25**		**17,85**

Abb. F12: Komponenten (Baugruppen-)Produktfunktions-Matrix (Quelle: Controller Verein [1997], S. 12 ff.)

Baugruppe	relative Bedeutung der Komponente (in %, gerundet)	relativer Anteil der Zielkosten der Komponente an Gesamtzielkosten (in %)	**Zielkostenindex (Z)**
Triebwerk	20,1	31	**0,65**
Zylinderkopf	17,6	16	**1,10**
Saugmodul	24,2	29	**0,83**
Lademodul	20,2	13	**1,55**
Nebenaggregate	17,9	11	**1,63**
Gesamt	100,0	100	

Abb. F1 3: Zielkostenindex für Komponenten (Baugruppen), Prozentzahlen gerundet

niger bedeutende Komponenten mit geringerem Zielkostenanteil stärker vom Idealwert 1 abweichen, bedeutendere Komponenten mit entsprechend hohem Zielkostenanteil dagegen weniger stark (hier ist der Korridor enger gefasst). Letztlich ist die Fixierung dieser Zielzone eine Managemententscheidung. Bei starkem Wettbewerbsdruck sollte sie entsprechend enger definiert werden.

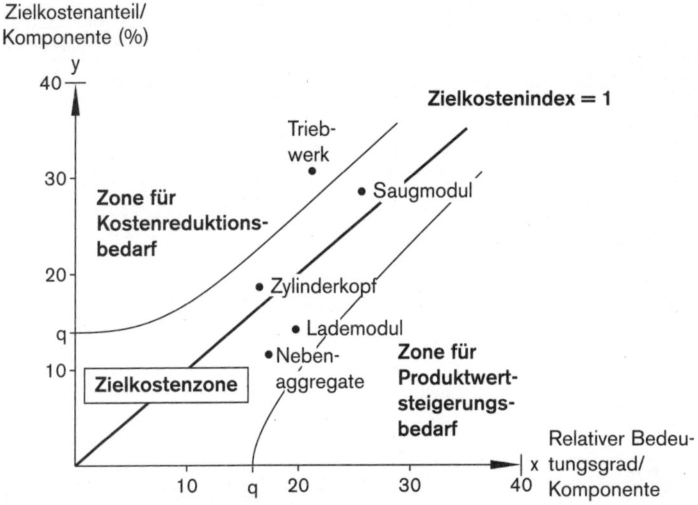

Abb. F 14: Prinzip des Zielkostenkontrolldiagramms

Mit dem Zielkostenkontrolldiagramm lassen sich nun die Komponenten identifizieren, bei denen Korrekturmaßnahmen erforderlich sind. Ergibt sich ein Wertindex links oben außerhalb der optimalen Zone, so ist die Komponente im Vergleich zur Optimalforderung zu teuer, d. h. es sind **Zielkostenreduzierungen** notwendig. Fällt der Wertindex rechts unten aus dem Optimalbereich heraus, deutet dies auf die Notwendigkeit einer **Zielkostenerhöhung** hin. Um der Bedeutung der Komponente für die Funktionserfüllung zu entsprechen, ist in diesem Fall, im Sinne einer kundengerechteren Lösung, der Ressourceneinsatz über höhere Zielkosten zu verstärken.

Maßnahmen zur Kostenreduktion (= Realisierung der Zielkosten): Mit der kundenorientierten Herleitung der Zielkosten auf Komponentenebene ist noch nicht sichergestellt, dass diese auch erreicht werden. Die Kostensenkungspotentiale müssen nun konsequent realisiert werden.

Je gravierender die Kostenlücken sind, je dringlicher sind auch umfangreiche Strukturbereinigungen und Reorganisationsmaßnahmen auf der Bereichsebene, in die der Target Costing Prozess wiederum eingebunden ist. Im Folgenden wird aus der Fülle möglicher Ansatzpunkte auf einige für das Target Costing besonders wichtige Konzepte und Maßnahmen zur Kostensenkung kurz eingegangen.

Das größte Kostensenkungspotential liegt, wie oben bereits angesprochen, in einer optimalen Produktkonstruktion. Wenn es gelingt, bereits die **Konstruktion auf die Zielkosten** der Einzelkomponenten **auszurichten**, resultiert daraus eine große Hebelwirkung für die Kosten des Gesamtprodukts. Dem Konstrukteur müssen **die Kostenauswirkungen von** verschiedenen infrage kommenden **Konstruktionsalternativen** bewusst gemacht werden. Dazu erforderliche unterstützende Kosteninformationen bieten **Relativ-Kostendateien**, in denen z. B. die Kosten von alternativen technischen Lösungen im Vergleich zu einer Basislösung gezeigt werden.

Auch für Beschaffungs- oder Fertigungsalternativen geben derartige Kostentableaus eine Hilfestellung. Beim Einsatz einer Prozesskostenrechnung kann außerdem bereits in dieser Phase auf **prozessorientierte Kostenstandards** zurückgegriffen werden, die erkennen lassen, inwieweit eine Konstruktionsalternative gemeinkostenfreundlich ist, also im späteren Produktionsprozess anfallende gemeinkostentreibende Abwicklungsprozesse minimiert.

Mit derartigen Informationen ist ein Konstrukteur auch in der Lage zu entscheiden, ob er einerseits höhere Materialkosten bei einem bestimmten Produkt in Kauf nimmt um andererseits mit einer bestimmten Lösung evtl. eine deutliche Verringerung der Gemeinkosten-Abwicklungsprozesse zu erreichen.

Auch die Methode der Wertanalyse kann unterstützend bei der

Umsetzung des Target Costing wirken. Bei neu zu gestaltenden Produkten spricht man von **Wertgestaltung (Value Engineering)**. Bereits in der Konstruktionsphase sind einzelne Produktelemente hinsichtlich Kosten und Nutzen abzuwägen, nach dem Motto „nur so gut wie nötig".

Schließlich können auch die komplexen Kostenschätzverfahren der **konstruktionsbegleitenden Kalkulation** zu der im frühen Entwicklungsstadium erforderlichen Kostentransparenz beitragen. Eine einigermaßen verlässliche Vorkalkulation der Herstellkosten kann z. B. kurz vor dem Start der Nullserie erfolgen. Durch eine prozessorientierte Erweiterung dieser Vorkalkulation könnten verbesserte Steuerungsinformationen zur Einhaltung der Zielkosten gewonnen werden.

Die erfolgreiche Umsetzung des Target Costing verlangt vor allem auch eine **frühzeitige Einbindung und Integration der Zulieferer**. Die Entscheidung für oder gegen den Zukauf eines Teils sollte möglichst bereits in einer frühen Produktentwicklungsphase getroffen werden, auch um weitere eigene Entwicklungskosten zu sparen. Wichtig ist, dass eine langfristige, auf Vertrauen basierende Anbindung der Zulieferer erfolgt.

Nur durch detailliertes Wissen über Kostenstrukturen, technische Leistungsfähigkeit in der betreffenden Branche sowie technisches Wissen über das zu beschaffende Teil, können dem Zulieferer anspruchsvolle aber realistische Zielvorgaben gesetzt werden.

Zusammenfassend kann man feststellen: Target Costing ist das gegenwärtig **umfassendste Konzept für ein proaktives Kostenmanagement** in das auch die Prozesskostenrechnung sinnvoll integriert werden kann. Für viele Unternehmen in stark wettbewerbsintensiven Geschäften gilt es als **geradezu überlebensnotwendig**. Gewährleistet es doch, dass bereits bei der Neuentwicklung von Produkten beide Seiten berücksichtigt werden:

- der Wunsch des Kunden nach einem **attraktiven Preis-Leistungs-Verhältnis** und
- die notwendige **Sicherung einer ausreichenden Gewinnmarge** für das Unternehmen durch Kostenbegrenzung auf die vom Markt erlaubte Höhe.

Literatur

Busse von Colbe, W./Coenenberg, A. G./Kajüter, P./Linnhoff, U. (Hrsg.) (2002): Betriebswirtschaft für Führungskräfte, 2. Aufl., Stuttgart 2002

Coenenberg, A. G. (2003): Kostenrechnung und Kostenanalyse, 5. Aufl., Stuttgart 2003

Controller Verein (Hrsg.) (1977): Controller Statements: Target Costing, Gauting 1997

Franz, K. P./Kajüter, P. (Hrsg.) (2002): Kostenmanagement: Wertsteigerung durch systematische Kostensteuerung, 2. Aufl., Stuttgart 2002

Homburg, C./Daum, D. (1997): Marktorientiertes Kostenmanagement: Kosteneffizienz und Kundennähe verbinden, Frankfurt 1997

Mayer, R. (1998): Prozesskostenrechnung – State of the Art, in: Horvath & Partner GmbH (Hrsg.) Prozesskostenmanagement: Methodik und Anwendungsfelder, 2. Aufl., München 1998, S. 5–27

Kaplan, R. S./Cooper, R. (1999): Prozesskostenrechnung als Managementinstrument, Frankfurt/M., New York 1999

Männel, W. (Hrsg.) (1995): Prozesskostenrechnung – Bedeutung, Methoden, Branchenerfahrungen, Softwarelösungen, Wiesbaden 1995

Stoi, R. (1999): Prozessorientiertes Kostenmanagement in der deutschen Unternehmenspraxis, München 1999

Ziegler, H. (1992): Prozessorientierte Kostenrechnung im Hause Siemens, in: Betriebswirtschaftliche Forschung und Praxis, Heft 4, 1992, S. 304–318

G. Investitionsrechnung

1. Investitionsbegriff und Bedeutung von Investitionen

Eigenkapitalgeber (Shareholder = Aktionäre, Gesellschafter) sind nur dann bereit, einem Unternehmen Finanzmittel zur Verfügung zu stellen, wenn sie für ihren Kapitaleinsatz einen adäquaten Wertzuwachs erwarten können. Aufgabe des Managements ist es daher, die Mittel in solche Vermögenswerte zu investieren, die in der Zukunft einen ausreichenden Rückfluss (Return) versprechen. Im Hinblick auf eine Erreichung der Ziele der Unternehmung und der Eigentümer muss man geeignete Planungs- und Analysemethoden anwenden, um die Investitionsprojekte festzulegen und durchzuführen, die einen hohen Return erwarten lassen. Die Vorteilhaftigkeitsentscheidung basiert auf der Erfassung und Bewertung sämtlicher **Änderungen, die durch das geplante Investitionsprojekt ausgelöst werden.**

Investitionsentscheidungen sind aufgrund der mehrjährigen Kapitalbindung **langfristige** Entscheidungen, bei denen die finanziellen Wirkungen über mehrere Jahre der Nutzungsdauer eines Projektes berücksichtigt werden müssen. Während mit Hilfe der standardisierten monatlichen Kostenrechnung überwiegend Entscheidungen im Rahmen gegebener Kapazitäten getroffen werden (vgl. Kapitel B Begriffe Kosten/Leistungen), handelt es sich bei Investitionsentscheidungen um Entscheidungen über die **Veränderung der Kapazitäten selbst** (Begriffe Auszahlungen/Einzahlungen).

Im Folgenden wird die Frage, **ob sich eine Investition finanziell lohnt**, im Mittelpunkt stehen. Diese Frage versucht man mit den Methoden der Investitionsrechnung zu beantworten. Größere bedeutsame Investitionsprojekte erfordern jedoch eine umfassendere Beurteilung (vgl. die Prozessbetrachtung im Abschnitt G2), die über die rein finanzielle Betrachtung hinaus z. B. auch strategische Aspekte mit einschließt.

Durch Investitionsprojekte werden finanzielle Mittel in **Erfolgspotentiale (Unternehmensvermögen)** umgewandelt. Entsprechend der Struktur des Vermögens unterscheidet man

- *Sachanlageinvestitionen* (Beispiel: Kauf einer Produktionsanlage, Kauf eines Grundstücks, Bau eines neuen Werkes, Kauf einer DV-Anlage, Bau eines Bürogebäudes)
- *Immaterielle Investitionen* (Beispiel: Kauf von Patenten, Kauf von Lizenzen)
- *Finanzanlageinvestitionen* (Beispiel: Kauf einer Beteiligung (30 %) an einem Unternehmen, Kauf eines Unternehmens (= Akquisition), Gewährung eines langfristigen Darlehens an einen Lieferanten)

In einer mehr entscheidungsorientierten Sicht – die sich für die nachfolgenden Methoden der Investitionsrechnung sehr gut eignet – versteht man unter einem Investitionsprojekt eine zeitliche Phasenverschiebung zwischen dem Mitteleinsatz (Vorleistungen) und einem daraus später resultierenden Nutzen. Bei monetärer Quantifizierung wird versucht, den Mitteleinsatz durch Auszahlungen und den späteren Nutzen durch Einzahlungen bzw. reduzierte Auszahlungen zu erfassen. Insofern löst eine Investition **Zahlungsvorgänge** aus, die mit Auszahlungen beginnen und dann zu jährlichen Rückflüssen (Einzahlungsüberschüssen oder auch nur zu verringerten Auszahlungen) führen.

Investitionen sind entscheidend für die langfristige Zielerreichung und damit für die Existenzsicherung der Unternehmung. Durch Investitionen soll die **Wettbewerbsfähigkeit der einzelnen Geschäftsfelder gestärkt** werden. Investitionen sind in diesem Sinne Mittel zur Umsetzung von Geschäftsstrategien. In der Praxis findet sich, neben reinen Ersatzinvestitionen, häufig eine Systematisierung der Investitionen in die folgenden strategischen Zielrichtungen (vgl. Abb. G 1):

Investitionsprojekte bedeuten wegen des meist erheblichen Volumens und der langfristigen Kapitalbindung über mehrere Jahre sowohl **Chancen** als auch **Risiken**. Chancen auf die Erzielung eines Wettbewerbsvorteils und die damit verbundene Renditesteigerung hat eine Unternehmung z. B. dann, wenn es ihr gelingt, durch eine Investition in moderne Fertigungstechnologien rechtzeitig mit neuen oder verbesserten Produkten am Markt zu sein. Andererseits sind mit derartigen Investitionen im Produktionsbereich auch erhebliche **Auslastungsrisiken** verbunden. Ein Beispiel hierfür ist eine Investition der Siemens AG in ein neues Werk in Nordengland. Siemens musste das erst seit einem Jahr produzierende Chip-Werk (Investitionsvolumen 0,9 Mrd. €) mit Folgekosten von ca. 0,5 Mrd. € in 1998 schließen, da bei den dort hergestellten Chips seit der Investitionsentscheidung in 1995 ein Preisverfall von 95 % stattfand, d. h. die prognostizierten Einzahlungsüberschüsse (Rückflüsse) waren auch durch korrigierende Managemententscheidungen bei weitem nicht mehr erreichbar (vgl. Süddeutsche Zeitung vom 1./2.8.1998).

Ausbau der technologischen Kompetenz	• Modernisierung und Erweiterung der vorhandenen Kapazitäten • Investitionen in neue Produkte und Verfahren
Schaffung einer breiten Marktbasis	• Festigung bzw. Verbesserung von bereits bearbeiteten Märkten • Zugang zu neuen Märkten und Kunden

Abb. G 1: strategische Zielrichtungen von Investitionen

Auch bei Finanzanlageinvestitionen, wie dem Kauf eines Unternehmens (Akquisition), besteht durch **Nutzung der Synergiepotentiale** beim Zusammenschluss die Chance auf einen Wettbewerbsvorteil. Wie aber die hohe Misserfolgsquote bei Akquisitionen zeigt, existieren hier besonders hohe Risiken. Die Gefahr einer Fehlinvestition mit negativer Wirkung auf Rendite und Liquidität eines Unternehmens ist z. B. dann gegeben, wenn ein hoher Kaufpreis bezahlt wurde und nachfolgend die **geplanten Synergien** bei der Integration des gekauften Unternehmens **nicht schnell und konsequent umgesetzt** werden.

Die Planung von Investitionen ist in den Gesamtzusammenhang des Planungssystems eines Unternehmens integriert (vgl. *Zimmermann*, in *Hahn* 1994). Im Rahmen der **strategischen Planung** werden, i. d. R. über einen Zeitraum von fünf Jahren, jährliche Größenordnungen für Investitionen (als Eckdaten) in Abstimmung mit den verfolgten strategischen Zielen fixiert. Wichtig ist, dass auch bereits der Finanzierungsrahmen für diese Investitionen in der langfristigen Finanzplanung (z. B. mittels Planbilanzen, Plan-GuV und Plan-Kapitalflussrechnungen) bestimmt wird. Reichen laut dieser Planung die im Unternehmen intern generierten Mittel (Cash Flows) nicht aus, so sind rechtzeitig Möglichkeiten der externen Finanzierung (z. B. Zuführung von Eigenkapital über Kapitalerhöhungen und/oder zusätzliches Fremdkapital) vorzusehen.

In der **Budgetplanung** wird der von der strategischen Planung für das nächste Geschäftsjahr vorgegebene Investitionsrahmen konkret über die vorgesehenen Einzelprojekte ausgeplant. Diese Planung steht im Zusammenhang mit den übrigen funktionalen Teilplänen: abgeleitet aus einem Absatz- und Produktionsplan ist zu prüfen, ob die Kapazität für die Realisierung des Produktionsprogramms ausreicht. In einem wachsenden Unternehmen ergibt die Kapazitätsplanung meist eine Kapazitätslücke. Es besteht also ein zusätzlicher Bedarf an Maschinen und Anlagen sowie Gebäudeflächen. Im Investitionsplan gilt es, die hierfür notwendigen Einzelprojekte zu entwickeln und diese mit den Investitionsgüterpreisen zu bewerten. Wiederum ist letztlich der Finanzplan der zentrale integrierende Plan, bei dem festgestellt wird, ob sämtliche mit den funktionalen Teilplänen verbundenen Auszahlungen des Budgetjahres über die geplanten Einzahlungen finanzierbar sind bzw. durch zusätzliche Finanzierungsmaßnahmen gedeckt werden können.

2. Planungs- und Entscheidungsprozess eines Investitionsprojektes

Der Investitionsplanungs- und Beurteilungsprozess in Unternehmen ist unternehmensspezifisch zu organisieren. Insbesondere bei Großprojekten geht es um ein komplexes Zusammenwirken der verschiedenen planenden Abteilungen. Am besten lassen sich die wesentlichen Aktivitäten in einem Phasenschema darstellen, mit dem auch die Rolle und **Einordnung der Investitionsrechnung** verdeutlicht werden kann. Jeweils am Ende einer Phase sind Entscheidungen zu treffen. Somit entsteht ein geschlossener Kreis des Investitionsprojektcontrolling. Im Folgenden wird dieser Prozess am (vereinfachten) Beispiel eines **Automatisierungsvorhabens in der Produktion** (Bestückung von Leiterplatten mit elektronischen Bauelementen) beschrieben (vgl. Abb. G 2).

Phase:	**1. Generierung von Investitionsideen**	**2. Erarbeitung und Prüfung von Alternativen**	**3. Feinplanung und Investitionsentscheidung**	**4. Investitionsprojektkontrolle und -steuerung**
Analyse:	Proaktive Suche nach Verbesserungen (z. B. Reduzierung der Kosten für Fertigungsstufe Bestückung, Qualitätsverbesserung, Mehrumsatz) Übereinstimmung mit der Geschäftsstrategie	Entwicklung alternativer Lösungskonzepte Prüfung hinsichtlich Erfüllung der technischen und ökonomischen Anforderungen Ergänzende Analysen, z. B. • Sensitivitätsanalysen • qualitative Beurteilung (Nutzwertanalysen)	Erfassung der quantitativen (Veränderungs-)Wirkungen, die von einer relevanten Alternative ausgehen in Form von Zahlungsströmen (Investitionsrechnung)	Überwachung der planmäßigen Realisierung Isterfassung (insbesondere der kritischen Faktoren) in der Betriebsphase der Investition und Vergleich mit den Planungsannahmen
Entscheidung:	Grundsätzliche Entscheidung: Es soll in Richtung Automatisierung der Fertigung investiert werden	Eingrenzung auf relevante Alternativen, die feingeplant werden	• Auswahl der besten Alternative • Vorlage zur Genehmigung (Investitionsantrag) • Genehmigung, Freigabe der Finanzmittel	Maßnahmen zur Gegensteuerung bei Planabweichungen

Abb. G 2: Planungs- und Entscheidungsprozess eines Investitionsprojektes

Phase (1) Generierung von Investitionsideen: Entscheidend in der ersten Phase ist eine Unternehmenskultur, die eine ständige Generierung und Weiterentwicklung von Investitionsideen fördert. Es gilt, proaktiv (und nicht erst reaktiv auf Druck der Konkurrenz) Chancen und Risiken vor dem eigenen technologischen Hintergrund und der Wettbewerbssituation zu betrachten und Verbesserungsmöglichkeiten zu erkennen. Ein gefundener Lösungsansatz muss **in den Rahmen der Geschäftsstrategie passen** und damit die strategischen Ziele der Unternehmung unterstützen (strategy fit).

Im Beispiel des Automatisierungsvorhabens in der Leiterplattenfertigung möge die Unternehmung eine Kostenführerschaftsstrategie verfolgen, d. h. sie muss auf jeder Fertigungsstufe primär nach Kostensenkungen, aber auch nach Qualitätsverbesserungen streben. In der Fertigungsstufe Bestückung wird nun eine Investitionschance gesehen, die eine Verbesserung in Richtung der strategischen Ziele erwarten lässt.

Im Vergleich zur Ist-Situation (15 Handarbeitsplätze mit halbautomatischer Prüfeinrichtung) soll ein **Bestückungsautomat mit integrierter optischer Prüfeinrichtung** Verbesserungen bringen, wie z. B. Abbau der zu teuren Handarbeitsplätze, Vermeidung der bei Handbestückung auftretenden Fehler und Beschleunigung der Abläufe. Durch ein Investitionsprojekt in die verstärkte Automatisierung der Produktion würden also die strategischen Ziele gestützt. Am Ende der Analyse in dieser Phase steht somit die grundsätzliche Entscheidung für eine Weiterverfolgung der Investitionsidee.

Phase (2) Erarbeitung und Prüfung von Alternativen: Hier sind alternative Lösungskonzepte für die Automatisierung der Fertigungsaufgabe „Bestückung mit Bauelementen" zu erarbeiten. Wichtig ist, dass zunächst mehrere Alternativen gefunden und geprüft werden, denn eine Investition ist letztlich nur so gut, wie die Beste der erkannten Möglichkeiten. Bezüglich eines geeigneten Bestückungsautomaten können die Planer z. B. auch bei Messebesuchen Anregungen gewinnen. Zielkonform sind jedoch nur solche Alternativen, die die technischen Anforderungen (z. B. zu bearbeitendes Typenspektrum, Kapazitätsanforderungen, Flexibilität bei Änderungen) und die zunächst noch groben ökonomischen Anforderungen (z. B. Budgetrestriktionen) erfüllen. Schließlich wird man (auch um den Planungsaufwand zu beschränken) eine Eingrenzung auf die relevanten Alternativen vornehmen, die die genannten Kriterien am besten erfüllen.

Phase (3) Feinplanung und Investitionsentscheidung: Bei der Feinplanung für jede relevante Alternative stellt man die durch eine Alternative ausgelösten Veränderungen bei den Aus- und Einzahlungen über die Jahre der Nutzungsdauer gegenüber.

Im Beispiel des Bestückungsautomaten handelt sich um eine Rationalisierungsinvestition, deren wirtschaftlicher Erfolg in erster Linie aus **Einsparungen durch das neue Verfahren** (= geringere Auszahlungen) im Vergleich zum bestehenden Fertigungsverfahren (der Vergleich erfolgt mit dem fortgeschriebenen Istzustand der bestehenden Fertigung) resultiert. Darüber hinaus werden aufgrund der Verbesserungen (bessere Qualität, niedrigere Kosten) **zusätzliche Einzahlungen aus Umsatzsteigerungen** erwartet.

Die wirtschaftliche Nutzungsdauer beträgt fünf Jahre; vereinfacht wird hier nur eine als relevant erachtete Projektalternative betrachtet. Es wird in diesem einführenden Beispiel (ebenfalls stark vereinfacht) mit jährlich konstanten Zahlungsströmen gerechnet. In der Realität werden die Zahlungsströme, allein schon wegen zukünftiger Preissteigerungen, jedoch nicht konstant sein. Sämtliche Werte sind in Tsd. € angegeben.

(1) Ermittlung des Kapitaleinsatzes:

Kaufpreis (netto) Bestückungsautomat	–3.000
Auszahlungen für Anschluss und logistische Einbindung	– 200
Summe Kapitaleinsatz (= Anschaffungsauszahlung)	**–3.200**

(2) Ermittlung der jährlichen Finanzmittelrückflüsse:

Geringere Auszahlungen (= Einsparungen bei auszahlungswirksamen Kosten):		
• Fertigungslohn (15 Mitarbeiter)	500	
• Sozialkosten (15 Mitarbeiter)	450	
• Ausschuss-, Nacharbeitskosten	250	1.200
Höhere Auszahlungen (auszahlungswirksame Kosten):		
• Energiekosten	–150	
• Instandhaltung	–100	–250

Höhere Einzahlungen:	
• Umsatzsteigerung durch die Verbesserungen bei Qualität und Kosten	350
Summe jährliche Finanzmittelrückflüsse	**1.300**

Mit Hilfe der in Abschnitt 3 dargestellten **Methoden der Investitionsrechnung** muss nun geklärt werden, ob das Vorhaben bei einem Kapitaleinsatz von –3.200 und konstanten Finanzmittelrückflüssen in Höhe von 1.300 über die fünf Jahre der Nutzungsdauer wirtschaftlich ist (siehe dazu die Kapitalwertberechnung auf S. 218. Wie später gezeigt wird, benötigt man dazu eine Vorstellung über die Mindestrendite, die jede Investition im Unternehmen bzw. in einem bestimmten Geschäftsbereich erzielen sollte.

Phase (4) Investitionsprojektkontrolle und -steuerung: Sollen die in der Investitionsrechnung geplanten Zahlungsströme auch tatsächlich erreicht werden, ist es notwendig, ein Projekt auf der Basis von frühzeitigen Kontrollinformationen und daraus abgeleiteten Maßnahmen gegenzusteuern. Aus der Kontrolle können sich außerdem auch Lerneffekte für Verbesserungen der zukünftigen Projektplanung ergeben.

Gerade die Phase der Investitionskontrolle wird in der Praxis noch vielfach vernachlässigt. Das liegt wohl vor allem daran, dass die Istdaten in der ganz spezifischen Projektabgrenzung erfasst werden müssen (und nicht, wie etwa in der Kostenstellenrechnung, regelmäßig in standardisierter Struktur bereitgestellt werden). Als Voraussetzung für eine wirksame Kontrolle ist daher vor allem eine sorgfältige **Dokumentation** der in der Investitionsrechnung getroffenen **Planungsannahmen (fixiert in sog. Prämissentabellen**) erforderlich. Außerdem empfiehlt sich eine Beschränkung, indem man primär für die als **besonders erfolgskritisch geltenden Faktoren** eine Isterfassung vornimmt und solche Faktoren stärker beachtet, für die besonders unsichere Prognosedaten vorlagen.

Die Investitionsprojektkontrolle erstreckt sich auf folgende Schwerpunktbereiche:

- Kontrolle der **strategischen Planungsprämissen** (Beobachtung der Marktentwicklung, der Strategie der Wettbewerber, der technologischen Entwicklung)

- Kontrolle der **planmäßigen Realisierung** des Projektes (z. B. Termineinhaltung bei Installation und Fertigungsanlauf des Bestückungsautomaten, Anlaufprobleme, Schnittstellen, Überschreitung der budgetierten Mittel)
- Kontrolle des **laufenden Betriebs** anhand der **Istentwicklung der Zahlungsströme** (tatsächliche Aus-/Einzahlungen) sowie den **zu Grunde liegenden Annahmen** (z. B. tatsächliche Kapazitätsauslastung, Verfügbarkeit der Produktionsanlage, tatsächlich erreichte Durchlaufzeit in der Produktion).

3. Methoden der Investitionsrechnung

Mit den Methoden der Investitionsrechnung sollen die **finanziellen Wirkungen** von Investitionen transparent gemacht werden. Generell ausgedrückt wird man in ein Investitionsprojekt dann investieren, wenn im Vergleich zum Kapitaleinsatz (= Anschaffungsauszahlung) während der gesamten Nutzungsdauer deutlich mehr Rückflüsse (Einzahlungsüberschüsse bzw. eingesparte Auszahlungen) erwirtschaftet werden. Die Frage ist allerdings: was heißt hier „deutlich mehr“ Rückflüsse? **Wann ist ein Investitionsprojekt als gut zu beurteilen?**

Für die Beantwortung dieser Frage spielen die folgenden Punkte eine wichtige Rolle:

Neben der **Höhe der Anschaffungsauszahlung** (z. B. für die Investition in eine neue Produktionsanlage) sind vor allem die **zukünftig erwarteten Rückflüsse** entscheidend. Auf die Höhe der Rückflüsse (Cash Flows) wirken neben internen Optimierungen mit damit verbundenen Faktoreinsparungen hauptsächlich Markteinflüsse in den Beschaffungs- und Absatzmärkten. Die laufenden **Auszahlungen für den Faktoreinsatz** beim Betrieb der Produktionsanlage (z. B. Auszahlungen für Gehälter, Energieeinsatz, Fertigungsmaterial) ergeben sich auf den Beschaffungsmärkten.

Die Einzahlungswirkungen eines Investitionsprojektes konkretisieren sich auf den Absatzmärkten. Speziell Erweiterungsinvestitionen werden ja durch **erhöhte Einzahlungen** aus Umsatz begründet, die sich aus dem Verkauf der auf der neuen Produktionsanlage hergestellten Produkte erzielen lassen. Auch hinter der Festlegung der **wirtschaftlichen Nutzungsdauer** eines Projekts stehen Absatzmarkterwartungen: über wie viele Jahre kann mit zusätzlichen Einzahlungen aus dem Absatz gerechnet werden?

Für den Investor ist der **„unterschiedliche Zeitwert des Geldes“** ein weiteres Kriterium für die Investitionsbeurteilung. Aus-/Einzahlungen fallen über die Jahre der Nutzungsdauer eines Projektes verteilt in unterschiedlichen Jahren an und müssen daher **zum heutigen Planungszeitpunkt (t_0)** vergleichbar gemacht werden.

Verglichen mit bereits heute verfügbaren 100 €, haben 100 €, die erst im zehnten Jahr zurückfließen, für die Unternehmung einen geringeren Wert. Die heute (t_0) verfügbaren 100 € könnten ja bereits wieder zinsbringend angelegt werden. Bei 5 % Zins und Zinseszins würde der Betrag in zehn Jahren anwachsen auf

$$100 \cdot (1+0{,}05)^{10} = 162{,}89 € \quad \textbf{(Aufzinsung)}$$

Eine Zahlung, die die Unternehmung erst in 10 Jahren erhält, bedeutet hingegen einen **Nutzenentgang in Form entgangener Zinsen**. Insofern sind die in zehn Jahren erhaltenen 100 € in der heutigen Betrachtung (Barwert) bei 5 % Verzinsung nur 61,39 € wert (vgl. Abb. G 3).

$$100 \cdot \frac{1}{(1+0{,}05)^{10}} = 61{,}39 € \quad \textbf{(Abzinsung, Diskontierung)}$$

Umgekehrt wären bei heutiger Anlage der 61,39 € zu 5 % nach zehn Jahren (Aufzinsung) wiederum die 100 € erreicht.

In Investitionsrechnungen berücksichtigt man den unterschiedlichen Zeitwert des Geldes, indem die Zahlungen aus verschiedenen Jahren diskontiert, d. h. auf einen Vergleichszeitpunkt (t_0) umgerechnet werden (= Barwertbetrachtung).

Um zukünftige Zahlungen vergleichbar zu machen, ist auch die **Inflationswirkung** zu berücksichtigen. In der Praxis wird jedoch meist von **nominalen Zahlungsreihen** ausgegangen, d. h. alle prognostizierten Zahlungsströme sind bereits mit den erwarteten Preissteigerungen (z. B. für Arbeits-, Materialkosten, Umsatz) berechnet. Alle Aus-/Einzahlungen sind also mit den zum Zeitpunkt ihres Anfalls erwarteten Preisen ausgedrückt. Konsequenterweise muss dann für die Barwertberechnung auch ein **nominaler Diskontierungssatz** verwendet werden.

Obwohl man sich durchaus im Klaren ist, dass die zukünftigen Zahlungsströme eines Investitionsprojekts unsicher sind, wird in den Rechenmodellen die **Unsicherheit zunächst unterdrückt** und es werden einfach für wahrscheinlich gehaltene (quasi-sichere) Werte für die zukünftigen Aus-/Einzahlungen geschätzt. Die Berücksichtigung der Unsicherheit erfolgt dann anschließend in gesonderten Kalkülen (vgl. Abschnitt G. 4b, S. 232 ff.).

100 €, die man erst in 10 Jahren erhält, sind – je nach Zinssatz (i) – heute wert:

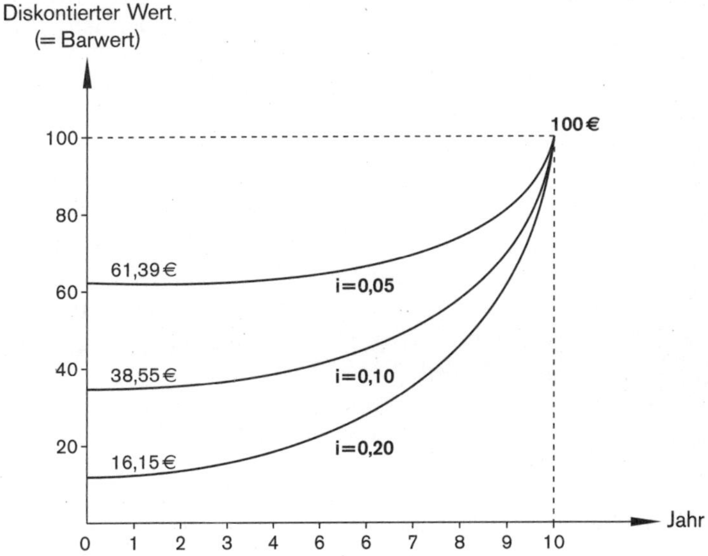

Abb. G 3: Prinzip der Diskontierung zukünftiger Zahlungen

Die nachfolgende Übersicht zeigt die hier vorgestellten Methoden.

Statische Methoden	Dynamische (finanzmathematische) Methoden
• Kostenvergleichsrechnung	• Kapitalwertmethode
• Gewinnvergleichsrechnung	• Interne Zinssatzmethode
• Rentabilitätsrechnung	
• Statische Amortisationsrechnung	• Dynamische Amortisationsrechnung

a) Statische Methoden

Statische Methoden der Investitionsrechnung können die vorgenannten Punkte nicht oder nur unzureichend berücksichtigen. Statisch heißt, dass bei diesen Methoden die zeitlich unterschiedliche Struktur der Zahlungen nicht berücksichtigt wird und keine Diskontierung der Zahlungen erfolgt. Statt Zahlungswirkungen in unterschiedlicher Höhe über die einzelnen Jahre der Nutzungsdauer eines Investitionsprojekts zu prognostizieren, **betrachtet man eine einzige Periode**.

Dies kann eine als repräsentativ erachtete Periode sein, von der man annimmt, dass die Daten durchschnittlich auch für die übrigen Jahre gelten (unechte Durchschnittswerte). In der Betrachtung nur eines (repräsentativen) Jahres können keine Aus-/Einzahlungen verwendet werden. Daher geht z. B. die Anschaffungsauszahlung nur über den durchschnittlichen Abschreibungsbetrag (als Kostengröße) in das Kalkül ein. Man muss also auf die klassischen Periodengrößen der Kostenrechnung (Kosten, Erlöse) zurückgreifen.

Mithilfe der statischen **Kostenvergleichsrechnung** ermittelt man durch Vergleich der durchschnittlichen jährlichen (projektbedingten) Kosten, die kostengünstigste Investitionsalternative. Bei unterschiedlichen Kapazitäten der zu vergleichenden Investitionsalternativen ist jedoch an Stelle eines Periodenvergleichs der gesamten Projektkosten ein Stückkostenvergleich erforderlich.

Die Kostenvergleichsrechnung empfiehlt sich jedoch nur für einfache Ersatz- und Rationalisierungsinvestitionen, bei denen sich die **Erlöse durch das Investitionsvorhaben nicht verändern**, also nicht etwa durch verbesserte Produktqualität gesteigert werden. Außerdem sollten sich die laufenden Kosten des Investitionsvorhabens möglichst gleichmäßig auf die Jahre der Nutzungsdauer verteilen.

Der Anwendungsschwerpunkt der **Gewinnvergleichsrechnung** liegt stärker bei Erweiterungsinvestitionen. Betrachtet wird hier der durchschnittliche Gewinn, als Differenz zwischen den durchschnittlichen projektbedingten Erlösen und Kosten. Vorteilhaft ist diejenige Investitionsalternative die den höchsten durchschnittlichen Gewinn erbringt.

Allerdings ist der Durchschnittsgewinn nur dann ein sinnvolles Vergleichskriterium, wenn die Investitionsalternativen eine **in etwa gleich lange Nutzungsdauer** aufweisen. Im Falle völlig unterschiedlicher Nutzungsdauern der Alternativen sagt der Durchschnittsgewinn nichts aus. Hier müssten die Gewinne über alle Perioden, also der Gesamtgewinn der Alternativen, verglichen werden. Dies kann ein statisches Verfahren nicht leisten, da ja keine differenzierten Planungen für einzelne Jahre vorgenommen werden.

Im Vergleich zu den bisher angeführten Näherungsverfahren bringt die **Rentabilitätsrechnung** schon eine Verbesserung, da hier der **unterschiedliche Kapitaleinsatz von Projekten wenigstens als Durchschnittsgröße** berücksichtigt wird. Dabei setzt man den jährlichen Durchschnittsgewinn, der aus einem Projekt erwartet wird, in Beziehung zum durchschnittlich pro Periode eingesetzten Kapital. Das führt zu einer statischen Rentabilitätsgröße, die eine geplante Durchschnittsverzinsung für das Projekt angibt. Dieses auch als **Projekt-Return on Investment (Projekt-RoI)** bezeichnete Verfahren soll nachfolgend verdeutlicht werden.

$$\text{Projekt-RoI} = \frac{\text{durchschnittlicher jährlicher Gewinn aus dem Investitionsprojekt}}{\text{durchschnittlicher Kapitaleinsatz}}$$

Bei der Berechnung des durchschnittlichen Kapitaleinsatzes ist zwischen abnutzbarem und nicht abnutzbarem Vermögen zu unterscheiden. Beim **abnutzbaren Vermögen** (z. B. Maschinen, Gebäude) verringert sich die Kapitalbindung um die jährlichen Abschreibungen. Bei linearer Abschreibung errechnet sich daher die durchschnittliche Kapitalbindung als Mittelwert aus dem

Anschaffungswert und dem Liquidationserlös am Ende der Nutzungsdauer (vgl. Abb. G 4).

Zum **nicht abnutzbaren Vermögen**, das Kapital in Höhe der Anschaffungskosten bindet, gehören Grundstücke und auch eine im Zuge eines Investitionsprojektes notwendige Erhöhung des Umlaufvermögens (z. B. Erhöhung der Vorräte bei Erweiterungsinvestitionen).

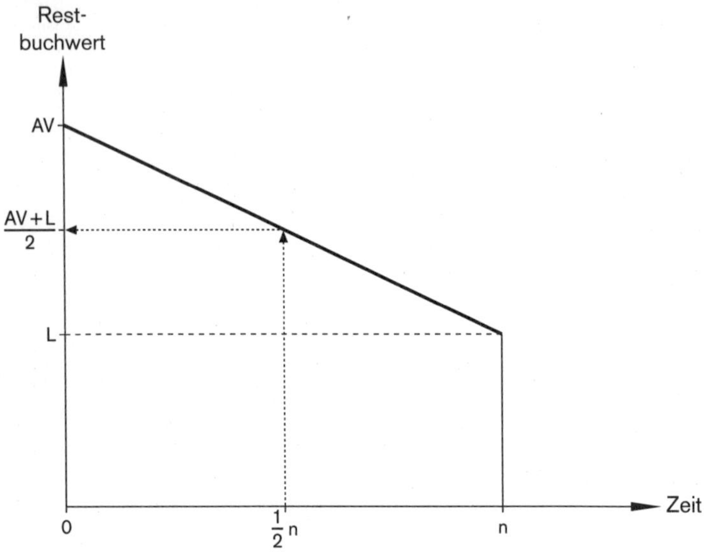

Abb. G 4: Durchschnittliche Kapitalbindung beim abnutzbaren Vermögen

Der durchschnittliche Kapitaleinsatz ergibt sich somit nach folgender Formel:

$$\text{durchschnittlicher Kapitaleinsatz} = NAV + \frac{(AV + L)}{2}$$

NAV = nicht abnutzbares Vermögen (Anschaffungswert), AV = abnutzbares Vermögen (Anschaffungswert), L = Liquidationserlös, Restwert bei abnutzbarem Vermögen

Da zeitliche Unterschiede im Anfall der Gewinne in der statischen Betrachtung unberücksichtigt bleiben, ist die statische Rentabilitätsrechnung nur anwendbar, ohne dass es zu gravierenden Verzerrungen kommt, wenn die Alternativen jeweils einen über die Jahre kontinuierlichen Gewinn erwarten lassen.

Die bei dieser Methode verwendeten Durchschnittsansätze sind vor allem beim Alternativenvergleich problematisch.

Beispiel: Für zwei mögliche Alternativen eines Investitionsprojektes liegen folgende Daten vor (Werte in Tsd. €):

	Alternative 1	**Alternative 2**
durchschnittlicher Gewinn (vor Abzug kalkulatorischer Zinsen)	600	750
durchschnittlicher Kapitaleinsatz	1.500	2.500
Anschaffungswert Maschine	2.000	4.000
Restwert nach zehn Jahren	600	0
Erhöhung des Umlaufvermögens durch die Investition	200	500
Projekt-RoI	**40 %**	**30 %**

Auf den ersten Blick scheint Investitionsalternative 1 mit 40 % RoI die Bessere zu sein. Bei näherer Betrachtung zeigt sich aber, dass in der Investitionsalternative 1 durchschnittlich 1.000 weniger Kapital gebunden ist, das anderweitig eingesetzt werden könnte. Man spricht hier von einer (gedanklichen) Differenzinvestition. Erst wenn geklärt ist, welche Rendite die Differenzinvestition erwirtschaften kann, ist der Vergleich der beiden Alternativen vollständig. – In der folgenden Tabelle sind alternative Renditen für die Differenzinvestition (D) angegeben und die beiden Alternativen (Alternative 1 + D und Alternative 2) gegenübergestellt.

Rendite D	**Gewinn D** (bei 1.000 durchschnittlichem Kapitaleinsatz)	**Gewinn Alternative 1**	**Gewinn Alternative 2**
0%	0	600	750
5%	50	600	750
10%	100	600	750
15%	**150**	**600**	**750**
20%	200	600	750
25%	250	600	750
30%	300	600	750

Alternative 1 zusammen mit der Differenzinvestition D bringt (bei in der Summe gleichem durchschnittlichem Kapitaleinsatz wie Alternative 2) erst dann einen höheren Gewinn als Alternative 2, wenn die Differenzinvestition mehr als 15 % Rendite erwarten lässt.

Da die statischen Ansätze nicht die differenzierte zeitliche Struktur der Aus-/Einzahlungen über die Jahre der Nutzungsdauer eines Projekts abbilden können, sind vor allem Alternativenvergleiche bei unterschiedlichem Kapitaleinsatz und unterschiedlicher Nutzungsdauer unvollständig. Notwendig wäre ein Vergleich der kompletten Zahlungsreihen, insbesondere aber des gesamten Kapitaleinsatzes der beiden Alternativen und nicht lediglich des durchschnittlich gebundenen Kapitals. In der nachfolgenden Abb. G 5 sind die wichtigsten Unterschiede zwischen den statischen und dynamischen Methoden der Investitionsrechnung gegenübergestellt. Dabei wird auf die Merkmale der dynamischen Verfahren erst im nächsten Abschnitt näher eingegangen. Die ebenfalls zu den statischen Methoden zählende **statische Amortisationsrechnung** ist im unmittelbaren Vergleich unter Punkt G. 3b dynamische Amortisationsrechnung (S. 227 f.) dargestellt.

	statische Methoden (= Näherungsverfahren)	**dynamische Verfahren (= finanzmathemat. Verfahren)**
Bezugszeitraum	ein Jahr (Periode der Buchhaltung)	gesamte erwartete Nutzungsdauer (jedes Jahr explizit geplant)
Rechengröße	durchschnittliche Erlöse, Kosten, Gewinn	Zahlungsströme (Aus-/Einzahlungen)
zeitliche Struktur der Zahlungen	nicht berücksichtigt, da durchschnittliche jährliche Größen	zeitliche Unterschiede (Zinswirkung) bei Aus-/Einzahlungen berücksichtigt, (durch Diskontierung wertmäßig vergleichbar gemacht)
Vergleichbarkeit der Alternativen	problematisch, da unterschiedlicher Kapitaleinsatz und unterschiedliche Nutzungsdauer nicht berücksichtigt	präziser Vergleich durch diskontierte Rechnung von Differenzinvestitionen möglich

Abb. G 5: Vergleich statische – dynamische Methoden der Investitionsrechnung

b) Dynamische Barwertmethoden (Discounted Cash Flow Methoden)

Statische Methoden bieten mit ihrer auf eine Periode ausgerichteten **Durchschnittsbetrachtung** nur unter den oben beschriebenen Bedingungen sinnvolle Näherungslösungen. Dynamische Methoden, als die in der Praxis am häufigsten verwendeten „klassischen" Investitionsrechnungen, können die von Investitionsprojekten über mehrere Jahre ausgehenden Wirkungen als **Mehrperiodenmodelle** besser darstellen. Voraussetzung ist jedoch eine **differenzierte Prognose der zukünftigen Zahlungsströme**. Bei den statischen Verfahren wird darauf aus Vereinfachungsgründen meist bewusst verzichtet.

Dynamische Methoden berücksichtigen,

- dass Aus-/Einzahlungen **jährlich in unterschiedlicher Höhe** anfallen (die Zahlungen werden so behandelt, als ob sie am Jahresende anfallen würden, Zinsen müssen folglich auch erst am Jahresende berechnet werden = nachschüssige Zinsberechnung)
- dass zukünftige Aus-/Einzahlungen für die Unternehmung als Investor einen **unterschiedlichen Zeitwert haben** (in früheren Jahren erreichte Zahlungsüberschüsse sind mehr wert, haben einen höheren Barwert, als die in späteren Jahren erzielten)

Kapitalwertmethode

Nach der Kapitalwertmethode ist eine Investition lohnend, wenn die zukünftigen Zahlungsüberschüsse ausreichen um die Anschaffungsauszahlung (Kapitaleinsatz) und eine gewünschte (Mindest-)Verzinsung zu decken. Bei der Berechnung saldiert man die erwarteten Aus-/Einzahlungen in den einzelnen Jahren und zinst auf den Zeitpunkt t_0 (= Planungszeitpunkt) ab. Fasst man sämtliche somit vergleichbar gemachten Barwerte zusammen und addiert diese mit der Anschaffungsauszahlung (diese hat ein negatives Vorzeichen), so ergibt sich als Barwertüberschuss der **Kapitalwert (C_0).** Wird nur eine relevante Projektalternative geprüft, ist diese dann **(absolut) vorteilhaft**, wenn der Barwert der Zahlungsüberschüsse einen positiven Wert aufweist, wenn also gilt $\mathbf{C_0 \geq 0}$

Für die Vorteilhaftigkeit eines Projektes ist die **Höhe des gewählten Kalkulationszinssatzes (i)** entscheidend. Wird ein hoher Kalkulationszinssatz im Sinne einer eingerechneten Mindestverzinsung (= hohe „Zinshürde“) angesetzt, muss ein Projekt schon entsprechend hohe Projekt Cash Flows erwirtschaften, um in der Barwertbetrachtung noch einen positiven Kapitalwert zu erreichen.

Die Berechnung erfolgt nach folgender allgemeiner Formel:

$$C_0 = \sum_{t=0}^{n} \left(E_t - A_t\right) \cdot \frac{1}{\left(1+i\right)^t}$$

Dabei gilt: C_0 = Kapitalwert, t = Jahre der wirtschaftlichen Nutzungsdauer von 0 bis n, E_t = Einzahlungen im Jahr t, A_t = Auszahlungen im Jahr t, i = Kalkulationszinssatz

Wird die Anschaffungsauszahlung über mehrere Jahre gestreckt, können in den ersten Jahren die Cash Flows erst einmal negativ sein. Auch eine spätere Ausbaustufe des Projekts ergibt evtl. nochmals einen Auszahlungsüberschuss (negativer Cash Flow). Somit würde ein Cash Flow Profil mit mehrfach wechselndem Vorzeichen entstehen.

Für den Fall, dass die Anschaffungsauszahlung ($-A_0$) komplett in einer Summe zum Zeitpunkt t_0 getätigt wird, ergibt sich folgende Umformung:

$$C_0 = -A_0 + \sum_{t=1}^{n} \left(E_t - A_t\right) \cdot \frac{1}{\left(1+i\right)^t}$$

Das folgende **Beispiel** wird zur Verdeutlichung der dynamischen Methoden verwendet: Eine Unternehmung stellt Teile für die Automobilindustrie her. Wegen zunehmender Nachfrage nach diesen Produkten ist eine **Kapazitätserweiterung** um eine zusätzliche Fertigungslinie geplant.

Aus der Feinplanung liegen die nachfolgenden Daten für die Projektalternative 1 vor (vgl. Abb. G 6). Es handelt sich um Nominalwerte, bei denen zukünftige Preissteigerungen bei den prognostizierten Aus-/Einzahlungen bereits eingerechnet sind.

Es soll nun die **absolute Vorteilhaftigkeit** dieses Projekts beurteilt werden. Als Entscheidungskriterium dient der Kapitalwert (C_0). Die Unternehmung rechnet mit einem Kalkulationszinssatz (Mindestrendite) von i = 10 % (d. h. bei einer alternativen Anlage des Kapitals am Kapitalmarkt wären für die Unternehmung 10 % Verzinsung erzielbar. Aus diesen Vergleichsüberlegungen heraus erscheint der Kapitaleinsatz in das Investitionsprojekt nur vorteilhaft, wenn eine höhere Rendite als die Mindestrenditevorstellung von 10 % erzielbar ist).

Planungszeitraum in Jahren – Werte in Tausend €

	0	1	2	3	4	5
Anschaffungsauszahlung für Fertigungslinie	–700					
erhöhtes Umlaufvermögen (Vorräte, Forderungen, Verbindlichkeiten)		–20	–30	–	–	+50
I. Finanzmittelbedarf	**–700**	**–20**	**–30**			**+50**
Einzahlungen aus zusätzlichem Umsatz		+800	+1.500	+2.700	+2.900	+2.900
Einzahlung aus Liquidationserlös (Ende 5. Jahr)						+50
Auszahlungen für zusätzlichen Umsatz		–620	–1.300	–2.490	–2.670	–2.730
Einzahlungsüberschüsse = **II. Finanzmittelrückfluss**		+180	+200	+210	+230	+220
Finanzmittelrückfluss ./. Finanzmittelbedarf = III. Nettozahlungen	**–700**	**160**	**170**	**210**	**230**	**270**

Abb. G 6: Zahlungsströme für Projektalternative 1

Erweiterungsinvestitionen in der Produktion sind im allgemeinen mit einer **Erhöhung des Umlaufvermögens** verbunden (erhöhten Vorräten und Forderungen sind erhöhte Verbindlichkeiten aus Lieferantenkrediten gegenzurechnen). Dies führt im Beispiel zu einer zusätzlichen Zahlungsmittelbindung in den ersten beiden Jahren des Planungszeitraums.

Am Ende der Nutzungsdauer der Investition baut sich die erhöhte Mittelbindung im Umlaufvermögen wieder ab, die Geldbindung in den Forderungen fließt durch Kundeneinzahlungen zurück, die Bindung in den Vorräten wird über Einzahlungen aus Umsatz freigesetzt. Man plant diesen Effekt getrennt von den laufenden Finanzmittelrückflüssen. Die Mittelfreisetzung am Ende der Nutzungsdauer wird durch eine Plusposition berücksichtigt (vgl. Abb. G 6)

Der Kapitalwert für die beschriebene Erweiterungsinvestition errechnet sich nach dem folgenden Schema (vgl. Abb. G 7). Einen ähnlichen Aufbau sollte man auch für die anderen dynamischen Verfahren verwenden.

Projektalternative 1:

Zahlungszeitpunkt (Jahr)	Einzahlungen (Zeitwert)	Auszahlungen (Zeitwert)	Nettozahlungen (Zeitwert)	Abzinsungsfaktoren für i = 0,10 (gerundet)	Nettozahlungen (Barwert)
0		– 700.000	– 700.000		– 700.000
1	800.000	– 640.000	160.000	0,9091	145.456
2	1.500.000	– 1.330.000	170.000	0,8265	140.505
3	2.700.000	– 2.490.000	210.000	0,7513	157.773
4	2.900.000	– 2.670.000	230.000	0,6830	157.090
5	2.950.000	– 2.730.000	220.000	0,6209	136.598
5	50.000	–.	50.000	0,6209	31.045
					C_0= + 68.467

Abb. G 7: Kapitalwertberechnung

Die Abzinsungs-/Diskontierungsfaktoren ergeben sich aus der Formel.

$$\frac{1}{(1+i)^t}$$

Es gelte t = 1 bis 5

Die Projektalternative 1 ist mit einem Kapitalwert (C_0) in Höhe von +68.467 € positiv zu beurteilen. Nach vollständiger Wiedergewinnung (Amortisation) des Kapitaleinsatzes und einer eingerechneten Verzinsung in Höhe des Kalkulationszinssatzes von 10 % (= Mindestrenditevorstellung der Unternehmung) wird noch ein Einzahlungsüberschuss erzielt, der in t_0 den Barwert +68.467 € besitzt.

Das Prinzip der Kapitalwertberechnung ist nachfolgend mit den gerundeten Zahlen der Projektalternative 1 dargestellt (vgl. Abb. G 7a).

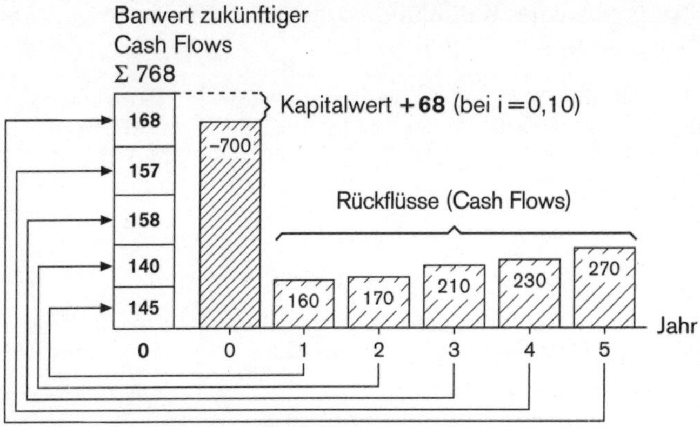

Abb. G 7a: Prinzip der Kapitalwertberechnung

Bei der Berechnung des Kapitalwertes können, wie in Abb. G 7, Abzinsungsfaktoren aus Tabellenwerken herangezogen werden. Schneller und genauer (ohne Rundung) ist jedoch die Verwendung der entsprechenden finanzmathematischen Funktion in Excel (vgl. Abb. G 7b).

Berechnung mit Hilfe der folgenden finanzmathematischen Funktion

→ Einfügen

→ f_x Funktion

→ Finanzmathematik

→ NBW (= **N**etto**b**ar**w**ert) auswählen

= NBW (Zins; Wert 1; Wert 2; ...; Wert n)

Für Projektalternative 1 (neue Fertigungslinie) gilt:

= NBW (10%; 160000; 170000; 210000; 230000; 270000)

= 768.468

vom NBW muss noch $-A_0$ abgezogen werden um C_0 zu erhalten

$C_0 = -700000 + 768468$

$\mathbf{C_0 = +68468}$

Abb. G 7b: Kapitalwertberechnung mit Excel

Für das auf S. 201 ff. beschriebene Investitionsprojekt „Bestückungsautomat“ stellt sich die Kapitalwertberechnung unter der Annahme eines Kalkulationszinssatzes (Mindestrendite) von 15 % wie in Abb. G 7c gezeigt dar.

Jahr	Nettozahlungen (Zeitwert)	Abzinsungsfaktoren für i=0,15	Nettozahlungen (Barwert)
0	– 3.200.000	–	– 3.200.000
1	1.300.000	0,8696	1.130.480
2	1.300.000	0,7561	982.930
3	1.300.000	0,6575	854.750
4	1.300.000	0,5718	743.340
5	1.300.000	0,4972	646.360
			$C_0 = +1.157.860$

Abb. G 7c: Kapitalwertberechnung für Projekt „Bestückungsautomat"

Ein positiver Kapitalwert zeigt, dass die Investition im Vergleich zu einer alternativen Anlage **absolut vorteilhaft** ist. Hierbei wird jedoch nicht mit einer konkreten Alternativanlage verglichen, bei der man die zukünftigen Zahlungsströme kennen müsste. Vielmehr arbeitet man mit der vereinfachenden Annahme eines **vollkommenen Kapitalmarktes** bei Sicherheit, auf dem – unter der Annahme gleicher Soll- und Habenzinsen – zu einem einheitlichen Zinssatz (= Kalkulationszinssatz) beliebige Beträge in beliebiger Fristigkeit angelegt und beschafft werden können. Statt der explizit ermittelten Vergleichsrendite einer Anlagealternative kann somit implizit die Kapitalmarktrendite (= Kalkulationszinssatz) als Vergleichsmaßstab dienen. Bezogen auf den Betrachtungszeitpunkt t_0 erwirtschaftet die Projektalternative 1 einen absoluten Wertzuwachs von +68.467 € im Vergleich zur unterstellten alternativen Anlagemöglichkeit zu 10 % Verzinsung am vollkommenen Kapitalmarkt. Dieser Wertzuwachs wird zusätzlich zur Tilgung des eingesetzten Kapitals und zur Verzinsung (mit i) des in jeder Periode gebundenen Kapitals erzielt.

Die Denkweise bei der Berechnung und Interpretation des Kapitalwertes wird in Abb. G 8 gezeigt.

Die Abbildung zeigt die **Kassenbestandsentwicklung** der Projektalternative 1 (auf die rechte Spalte „interner Zinssatz" wird später eingegangen):

Jahr	Nettozahlungen	Kalkulationszinssatz i = 10%	interner Zinssatz r = 13,4193% (exakte finanzmathematische Lösung)
0	Investitionsauszahlung	– 700.000	– 700.000
1	+ Zinsen auf noch gebundenes Kapital	– 70.000	– 93.935
	+ Rückflüsse Jahr 1	160.000	160.000
	Kapitalbindung am Ende Jahr 1	– 610.000	– 633.935
2	+ Zinsen auf noch gebundenes Kapital	– 61.000	– 85.070
	+ Rückflüsse Jahr 2	170.000	170.000
	Kapitalbindung am Ende Jahr 2	– 501.000	– 549.005
3	+ Zinsen auf noch gebundenes Kapital	– 50.100	– 73.673
	+ Rückflüsse Jahr 3	210.000	210.000
	Kapitalbindung am Ende Jahr 3	– 341.100	– 412.678
4	+ Zinsen auf noch gebundenes Kapital	– 34.110	– 55.377
	+ Rückflüsse Jahr 4	230.000	230.000
	Kapitalbindung am Ende Jahr 4	– 145.210	– 238.055
5	+ Zinsen auf noch gebundenes Kapital	– 14.521	– 31.945
	+ Rückflüsse Jahr 5	270.000	270.000
	Kassenendbestand am Ende Jahr 5	+ 110.269	0
	Wert des Kassenendbestandes heute (Barwert) = Kapitalwert (C_0)	**+ 68.467**	0

Abb. G 8: Verzinsung des jeweils gebundenen Kapitals bei der Kapitalwert- und Interne Zinssatzmethode

- Im Jahr 0 verringert sich der Kassenbestand durch die Anschaffungsauszahlung (–700.000)
- Im Jahr 1 werden dem Vorhaben 10 % Zinsen auf das noch gebundene Kapital (–700.000) belastet (= –70.000). Das sind die vergleichsweise entgangenen Zinsen, die bei alternativer Anlage des Kapitals erzielbar gewesen wären.
  Das Vorhaben erbringt erste Einzahlungsüberschüsse (Rückflüsse) in Höhe von +160.000. Dies ergibt dann einen negativen Kassenbestand am Ende des ersten Jahres in Höhe von –610.000.
- Führt man diese Überlegungen weiter, so ergibt sich nach fünf Jahren ein Kassenbestandszuwachs von insgesamt +110.269. Dieser Betrag entspricht heute, zum Zeitpunkt t_0, einem Barwert von +68.467.
  In diesem Sinne lässt sich der Kapitalwert interpretieren als in t_0 betrachteter **absoluter Wertzuwachs,** den ein Investitionsprojekt im Vergleich zu einer alternativen Kapitalanlage zum Kalkulationszinssatz (i) erzielt.

Die Aussage des Kapitalwertes als absolute Größe lässt sich noch weiter verbessern, indem die Höhe des **Kapitalwertes relativ zum Kapitaleinsatz** (= Anschaffungsauszahlung) betrachtet wird. Somit erhält man die **Kapitalwertrate (k)**:

$$k = \frac{C_0}{\text{Kapitaleinsatz}} = \frac{68.467}{700.000} = 0{,}0978 = 9{,}78\,\%\ \text{in 5 Jahren.}$$

Die Kapitalwertrate ist die **Überrendite**, die ein Investitionsprojekt über den Kalkulationszinssatz hinaus **über die gesamte Nutzungsdauer** erwirtschaftet. Ohne zusätzliche Angabe des Planungszeitraums, auf den sie sich bezieht, ist diese Größe nicht sinnvoll zu interpretieren.

Eine Kapitalwertrate von 20 % wäre zum Beispiel als hoch einzuschätzen, wenn sie von einem Projekt in nur zwei Jahren Nutzungsdauer erzielt würde. Über einen Planungszeitraum von zehn Jahren wären die 20 % eine niedrige Überrendite. Die bessere Aussage bietet daher die **durchschnittliche jährliche Überrendite (k*)**:

$$k^* = \sqrt[n]{1+k} - 1$$

$$k^* = \sqrt[5]{1+0{,}0978} - 1$$

$$k^* = 1{,}0978^{1/5} - 1$$

$$\mathbf{k^*} = 1{,}0188 - 1 = 0{,}0188 = \mathbf{1{,}88\,\%}$$

Die Formel für k* leitet sich wie folgt her: $K_0\,(1 + k) = K_n$, d. h. bei Gesamtverzinsung von k über n Jahre wächst ein Kapital K_0 auf K_n an . Entsprechend wächst ein Kapital K_0 bei durchschnittlicher jährlicher Verzinsung von k* an auf $K_0\,(1 + k^*)^n = K_n$. Durch Gleichsetzung und Auflösung nach k* ergibt sich die oben angeführte Formel.

Projektalternative 1 erzielt also über den bereits eingerechneten Kalkulationszinssatz von 10 % hinaus noch eine durchschnittliche jährliche Überrendite von 1,88 %. Insgesamt entspricht dies einer Rendite auf das jeweils gebundene Kapital von 11,88 %.

Projektalternative 1:				**Projektalternative 2:**	
Zahlungszeitpunkt (Jahr)	**Nettozahlungen (Zeitwert)**	**Abzinsungsfaktoren für i = 0,10 (gerundet)**	**Nettozahlungen (Barwert)**	**Nettozahlungen (Zeitwert)**	**Nettozahlungen (Barwert)**
0	- 700.000		-700.000	- 550.000	-550.000
1	160.000	0,9091	145.456	150.000	136.365
2	170.000	0,8265	140.505	160.000	132.240
3	210.000	0,7513	157.773	200.000	150.260
4	230.000	0,6830	157.090	225.000	153.675
5	270.000	0,6209	167.643	–	–
			C_0= + 68.467		**C_0= + 22.540**

Abb. G 9: Vergleich von zwei Projektalternativen

Bei mehreren relevanten Projektalternativen besteht ein Wahlproblem, die vorteilhafteste Alternative (**relative Vorteilhaftigkeit**) zu bestimmen. Die Alternativen können sich ja hinsichtlich der Anschaffungsauszahlung, der Höhe der jährlichen Cash

Flows und der Nutzungsdauer unterscheiden. Insofern muss man eine vollständige Vergleichsbasis schaffen. Dies geschieht, indem z. B. bei zwei Projektalternativen durch eine sog. **Differenzinvestition** eine der beiden Alternativen ergänzt wird.

In Abb. G 9 wird **zum Vergleich eine Projektalternative 2** herangezogen. Prüft man nun die relative Vorteilhaftigkeit von Alternative 2, so sind z. B. Annahmen zu treffen über die Verwendung der 150.000 € Differenz beim Kapitaleinsatz. Außerdem muss geklärt werden, was mit den bereits nach dem vierten Jahr bei Alternative 2 zur Verfügung stehenden Überschüssen für ein weiteres Jahr geschehen soll.

Für den Alternativenvergleich bieten sich drei mögliche Vorgehensweisen an (vgl. *Süchting* 1995, S. 309).

(1) Man hat keine Vorstellungen über eine Anlagemöglichkeit und unterstellt daher **eine Anlage des Differenzbetrages zum Kalkulationszinssatz**. Wird jedoch genau der Kalkulationszinssatz erwirtschaftet, so ist der Kapitalwert dieser (nicht näher konkretisierten Differenzinvestition (D) gleich null. Es bleibt also beim ursprünglichen Vergleich der Kapitalwerte beider Alternativen.

(2) Man hat **ganz konkrete Vorstellungen über geplante Rückflüsse** einer realen Investition in Höhe D im Unternehmen (vgl. Abb. G 10). Somit lässt sich der Kapitalwert für D berechnen. Anschließend ist zu prüfen: sind die Kapitalwerte der Alternative 2 + D in Summe größer als der Kapitalwert von Alternative 1.

(3) Es existieren **keine konkreten Vorstellungen über Rückflüsse**, die eine Investition in Höhe D im Unternehmen erzielen könnte. Durch Saldierung der Zahlungsreihen der Alternativen 1 und 2 wird die **rechnerische Differenz** ermittelt. Man erhält dadurch gewissermaßen als Anhaltspunkt einen **„kritischen Kapitalwert“ für D** (vgl. Abb. G 11). Hält man dieses Ergebnis bei einem Kapitaleinsatz in Höhe D für gut erreichbar, spricht dies für Alternative 2 plus D. Beim Vergleich mit der in Abb. G 10 berechneten Differenzinvestition, erscheint es als eher unwahrscheinlich, dass ein reales Vorhaben mit 150.000 € Kapitaleinsatz einen Kapitalwert in Höhe

von +45.927 € erzielen wird. Im Beispiel kommt dieser Wert nur durch die (aufgrund der rein formalen Rechnung) völlig überhöhten Rückflüsse im fünften Jahr zu Stande.

Projektalternative 1: Kalkulationszinssatz i = 10 %			**Projektalternative 2:**		**Differenzinvestition (D):**	
Jahr	**Netto-zahlungen (Zeitwert)**	**Netto-zahlungen (Barwert)**	**Netto-zahlungen (Zeitwert)**	**Netto-zahlungen (Barwert)**	**Netto-zahlungen (Zeitwert)**	**Netto-zahlungen (Barwert)**
0	– 700.000	– 700.000	– 550.000	– 550.000	– 150.000	– 150.000
1	160.000	145.456	150.000	136.365	40.000	36.364
2	170.000	140.505	160.000	132.240	50.000	41.325
3	210.000	157.773	200.000	150.260	50.000	37.565
4	230.000	157.090	225.000	153.675	50.000	34.150
5	270.000	167.643	–	–	40.000	24.836
		C_0=+68.467		**C_0=+22.540**		**C_0=+24.240**

Abb. G 10: Alternativenvergleich mit konkret geplanter Differenzinvestition

Projektalternative 1:		**Projekt-alternative 2:**	**Differenzinvestition (D):**		
Zah-lungs-zeit-punkt (Jahr)	**Netto-zahlungen (Zeitwert)**	**Netto-zahlungen (Zeitwert)**	**Netto-zahlungen (Zeitwert)**	**Abzinsungs-faktoren für i = 0,10 (gerundet)**	**Netto-zahlungen (Barwert)**
0	– 700.000	– 550.000	– 150.000		– 150.000
1	160.000	150.000	10.000	0,9091	9.091
2	170.000	160.000	10.000	0,8265	8.265
3	210.000	200.000	10.000	0,7513	7.513
4	230.000	225.000	5.000	0,6830	3.415
5	270.000	–	270.000	0,6209	167.643
	C_0=+68.467	**C_0=+22.540**			**C_0=+45.927**

Abb. G 11: „Kritischer Kapitalwert" der Differenzinvestition

Interne Zinssatzmethode

Bei dieser in der Praxis ebenfalls stark verbreiteten Methode wird gleich direkt eine **Renditegröße** berechnet (bei der Kapitalwertmethode dagegen ein absoluter €-Betrag als Barwertüberschuss). Man geht von der bereits bei der Kapitalwertberechnung verwendeten Grundgleichung aus:

$$0 = C_0 = \sum_{t=0}^{n} \left(E_t - A_t\right) \cdot \frac{1}{\left(1+r\right)^t}.$$

Gesucht wird jetzt der interne Zinssatz r, mit dem die diskontierten Rückflüsse gerade einen Kapitalwert von 0 ergeben. Die Gleichung ist also nach r aufzulösen. Für die Auflösung dieser Gleichung n-ten Grades arbeitet man – sofern kein PC (z. B. mit Excel, finanzmathematische Funktionen) oder finanzmathematischer Taschenrechner zur Verfügung steht – mit einer **Näherungslösung**. Das Vorgehen bei der Näherungslösung wird nachfolgend am Beispiel der Projektalternative 1 gezeigt (vgl. Abb. G 12)

Zahlungszeitpunkt (Jahr)	Nettozahlungen (Zeitwert)	Abzinsungsfaktoren für $i_p1 = 10\%$	Nettozahlungen (Barwert)	Abzinsungsfaktoren für $i_p2 = 16\%$	Nettozahlungen (Barwert)
0	– 700.000		– 700.000		– 700.000
1	160.000	0,9091	145.456	0,8621	137.936
2	170.000	0,8265	140.505	0,7432	126.344
3	210.000	0,7513	157.773	0,6407	134.547
4	230.000	0,6830	157.090	0,5523	127.029
5	270.000	0,6209	167.643	0,4761	128.547
			$C_0^1 = +68.467$		$C_0^1 = -45.597$

Abb. G 12: Näherungsverfahren zur Berechnung des internen Zinssatzes für Projektalternative 1

Man wendet zwei **Probierzinssätze** i_p an, die so zu wählen sind, dass ein positiver und ein negativer Kapitalwert entsteht. Mit diesen beiden Punkten ist über die Zwei-Punktemethode eine Geradengleichung fixiert (vgl. Abb. G 13).

$$\frac{\mathbf{r_0} - i_p^1}{i_p^2 - i_p^1} = \frac{C_0 - C_0^1}{C_0^2 - C_0^1}$$

Für $\mathbf{C_0 = 0}$ erhält man als Näherungslösung für den internen Zinssatz

$$\mathbf{r_0} = i_p^1 - C_0^1 \cdot \frac{\left(i_p^2 - i_p^1\right)}{\left(C_0^2 - C_0^1\right)}$$

$$r_0 = 0{,}10 - 68.467 \cdot \frac{(0{,}16 - 0{,}10)}{(-45.597 - 68.467)} = 0{,}136 = 13{,}6\%$$

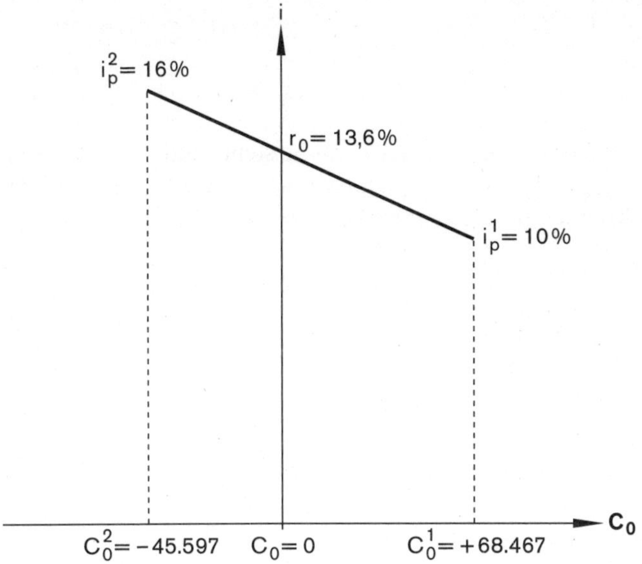

Abb. G 13: Darstellung der Näherungslösung für den internen Zinssatz

Schneller und bequemer als die beschriebene Näherungslösung kann der interne Zinssatz (r) wiederum mit der entsprechenden finanzmathematischen Funktion in Excel berechnet werden (vgl. Abb. G 13a, S. 226).

Der für die Projektalternative 1 ermittelte interne Zinssatz von r = 13,6 % bedeutet: die mit 13,6 % diskontierten Rückflüsse des Projekts reichen genau aus, um den Kapitaleinsatz zu decken. In Abb. G 8 (S. 219) ist die Kassenentwicklung für das Projekt bei einer Diskontierung zum internen Zinssatz dargestellt. Im Gegensatz zum Kapitalwertmodell erfolgt jetzt die **Verzinsung des jeweils gebundenen Kapitals zum internen Zinssatz r.** Rechnet man mit dem exakten Wert für r, so erhält man am Ende der Periode 5 einen Kassenbestand von 0, dessen Barwert ebenfalls 0 ist.

Berechnung mit Hilfe der folgenden finanzmathematischen Funktion

→ Einfügen

→ f_x Funktion

→ Finanzmathematik

→ IKV (= **i**nterne **K**apital**v**erzinsung) auswählen
= IKV (Werte; Schätzwert)

für Projektalternative 1 (neue Fertigungslinie) gilt:

Eintragung der Werte (komplette Nettozahlungsreihe startend mit $-A_0$) in die Zellen des Excel Spreadsheets z.B.

A1	B1	C1	D1	E1	F1
–700000	160000	170000	210000	230000	270000

Angabe Bezug für **Werte** A1:F1
Angabe **Schätzwert** für internen Zinssatz (r) z.B. 12%
IKV = 0,134192664 = **13,42%**

Abb. G13a: Berechnung des internen Zinssatzes mit Excel

Zusammenfassend ist nochmals festzustellen: der interne Zinssatz misst die Rendite auf das jeweils gebundene Kapital eines Projekts, **nicht** jedoch die Rendite auf das gesamte am Anfang eingesetzte Kapital. In einer Gesamtbetrachtung ist dies die **Rendite auf das durchschnittlich in einem Projekt gebundene Kapital (Effektivverzinsung eines Projekts).**

Ein Investitionsprojekt ist nach der internen Zinssatzmethode als absolut vorteilhaft zu beurteilen, wenn der **interne Zinssatz r > Kalkulationszinssatz i** ist. Auch bei dieser Methode ist also eine Mindestrenditevorstellung (= Kalkulationszinssatz) als Messlatte zur Beurteilung des internen Zinssatzes erforderlich.

Im **relativen Vergleich** von Projektalternativen ist das **Vorhaben mit dem höchsten internen Zinssatz r** (der über i liegen muss) zu bevorzugen, wobei hier wiederum vollständige Vergleichsalternativen durch eine entsprechende Differenzinvestition geschaffen werden müssen.

In der praktischen Interpretation der Ergebnisse ist es wichtig, den methodischen Unterschied – zwischen der Verzinsung des jeweils gebundenen Kapitals zu r bei der interne Zinssatzmethode und der Verzinsung des jeweils gebundenen Kapitals zu i bei der Kapitalwertmethode – zu beachten. Im relativen Vergleich eines Innovationsprojekts mit höheren Rückflüssen erst in späteren Jahren und eines Rationalisierungsprojekts mit hohen Rückflüssen bereits in den ersten Jahren, stellt die interne Zinssatzmethode das innovative Projekt vergleichsweise schlechter dar. In der Berechnung des internen Zinssatzes wirkt die hohe Kapitalbindung, die ein solches Projekt in den ersten Jahren aufweist. Bei Anwendung der Kapitalwertmethode ist dieser beschriebene Verzerrungseffekt weniger gravierend, da der Kalkulationszinssatz i (bei positiv eingeschätzten Projekten) niedriger ist als der interne Zinssatz r.

Dynamische Amortisationsrechnung

Zum besseren Vergleich wird von der **statischen** Amortisationsrechnung ausgegangen. Diese gibt Antwort auf die Frage:

- Wie viele Jahre dauert es, bis der Kapitaleinsatz über die Projektrückflüsse (Zeitwerte) wiedergewonnen ist?

Bei der Projektalternative 1 sind dies (durch Interpolation ermittelt) **3,7 Jahre** (vgl. Abb. G 14, Spalte 3). Wenn jedoch bereits dynamische Investitionsrechnungen vorliegen, so sollte gleich die **dynamische** Amortisationsdauer (AD) ermittelt werden. Im dynamischen Kalkül wird die o. a. Frage erweitert:

- Wie viele Jahre dauert es, bis der **Kapitaleinsatz zuzüglich der Mindestverzinsung in Höhe des Kalkulationszinssatzes i** über die Projektrückflüsse wiedergewonnen ist?

Für den Investor ist die dynamische Amortisationsdauer die bessere Größe. Er vergleicht mit einer alternativen Anlage am Kapitalmarkt, bei der er am Ende der Anlagedauer sein Kapital plus die erzielten Zinsen zurück erhält. Insofern ist für ihn bei der Beurteilung seines Investments in ein Projekt ebenfalls die **Zeitdauer bis zur Wiedergewinnung des Kapitaleinsatzes plus Verzinsung** relevant.

Bei der Berechnung werden die Barwerte sämtlicher Cash Flows kumuliert. In die Barwertberechnung ist ja bereits der Mindestverzinsungsanspruch eingegangen. Die dynamische Amortisationsdauer ist erreicht, wenn **die kumulierten Cash Flows gera-**

de Null ergeben. Im Beispiel liegt die dynamische Amortisationsdauer (AD) zwischen dem vierten und fünften Jahr, genauer bei **4,6 Jahren**. Das Projekt hat also nach 4,6 Jahren unter Berücksichtigung aller Zahlungen **seinen Mindestverzinsungsanspruch** (ausgedrückt im Kalkulationszinssatz) **erfüllt**.

$$AD = 4 + \frac{99.176}{99.176 + 68.467} = 4{,}59 \text{ Jahre}$$

Projektalternative 1:

Zahlungszeitpunkt (Jahr)	Nettozahlungen/ Rückflüsse (Zeitwert)	Nettozahlungen/ Rückflüsse kumuliert (Zeitwert)	Abzinsungsfaktoren für i = 0,10 (gerundet)	Nettozahlungen/ Rückflüsse (Barwert)	Nettozahlungen/ Rückflüsse kumuliert (Barwert)
0	– 700.000	– 700.000		– 700.000	– 700.000
1	160.000	– 540.000	0,9091	145.456	– 554.544
2	170.000	– 370.000	0,8265	140.505	– 414.039
3	210.000	– 160.000	0,7513	157.773	– 266.266
4	230.000	+ 70.000	0,6830	157.090	– 99.176
5	270.000	+ 340.000	0,6209	167.643	+ 68.467

Abb. G 14: Vergleich: statische – dynamische Amortisationsdauer

Die dynamische Amortisationsdauer gilt lediglich als **Zusatzkriterium** zu den Rentabilitätskriterien wie Kapitalwert und interner Zinssatz. Sie kann zu einer **groben Einschätzung des Projektrisikos** dienen. Da bei kurzer Amortisationsdauer die investierten Mittel wieder schneller zur Verfügung stehen, ist in diesem Fall das Kapitalverlustrisiko geringer einzuschätzen, vor allem auch deshalb, weil gerade in den ersten Jahren der Nutzungsdauer die Prognose der Aus- /Einzahlungen noch mit wesentlich geringeren Unsicherheiten behaftet ist.

Eine **kurze Amortisationsdauer hat auch eine positive Liquiditätswirkung**, denn früher zurückgewonnene Mittel können bereits wieder anderweitig eingesetzt werden. Speziell in finanziellen Engpasssituationen kann daher dem Liquiditätsaspekt vorübergehend Priorität zukommen.

4. Methodische Erweiterungen

a) Einbezug von Ertragsteuern

Steuern können sich erheblich auf die Ergebnisse dynamischer Investitionsrechnungen auswirken und sollten daher nicht vernachlässigt werden. Schließlich ist für einen Investor ein Projekt nur dann absolut vorteilhaft, wenn es auch noch **nach Berücksichtigung von Steuern ausreichend rentabel** ist. Auch beim relativen Vergleich von Projektalternativen muss er sicher sein, dass er die **nach Steuern** bessere Alternative auswählt.

Steuern wirken sich in dynamischen Investitionsrechenmodellen in zweifacher Hinsicht aus: einerseits auf die Höhe der Zahlungsüberschüsse (**Zahlungswirkung**), andererseits auf die Höhe des Diskontierungssatzes (**Zinswirkung**).

(1) Die Höhe des Zahlungsstroms wird beeinflusst durch

- die **zeitliche Verschiebung von Steuerzahlungen**: mittels verschiedener Varianten der steuerlichen Abschreibung (beispielsweise degressive AfA, Sonder-AfA) kann der Abschreibungsaufwand stärker auf die ersten Jahre der Nutzungsdauer vorverlagert werden. Die dadurch niedrigere Bemessungsgrundlage ($E_t - A_t - AfA_t$) führt zu niedrigeren Steuerzahlungen. Daraus resultieren wiederum höhere Netto-Einzahlungsüberschüsse, die ja in den ersten Jahren einen relativ hohen Barwert haben.
- die **Höhe der Steuerzahlungen**: ein Einzahlungsüberschuss wird durch die Steuerzahlung verringert; ein Auszahlungsüberschuss (negativer Cash Flow) wird ebenfalls verringert. Dieser Effekt wird dadurch erzielt, dass bei der Steuerermittlung für das gesamte Unternehmen ein Verlustausgleich mit anderen Einkünften erfolgt. Die entsprechenden Steuereinsparungen an anderer Stelle, sind dem Investitionsprojekt wie Steuerrückzahlungen positiv zuzurechnen.

(2) Ein niedrigerer Diskontierungssatz als i und damit eine **geringere Zinswirkung** ergibt sich aus dem zur Beurteilung herangezogenen Vergleich mit einer alternativen Kapitalmarktanlage. Nicht nur für die Erträge des Projekts, sondern auch für

die Zinserträge einer (fiktiven) Kapitalmarktanlage sind Steuern zu bezahlen. Der unterstellte Zinssatz i für die Alternativrendite muss also um die Steuerzahlung korrigiert werden. Als **Zinssatz nach Steuern** ergibt sich $i_S = i - is$, umgeformt $\mathbf{i_S = i\,(1 - s)}$, wobei **s** der Gesamtertragsteuersatz der Unternehmung ist. Sieht man i_S als Messlatte bzw. Mindestrenditevorstellung nach Steuern, müssen konsequenterweise die nach Steuern berechneten Projekt Cash Flows auch mit dem Kalkulationszinssatz nach Steuern (i_S) diskontiert werden.

Die Steuerbelastung wird für die Gesamtunternehmung auf Basis definierter Bemessungsgrundlagen und Regelungen ermittelt. Insofern ist die Zurechnung von steuerlichen Wirkungen auf der Ebene einzelner Investitionsprojekte ein konzeptioneller Widerspruch, der nur durch einige Vereinfachungen bei den wesentlichen Steuereinflussfaktoren zu lösen ist.

Im Folgenden wird daher ein mit vereinfachenden Prämissen arbeitendes **Standardmodell** zur Berücksichtigung der **Ertragsteuern**, Einkommensteuer (ESt) bzw. Körperschaftsteuer (KSt) und Gewerbeertragsteuer (GewESt) in dynamischen Investitionsrechnungen vorgestellt.

Es gelten folgende Prämissen:

- Verwendung eines **Gesamtertragsteuersatzes** (s), konstant für alle Perioden. Da die steuerliche Progression auf Projektebene nicht darstellbar ist, wird der Spitzensteuersatz unterstellt, also eher worst case gerechnet. Bei der ESt für gewerbliche Einkünfte sind dies in Deutschland derzeit 42 %. Bei der KSt gilt derzeit sowohl für einbehaltene wie auch für ausgeschüttete Gewinne ein Steuersatz von 25 %. Der GewESt-Satz ergibt sich aus der Anwendung des gemeindespezifischen Hebesatzes auf die Steuermesszahl von 5 %. Außerdem ist die Abzugsfähigkeit der GewESt von ihrer eigenen Bemessungsgrundlage zu beachten (vgl. zur Berechnung des Gesamtertragsteuersatzes *Perridon/Steiner* 2004, S. 95 f.).
- **Bemessungsgrundlage** für die Steuern sind die Zahlungsüberschüsse abzüglich der linearen steuerlichen Abschreibung (AfA). Auf diese Bemessungsgrundlage wird der Gesamtertrag-

steuersatz (s) angewendet. Somit ergibt sich die Höhe der Steuerzahlung (St) wie folgt: $\mathbf{St = s\,(E_t - A_t - AfA_t)}$. Ein den Restbuchwert übersteigender Veräußerungserlös am Ende der steuerlichen Nutzungsdauer ist als zusätzliche Einzahlung ebenfalls zu versteuern.

- Es erfolgt **sofortige Steuerzahlung bzw. Steuerrückzahlung** aufgrund eines Verlustausgleiches zum Ende der Periode. Bei positiver Bemessungsgrundlage wird sofort eine Steuerzahlung fällig, bei negativer Bemessungsgrundlage wird dem Projekt sofort (aufgrund Verlustausgleich) eine Steuererstattung (Einzahlung) in Höhe der negativen Steuerschuld zugerechnet. Ein Verlust kann also nicht auf zukünftige Jahre vorgetragen werden.
- Die Projekt-Cash Flows nach Steuern werden im Kapitalwertmodell mit dem **Kalkulationszinssatz nach Steuern** diskontiert $i_s = i - is = \mathbf{i\,(1 - s)}$. Nur so ist der Vergleich mit einer externen Alternativanlage stimmig, deren Zinsertrag ebenfalls zu versteuern wäre.
- Es wird unterstellt, dass das **Investitionsprojekt nur mit Eigenkapital** finanziert wird, da die projektindividuelle Finanzierung in der Zusammensetzung Eigen-/Fremdkapital vielfach nicht bekannt ist. Damit bleibt im Standardmodell die steuerliche Abzugsfähigkeit der Fremdkapitalzinsen außer Acht.

Jahr	Nettozahlungen	Abschreibung (linear)	steuerliche Bemessungsgrundlage	Steuerzahlungen (s = 0,40)	Nettozahlungen nach Steuern	Abzinsungsfaktoren für $i_s = 0{,}06$	Barwert der Nettozahlungen nach Steuern
0	– 700.000				– 700.000		– 700.000,00
1	160.000	140.000	20.000	8.000	152.000	0,9434	143.396,80
2	170.000	140.000	30.000	12.000	158.000	0,8900	140.620,00
3	210.000	140.000	70.000	28.000	182.000	0,8396	152.807,20
4	230.000	140.000	90.000	36.000	194.000	0,7921	153.667,40
5	220.000	140.000	80.000	32.000	188.000	0,7473	140.492,40
5	50.000	–	50.000	20.000	30.000	0,7473	22.419,00
				Kapitalwert nach Steuern C_0 = + 53.402,80			

Abb. G 15: Kapitalwertberechnung nach Steuern (Standardmodell) für Projektalternative 1

Die Ermittlung des Kapitalwerts nach Steuern mithilfe des Standardmodells wird in Abb. G 15 für die Projektalternative 1 gezeigt. Dabei soll gelten:

Gesamtertragsteuersatz (s) der Unternehmung aus KSt und GewESt 40 %, s = 0,40; Kalkulationszinssatz **vor** Steuern 10 %, i = 0,10; **nach** Steuern 6,0 %, $i_s = 0{,}1\ (1 - 0{,}40) = 0{,}06$, steuerliche Nutzungsdauer = fünf Jahre; lineare steuerliche Abschreibung (AfA) auf Restwert 0.

b) Berücksichtigung von Unsicherheit

Die in den Investitionsplanungsmodellen verwendeten Aus-/Einzahlungsgrößen sind keineswegs eindeutig. Sie sind sowohl in ihrer **Höhe** wie auch in ihrem **zeitlichen Anfall** durch andere Entscheidungen der Unternehmung, aber auch sehr stark durch Einflüsse geprägt, die die Unternehmung nicht selbst steuern kann. Hier sind vor allem Marktentwicklungen zu nennen, die sich aus dem Verhalten von Kunden, Wettbewerbern, Lieferanten, Arbeitnehmern und Gewerkschaften, Kreditgebern und auch des Staates ergeben. Außerdem können technologische Veränderungen, Kapitalmarktveränderungen und deutliche Wechselkursveränderungen mit Auswirkungen auf die Zahlungsströme eines Projekts relevant werden. Für die Aus-/Einzahlungsgrößen bestehen daher mehrwertige Erwartungen, d. h. es können sich positive oder negative Abweichungen vom erwarteten Planwert ergeben (= Problem der **Prognoseunsicherheit**).

Um die Unsicherheit bei Investitionsplanungen besser in den Griff zu bekommen, werden in der Praxis vielfach Sensitivitätsanalysen durchgeführt, die zwar die Unsicherheit letztlich auch nicht beseitigen können, aber immerhin eine **bessere Transparenz über die Einflussfaktoren** geben, die besonders stark auf das Ergebnis (z. B. den Kapitalwert oder den internen Zinssatz) durchschlagen. Sensitivitätsanalysen lassen sich in zwei verschiedenen Varianten durchführen, die in den nachfolgenden Fragestellungen zum Ausdruck kommen:

- Wie verändert sich das Ergebnis der Investitionsrechnung (Kapitalwert, interner Zinssatz), wenn (einzeln) besonders unsichere Einflussfaktoren, wie z. B. Absatzpreise und -mengen, variiert werden?

Man kann sich auf die wesentlichen unsicheren Einflussgrößen konzentrieren und beispielsweise durch eine optimistische und pessimistische Schätzung der Variablen feststellen, wie stark sich der Kapitalwert jeweils ändert. Die Schwankungsbreite des Kapitalwerts gibt durchaus Anhaltspunkte über die Unsicherheit. Auf Einflussgrößen, die schon bei geringen Änderungen besonders negativ auf das Ergebnis der Rechnung durchschlagen, die also als sehr sensitiv gelten, sollten intensivere Datenbeschaffungsmaßnahmen in der Planungsphase sowie eine entsprechend ausgeprägte Ist-Erfassung in der Phase der laufenden Projektkontrolle ausgerichtet werden.

- Wie weit darf eine besonders ergebnisrelevante Einflussgröße – bei Konstanz aller übrigen Faktoren – abweichen (= **kritischer Wert**), ohne dass die Akzeptanzgrenze für ein Projekt (z. B. Kapitalwert = 0) unterschritten wird?

Als kritischer Wert kann z. B. die **kritische Absatzmenge** ermittelt werden, bei deren Unterschreiten sich ein negativer Kapitalwert ergeben würde. Besonders plastisch wird die Aussage, wenn man die **Relation des kritischen Wertes zum jeweils zugehörigen Planwert** betrachtet. So lässt sich z. B. aufzeigen, dass die kritische Absatzmenge um 20 % unter dem in der Investitionsrechnung angesetzten Planwert liegt.

Nachteilig bei Sensitivitätsanalysen ist, dass sie als Partialanalysen immer **nur einen Einflussfaktor** betrachten und die **übrigen Faktoren konstant** lassen. Wollte man mehrere Einflussfaktoren gleichzeitig variieren, müssten die Interdependenzen zwischen den Faktoren exakt mathematisch beschreibbar sein. Dies ist jedoch angesichts der komplexen Zusammenhänge nicht machbar.

Dennoch kann die Sensitivitätsanalyse einen differenzierten Einblick in die Struktur des Investitionsrechenmodells und Informationen über die Wirkungen der Unsicherheit bei besonders relevanten Einflussgrößen geben.

Risikoanalysen sind weitere Methoden zur Erfassung der Auswirkungen von Unsicherheit auf eine Zielgröße (z. B. auf den Kapitalwert). Man schätzt zunächst für die als unsicher erachteten relevanten Einflussgrößen des Investitionsrechenmodells jeweils subjektive Wahrscheinlichkeitsverteilungen. Daraus wird dann eine **Wahrscheinlichkeitsverteilung und der Erwartungswert für den Kapitalwert** eines Projekts berechnet.

Die Unsicherheit bei der Wahrscheinlichkeitseinschätzung der einzelnen Inputgrößen besteht hier nach wie vor. Wenn viele unsichere Einflussgrößen vorliegen, ist das Verfahren sehr aufwändig und daher nur für Großprojekte zu empfehlen.

c) Mindestrendite auf Basis risikoangepasster Kapitalkosten

Auch in deutschen Unternehmen setzt sich zunehmend das finanzstrategische Steuerungskonzept einer „Wertorientierten Unternehmensführung" durch (vgl. *Copeland* et al. 2002). Die Unternehmung soll für ihre Eigenkapitalgeber ein **nachhaltige Wertsteigerung**, eine Überrendite über eine gewisse Mindestrendite hinaus erzielen. Damit stellt sich die Unternehmung im Wettbewerb um knappes Kapital sowohl für Eigen- als auch für Fremdkapitalgeber besonders attraktiv dar und kann ihren insbesondere für globale Wachstumsstrategien erforderlichen Kapitalbedarf (im Vergleich zu weniger renditestarken Wettbewerbern) besser finanzieren.

In diesem Ansatz werden, wie bei der dynamischen Investitionsrechnung einzelner Projekte, zukünftige Zahlungsüberschüsse (Cash Flows) der Geschäftsbereiche betrachtet, zunächst sog. **Free Cash Flows**, das sind die für die Eigen und Fremdkapitalgeber aus dem Geschäft verbleibenden Überschüsse, nachdem Auszahlungen in die Erweiterung des Anlage- und Umlaufvermögens bereits abgezogen sind. Neben der Prognose der zukünftigen Zahlungsströme ist auch hier entscheidend mit welchem Diskontierungssatz als Mindestrenditeanforderung die Barwerte berechnet werden.

Zur praktischen Herleitung des Diskontierungssatzes hat sich das im Folgenden dargestellte **Kapitalkostenkonzept** durchgesetzt:

Als Diskontierungssatz kann keinesfalls ein subjektiv aus der **internen** Unternehmenssicht abgeleiteter Kalkulationszinssatz angesetzt werden. Vielmehr bestimmt sich die Mindestrendite eines Unternehmens **extern aus den Anforderungen der Kapitalgeber** (Eigen- und Fremdkapitalgeber), die eine **risikoadäquate Verzinsung** ihres Kapitaleinsatzes in der Unternehmung erwarten. Für eine Unternehmung stellen diese Anforderungen Kosten für die Kapitalbeschaffung (= **Kapitalkosten**) dar. Aus Sicht der Eigentümer ist eine Unternehmung nur dann erfolgreich (**wertschaffend**), wenn für die Eigenkapitalgeber eine höhere Rendite erzielt wird, als diese bei alternativer Anlage mit vergleichbarem Risiko am Kapitalmarkt erzielen könnten.

Umgekehrt wird für die Eigentümer **Wert vernichtet**, wenn ein Unternehmen zwar Gewinn erwirtschaftet, die Rendite, die die Eigenkapitalgeber dabei erzielen können, aber z. B. unter der Verzinsung liegt, die die Käufer einer risikolosen Staatsanleihe erhalten.

In bescheidenem Umfang erwartete positive Ergebniszahlen (so genannte „schwarze Null") für die kommenden Geschäftsjahre, sind also für eine wertorientierte Unternehmensführung zu wenig.

Eine Unternehmung muss den aus alternativen Kapitalmarktüberlegungen abgeleiteten Verzinsungsanspruch der Kapitalgeber (= Kapitalkosten) mittel- bis langfristig mindestens erfüllen, wenn sie sich im Wettbewerb um knappes Kapital behaupten will.

Diese **Messlatte der Kapitalkosten gilt auch als Diskontierungssatz für die einzelnen Investitionsprojekte eines Unternehmens**. Daher soll im Folgenden auf die Ermittlung der Kapitalkosten näher eingegangen werden.

Die Kapitalkosten setzen sich aus den **Eigenkapital-(k_{EK}) und Fremdkapitalkosten (k_{FK})** zusammen. Bei der Berechnung wird nach dem Anteil des Eigen- (EK) bzw. Fremdkapitals (FK) am Gesamtkapital (GesK) gewichtet, wobei jeweils **Marktwerte** für das Eigen- und Fremdkapital (und nicht Buchwerte aus der Bilanz) zugrunde gelegt werden sollten.

Der **gewichtete durchschnittliche Kapitalkostensatz** (**WACC** = Weighted Average Cost of Capital) ergibt sich dann wie folgt:

$$WACC = k_{EK} \cdot \frac{EK}{GesK} + k_{FKs} \cdot \frac{FK}{GesK}.$$

Zur Ermittlung der **Fremdkapitalkosten (k_{FK})** wird empfohlen, auf die für das betrachtete Unternehmen, entsprechend seiner Bonitätseinschätzung, geltenden aktuellen Marktkonditionen für die Aufnahme verschiedener Arten von Fremdkapital zurückzugreifen (aktuelle Zinsen bei Emission einer Unternehmensanleihe, Zinsen für Aufnahme von kurzfristigem Fremdkapital). Der daraus berechnete Fremdkapitalzinssatz des Unternehmens wird dann noch um die eingesparten Steuern (beim Gesamtertragsteuersatz s) gekürzt, da die Fremdkapitalzinsen als Betriebsausgabe absetzbar sind. Somit ergibt sich der **Fremdkapitalkostensatz nach Steuern (k_{FKs})** wie folgt:

$$k_{FKs} = k_{FK} \cdot (1 - s)$$

Die **risikoangepassten Eigenkapitalkosten (k_{EK})** lassen sich für börsennotierte Unternehmen auf der Grundlage des Capital Asset Pricing Model (CAPM) ermitteln, das einen Zusammenhang zwischen erwarteter Rendite und eingegangenem Risiko des Investors unterstellt. Entsprechend verlangt ein EK-Geber, im Vergleich zu einer (quasi) risikofreien Anlage z. B. in langfristige Staatsanleihen, eine **Risikoprämie** für die Übernahme des höheren Risikos eines Investments in Aktien. Seine Risikoeinschätzung resultiert aus zwei Aspekten:

- dem höheren **Marktrisiko,** dafür dass er sich am **Aktienmarkt** engagiert (= durchschnittliche Rendite des Aktienmarktes r_m minus Rendite einer risikofreien Anlage i_R)
- dem **unternehmensspezifischen Risiko**, dafür dass er eine Anlage in **Aktien eines bestimmten Unternehmens** tätigt, da diese Aktien stärker oder schwächer reagieren können als der Gesamtmarkt. Ausgedrückt wird diese relative Kursschwankung der Aktie eines spezifischen Unternehmens im Vergleich zur generellen Marktbewegung im sog. **Beta-Faktor**, wobei gilt:

β-Faktor = 1 (die spezielle Aktie verhält sich gleich wie der Gesamtmarkt)

β-Faktor < 1 (die spezielle Aktie verhält sich richtungsbezogen wie der Gesamtmarkt, aber mit geringerer Stärke)

β-Faktor > 1 (die spezielle Aktie verhält sich richtungsbezogen wie der Gesamtmarkt, aber mit größerer Stärke)

Also ist für überdurchschnittlich **risikobehaftete Unternehmen der Beta-Faktor größer 1**, für Unternehmen mit geringerem Risiko dagegen <1. Beta-Faktoren werden z. B. für die 30 Unternehmen des deutschen Aktienindex DAX auf Basis einer gleitenden 250 Tage Durchschnittsberechnung ständig aktualisiert und im Handelsblatt unter DAX Kennzahlen veröffentlicht. Nicht im DAX vertretene Unternehmen können ihre betreffenden Beta-Faktoren in statistischen Berechnungen selbst ermitteln oder von externen Dienstleistern berechnen lassen.

Die **risikoangepassten Eigenkapitalkosten** (k_{EK}) ergeben sich somit nach folgender Formel:

$$k_{EK} = i_R + \beta \cdot (r_m - i_R)$$

Beispiel: Für die X-AG sollen aus den nachfolgenden Daten die risikoangepassten gewichteten Kapitalkosten nach Steuern (WACC) berechnet werden:

- die Rendite für (risikolose) Staatsanleihen mit zehn Jahren Laufzeit beträgt 4,5 %
- Die durchschnittliche Marktrendite des Aktienmarktes (im relevanten Segment) betrug in den letzten fünf Jahren 7,5 %.
- Da die X-AG weniger riskobehaftet ist als der betrachtete Gesamtmarkt, wurde in statistischen Berechnungen für die Aktie des Unternehmens ein Beta-Faktor von 0,8900 errechnet (gleitender Durchschnitt aus 250 Börsentagen).
- Die Berechnung des durchschnittlichen Fremdkapitalkostensatzes der X-AG ergibt 8,5 % (aktuelle Marktbedingungen für die Aufnahme von lang-, mittel und kurzfristigem Fremdkapital entsprechend der Bonitätseinschätzung des Unternehmens, in der Gewichtung entsprechend der Fremdkapitalstruktur des Unternehmens zusammengefasst). Da eine nachsteuerliche Größe zu errechnen ist, sollen für die Unternehmung insgesamt s = 38 % Ertragsteuern (zusammengesetzt aus Körperschaftsteuer und Gewerbeertragsteuer) berücksichtigt werden.
- Die Unternehmung strebt in den nächsten Jahren eine Ziel-Kapitalstruktur mit Plan-Bilanzwerten von 3 Mrd. € Eigenkapital und 9 Mrd. € Fremdkapital an.

(Es wird beschlossen, vereinfacht die Ziel-Kapitalstruktur mit Plan-Buchwerten statt der aufwändig zu ermittelnden Marktwerte für Eigen- und Fremdkapital zu verwenden)

Die Kapitalkosten (WACC) errechnen sich wie folgt:

$$k_{EK} = i_R + \beta \cdot (r_m - r_i)$$
$$= 4{,}5 + 0{,}8900 \cdot (7{,}5 - 4{,}5)$$
$$= 7{,}17\%$$

$$k_{FKs} = k_{FK} \cdot (1 - s)$$
$$= 8{,}5 \cdot (1 - 0{,}38)$$
$$= 5{,}27\%$$

$$WACC = 7{,}17 \cdot 0{,}25 + 5{,}27 \cdot 0{,}75$$

$$WACC = 5{,}74$$

Für Unternehmen mit **unterschiedlichen Geschäftsbereichen** ist die generelle Verwendung eines einzigen Gesamt-Kapitalkostensatzes als Diskontierungssatz für alle Investitionsprojekte nicht zu empfehlen. Hier sollte besser mit dem für ein Investitionsprojekt zutreffenden Bereichskapitalkostensatz diskontiert werden. Durch **differenzierte Bereichskapitalkostensätze** kann man (z. B. über Bereichs-Betas) das jeweils unterschiedliche Risiko der Geschäftsbereiche zum Ausdruck bringen. Als Methoden hierfür bieten sich an:

- Analogieschlüsse zu den Beta-Faktoren eines vergleichbaren Unternehmens oder zum durchschnittlichen Beta-Faktor von Unternehmen einer Branche
- Analytische Einschätzung des Geschäftsrisikos durch das Management. Hierbei wird eine qualitative Bewertung der wichtigsten Risikofaktoren wie Fixkostenanteil, Wettbewerbssituation auf den Beschaffungs- und Absatzmärkten und Tempo der Technologieentwicklung vorgenommen.

Ein Beispiel für differenzierte Bereichskapitalkostensätze zeigt der Siemens Konzern (vgl. Geschäftsbericht 2005). Siemens verwendet Kapitalkostensätze von aktuell 6,5 % bei Osram bis 8,5 % im Bereich Communications.

Die **Kapitalwertrechnung auf Basis risikoangepasster Kapitalkosten** ist durchaus ein pragmatischer Fortschritt. Es wird versucht, das empirisch ermittelte „systematische" Risiko oder Beta-Risiko in der Investitionsrechnung zu berücksichtigen. Demnach gilt eine **Investition als riskanter** und muss daher eine **höhere Mindestrendite** erbringen als die durchschnittlichen Kapitalkosten der Gesamtunternehmung, wenn sie in einen Geschäftsbereich fällt, dessen Erträge überdurchschnittlich stark von externen auf den Börsenkurs wirkenden Faktoren (z. B. wettbewerbsintensive Branche, Konjunktur- und Zinsentwicklung) abhängen.

d) Berücksichtigung von qualitativen Einflussfaktoren (Nutzwertanalyse)

Investitionsrechnungen erfassen die von einem Investitionsprojekt ausgelösten **finanziellen Wirkungen** in Form von Aus-/Einzahlungsströmen, die dann zu einer Aussage über die Rendite des Projekts verdichtet werden. Gerade bei größeren Investitionsprojekten können jedoch weitere **nicht oder nur schwer quantifizierbare, qualitative Wirkungen** eine Rolle spielen. In der Feinplanung des oben beschriebenen Automatisierungsvorhabens „Bestückungsautomat" müsste man, wenn mehrere relevante Alternativen für dieses Projekt zur Wahl stehen, diese auch hinsichtlich der Erfüllung von qualitativen Kriterien wie z. B. Arbeitssicherheit und Flexibilität bei technischen Anpassungen prüfen.

Da derartige Kriterien zwar meist im Planungsteam diskutiert werden, dann aber doch wieder in den Hintergrund geraten, wird zusätzlich zur Investitionsrechnung eine **bessere Transparenz und systematische Aufbereitung der relevanten qualitativen Einflussfaktoren** von Investitionsprojekten gefordert. Als hierfür geeignete Methode wird nachfolgend die Nutzwertanalyse dargestellt.

Mit Hilfe der Nutzwertanalyse werden **Alternativen eines Investitionsprojektes hinsichtlich der Erfüllung verschiedener qualitativer Zielkriterien** verglichen. Die Durchführung verläuft in folgenden Vorgehensschritten (vgl. Abb. G 16, S. 241):

(1) Formulierung der **Zielkriterien**: Es müssen die Kriterien festgelegt werden, die für die Alternativenbeurteilung verwendet werden sollen. Die Zielkriterien sollten überschneidungsfrei sein, damit Mehrfacherfassungen derselben Projektmerkmale vermieden werden. Schließlich wird weitgehende Unabhängigkeit der Kriterien verlangt, d. h. die Erfüllung eines Kriteriums darf nicht Voraussetzung für die Erfüllung anderer sein.

(2) **Gewichtung** der Zielkriterien: Durch die Gewichtung wird der unterschiedlichen Bedeutung der Zielkriterien Rechnung getragen. Zur Ermittlung der Gewichtungsfaktoren verwendet man Skalierungsverfahren und normiert anschließend die erhaltenen Präferenzunterschiede z. B. in einem Gesamtrahmen von 0 – 1,0.

(3) Beurteilung, **inwieweit** bei einer betrachteten Projektalternative **jedes Zielkriterium erfüllt** ist (Punktbewertung, Teilnutzenermittlung): Hier wird eine subjektive Einschätzung bzgl. der Ausprägung eines Zielkriteriums auf einer **Punkteskala** z. B. von 1 (= erfüllt das Kriterium nicht) bis 10 (= erfüllt das Kriterium sehr gut) vorgenommen. Die Punktbewertung ist nur sinnvoll, wenn sie auf der Basis vorliegender Operationalisierungstabellen erfolgt. Das bedeutet, für jedes Zielkriterium sollte eine präzise Beschreibung für die Skalenwerte, gewissermaßen als Umsetzungsmuster für die Einschätzung vorliegen.

(4) Ermittlung des **Nutzwertes (N) für jede betrachtete Investitionsalternative**: Indem man für jedes Zielkriterium die Gewichtung (G) mit dem Erfüllungswert (E) – also der jeweiligen Punktbewertung – multipliziert und anschließend alle Kriterien addiert, erhält man als aggregierte Größe den Nutzwert einer Alternative.

(5) Beurteilung der **relativen Vorteilhaftigkeit der Alternativen**: Unter den im Beispiel (vgl. Abb. G 16) nicht näher beschriebenen unterschiedlichen Investitionen in der Fertigung ist Alternative II mit einem Nutzwert von N = 8,02 das bezüglich der qualitativen Kriterien vorteilhafteste Projekt. Diese Aussage lässt sich noch verdeutlichen, indem der ermittelte

Nutzwert in Relation zum maximal möglichen Nutzwert (= maximal erreichbarer Teilnutzenwert, im Beispiel = 10 Punkte) gesetzt wird. Der so ermittelte **Zielerreichungsgrad** für Alternative II liegt (in % ausgedrückt) bei 80,2 %.

Qualitative Zielkriterien	Gewichtung (G)	Alternative I		Alternative II		Alternative III	
		E	G×E	E	G×E	E	G×E
Flexibilität bzgl. Typenvielfalt	0,15	8	1,20	8	1,20	4	0,60
Flexibilität bzgl. Mengenänderung	0,09	5	0,45	7	0,63	3	0,27
Flexibilität bzgl. Typenänderung	0,09	7	0,63	7	0,63	2	0,18
Fertigungssicherheit	0,17	10	1,70	8	1,36	8	1,36
Anlageninstandhaltung	0,06	5	0,30	8	0,48	8	0,48
Flexibilität bzgl. Mitarbeitereinsatz	0,16	4	0,64	9	1,44	2	0,32
Ergonomische Arbeitsplatzgestaltung	0,12	7	0,84	9	1,08	4	0,48
verringerte Umweltbelastung	0,12	8	0,96	8	0,96	3	0,36
verbesserter Informationsfluss	0,04	5	0,20	6	0,24	4	0,16
Nutzwert (N)			**6,92**		**8,02**		**4,21**

E = Erfüllungswert für ein Zielkriterium

Abb. G16: Vergleich von Investitionsalternativen nach qualitativen Kriterien (Beispiel in Anlehnung an *Grob* [1984])

Vielfach wird die Nutzwertanalyse aufgrund der subjektiven Einschätzungsmuster kritisch beurteilt. Dem ist entgegenzuhalten, dass auch die Prognose von Aus-/Einzahlungsströmen auf subjektiven Vorstellungen basiert. Entscheidend für die Aussagefähigkeit der Nutzwertanalyse ist sicherlich eine **präzise Anwendung von Skalierungsverfahren und die Operationalisierung der zu bewertenden Größen**. Auf dieser Basis erhält man transparente, nachvollziehbare Entscheidungsgrundlagen für die Beurteilung der qualitativen Kriterien einer Investition. Insbesondere bei größeren Projekten, bei denen mehrere für die Entscheidung bedeutsame qualitative Kriterien zu beachten sind (z. B. bei Investitionen in neue Produktionstechnologien wie Flexible Fertigungssysteme) kann die Nutzwertanalyse wichtige ergänzende Informationen liefern. Gerade bei komplexeren Investitionsprojekten sollte jedoch nicht vorschnell auf qualitative Kriterien ausgewichen werden. Es gilt, zuerst möglichst viele Wirkungen, auch wenn dies u. U. aufwändiger ist, monetär im Investitionsrechenmodell abzubilden. Ein Beispiel hierfür ist die Beurteilung von Durchlaufzeitreduzierungen: statt der bequemeren qualitativen Einschätzung im Rahmen einer Nutzwertanalyse, sollte man erst einmal eine rechnerische Erfassung der Zahlungswirkungen (z. B. einerseits erwartete Einsparungen bei den Auszahlungen aufgrund niedrigerer Bestände, andererseits Mehrumsatz und damit erhöhte Einzahlungen durch schnellere Lieferbereitschaft) vornehmen.

e) Fallbeispiel

In diesem Fallbeispiel soll gezeigt werden, wie man eine Investitionsrechnung nach Steuern (mithilfe des Standardmodells) durchführt. Gleichzeitig dient es dazu, die Datengenerierung für die Projektalternativen (zum Teil aus der Kostenrechnung stammend) zu verdeutlichen.

Aufgabenstellung

Die Heinrich Göbel AG in Augsburg, der zweitgrößte Hersteller von Papier in Süddeutschland, fertigt alle gängigen Papiersorten. Der Fertigungsprozess verläuft im Prinzip immer gleich in vier Stufen:

Stufe 1: Zerkleinerung des Rohholzes zu Hackschnitzeln
Stufe 2: Gewinnung von Zellstoff aus Hackschnitzeln
Stufe 3: Bleichen des Zellstoffs
Stufe 4: Verbinden der verschiedenen Zellstoffarten zu Papier

Während die Kapazitäten der Stufen 3 und 4 recht gut ausgelastet sind, bestehen in der Stufe 2, also der Zellstoffgewinnung Überkapazitäten von rund 30.000 t pro Jahr. Auch der Zerkleinerer in Stufe 1 hat genügend freie Kapazität.

Herr Wimmer, der Leiter der Abteilung Verkauf und Marketing, suchte deshalb nach zusätzlichen externen Absatzmöglichkeiten für Zellstoff.

Bei seiner Analyse stieß er auf die Wiesenau AG in Brilon im Sauerland, ebenfalls ein Papierhersteller, der zur Abdeckung seiner Spitzen einen Lieferanten für Zellstoff suchte. Die Wiesenau AG ist bereit, mit einem Lieferanten einen Fünfjahresvertrag über eine jährliche Absatzmenge von 12.000 t Zellstoff abzuschließen. Als Preis bietet die Wiesenau AG 450 € je t an. Die Lieferung soll „frei Haus" erfolgen.

Um das Geschäft aus Sicht der Heinrich Göbel AG beurteilen zu können, bat Herr Wimmer seinen Kollegen vom Rechnungswesen, Herrn Fuchs, um eine Erfolgsrechnung für Zellstoff.

Erfolgsrechnung pro t Zellstoff (Stufe 1 und 2) bei einem Preis von 450 €

Preis		450,00
Holzkosten	102,20	
andere Materialkosten	32,50	
Energiekosten	33,90	
Fertigungslöhne	51,40	
Öl, Wartung u. ä.	4,40	
Summe variable Kosten		./. 224,40
Deckungsbeitrag		225,60
Abschreibungen	112,40	
anteilige fixe Fertigungsgemeinkosten	25,80	
Summe Fixkosten		./. 138,20
Gewinn		87,40

Herr Wimmer war entzückt über diese Zahlen, war doch bei 12.000 t ein zusätzlicher jährlicher Gewinn vor Steuern von rund einer Mio. € (1.048.800) aus diesem Geschäft zu erwarten.

Eine Schwierigkeit ergab sich jedoch, als Herr Wimmer die Frage des Transports mit Herrn Ebner besprach. Der Zellstoff befindet sich in einer Lösung, die zu 95 % aus Wasser besteht. Würde man in dieser Form liefern, würden pro t der Lösung nur 5 % Zellstoff transportiert. Deshalb musste der Zellstoff für den Transport erst aufbereitet werden. Technisch gab es dazu zwei Möglichkeiten:

Alternative 1 (Trocknungslösung): Trocknen des Zellstoffs und Transport in Ballen

Alternative 2 (Nasslösung): Filtern des Zellstoffs und Verladen im Kübelwagen

Alternative 1 (Trocknungslösung): Zur Trocknung des Zellstoffs wird eine Trocknungsanlage mit einem Investitionsvolumen von 3,0 Mio. € benötigt, die eine wirtschaftliche Nutzungsdauer von acht Jahren besitzt. Die Trocknungsanlage verursacht folgende Kosten:

Kosten der Trocknung je t Zellstoff:

Energiekosten	14,60
Öl, Wartung u. ä.	1,40
Verpackungskosten	1,70
kalkulatorische Abschreibung	50,00
kalkulatorische Zinsen (8 %)	10,00
Gesamtkosten Trocknung je t Zellstoff	77,70

Hinzu kommen die **Transportkosten** für den so getrockneten und in Ballen verpackten Zellstoff für die Strecke von Augsburg nach Brilon in Höhe von 37,80 € je t Zellstoff. Insgesamt ergeben sich damit zusätzlich zu den Produktionskosten noch Kosten in Höhe von 115,50 € für Trocknung und Transport je t Zellstoff. Etwas betrübt schaute Herr Wimmer auf den obigen Produktionsgewinn von 87,40 €, der durch die Kosten für Trocknung und Transport mehr als aufgezehrt wird.

Alternative 2 (Nasslösung): Für die Nasslösung müsste eine Filtrieranlage mit Investitionsvolumen von 2,4 Mio. € beschafft werden, die eine wirtschaftliche Nutzungsdauer von fünf Jahren besitzt. Durch die Filtrieranlage wird das Zellstoffgemisch so weit vom Wasser befreit, dass eine Lösung entsteht, die zu 25 % aus Wasser und 75 % aus Zellstoff besteht. Die Filtrieranlage verursacht folgende Kosten:

Kosten der Filtrierung je t Zellstoff:

Energiekosten	6,10
Öl, Wartung u. ä.	1,10
kalkulatorische Abschreibung	40,00
kalkulatorische Zinsen (8 %)	8,00
Gesamtkosten Filtrierung je t Zellstoff	55,20

Die **Transportkosten** für die Zellstofflösung im Kübelwagen betragen je t 48,30 €. Bei 75 % Zellstoffanteil in der Lösung ergeben sich für den Transport einer t Zellstoff Transportkosten in Höhe von 64,40 € (nämlich 48,30 : 0,75). Die gesamten zusätzlichen Kosten über die Produktion hinaus (Filtrierung und Transport) für eine t Zellstoff betragen bei der Nasslösung also 119,60 €. Damit ist diese Alternative 2 sogar noch schlechter als die Trocknungslösung (Alternative 1).

Schade, dachte Herr Wimmer, es wäre so schön gewesen. Aber instinktiv war er dennoch davon überzeugt, dass dieses Geschäft mit der Wiesenau AG lohnend sein müsste, auch wenn die zunächst vorliegenden Zahlen der Kostenrechnung dagegen sprachen. Er schickte deshalb alle Unterlagen zur weiteren Prüfung an Herrn Fuchs, mit der Bitte, ihm folgende Fragen mithilfe der **Investitionsrechnung** zu beantworten:

- Soll das Zusatzgeschäft abgeschlossen werden?
- Welche der beiden technischen Alternativen, Trocknungs- oder Nasslösung, ist die wirtschaftlich bessere?

Anmerkung: Die Heinrich Göbel AG beurteilt grundsätzlich alle Investitionsprojekte **nach Steuern** und wendet zur Berechnung das **Standardmodell** an. Es wird mit einem pauschalen Ertragsteuersatz von 40 % gerechnet (aus Körperschaftsteuer und Gewerbeertragsteuer hergeleitet). Der Kalkulationszinssatz vor Steuern beträgt i = 8 %, also nach Steuern i_s = 4,8 %; 0,08 (1 – 0,40) = 0,048. Steuerlich wird die lineare Abschreibungsmethode angewendet. Vereinfachend wird für den Alternativenvergleich unterstellt, dass die Differenzinvestition (D) in Höhe von 0,6 Mio. € eine Rendite nach Steuern in Höhe des Kalkulationszinssatzes (i_s) erwirtschaftet.

Als Entscheidungskriterien sollen für beide Alternativen (jeweils **nach Steuern**) der Kapitalwert ($C_0{}^s$), die durchschnittliche jährliche Überrendite ($k_s{}^*$), der interne Zinssatz (r_s) und die dynamische Amortisationsdauer (AD_s) berechnet werden. Vereinfachend wird jeweils von gleich hohen jährlichen Einzahlungsüberschüssen ausgegangen. (Einerseits sind die Einzahlungen aufgrund der vertraglich fixierten Mengen und Preise konstant, andererseits liegen in diesem Beispiel nur auszahlungswirksame Kosten aus einer Periode vor, Mengen- und Preisänderungen des Faktoreinsatzes in den folgenden vier Jahren sind nicht genannt).

Tabelle ausgewählter **Abzinsungsfaktoren**:

Jahr	i = 8 %	i_s = 4,8 %
1	0,9259	0,9542
2	0,8573	0,9105
3	0,7938	0,8688
4	0,7350	0,8290
5	0,6806	0,7910

Lösung

Alternative 1 (Trocknungslösung): Betrachtet werden müssen sämtliche durch den Zusatzauftrag tangierten Stufen:

- die Nutzung der freien Kapazität der vorhandenen **Zellstofffertigung** (Stufe 1 und 2)
- der Einsatz der **Trocknungsanlage** mit einem Investitionsvolumen von 3,0 Mio. €
- der **Transport** in Trockenform (Ballen)

Für eine Investitionsrechnung sind die vorliegenden Daten, die aus der Kostenrechnung stammen, dahingehend zu prüfen:

- ob sie **durch die Projektalternative (Zusatzauftrag) ausgelöst** wurden,
- ob sie **zahlungswirksam** sind, d. h. zu Aus-/Einzahlungen über die Jahre der wirtschaftlichen Nutzungsdauer führen.

Bei allen variablen Kosten der **Zellstofffertigung**, also den Holzkosten, den Materialkosten, den Energiekosten, den Lohnkosten sowie den Kosten für Öl und Wartung u. ä. kann man davon ausgehen, dass sie auch zu Auszahlungen führen. Nicht auszahlungswirksam sind die kalkulatorischen Abschreibungen. Die Auszahlung erfolgte (völlig unabhängig von diesem Zusatzauftrag) bereits bei der ursprünglichen Beschaffung des Equipments für die Zellstofffertigung.

Bei den anteiligen fixen Fertigungsgemeinkosten ist zu prüfen, ob sie durch den Zusatzauftrag ansteigen. Ein Steigerungsbetrag wäre für die Beurteilung des Zusatzauftrages relevant und entsprechend auch auszahlungswirksam. Da in der Aufgabenstellung dazu keine Informationen vorliegen, werden die anteiligen fixen Fertigungsgemeinkosten hier nicht berücksichtigt. Das bedeutet, dass die Produktion einer t Zellstoff mit Auszahlungen genau in Höhe der variablen Kosten (224,40 €) verbunden ist.

Auch bei der **Trocknung** sind sämtliche variablen Kosten (17,70 € pro t) auszahlungs-wirksam. Die kalkulatorischen Abschreibungen sind nicht auszahlungswirksam, sie sind eine periodische Größe der Kostenrechnung. Für die Betrachtung in der Investitionsrechnung erfolgte die Auszahlung im Beschaffungszeitpunkt t_0. Kostenrechnerisch wird dagegen eine Verteilung dieser Investitionssumme auf den gesamten Auftrag vorgenommen.

$$\text{Abschreibungen pro t} = \frac{\text{Investitionssumme}}{\text{erwartete Tonnen (gesamt)}}$$

$$= \frac{3.000.000}{5 \cdot 12.000} = 50 \text{ €} / \text{t}$$

Auch die kalkulatorischen Zinsen sind ein Begriff der Kostenrechnung, mit dem Ziel, eine Verzinsung des gesamten eingesetzten betriebsnotwendigen Kapitals zu berücksichtigen. Kalkulatorische Zinsen sollen im Sinne einer Opportunitätskostenbetrachtung die Genauigkeit der Kostenrechnung erhöhen, sie führen jedoch nicht zu Auszahlungen und sind daher in der Investitionsrechnung nicht zu berücksichtigen.

Die Kosten für den **Transport** in Trockenform sind komplett auszahlungswirksam.

Unter Berücksichtigung der vertraglich fixierten Preise (= Einzahlungen) errechnet sich der jährliche **Einzahlungsüberschuss** wie folgt:

Einzahlungsüberschuss / Rückfluss vor Steuern (brutto) pro t

Einzahlungen (Preis pro t)			450,00
Auszahlungen (auszahlungswirksame Kosten pro t)			
a) **Zellstofffertigungsprozess**			
durch Zusatzauftrag ausgelöste auszahlungswirksame Kosten = variable Produktionskosten			– 224,40
b) **Trocknungsanlage**			
auszahlungswirksame Kosten = variable Produktionskosten	Energiekosten	14,60	
	Öl, Wartung	1,40	
	Verpackungskosten	1,70	– 17,70
c) **Transport in Trockenform**			
auszahlungswirksame Kosten			– 37,80
Einzahlungsüberschuss (brutto) pro t			**170,10**

Einzahlungsüberschuss / Rückfluss (brutto) pro Jahr

170,10 × 12.000 t	**2.041.200**

Da die Heinrich Göbel AG ihre Investitionsprojekte mit dem Standardmodell nach Steuern beurteilt (siehe Abschnitt G. 4a, S. 230 ff.), müssen die zu zahlenden Steuern als weitere Auszahlungen berücksichtigt werden, indem von den Nettozahlungen (in diesem Fall von den Einzahlungsüberschüssen) die steuerlich absetzbaren Abschreibungen (AfA) abgezogen werden. Für die Alternative 1 sind nur die durch den Zusatzauftrag induzierten Abschreibungen der Trocknungsanlage relevant, die Abschreibungen der Zellstofffertigung sind nicht projektbedingt. Sie fallen auch ohne den Zusatzauftrag an. Steuerlich muss die Anlage entsprechend der Nutzungsdauer über acht Jahre abgeschrieben werden. Bei linearer Abschreibung bedeutet dies jährlich 375.000 €. Die jährlichen Rückflüsse nach Steuern errechnen sich demnach wie folgt:

Einzahlungsüberschuss / Rückfluss (netto=nach Ertragsteuern) pro Jahr

Einzahlungsüberschuss (brutto) pro Jahr	2.041.200
./. steuerliche Abschreibung, AfA (3.000.000 : 8)	375.000
steuerl. Bemessungsgrundlage	1.666.200
davon Ertragsteuern (40 %)	**666.480**

Einzahlungsüberschuss (brutto) pro Jahr	2.041.200
./. Ertragsteuern (40 %)	666.480
Einzahlungsüberschuss (netto) pro Jahr	**1.374.720**

Um das Modell vollständig zu formulieren, muss berücksichtigt werden, dass die Trocknungsanlage, die nach dem fünften Jahr mit einem Restwert von 1.125.000 € zu Buche steht, noch weitere drei Jahre nutzbar ist. Wenn zum Planungszeitpunkt kein Folgeauftrag erkennbar ist, kann aus Vorsichtsgründen folgende Überlegung angestellt werden. Schlechtestenfalls kann es nach fünf Jahren passieren, dass die Anlage nicht mehr nutzbar ist. Dann lässt sich steuerlich eine Sonderabschreibung in Höhe des Restbuchwertes geltend machen. Befindet sich das Unternehmen in der Gewinnzone, so **mindert diese Sonderabschreibung den Gewinn der Gesamtunternehmung** und es kommt zu einer **Steuerersparnis** entsprechend der nachfolgenden Rechnung. Der Projektalternative 1 ist dies als **zusätzliche Einzahlung** Ende des fünften Jahres zuzuschreiben.

Sonderabschreibung	1.125.000
gesparte Steuern (bei 40 % Ertragsteuersatz)	**450.000**
wirkt wie eine zusätzliche Einzahlung im fünften Jahr	

Alternative 2 (Nasslösung):

Einzahlungsüberschuss / Rückfluss vor Steuern (brutto) pro t

Einzahlungen (Preis pro t)			450,00
Auszahlungen (auszahlungswirksame Kosten pro t)			
a) Zellstofffertigungsprozess			
durch Zusatzauftrag ausgelöste auszahlungswirksame Kosten = variable Produktionskosten			– 224,40
b) Filtrieranlage			
auszahlungswirksame Kosten = variable Produktionskosten	Energiekosten	14,60	
	Öl, Wartung	1,40	– 7,20

c) Transport in Nassform	
auszahlungswirksame Kosten	– 64,40
Einzahlungsüberschuss (brutto) pro t	**154,00**

Einzahlungsüberschuss / Rückfluss (brutto) pro Jahr

154,00 × 12.000 t	**1.848.000**

Einzahlungsüberschuss / Rückfluss (netto = nach Ertragsteuern) pro Jahr

Einzahlungsüberschuss (brutto) pro Jahr	1.848.000
./. steuerliche Abschreibung, AfA (2.400.000 : 5)	480.000
steuerl. Bemessungsgrundlage	1.368.000
davon Ertragsteuern (40 %)	**547.200**

Einzahlungsüberschuss (brutto) pro Jahr	1.848.000
./. Ertragsteuern (40 %)	547.200
Einzahlungsüberschuss (netto) pro Jahr	**1.300.800**

Damit ergeben sich für die beiden Alternativen, bei der vereinfachten Annahme von **jährlich gleich bleibenden Einzahlungsüberschüssen** (vertraglich fixierte Einzahlungen und konstant unterstellte auszahlungswirksamen Kosten, d. h. weder inflationäre Entwicklung noch veränderter Faktorverbrauch), die folgenden Zahlungsreihen:

Jahr	**Alternative 1** (Trocknungslösung)	**Alternative 2** (Nasslösung)
0	– 3.000.000	– 2.400.000
1	+ 1.374.720	+ 1.300.800
2	+ 1.374.720	+ 1.300.800
3	+ 1.374.720	+ 1.300.800
4	+ 1.374.720	+ 1.300.800
5	+ 1.374.720	+ 1.300.800
	+ 450.000	–

Im Folgenden werden nun die wichtigsten Investitionsbeurteilungsmaßstäbe errechnet.

(1) Alternative 1 (Trocknungslösung):

(a) Kapitalwert nach Steuern ($C_0{}^s$)

Jahr	Nettozahlungen nach Steuern	Abzinsungs-faktoren für $i_s = 0{,}048$	Barwert der Nettozahlungen nach Steuern	kumulierte Barwerte nach Steuern
0	– 3.000.000		– 3.000.000	– 3.000.000
1	1.374.720	0,9542	1.311.758	– 1.688.242
2	1.374.720	0,9105	1.251.683	– 436.560
3	1.374.720	0,8688	1.194.357	757.797
4	1.374.720	0,8290	1.139.643	1.897.440
5	1.374.720	0,7910	1.087.404	2.984.844
	450.000	0,7910	355.950	3.340.794
			C_0^s=+3.340.794	

Die Projektalternative 1 ist mit einem Kapitalwert nach Steuern von $C_0{}^s$ = +3.340.794 € sehr positiv zu beurteilen. Nach vollständiger Wiedergewinnung (Amortisation) des Kapitaleinsatzes und einer eingerechneten Verzinsung in Höhe des Kalkulationszinssatzes nach Steuern in Höhe von 4,8 % (= Mindestrenditevorstellung der Unternehmung) wird noch ein Einzahlungsüberschuss erzielt, der in t_0 den Barwert 3.340.794 € besitzt.

Die exakte Lösung in Excel beträgt 3.340.832 €.

(b) Kapitalwertrate nach Steuern (k_s)

$$k_s = \frac{C_0^s}{\text{Kapitaleinsatz}} = \frac{3.340.794}{3.000.000} = 1{,}1136 = \mathbf{111{,}36\,\%\ in\ 5\ Jahren}$$

Durchschnittliche jährliche Überrendite nach Steuern (k_s*)

$$k_s^* = \sqrt[n]{1+k} - 1$$

$$k_s^* = \sqrt[5]{1+1{,}1136} - 1$$

$$k_s^* = 2{,}1136^{1/5} - 1$$

$k_s^* = 1{,}1615 - 1 = 0{,}1615 =$ **16,15%** durchschnittliche jährliche Überrendite nach Steuern

Über den eingerechneten Kalkulationszinssatz von 4,8 % hinaus erzielt das Projekt eine durchschnittliche jährliche Überrendite von 16,15 %.

(c) interner Zinssatz nach Steuern (r_s)

Für die Zwecke der Investitionsrechnung reicht, wenn kein finanzmathematischer Rechner zur Verfügung steht, eine Näherungslösung mit zwei Probierzinssätzen.

Dazu sucht man einen Zinssatz i_p^1, bei dem der Kapitalwert positiv ist und einen Zinssatz i_p^2, bei dem der Kapitalwert negativ ist. Durch Auflösung der über die Zwei-Punkte-Methode fixierten Geradengleichung nach rs (siehe oben, Abschnitt G. 2b, S.224 f.) erhält man eine Näherungslösung für den internen Zinssatz nach Steuern. Es ist beispielsweise:

$$C_0\left(i_p^1 = 35\%\right) = +152.091 \text{ und } C_0\left(i_p^2 = 50\%\right) = -553.671$$

Dann ergibt sich ein interner Zinssatz von

$$r_s = 0{,}35 - 152.091 \cdot \frac{(0{,}50 - 0{,}35)}{(-553.671 - 152.091)} = 0{,}3823 = \mathbf{38{,}23\%}$$

Je enger man i_p^1 und i_p^2 wählt, umso genauer ist der ermittelte Wert für r_S. Die betrachtete Alternative 1 erzielt also nach Steuern eine Rendite von 38,23 % als Näherungslösung (exakte Lösung in Excel 37,72 %) auf das im Projekt durchschnittlich gebundene Kapital und übertrifft damit die Mindestrendite von 4,8 % deutlich.

(d) Dynamische Amortisationsdauer nach Steuern (AD_S)

Die Daten werden aus der letzten Spalte der o. a. Kapitalwertberechnung entnommen, die die kumulierten Barwerte aufzeigt.

Demnach liegt der Zeitpunkt der Wiedergewinnung des Kapitaleinsatzes einschließlich der Mindestverzinsung in Höhe des Kalkulationszinssatzes von 4,8 % zwischen dem zweiten und dritten Jahr. Durch Interpolation ergibt sich:

$$AD_s = 2 + \frac{436.560}{436.560 + 757.797} = \mathbf{2{,}37\ Jahre}$$

(2) Alternative 2 (Nasslösung):

In derselben Weise lassen sich nun die Beurteilungskriterien für Alternative 2 ermitteln.

(a) Kapitalwert nach Steuern (C_0^s)

Jahr	Nettozahlungen nach Steuern	Abzinsungs-faktoren für $i_s = 0{,}048$	Barwert der Nettozahlungen nach Steuern	kumulierte Barwerte nach Steuern
0	−2.400.000		−2.400.000	−2.400.000
1	1.300.800	0,9542	1.241.223	−1.158.777
2	1.300.800	0,9105	1.184.378	25.601
3	1.300.800	0,8688	1.130.135	1.155.736
4	1.300.800	0,8290	1.078.363	2.234.099
5	1.300.800	0,7910	1.028.933	3.263.032
			$C_0^s = +3.263.032$	

Die exakte in Excel berechnete Lösung beträgt 3.263.056 €.

(b) Kapitalwertrate nach Steuern (k_s)

$$k_s = \frac{C_0^s}{\text{Kapitaleinsatz}} = \frac{3.263.032}{2.400.000} = 1{,}3596 = \mathbf{135{,}96\,\%\ in\ 5\ Jahren}$$

Durchschnittliche jährliche Überrendite nach Steuern (k_s*)

$$k_s^* = \sqrt[n]{1+k} - 1$$

$$k_s^* = \sqrt[5]{1+1{,}3596} - 1$$

$$k_s^* = 2{,}3596^{1/5} - 1$$

$$k_s^* = 1{,}1873 - 1 = 0{,}1873 = \mathbf{18{,}73\,\%}$$ durchschnittliche jährliche Überrendite nach Steuern

(c) Interner Zinssatz nach Steuern (r_s)

Es ist $C_0\left(i_p^1 = 35\,\%\right) = +487.646$ und $C_0\left(i_p^2 = 50\,\%\right) = -141.291$

Dann ergibt sich ein interner Zinssatz (Näherungslösung) von

$$r_s = 0{,}35 - 487.646 \cdot \frac{(0{,}50 - 0{,}35)}{(-141.291 - 487.646)} = 0{,}4663 = \mathbf{46{,}63\,\%}$$

(Exakte Lösung in Excel 46,04 %)

(d) Dynamische Amortisationsdauer nach Steuern (AD_S)

Die Daten werden wiederum aus der letzten Spalte der o. a. Kapitalwertmethode (kumulierte Barwerte) entnommen. Der Amortisationszeitpunkt liegt zwischen dem ersten und zweiten Jahr.

$$AD_s = 1 + \frac{1.158.777}{1.158.777 + 25.601} = \mathbf{1{,}98\ Jahre}$$

Zusammenfassend stellen sich die beiden Alternativen bezüglich der betrachteten Beurteilungskriterien (nach Steuern) wie folgt dar:

Beurteilungskriterium	Bezeichnung	**Alternative 1** Investitionssumme 3,0 Mio. € ND 8 Jahre (davon für die letzten 3 Jahre keine geplanten Cash Flows)	**Alternative 2** Investitionssumme 2,4 Mio. € ND 5 Jahre
Kapitalwert	C_0^S	3.340.794 €	3.263.032 €
durchschnittliche jährliche Überrendite	k_S^*	16,14 %	18,73 %
interner Zinssatz (Näherungslösung)	r_S	38,23 %	46,63 %
dynamische Amortisationsdauer	AD_S	2,37 Jahre	1,98 Jahre

Nach den berechneten Beurteilungskriterien ist der Zusatzauftrag auf jeden Fall sehr lohnend. Für beide Projektalternativen ergeben sich nach Steuern hohe Kapitalwerte und interne Zinssätze sowie eine schnelle dynamische Amortisation des Kapitaleinsatzes samt Mindestverzinsung.

Schwieriger wird es, die bessere Alternative herauszufinden, liegen doch beide Möglichkeiten in den Entscheidungskriterien eng beieinander. In der Aufgabenstellung wurde bereits eine Verzinsung der Differenzinvestition von 600.000 € zum Kalkulationszinssatz i_S unterstellt, deren Kapitalwert Null ist. Somit lassen sich die Ergebnisse beider Alternativen nach der Kapitalwertmethode unmittelbar vergleichen. Allerdings ist Alternative 1 bezüglich der letzten drei Jahre der Nutzungsdauer nicht vollständig beschrieben, sie wurde im Lösungsvorschlag lediglich im Sinne einer „worst case" Betrachtung (Sonderabschreibung des Restwertes) komplettiert.

In der praktischen Anwendung ist der **Kapitalwert das dominierende Entscheidungskriterium**. Er drückt die **absolute Höhe des aus einer Investition erzielten Überschusses** (über die Mindestrendite hinaus)

aus. Somit ist dies der durch das Investitionsprojekt erzielbare Vermögenszuwachs. Dieses Kriterium bereitet auch beim Vergleich von Projektalternativen (bei Berücksichtigung von Differenzinvestitionen) keine Probleme. Nach dem Kapitalwertkriterium ist also, wenn auch knapp, Alternative 1 zu bevorzugen.

Der relative Vergleich von Projekten anhand des **internen Zinssatzes** ist jedoch problematisch. Der interne Zinssatz drückt den Return als Renditegröße aus, was dazu führt, dass ein Projekt mit geringem Kapitalumfang gegenüber einem Projekt mit höherem Kapitalvolumen bevorzugt wird. Dies ist auf unterschiedliche Kapitalbindungsverläufe zurückzuführen, so wird z. B. Alternative 1 durch Verzinsung des höheren jeweils noch gebundenen Kapitals relativ schlechter dargestellt.

Eine Renditegröße wie der interne Zinssatz oder die durchschnittliche jährliche Überrendite, die den Gewinn in Relation zum Kapitaleinsatz betrachtet, gewinnt dann stärkere Bedeutung, wenn die Finanzierung des Kapitaleinsatzes Schwierigkeiten bereitet. Im Fallbeispiel wird man sich aufgrund des größeren Kapitalwertes für Alternative 1 entscheiden.

Für Alternative 1 spricht auch die Chance einer evtl. noch weiteren dreijährigen Nutzung – die in dem Fallbeispiel offen gehalten wurde – und somit potentiellen Kapitalwertsteigerung.

Bei angespannter Finanzlage ist jedoch Alternative 2 vorzuziehen, da hier 600.000 € weniger Kapital eingesetzt werden muss, das alternativ verwendet werden kann. Speziell wenn mit der Differenzinvestition (D) mehr als die hier vereinfachend angenommene Mindestrendite erzielt werden kann, wird Alternative 2 + D lohnend.

Im Falle einer angespannten Finanzlage spricht auch die kürzere dynamische Amortisationsdauer mit dem damit verbundenen stärkeren Liquiditätseffekt für Alternative 2.

Literatur

Adam, D. (2000): Investitionscontrolling, 3. Aufl., München 2000

Blohm, H./Lüder, K./Schäfer, C. (2006): Investition, 9. Aufl., München 2006

Brealey, R. A./Myers, St. C. (2000): Principles of Corporate Finance, 6. Aufl., New York 2000

Copeland, T./Koller, T./Murrin, J. (McKinsey & Company) (2002): Unternehmenswert – Methoden und Strategien für eine wertorientierte Unternehmensführung, 3. Aufl., Frankfurt/M., New York 2002

Grob, R. (1984): Erweiterte Wirtschaftlichkeits-und Nutzenrechnung, Köln 1984

Hahn, D. (1994): PuK-Controllingkonzepte, 4. Aufl., Wiesbaden 1994
Perridon, L./Steiner, M. (2004): Finanzwirtschaft der Unternehmung, 13. Aufl., München 2004
Rüegg-Stürm, J. (2000): Controlling für Manager: Grundlagen, Methoden, Anwendungen, 6. Aufl., Zürich 2000
Schmidt, R. H./Terberger, E. (1997): Grundzüge der Investitions- und Finanzierungstheorie, 4. Aufl., Wiesbaden 1997
Süchting, J. (1995): Finanzmanagement, 6. Aufl., Wiesbaden 1995

H. Rechnungslegung und Unternehmens-beurteilung

1. Grundbegriffe

a) Rechnungslegung

Rechnungslegung steht für das Bemühen natürlicher Personen und von Institutionen, die Erfüllung übernommener Aufgaben zu belegen. Zur Abgrenzung sind drei Unterscheidungen nötig.

Für die Rechnungslegung können erstens qualitative Argumente, aber auch und vor allem mit der Bilanz jene Rechenwerke präsentiert werden, um die es im Folgenden geht.

Die Rechnungslegung kann zweitens sich vornehmlich auf vergangene Perioden beziehen; ein strikter Zukunftsbezug liegt dagegen vor, wenn erstellte Zukunftsplanungen zur Beurteilung vorgelegt werden. Im Folgenden geht es mit der Vorlage des bilanziellen Jahresabschlusses um die Rechnungslegung für die gerade vergangene Periode, allerdings durchaus mit Blick auf die Auswirkungen in der Zukunft.

Die Rechnungslegung kann sich drittens an Empfänger innerhalb der Unternehmung richten und an Externe; entsprechend wird von interner und externer Rechnungslegung gesprochen. Im Folgenden geht es mit dem bilanziellen Jahresabschluss allein um die externe Rechnungslegung. Ihr Anliegen lässt sich präzisieren, indem der Unterschied zur internen Rechnungslegung näher erläutert wird.

Eine interne Rechnungslegung erfolgt etwa zwischen Unter- und Oberinstanz in Systemen interner Kontrolle und Revision. Das von der Unterinstanz präsentierte Rechenwerk belegt nach Art eines Optimierungskalküls die realisierte oder für die Zukunft vorgeschlagene Maßnahme; das Rechenwerk ist insoweit gleichsam eine Wirtschaftlichkeitsrechnung mit einem Informationsempfänger, der im Grundsatz Zugang zu den gleichen Daten hat wie der Sender.

Das ist grundlegend anders bei externer Rechnungslegung in Form des bilanziellen Jahresabschlusses. Hier hat der Empfänger der Rechnungslegungsinformation als aktueller oder potentieller Anteilseigner, als möglicher Kreditgeber, als Steuergläubiger, als Wettbewerber, als Kunde etc. im Grundsatz einen weit geringeren Informationsstand als der Sender, und inwieweit interne durch differenzierende oder verdichtende Bilanzangaben ihr Wissen gegenüber Externen aufzudecken haben, bildet eine der Grundfragen des Bilanzrechts.

Zu beklagen, dass Externe wegen der Regelungen des Bilanzrechts einen geringeren Informationsstand als Interne aufweisen, ist nicht weniger als ein Missverständnis. Wissensvorsprünge der Unternehmensinternen sind schutzwürdig, und wirtschaftliche Dynamik setzt Wissensunterschiede geradezu voraus. Eine perfekte Transparenz, die alle Wissensunterschiede zwischen Externen und Internen aufzuheben bemüht ist, ist insoweit illusionär.

Ein zweites Missverständnis: Der bilanzielle Jahresabschluss, um den es im Folgenden geht, ist zur externen Rechnungslegung und damit für die Unternehmensbeurteilung von außen gedacht. Der Unternehmer selbst oder die Geschäftsführung wird sich keineswegs mit diesem Instrument ein Bild von der Gewinnträchtigkeit des Mitteleinsatzes machen wollen, sondern hat dafür mit unverdichteten Zahlen der Zukunftsplanungen für einzelne Datenentwicklungen ganz andere und bessere Möglichkeiten. Ebenso sind Insider nicht darauf angewiesen, die zukünftige Zahlungsbereitschaft aus der Bilanz abzuschätzen; ihr Zugang zu detaillierten Finanzplänen markiert einen weit besseren Informationsstand.

Zusammengefasst wird der bilanzielle Jahresabschluss keineswegs für die Geschäftsführung, etwa als Instrument der Wirtschaftlichkeitsrechnung, erstellt, sondern ist strikt ein Rechenwerk der externen Rechnungslegung, das über das Unternehmensergebnis der vergangenen Periode wohl bemessene, sich am Interessenausgleich zwischen Internen und Externen orientierende Informationen an Interessenten außerhalb des Unternehmens gibt.

b) Bilanz, Bilanzierung und Bilanzierungspflichten

Nach dieser grundlegenden Abgrenzung sind nun Einzelheiten der Grundbegriffe darzulegen. Hierbei erfolgt die Orientierung am Sprachgebrauch des deutschen Handelsgesetzbuches (HGB).

Die Unterschiede zu internationalen Regeln der Rechnungslegung, also zu International Accounting Standards (IAS), zu Generally Accepted Accounting Principles (US-GAAP) und zu International Financial Reporting Standards (IFRS), betreffen weniger die begriffliche Seite als Ansatz und Bewertung in der Bilanz. Die einschlägigen Unterschiede werden im Bilanzierungsteil später dargelegt.

Die Bilanz stellt gemäß § 242 (1) HGB Vermögen und Schulden eines Unternehmers oder eines Unternehmens gegenüber, und zwar zu Beginn einer Wirtschaftsperiode („Eröffnungsbilanz") und zum Ende („Abschlussbilanz", „Jahresabschluss"). Die Bilanz bildet die Verpflichtungen gegenüber Eigentümern und Gläubigern auf der Passivseite ab („Kapitalherkunft", „Schulden", „Passiva") und auf der Aktivseite die Kapitalverwendung („Vermögen", „Aktiva"), im Einzelnen dort die Auflistung der Vermögensgegenstände und Geldmittel.

Zu jedem Zeitpunkt gilt die buchhalterische Bilanzgleichung: Kapitalverwendung und Kapitalherkunft sind betragsgleich. Durch den Vergleich der Bilanzseiten am Anfang und am Ende der Periode kommt man zum Periodenerfolg. Der Periodenerfolg ergibt sich ebenso durch die Gegenüberstellung von Aufwand und Ertrag in der periodischen Gewinn- und Verlustrechnung. Bilanz und Gewinn- und Verlustrechnung bilden insoweit eine gedankliche Einheit und machen zusammen den Jahresabschluss aus.

„Bilanzierung" steht in diesem Sinn für die Erstellung des Jahresabschlusses in Form der Bilanz und der Gewinn- und Verlustrechnung.

Die Grundfragen lauten: Welche Vermögens- und Schuldenpositionen bzw. welche Aufwands- und Ertragspositionen sollen im Jahresabschluss erscheinen und welche nicht? Mit welchem Betrag soll die Position erscheinen? Man kann somit **Ansatz- und Bewertungsprobleme** der Bilanzierung unterscheiden.

Die grundsätzlichen Positionen in einer Bilanz sind auf der Aktivseite das Anlage- und das Umlaufvermögen, also z. B. die Gebäude der Maschinenpark und die Rohmaterialien, auf der Passivseite das Eigenkapital und das Fremdkapital, beides ggf. in unterschiedlichen Ausprägungen ausgewiesen, im Fall des Fremdkapitals etwa als Bankschulden oder Lieferantenverbindlichkeiten. In Abb. H 1 sind die wichtigsten Bestandteile der Bilanz in einem Schema wiedergegeben.

Bilanz	
Aktiva	**Passiva**
Anlagevermögen	**Eigenkapital**
– immaterielle Vermögensgegenstände	– Gezeichnetes Kapital
– Sachanlagen	– Kapitalrücklagen
– Finanzanlagen	– Gewinnrücklagen
	– Gewinnvortrag
	– Verlustvortrag)
Umlaufvermögen	– Jahresüberschuss
– Vorräte	– (Jahresfehlbetrag)
– Forderungen	
– Flüssige Mittel (Bankguthaben, Kassenbestand)	**Fremdkapital**
	– Rückstellungen
	– Bankschulden
	– Lieferantenverbindlichkeiten

Abb. H 1: Vereinfachtes Bilanzschema für Kapitalgesellschaften (vor Ergebnisverwendung)

Das HGB enthält für Kapitalgesellschaften je nach Unternehmensgröße detailliertere Gliederungsvorschriften.

Der erstellte Jahresabschluss ist für aktuelle und potentielle Anteilseigner, Mitarbeiter, Lieferanten und Banken die Grundlage für die Beurteilung des Unternehmens, sei es einerseits hinsichtlich der finanziellen Stabilität oder/und sei es hinsichtlich der Ertragskraft. Zu solchen Urteilen beizutragen, ist Aufgabe der Bilanzanalyse, die zu diesem Zweck zahlreiche Kennzahlen entwickelt.

Jahresabschlüsse lassen sich einerseits nach dem Handelsrecht und nach dem Steuerrecht erstellen, andererseits für das laufende Geschäft und für Sonderanlässe (Fusionen, Unternehmenserwerb, Liquidation etc.) sowie schließlich für einzelne Unternehmen und für ganze Konzerne. Im Folgenden wird allein der handelsrechtliche Jahresabschluss einer einzelnen Unternehmung für das abgelaufene Geschäftsjahr betrachtet.

Für die Pflicht zur Buchführung und Bilanzierung sind vor allem Vorschriften des HGB und daneben aktien- und steuerrechtliche Vorschriften bedeutsam. Im HGB betrifft das dritte Buch (§§ 238–339) die Handelsbücher; dabei gilt der erste Abschnitt allen Kaufleuten, z. B. die Buchführungspflicht gemäß § 238 HGB, der zweite Abschnitt betrifft in weitergehenden Vorschriften Kapitalgesellschaften, der dritte Abschnitt enthält Ergänzungen für eingetragene Genossenschaften.

Kapitalgesellschaften müssen zusätzlich zur Jahresbilanz und Gewinn- und Verlustrechnung noch einen Anhang sowie einen Lagebericht erstellen, alle Teile mit dem Ziel „ein den tatsächlichen Verhältnissen entsprechendes Bild der Vermögens-, Finanz- und Ertragslage" zu vermitteln (so § 264 (2) HGB).

Die Bilanzierungspflichten betreffen sowohl das Ansatz- als auch das Bewertungsproblem. Die rechtliche Regelung erfolgt im Einzelnen entweder durch Gesetz oder durch Auslegung unbestimmter Rechtsbegriffe, wie z. B. „Grundsätze ordnungsmäßiger Buchführung" (GOB), auf die das deutsche HGB verweist, oder z. B. „Generally Accepted Accounting Principles" der US-Rechnungslegung (US-GAAP).

Die Internationalisierung der Rechnungslegung bringt für deutsche Unternehmen hinsichtlich der Bilanzierungspflichten beträchtliche Neuerungen. So sind inzwischen alle börsennotierten Unternehmen dazu verpflichtet, nach IAS bzw. in neuer Namensgebung nach IFRS zu bilanzieren.

Ob mittel- und langfristig auch nicht-börsennotierte Unternehmen sowie Klein- und Mittelunternehmen freiwillig oder gemäß Verpflichtung nach IFRS bilanzieren werden, ist z. Zt. noch eine offene Frage. Man hat dabei zu bedenken, dass konzerngebundene Unternehmen auch heute bereits IFRS-Angaben zu liefern haben, auch wenn sie selbst als Einzelfirma zum IFRS-Abschluss noch nicht verpflichtet sind.

c) Bilanzanalyse und Kapitalflussrechnung

„Bilanzanalyse" steht für die Verfahren, mit denen auf Basis des Jahresabschlusses samt Lagebericht Informationen zur Finanz- und Ertragslage gewonnen werden. Die einschlägigen Verfahren sind zumeist die Bildung von Quotienten aus speziellen Bilanzgrößen, deren numerische Beträge im Einzelfall eine zielführende Prognose und Interpretation zulassen. Durchgeführt werden Bilanzanalysen vorwiegend von externen Stellen, sei es von Investoren, die Anlagemöglichkeiten abwägen, oder von Banken und anderen Fremdkapitalgebern, die Kreditrisiken einzuschätzen haben.

Wie später zu zeigen ist, lassen die Ziffern der Bilanzanalyse für den externen Bilanzleser eine nur sehr begrenzte Einsicht zu. Hier setzen Kapitalflussrechnungen (Cash Flow Statements) ein. Sie sollen Einsichten vermitteln, in welcher Höhe zukünftige Finanzüberschüsse generiert werden, ob dabei die Kredittilgungen und erwarteten Ausschüttungen an die Anteilseigener gewährleistet sind und ob Bedarf an Außenfinanzierung besteht oder nicht. Kapitalflussrechnungen lassen sich im Grundsatz sowohl extern aus veröffentlichten Jahresabschlüssen erstellen als auch und vor allem aus originären Zahlen der Finanzbuchhaltung und der Planung der Firma. Solche Rechenwerke aus originären Angaben sind ein Teil des veröffentlichten Jahresabschlusses. Eine entsprechende Pflicht besteht nach US-GAAP und IAS. Nach § 297 Abs. 1 HGB besteht die Verpflichtung nur für börsennotierte Unternehmen.

2. Bilanzierung

a) Die formale Seite

Die formale Seite der Bilanzierung wird im Folgenden mit Blick auf die HGB-Regelungen dargelegt. Die wichtigsten Unterschiede zwischen HGB und IAS/IFRS-Regeln sind vor allem materieller Art und darauf folgend bei Betrachtung der materiellen Seite aufzuzeigen.

Zunächst sei der rechnungstechnische Zusammenhang zwischen Bilanz und Gewinn- und Verlustrechnung erläutert.

In der Bilanz ergibt sich der Periodenerfolg durch Vergleich des Reinvermögens (Summe der Vermögenswerte minus Schulden) in den beiden Zeitpunkten t_0 und t_1; dabei werden Entnahmen und Einlagen besonders berücksichtigt. In der Gewinn- und Verlustrechnung ergibt sich der Periodenerfolg als Saldo der Erträge und Aufwendungen der Periode. Im ersten Fall handelt es sich um zeitpunktbezogene Bestandsgrößen und im zweiten Fall um zeitraumbezogene Stromgrößen, die beide in der Finanzbuchhaltung erfasst werden. Dabei wird das Prinzip der „doppelten Buchführung" deutlich: Jede erfolgswirksame Buchung auf Ertrags- oder Aufwandskonten erfolgt mit Gegenbuchung auf Bestandskonten.

Für die Gewinn- und Verlustrechnung gemäß § 275 HGB ergeben sich zwei Gliederungsmöglichkeiten, die als **Gesamtkostenverfahren** und **Umsatzkostenverfahren** bezeichnet werden (vgl. Abb. H2, S. 264). Dabei stehen die Abkürzungen FE und UE für fertige und unfertige Erzeugnisse im Lager.

Baetge (2005, S. 617 ff.) vergleicht beide Verfahren in der folgenden Weise: Im Ergebnis müssen die beiden Erfolgsrechnungstechniken übereinstimmen, es sei denn, die Bestände an unfertigen und fertigen Erzeugnissen werden in den beiden Verfahren unterschiedlich bewertet. Wird mehr produziert als abgesetzt (Bestandserhöhung), so zeigt die Absatzerfolgsrechnung einen in Höhe des Lageraufbaus geringeren Aufwand als die Produktionserfolgsrechnung. Dort erscheint indes der Lageraufbau als „Ertragskomponente" in Form von Bestandserhöhungen an FE und UE. Umgekehrt ist der Produktionsaufwand bei Bestandsabnahmen geringer als der Aufwand für die abgesetzten Produkte der Periode.

Während bei der Produktionserfolgsrechnung zum Ausgleich des Mengengerüstes der Lagerabgang unter der Aufwandskomponente „Bestandsverminderung" erfasst wird, geschieht dies in der Absatzerfolgsrechnung durch die Erhöhung der „Herstellungskosten der zur Erzielung der Umsatzerlöse erbrachten Leistungen“ (Umsatzaufwand).

Der Gesetzgeber verwendet in § 275 statt der Begriffe „Produktionserfolgsrechnung“ und „Absatzerfolgsrechnung“ die Bezeichnungen „Gesamtkostenverfahren“ (§ 275 (2)) und „Umsatzkostenverfahren“ (§ 275 (3)).

Gesamtkostenverfahren	
Ertrag	Umsatzerlöse der Periode
	+ Bestandserhöhungen an FE und UE
	+ andere aktivierte Eigenleistungen
– Aufwand	Produktionsaufwendungen der Periode
	+ Bestandsverminderungen an FE und UE
= Periodenerfolg	Produktionserfolgsrechnung
Umsatzkostenverfahren	
Ertrag	Umsatzerlöse der Periode
– Aufwand	Umsatzaufwand = Produktionsaufwand
	– Bestandserhöhungen an FE und UE
	+ Bestandsverminderungen an FE und UE
	– Aufwand für andere aktivierte Eigenleistungen
= Periodenerfolg	Absatzerfolgsrechnung

Abb. H 2: Prinzip der GuV nach Umsatz- und Gesamtkostenverfahren

Für das Gesamtkostenverfahren wäre die Bezeichnung „Produktionsaufwandrechnung“ und für das Umsatzkostenverfahren die Bezeichnung „Absatzaufwandsrechnung“ eigentlich zutreffender. Die gesetzlichen Begriffe orientieren sich indes an den in der Kostenrechnung verwendeten Abschlussverfahren, obwohl in der GuV Aufwendungen und Erträge und nicht Kosten und Leistungen aufgeführt werden.

b) Die materielle Seite

Welche Bilanzposition anzusetzen und welche Bewertungen dabei vorzunehmen sind, macht die materielle Seite der Bilanzierung aus. Die Lösungen des Ansatz- und Bewertungsproblems unterscheiden sich markant, wenn einerseits die Regeln des deutschen HGB und andererseits die internationalen IAS/IFRS-Regeln angewandt werden. Dies liegt vornehmlich an den unterschiedlichen Zielsetzungen, die von beiden Regelwerken verfolgt werden. Im Folgenden werden beide Regelwerke nacheinander dargestellt.

(1) Der deutsche Gesetzgeber verfolgt mit dem handelsrechtlichen Jahresabschluss im Wesentlichen drei Ziele.

Ziel des handelsrechtlichen Jahresabschlusses ist zum einen die **Dokumentation** der wirtschaftlichen Vorgänge, etwa um die Sicherheit des Rechtsverkehrs zu gewährleisten und Urkunden für die Lösungen von Konflikten zu bekommen. Im Einzelnen dienen diesen Zwecken die Forderung nach systematischem Aufbau der Buchführung, das Belegprinzip („keine Buchung ohne Beleg") sowie diverse Aufbewahrungsvorschriften.

Ziel des handelsrechtlichen Jahresabschlusses ist zum anderen die **Gewinnfeststellung** als Basis für die Bemessung der Ausschüttungen an die Unternehmenseigentümer und an den Fiskus. Je nach Höhe der Ausschüttung wird das im Unternehmen angelegte Eigenkapital erhalten, gesteigert oder aber reduziert. Vorschriften darüber, was als Gewinn auszuweisen ist, betreffen insoweit auch den Zweck der Kapitalerhaltung.

Allerdings legt der festgestellte Gewinn keineswegs bereits die Ausschüttung fest, immerhin darf auch weniger ausgeschüttet werden (Fall der Gewinnthesaurierung) oder unter genau geregelten Bedingungen auch mehr.

Das Ausmaß der Ausschüttung ist von besonderer Bedeutung für die Gläubiger, reduziert sich doch auf diese Weise die Haftungsbasis für die Rückzahlung des von ihnen hingegebenen Fremdkapitals. Eine solche Reduktion mag im Fall persönlicher Haftung des Unternehmers weniger bedeutsam sein, ist aber von größter Bedeutung im Fall von Kapitalgesellschaften mit ihrer begrenzten Haftung. Die handelsrechtlichen Vorschriften zur Gewinnfeststellung definieren hier Ausschüttungsobergrenzen und verhindern so eine Reduktion der Haftungsmasse darüber hinaus zu Ungunsten der Gläubiger. Die Vorschriften der Gewinnfeststellung stehen insoweit auch für Kapitalerhaltung und Gläubigerschutz.

Ziel des handelsrechtlichen Jahresabschlusses ist zum dritten die **Information** von Mitarbeitern, Banken, Lieferanten sowie aktuellen und potentiellen Anteilseignern. Dieses Ziel wird im deutschen Sprachraum mit dem Begriff **Rechenschaftslegung** verbunden, genauer gemäß § 264 (2) HGB als Einblick in die Vermögens-, Finanz- und Ertragslage ausgedrückt. Im englischsprachigen Raum wird in vergleichbarer Weise von „true and fair view" gesprochen.

Zwischen den Zielen lassen sich unschwer Konfliktmöglichkeiten ausmachen. So wird z. B. dem Ziel des Gläubigerschutzes so gut wie immer eine besonders „vorsichtige" Bilanzierung entsprechen, die im einzelnen zukünftige Verbindlichkeiten möglichst hoch, den Wert von Vermögensgegenständen möglichst gering ansetzt, um so den ausschüttungsfähigen Gewinn klein und das in der Unternehmung zum Zweck des Gläubigerschutzes verbleibende Vermögen möglichst groß ausfallen zu lassen. Tatsächlich ist das **„Vorsichtsprinzip" zum Zweck des Gläubigerschutzes** derjenige Grundsatz, der die deutsche Bilanzierungspraxis nach dem HGB prägt. Zur Information der Anteilseigner oder anderer Interessenten ist eine vom Vorsichtsprinzip dominierte Bilanz offensichtlich nicht so gut geeignet wie jene, in der statt vorsichtiger Bewertung eine realistische Bewertung Platz greift, die dem „true and fair view" entsprechen würde.

Soweit sind die Ziele dargelegt, die mit der HGB-Bilanz verfolgt werden. Welche Bilanzierungsregeln folgen daraus?

Die grundlegenden Bilanzierungsprinzipien werden im Folgenden im Anschluss an die beiden Lehrbücher von *Baetge* und von *Coenenberg* dargelegt, die sich im deutschen Sprachraum weitgehend durchgesetzt haben. Dabei sei – wie eingangs erläutert – zwischen dem Ansatz- und dem Bemessungsproblem unterschieden.

Vermögensteile sind als Aktiva anzusetzen wenn sie selbstständig verwertbar, z. B. einzeln zu veräußern sind und wenn die Bedingung der bilanziellen Greifbarkeit erfüllt ist. Die letzte Bedingung schränkt vor allem den Bilanzansatz immaterieller Güter ein, also z. B. den Ansatz von Patenten nach eigenen Forschungs- und Entwicklungsaktivitäten oder den Ansatz eines Markenwerts, der durch eigene nachhaltige Marketinganstrengungen entstanden ist. Beide immateriellen Güter gelten, sofern nicht entgeltlich erworben, als bilanziell nicht greifbar.

Die bilanzielle Greifbarkeit ist auch für den Ansatz auf der Passivseite eine der zentralen Voraussetzungen. Hinzu kommt die Voraussetzung einer Verpflichtung, die z. B. innerhalb eines Konzerns im Zuge der Abgrenzung von Außen- und Innenverpflichtungen im Einzelfall fragwürdig sein kann. Schließlich muss der zu bilanzierende Sachverhalt mit einer künftigen Bruttovermögensminderung verbunden sein, die zudem hinreichend quantifizierbar ist.

Ausgangspunkt für die handelsrechtlich vorgeschriebene Lösung des Bewertungsproblems ist das **Realisationsprinzip:** Gemäß § 252 HGB „ist vorsichtig zu bewerten, ...; Gewinne sind nur zu berücksichtigen, wenn sie am Abschluss-Stichtag realisiert sind“. Ist die Produktion eines vermutlich gut verkäuflichen Autos bereits der Realisierung des geplanten Stückgewinns gleichzusetzen? Hier wäre dann ein überaus früher Zeitpunkt der Gewinnrealisierung angesetzt. Oder kann der Gewinn erst dann als realisiert betrachtet werden, wenn ein zahlungskräftiger Kunde nicht nur gefunden worden ist, sondern auch tatsächlich bezahlt hat?

Dies wäre nun ein sehr später, vorsichtig angesetzter Zeitpunkt der Gewinnrealisierung. Die herrschende Meinung setzt den Zeitpunkt der Gewinnrealisierung zwischen die bezeichneten Extrempositionen: Ein Vertrag muss vorliegen, die Leistung muss seitens des Autounternehmens erbracht und das Auto übergeben, das Geschäft also fakturierbar sein.

§ 252 HGB enthält ebenfalls den Hinweis auf das **Imparitätsprinzip**, nach dem auch ungünstige Erkenntnisse, die erst zwischen Abschluss-Stichtag und dem Tag der Bilanzaufstellung bekannt geworden sind, berücksichtigt werden müssen. Unrealisierte „Verluste“ aus schon im letzten Jahr angelaufenen Geschäften sind also zu antizipieren, entsprechende positive Erfolgsbeiträge aber nicht. Negative und positive Erfolgsprognosen sind also ungleich („imparitätisch") zu behandeln. Die Motivation des Prinzips in der Absicht des Gläubigerschutzes ist unverkennbar.

Dieselbe Absicht leitet den Gesetzgeber bei dem **Niederstwertprinzip** des § 253 HGB. Demnach sind Gegenstände des Anlagevermögens vom Anschaffungswert ausgehend auf einen niedrigeren Wert abzuschreiben, wenn eine dauernde Wertminderung vorliegt. Gegenstände des Umlaufvermögens, z. B. Bestände eigener Fertigprodukte, sind von den ggf. höheren Herstellungskosten auf den aktuellen Marktpreis abzuwerten, sofern dieser Preis dauerhaft niedriger als die Kosten liegt.

Bei dauerhaften Wertminderungen muss der niedrigere Wert gewählt werden (strenges Niederstwertprinzip), bei vorübergehender Wertminderung räumt der Gesetzgeber ein Wahlrecht ein (gemildertes Niederstwertprinzip).

Das Niederstwertprinzip geht von den Anschaffungs- und Herstellungskosten als den Höchstwerten der Bewertung aus. Welche Kosten im Einzelnen gemeint sind, wird in der Praxis zuweilen kontrovers diskutiert.

Die **Anschaffungskosten** ergeben sich nach folgender Rechnung:

  Anschaffungspreis
– Anschaffungspreisminderungen, sofern einzeln zurechenbar
\+ Anschaffungsnebenkosten
\+ nachträgliche Anschaffungskosten

= Anschaffungskosten

Für die **Herstellungskosten** gibt es Pflichtbestandteile und Wahlrechte. Zu den Pflichtbestandteilen gemäß HGB zählen die Material- und Fertigungseinzelkosten sowie die Sondereinzelkosten der Fertigung. Wahlrechte bestehen u. a. bei den Material- und Fertigungsgemeinkosten, bei den Abschreibungen, bei den Kosten der allgemeinen Verwaltung und den Fremdkapitalzinsen.

Die Bemessung der Herstellungskosten im Einkommensteuerrecht weicht von der Regelung des HGB ab. Verboten ist es in beiden Fällen, die Vertriebskosten in die Bemessung der Herstellungskosten einzubeziehen.

(2) Stellt man den HGB-Regeln die Bilanzierung nach IAS/IFRS gegenüber, so sind zunächst und vor allem Unterschiede in den Zielsetzungen festzustellen. Diese Unterschiede werden im Folgenden in Anlehnung an die Standardwerke von *Baetge* et al. und von *Ballwieser* et al. sowie an das Lehrbuch von *Buchholz* dargelegt.

Vorrangiges Ziel der Rechnungslegung ist nach IFRS die Informationsvermittlung für Investoren, die sich in das Unternehmen eingekauft haben oder eine solche Anlage in Erwägung ziehen. Für das HGB hat dagegen deutlich die Gewinnermittlung für Ausschüttungen und dabei die Erhaltung von Haftungssubstanz Vorrang. Für das HGB geht es primär um den Gläubigerschutz, IFRS hat vor allem den Schutz der Anleger im Auge. Daraus erklärt sich, dass dem Vorsichtsprinzip bei IFRS eine nachrangige Bedeutung zukommt, ganz anders eben als in der HGB-Welt. Dort geht es – man denke an das Imparitätsprinzip – nicht so sehr um eine periodengerechte Erfolgsermittlung; gerade sie steht aber im Mittelpunkt, wenn man gemäß IFRS den aktuellen und potentiellen Anlegern verlässliche Informationen geben will.

Nun kann es bei der Vermittlung von Basiswissen nicht darum gehen die Konsequenzen im Einzelnen aufzuzeigen, die aus den unterschiedlichen Zielgewichtungen für die Bilanzierung folgen. Hier sei stellvertretend für die umfangreiche Literatur einmal mehr auf die Standardwerke von *Baetge* et al. und von *Ballwieser* et al. verwiesen. Im Folgenden wird lediglich ein grundlegender Unterschied aufgezeigt, der sich aus den verschiedenen Zielen ergibt.

Für das HGB ist – wie bereits vermerkt – die Dominanz des Vorsichtsprinzips festzustellen. Das Vermögen ist demnach im Zweifel eher niedrig auszuweisen, die Verbindlichkeiten eher hoch. Für die Aktivseite ergeben sich restriktive Ansatzregeln und Niederstwertprinzipien für Anlage- und Umlaufvermögen. Auf der Passivseite sollen Verpflichtungen vollständig ausgewiesen werden, also sind z. B. Rückstellungen auch für recht ungewisse Verbindlichkeiten noch statthaft.

Nun ist es nicht etwa so, dass das Vorsichtsprinzip im IFRS-System keinen Platz hat, als prudence principle hat es aber lediglich eine nachrangige Bedeutung und ist im vergleich zum HGB wesentlich eingeschränkt. Die Einschränkung erfolgt, damit das Vermögen und der Erfolg für die Investoren tunlichst vollständig und richtig wiedergegeben werden. Dies wäre bei Dominanz des Vorsichtsprinzips nach HGB-Art nicht möglich. Für IFRS geht es um die Ermittlung des periodengerechten Erfolgs, der ggf. als Maßstab des Zukunftserfolgs verstanden werden kann. Damit der ausgewiesene Erfolg diese Eigenschaft aufweist, darf ein Vorsichtsprinzip nicht zu starke Beschränkungen bei der Erfolgsermittlung begründen. Einer „wahren und fairen Einsicht" („true and fair view") steht das Vorsichtsprinzip des HGB unübersehbar im Wege.

Die unterschiedliche Sicht sei am Beispiel zweier Bilanzpositionen aufgezeigt, zum einen bei der Bildung von Prozessrückstellungen und zum anderen bei der Behandlung langfristiger Fertigungsaufträge.

Rückstellungen dürfen nach HGB nur angesetzt werden, wenn die Quantifizierbarkeit der Schuld vorliegt, im Einzelnen also eine hinreichend große Wahrscheinlichkeit der Schuld. Was als hinreichend zu betrachten ist, ist durchaus kontrovers. Im Grundsatz mag eine kritische Wahrscheinlichkeit von 50 % plausibel erscheinen, doch werden, gerade motiviert durch das Vorsichtsprinzip, auch geringe Wahrscheinlichkeitsschwellen befürwortet. Was die Bewertung betrifft, so geht es gemäß § 253 (1) HGB um jenen Betrag, der nach vernünftiger kaufmännischer Beurteilung notwendig ist. Existieren Ober- und Untergrenzen der Schätzung, lässt sich für den wahrscheinlichsten Betrag plädieren. Werden infolge mangelhafter Informationen nicht selten alle denkbaren Beträge als gleichwahrscheinlich eingeschätzt, ist die Obergrenze ein Gebot des Vorsichtsprinzips.

Nach IAS/IFRS gelten für die Quantifizierbarkeit des Schätzrahmens strengere Voraussetzungen als nach HGB. So ist die Angabe unternehmensbezogener Erfahrungswerte, ersatzweise von Branchendaten, erforderlich. Zugleich gelten höhere Wahrscheinlichkeitsgrenzen als gemäß HGB. So soll für die Eintrittswahrscheinlichkeit der Schuld gelten „more likely than not" (IAS 37.23) und nicht tiefer. Bei US-GAAP wird stärker differenziert:

Von drei Wahrscheinlichkeitskategorien (probable, reasonable possible, remote) rechtfertigt allein die erste den Ansatz einer Rückstellung. Weniger wahrscheinliche zukünftige Verbindlichkeiten sind im Übrigen als Notes Gegenstand der Berichterstattung im Bilanzanhang. Was die Bewertung angeht, so ist gemäß IAS 37 jener Betrag anzusetzen, der nach bestmöglicher Schätzung („best estimate“) nötig ist, um die Verpflichtung zu erfüllen. Bei wohl fundiertem Schätzrahmen und einer Bandbreite von Werten mit objektiven Eintrittswahrscheinlichkeiten ergibt sich ein Ansatz im Grundsatz wie bei der HGB-Lösung, eben derjenige Betrag mit höchster Realisationswahrscheinlichkeit. Bei schwächerem Informationsstand, z. B. angenommener Gleichverteilung, ist die Lösung derjenige Betrag, der die untere Grenze des Schätzrahmens markiert (US-GAAP), bzw. nach IAS 37 ein mittlerer Wert, also so oder so im Grundsatz ein weniger vorsichtiger Wertansatz als gemäß HGB.

Auch im Fall langfristiger Fertigung – man denke etwa an den Bau von Kraftwerken, von Prototypen mit umfangreicher Forschung und Entwicklung – ergeben sich zwischen HGB und IAS/IFRS erhebliche Unterschiede in der Bilanzierung.

Im HGB werden für die langfristige Fertigung keine besonderen Bilanzierungsregeln angeführt. Man hat sich deshalb an die in § 252 HGB gemeinten Regeln zu halten, vor allem an das Anschaffungswert- und Realisationsprinzip als Implikation des Vorsichtsprinzips. Nach HGB ist der Erfolg eines langfristigen Fertigungsauftrags erst mit dessen endgültiger Fertigstellung entstanden, also erst nach mehreren Jahren. Zumeist wird erst zu diesem Zeitpunkt ein Anspruch auf Zahlung des Kaufpreises fällig. Eine solche strikte Anbindung des Realisationsprinzips macht einen Ausweis nahezu risikofreier Gewinne möglich, denn wesentliche Auftragsrisiken sind zu diesem Zeitpunkt vermutlich entfallen. Der späte Gewinnausweis entspricht so dem Prinzip des Gläubigerschutzes, hat aber wegen der möglicherweise beträchtlichen Verwerfungen in der Periodenrechnung gewichtige Nachteile: In den Perioden vor Fertigstellung kommt es zu Gewinnminderungen oder gar Verlusten, während bei Fertigstellung Gewinnausschläge nach oben zu verzeichnen sind. Offensichtlich dient eine

Bilanzierung mit solchen Folgerungen nicht den Informationsinteressen der externen Bilanzleser, und sind deshalb diverse Vorschläge gemacht worden, zu einer Glättung des Gewinnausweises und damit zu einer verlässlicheren Information zu kommen.

Diese Bemühungen gehen in die Richtung der IFRS-Bilanzierung langfristiger Fertigung. Gemäß IFRS sind Erfolge nicht erst nach Abschluss des Werks, sondern nach dem Leistungsfortschritt auszuweisen. Sie fallen damit früher als gemäß HGB an, und eine frühe Ausschüttung und frühe Versteuerung sind bei Auftreten überraschender Risiken in den späteren Perioden im Prinzip geeignet, den Gläubigerschutz zu gefährden. Dies wird indessen in Kauf genommen, um die Informationslage der Anleger zu verbessern. Die „milde" Variante des Realisationsprinzips begründet schließlich einen richtigeren zeitlichen Erfolgsausweis.

3. Bilanzanalyse

a) Vorgehensweise

Unter dem Begriff Bilanzanalyse wird die **Analyse des gesamten Jahresabschlusses**, also nicht nur der **Bilanz**, sondern auch der **GuV** verstanden. Für börsennotierte Mutterunternehmen in Deutschland kommt nun ein weiterer Bestandteil der Bilanzanalyse hinzu. Seit 1999 sind diese Unternehmen (aufgrund des KonTraG Gesetzes = Gesetz zur Kontrolle und Transparenz im Unternehmensbereich) zur Veröffentlichung einer **Kapitalflussrechnung** verpflichtet.

Die Analyse des Jahresabschlusses erfolgt **vergangenheitsbezogen** für das abgeschlossene Geschäftsjahr. Ein externer Analyst, der sich auf die Zahlenwerke der Bilanz, GuV und ggf. Kapitalflussrechnung und die dazu im Anhang gegebenen Erläuterungen stützt, ist in seiner Beurteilung beschränkt auf die dort dargestellten **quantitativen** Daten. Wichtige, für den zukünftigen Erfolg entscheidende, **qualitative** Größen einer Unternehmung (z. B. Know-how der Mitarbeiter, Qualität der Führung, technologische Stärke bei Produkten und Verfahren, relative Position im Vergleich zu den Wettbewerbern) sind dem externen Analytiker nicht zugänglich. Derartige strategische Einflussgrößen schlagen sich (wenn überhaupt) erst mit mehreren Jahren Zeitverzögerung in der Bilanz und GuV nieder.

Die veröffentlichten Jahresabschlussdaten resultieren aus der Anwendung der oben beschriebenen Bilanzierungsregeln, sind also durch die unterschiedlichen Bewertungsansätze nach IFRS einerseits und HGB andererseits geprägt. Speziell der HGB Abschluss ist stark durch die die Bildung und Auflösung stiller Reserven im Rahmen von Ansatz- und Bewertungswahlrechten „gestaltbar". Daher ist ein externer Analyst stets mit der **Diskrepanz zwischen ausgewiesenen und tatsächlichen Verhältnissen** konfrontiert. Mit den ihm extern zugänglichen Daten wird er versuchen, evtl. über Bereinigungsschemata und Korrekturrechnungen möglichst realistische Aussagen zu gewinnen.

Trotz dieser Schwierigkeiten ist der Jahresabschluss als **gesetzlich fixiertes und nach objektivierten Regeln erstelltes Informationsmittel** unverzichtbar. Die Informationen werden durch ein systematisches Vorgehen und die **Bildung verdichteter Kennzahlen** im Rahmen der Bilanzanalyse aufbereitet:

- Bildung einzelner bzw. mehrerer in sich konsistenter Kennzahlen; je nach Herkunft der Daten wird unterschieden in **zeitpunktbezogene** (statische) Kennzahlen aus der Bilanz und **zeitraumbezogene** (dynamische) Kennzahlen aus der GuV. Auch bei einer Kombination aus Daten der GuV und der Bilanz wird von dynamischen Kennzahlen gesprochen.
- Interpretation der Kennzahlen in Verbindung mit einem **Vergleichsmaßstab**: Vergleich in einer Zeitreihe über mehrere Geschäftsjahre, Vergleich mit Unternehmen derselben Branche, Vergleich mit Normwerten oder (nur intern möglich) mit Planwerten.

Bei der Bilanzanalyse wird zwischen der **erfolgswirtschaftlichen** und der **finanzwirtschaftlichen** Analyse unterschieden. Da zunächst einmal die grundlegenden Strukturen und Zusammenhänge gezeigt werden sollen, beschränkt sich die folgende Darstellung auf die deutschen HGB Regelungen wobei aber zum

Teil auch bereits eine Anpassung an internationale Rechnungslegungsnormen, etwa bei der Strukturierung der Kapitalflussrechnung, erfolgt ist.

b) Erfolgswirtschaftliche Analyse

Die erfolgswirtschaftliche Bilanzanalyse ist primär auf die **Beurteilung der gegenwärtigen Ertragslage** ausgerichtet, um daraus auch auf die **Ertragskraft** des Unternehmens zu schließen, d. h. die zukünftigen nachhaltigen Gewinnerzielungsmöglichkeiten einzuschätzen. Im Mittelpunkt stehen zwei Fragen:

- Wie hoch war der Erfolg?
- Woher (aus welchen Quellen bzw. Ursachen) kam der Erfolg?

Analyse der Erfolgshöhe

Der erwirtschaftete Erfolg des Unternehmens wird in der GuV unter der Position Jahresüberschuss/Jahresfehlbetrag ausgewiesen. Ein Jahresüberschuss kann entweder ausgeschüttet (z. B. als Dividende) oder als Zuführung zu den Gewinnrücklagen einbehalten werden. Wird die Entscheidung über die Gewinnverwendung aufgeschoben, so ist ein Ausweis in der Position „Gewinnvortrag“ erforderlich

Im Folgenden wird von einem positiven **Erfolg nach Steuern (= Jahresüberschuss)** ausgegangen. Die ausgewiesene absolute Höhe des Jahresüberschusses (JÜ) kann wie bereits o. a. durch bilanzpolitische Maßnahmen verfälscht sein. Durch **stille Reservenbildung** wird der JÜ buchtechnisch niedriger ausgewiesen als er tatsächlich ist. Wesentliche Ansatzpunkte hierfür sind z. B.

- **erhöhte** (z. B. degressive) über dem tatsächlichen Werteverzehr liegende **Abschreibungen** reduzieren durch den erhöhten Aufwand in der GuV den JÜ
- **überhöhter Materialaufwand aufgrund der Vorrätebewertung nach Lifo** (last in first out); Annahme, die zuletzt beschafften Materialien/Teile (mit den höheren Preisen) werden als erste verbraucht
- **vorsichtiger (erhöhter) Ansatz für zukünftige Verpflichtungen**

(= Rückstellungen) führt zu höherem Aufwand in der GuV, z. B. für Pensionsrückstellungen, Gewährleistungsrückstellungen

Umgekehrt kann die **Auflösung von stillen Reserven** (Rückführung der überhöhten Ansätze) bewirken, dass die Ertragslage nach außen besser dargestellt wird als sie tatsächlich ist. Ein externer Analyst muss (soweit wie möglich) versuchen, aus den Angaben im Anhang des Jahresabschlusses über die Hinweise zu den angewendeten Bilanzierungs- und Bewertungsmethoden, das Ausmaß der im JÜ enthaltenen stillen Reserven abzuschätzen.

Neben dem JÜ wird der **Cash Flow (CF)** als zusätzlicher, weniger stark „manipulierbarer" und damit stabilerer **Erfolgsindikator** herangezogen. Der CF darf aber keinesfalls als „Gewinn" interpretiert werden, er stellt vielmehr einen Zahlungsüberschuss aus dem laufenden Betriebsprozess dar. Direkt (unternehmensintern) lässt sich der CF als **Überschuss** aus den einzahlungswirksamen Erträgen und den auszahlungswirksamen Aufwendungen der Unternehmung ermitteln. Extern ist man auf eine **indirekte Herleitung** aus den veröffentlichten Daten der GuV angewiesen. Ausgehend vom JÜ als Saldo **aller** Aufwands- und Ertragspositionen wird um die nicht zahlungswirksamen Positionen wie z. B. Abschreibungen, Erhöhung der langfristigen Rückstellungen korrigiert. Folglich **schließt man so indirekt auf die zahlungswirksamen GuV Positionen**. Stark vereinfacht lässt sich der CF indirekt nach der sog. **Praktikerformel** berechnen:

Jahresüberschuss (JÜ)
+ Abschreibungen
(./. Zuschreibungen)
+ Erhöhung der langfristigen Rückstellungen
(./. Verminderung der langfristigen Rückstellungen)

= Cash Flow

Abschreibungen und langfristige Rückstellungen, als die Positionen, bei denen großer Gestaltungsspielraum im Hinblick auf den Ausweis des JÜ besteht, sind nun als Komponenten in der CF Berechnung enthalten. Wollte man durch überhöhte jährliche Abschreibungen und Rückstellungen nach außen eine geringeren

JÜ zeigen, so würde der CF entsprechend der o. a. Berechnung diese Wirkung wiederum neutralisieren. Damit gilt der CF, insbesondere im Vergleich mehrerer Geschäftsjahre, als relativ stabiler „Indikator" für den Erfolg, der allerdings nur zusammen mit der Entwicklung des JÜ interpretiert werden sollte. Aus der externen Analyse ist z. B. folgende Interpretation denkbar:

- steigender JÜ bei sinkendem CF kann auf einen überhöhten Erfolgsausweis hindeuten (Auflösung stiller Reserven durch zu niedrige Bemessung der Abschreibungen und Rückstellungen)
- steigender CF bei konstantem JÜ kann auf die Bildung stiller Reserven hinweisen (Investitionen mit hohen degressiven Abschreibungen im betrachteten Geschäftsjahr. In den folgenden Jahren müsste sich dies bei dann entsprechend niedrigeren Abschreibungen gewinnsteigernd auswirken)

Rentabilitätskennzahlen eignen sich besser als absolute Kennzahlen für eine Beurteilung des Gewinns. Es wird der **Gewinn** (bei externer Analyse meist der JÜ) **in Relation zum Kapitaleinsatz** betrachtet, der Gewinn also als Verzinsung des eingesetzten Kapitals aufgefasst.

Die **Eigenkapitalrentabilität** r_{EK} zeigt die „Verzinsung" des von den Eigentümern zur Verfügung gestellten Kapitals.

$$r_{EK} \text{ in } \% = \frac{\text{JÜ}}{\text{Eigenkapital}} \times 100$$

Der gesamte JÜ wird auf das eingesetzte Eigenkapital bezogen und nicht nur der ausgeschüttete Teil, also die gezahlte Dividende. Schließlich gehört auch der nicht ausgeschüttete, im Unternehmen thesaurierte Teil des JÜ den Kapitalgebern und mehrt das bisherige Eigenkapital. In Rentabilitätskennzahlen sollte die Kapitalgröße immer als durchschnittlich gebundenes Kapital aus der Anfangs- und Schlussbilanz berechnet werden.

Die **Gesamtkapitalrentabilität** r_{GesK} drückt die Verzinsung des gesamten im Unternehmen eingesetzten Kapitals (Eigen- und Fremdkapital) aus. Zum JÜ (bei dessen Ermittlung ja die Fremdkapitalzinsen bereits abgezogen sind) müssen nun die **erwirt-**

schafteten Fremdkapitalzinsen, gewissermaßen als Ergebnis des Fremdkapitaleinsatzes, **hinzugezählt** werden.

$$r_{GesK} \text{ in } \% = \frac{\text{JÜ} + \text{Fremdkapitalzinsen}}{\text{Gesamtkapital}} \times 100$$

Für vergleichende Analysen ist diese Kennzahl besonders gut geeignet, da auf diese Weise die lediglich **von einer unterschiedlichen Finanzierung ausgehenden Einflüsse ausgeschaltet** werden. Würde man nur die Relation JÜ/Gesamtkapital betrachten, hätte ein geringerer Fremdkapitaleinsatz mit entsprechend weniger Zinsaufwand in der GuV einen höheren JÜ und damit eine höhere Rendite zur Folge. Dieser verzerrende Einfluss durch mehr oder weniger Fremdkapitaleinsatz entfällt jedoch, wenn vom JÜ + Fremdkapitalzinsen als Ergebnisgröße ausgegangen wird.

Häufig werden zur Position „JÜ + Fremdkapitalzinsen" noch die **Steuern addiert**. Dann erhält man das **Ergebnis vor Abzug von Zinsen und vor Abzug von Steuern**. Da sich auf dieser Betrachtungsebene länderspezifisch unterschiedliches Zinsniveau und unterschiedliche Steuerbelastungen der Unternehmen nicht auswirken, ist diese Erfolgsgröße besonders gut für internationale Rentabilitätsvergleiche geeignet. In der internationalen Rechnungslegung würde dies (allerdings mit anderem Bewertungsinhalt) der Kennzahl EBIT (= Earnings Before Interest and Taxes) entsprechen).

Als dritte Kennzahl setzt die **Umsatzrentabilität** den Erfolg in Beziehung zum Umsatz (= „Gewinnspanne"). Obwohl in der Praxis die Umsatzrentabilität auch auf Basis des JÜ berechnet wird, ist es plausibler, dem Umsatz wirklich nur den umsatzbezogenen (um betriebsfremde und außerordentliche Aktivitäten bereinigten) Erfolg gegenüberzustellen.

$$\text{Umsatzrentabilität in } \% = \frac{\text{Betriebserfolg}}{\text{Umsatz}} \times 100$$

Eine fallende Gewinnspanne kann ein Indiz für eine verschlechterte Absatzsituation bzw. erhöhten betrieblichen Aufwand sein.

Besser als eine isolierte Analyse der Umsatzrentabilität ist die integrierte Betrachtung im Kennzahlenzusammenhang des **RoI (Return on Investment) Kennzahlensystems**. Der RoI lässt sich in seinen Komponenten zwar auch im Rahmen der externen Analyse aus den Daten der GuV und der Bilanz herleiten (vgl. z. B. *Gräfer* [2005], S. 96 ff.), größere Bedeutung kommt dem Konzept jedoch für die unternehmensinterne Steuerung zu. Daher soll bei der Darstellung des RoI Ansatzes zur **internen Perspektive** gewechselt werden. Für interne Steuerungszwecke (auch einzelner Geschäftsbereiche) geht man bei der Rentabilitätsberechnung vom **operativen Ergebnis** (= betriebliches Ergebnis vor Abzug von Fremdkapitalzinsen und vor Abzug von Steuern) aus und setzt dieses ins Verhältnis zum (im Betriebsvermögen) **investierten Kapital.** Bezieht man, wie in der nachfolgenden Formel gezeigt, den **Umsatz** als dritten die Kapitalrendite bestimmenden Faktor mit ein, so ergeben sich **Umsatzrentabilität** und **Kapitalumschlag** als die beiden Haupteinflussgrößen auf den RoI.

$$\text{RoI}_{\text{intern}} = \frac{\text{op. Ergebnis}}{\text{inv. Kapital}} \times \frac{\text{Umsatz}}{\text{Umsatz}} = \frac{\text{op. Ergebnis}}{\text{Umsatz}} \times \frac{\text{Umsatz}}{\text{inv. Kapital}}$$

$$\text{RoI}_{\text{intern}} = \begin{matrix}\text{Umsatz-}\\\text{rentabilität}\end{matrix} \times \begin{matrix}\text{Kapital-}\\\text{umschlag}\end{matrix}$$

Die nachfolgend für ein bestimmtes Geschäft dargestellte **Iso-Rendite Kurve** zeigt Punkte mit gleichem RoI (vgl. Abb. H 3).

Ein RoI von 6,8 % lässt sich nun durch **unterschiedliche Kombinationen von Umsatzrentabilität und Kapitalumschlag** erreichen. Tendenziell kann man daraus erkennen: zur Erreichung eines bestimmten RoI ist bei kapitalintensiven Hightech Geschäften mit einem niedrigen Kapitalumschlag (z. B. 1,2) eine entsprechend hohe Umsatzrentabilität erforderlich. Umgekehrt genügt in Handelsgeschäften mit hohem Kapitalumschlag (z. B. 5,0) bereits eine relativ niedrige Umsatzrentabilität (also eine niedrige Gewinnspanne), um einen vorgegebenen RoI zu erreichen.

Weitere Einflussgrößen auf die Umsatzrentabilität und den Kapitalumschlag werden in dem nachfolgend dargestellten **RoI-Kennzahlensystem** (vgl. Abb. H 4, S. 280) deutlich. Analytisch

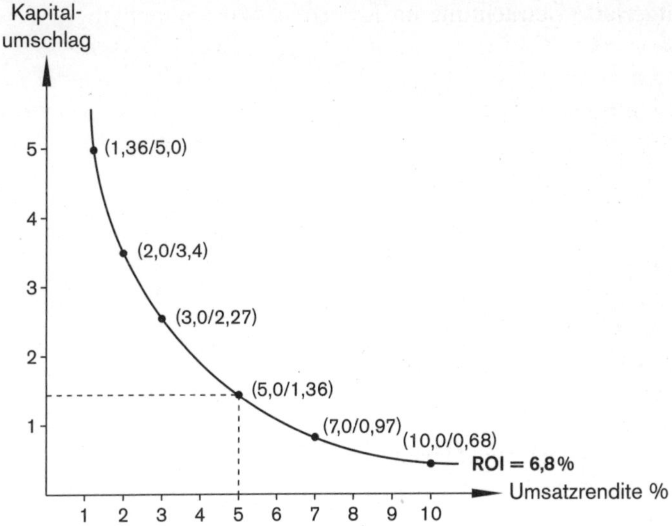

Abb. H3: Iso-Rendite Kurve

können damit die Ursachen für eine Steigerung bzw. einen Rückgang des RoI bestimmt werden. Gleichzeitig werden so auch Ansatzpunkte sichtbar, wie eine Erhöhung des RoI erreicht werden kann. Insbesondere bei internen Planungsrechnungen wird man die Wirkungen veränderter Einzelkomponenten auf den RoI prognostizieren.

Aus der Vielzahl möglicher **Ansatzpunkte für eine Rentabilitätssteigerung** werden nachfolgend einige aufgezeigt:

- Senkung der Lagerbestände durch logistische Optimierung (Just in time, Durchlaufzeitreduzierung)
- Reduzierung der Kundenforderungen (z. B. durch schnellere Fakturierung oder verbessertes Mahnwesen)
- Optimierung des Zahlungsmittelbestandes (z. B. durch Cash Management)
- niedriges Anlagevermögen (z. B. durch optimierte Flächennutzung in Gebäuden, keine zu große Fertigungskapazität, Leasing mit Bilanzierung des Leasingobjekts beim Leasing-Geber)
- Kostensenkung (z. B. Reduzierung der variablen Kosten durch

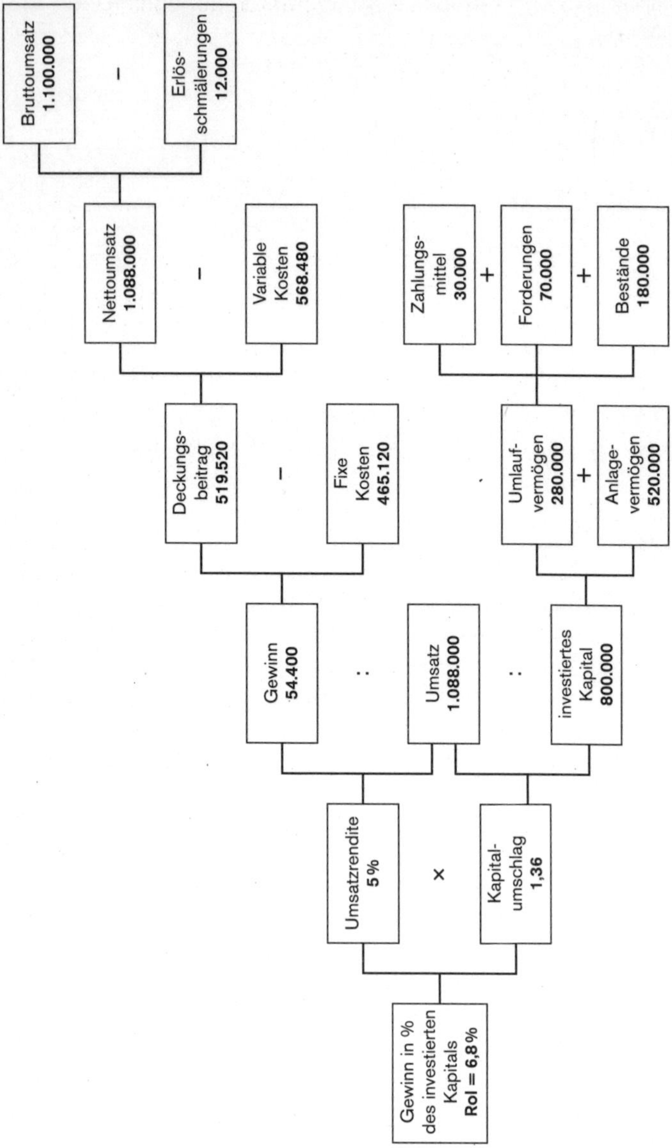

Abb. H 4: RoI-Kennzahlensystem nach *DuPont* (Werte in Tsd. €)

Abschluss von Verträgen mit Lieferanten mit günstigeren Einkaufspreisen, Reduzierung der fixen Kosten durch Abbau überdimensionierter Stabsbereiche)

- Preis- und Sortimentspolitik (z. B. Forcierung der Produkte mit hohem Deckungsbeitrag, Umsatzsteigerung z. B. über zusätzliche Werbung)

Zwischen den genannten Ansatzpunkten bestehen wiederum Querbeziehungen. So werden z. B. bei einer reduzierten Kapitalbindung im Anlagevermögen auch die Abschreibungen (= fixe Kosten) entsprechend zurückgehen. Einer durch Werbemaßnahmen erreichten Umsatzsteigerung stehen die erhöhten Kosten für Werbung gegenüber.

Eine kurzfristige Maximierung des RoI in einem Geschäftsjahr ist jedoch nicht zu empfehlen. Ließe sich doch der RoI sofort steigern, wenn auf zukunftsgerichtete Maßnahmen wie FuE und Weiterbildung, die Aufwand im laufenden Geschäftsjahr bedeuten aber kurzfristig keine Ertragsteigerung bringen, verzichtet würde. Hieraus wird deutlich, dass ein sinnvoller **Einsatz des RoI Steuerungskonzepts nur im Rahmen einer übergeordneten strategischen Planung** erfolgen kann, mit festgelegten strategischen Rollen für die einzelnen Geschäfte. Der RoI kann dann zur periodischen Feinsteuerung in Richtung dieser differenzierten Geschäftsziele dienen.

Analyse der Erfolgsquellen

Neben der Höhe des Erfolges interessiert vor allem das Zustandekommen des Erfolges in seinen einzelnen Teilkomponenten. Durch die **Aufspaltung in einzelne Erfolgssegmente (-quellen)**, insbesondere in einer mehrere Perioden umfassenden Analyse, erwartet man nicht nur ein besseres Verständnis des gegenwärtigen Erfolges, sondern auch Aufschluss über eine **„nachhaltige", auf Dauer erzielbare Erfolgsgröße**.

Konzeptionell können hier jedoch gewisse Grenzen nicht überwunden werden, denn mit der Herausarbeitung von Erfolgskomponenten aus Vergangenheitsdaten ist noch nicht gesagt, dass diese auch in der Zukunft (unter veränderten Bedingungen) gleichermaßen wirken müssen.

Für die externe Erfolgsanalyse ist es wichtig zu wissen,

- ob es sich um **regelmäßig** oder **unregelmäßig** anfallende und
- ob es sich um **betriebsbedingte** oder **betriebsfremde** Erfolgskomponenten handelt.

Dementsprechend unterscheidet man die nachfolgenden Erfolgs-/Ergebnisbegriffe:

	betrieblich	betriebsfremd
regelmäßig	**ordentliches Betriebsergebnis**	**ordentliches betriebsfremdes Ergebnis (Finanzergebnis)**
unregelmäßig	**außerordentliches Ergebnis** (außergewöhnlich, periodenfremd)	

Das **ordentliche Betriebsergebnis** resultiert aus den Aufwendungen und Erträgen, die in Verbindung mit dem eigentlichen Betriebszweck, also aus der produktions- und absatzwirtschaftlichen Tätigkeit der Unternehmung anfallen.

Das **ordentliche betriebsfremde Ergebnis (Finanzergebnis)** steht nicht im Zusammenhang mit der eigentlichen betrieblichen Tätigkeit. Es kommt durch Aufwendungen und Erträge aus Finanzanlagen bzw. -investitionen zustande. Darunter fallen Positionen, die durchaus auch regelmäßig anfallen können, wie z. B. Dividenden aus Wertpapieren und laufende Erträge aus Beteiligungen. Auch Zinsaufwendungen (= Kapitalbeschaffungsaufwendungen) werden dem betriebsfremden und nicht dem betrieblichen Ergebnis zugerechnet. Man will, aus Gründen der besseren Vergleichbarkeit, die aus einem unterschiedlichen Fremdkapitalanteil stammenden Ergebniseinflüsse (Zinsaufwendungen) aus dem ordentlichen Betriebsergebnis heraushalten.

Schließlich wird das **außerordentliche Ergebnis** von den zuvor genannten ordentlichen Ergebnisbestandteilen abgegrenzt. Hinter dem außerordentlichen Ergebnis stehen in Art und Höhe ungewöhnlich und unregelmäßig anfallende Aufwendungen und Erträge (z. B. außerplanmäßige Abschreibungen wegen Betriebsstilllegung, einmalige Liquidationserlöse und Bewertungserfolge etwa aus Zuschreibungen).

Addiert man die drei Teilergebnisse auf, so ergibt sich das **Gesamtergebnis vor EE-Steuern** (= Steuern vom Einkommen und Ertrag).

Die praktische Durchführung der Erfolgsspaltung in die drei Komponenten wird durch **Abgrenzungsprobleme** erschwert. Einige Positionen des oben angeführten GuV Gliederungsschemas sind zwar eindeutig dem ordentlichen Betriebsergebnis zuzurechnen, eine Reihe weiterer Positionen sind jedoch Mischpositionen. So vermischen sich z. B. in den Positionen „sonstige betriebliche Aufwendungen und „sonstige betriebliche Erträge" betriebliche und betriebsfremde Erfolgskomponenten. In der Position „sonstige betriebliche Erträge" können auch noch unregelmäßig anfallende Liquidations- und Bewertungserfolge enthalten sein, die dem außerordentlichen Ergebnis zuzuordnen sind. Generelle Abgrenzungsvorschläge (vgl. *Coenenberg* 2005, S. 353 ff.) bieten eine Hilfestellung zur Lösung dieser Probleme. Letztlich muss die Zuordnung aber fallspezifisch, gegebenenfalls unter Berücksichtigung zusätzlicher Angaben im Anhang des Jahresabschlusses, getroffen werden.

Die Aussagen der Erfolgsquellenanalyse sind sicherlich begrenzt. Einerseits ist es für einen externen Analysten schwierig, die ordentlichen (regelmäßigen) Erfolgskomponenten abgegrenzt zu ermitteln. Andererseits kann nicht einfach von diesem Vergangenheitserfolg auf den zukünftigen Erfolg extrapoliert werden. Eine verbesserte Erfolgsprognose müsste weitere extern verfügbare Informationen über die strategische Situation der Unternehmung (z. B. Marktentwicklung, Wettbewerbssituation, Stärken und Schwächen der Unternehmung) einbeziehen.

Insbesondere für stark diversifizierte und global ausgerichtete Unternehmen gilt verstärkt die Forderung nach detaillierteren Informationen über die Erfolgsquellen. Deren Bereiche unterliegen meist völlig unterschiedlichen Bedingungen, die die Wachstumsaussichten, Risiken und Gewinnspannen determinieren. Hinsichtlich der Darstellung dieser differenzierten Teilbereiche bringt die im KonTraG Gesetz (Gesetz zur Kontrolle und Transparenz im Unternehmensbereich) und TransPuG Gesetz (Reform des Aktien- und Bilanzrechts zu Transparenz und Publizität) geforderte **Segmentberichterstattung** (vgl. § 297, Abs. 1 HGB) einen hohen Informationsnutzen. **Kapitalmarktorientierte Mutterunternehmen** sind danach seit 1999 verpflichtet, ihren Konzernabschluss um eine Segmentberichterstattung zu erweitern.

Für die praktische Umsetzung in den betreffenden Unternehmen gibt der vom Deutschen Rechnungslegungs Standards Committee (DRSC) herausgegebenen Standard DRS 3 eine Orientierung. Danach verfolgt die Segmentberichterstattung das Ziel, einen Einblick in Vermögens-, Finanz- und Ertragslage sowie die Beurteilung der Chancen und Risiken der einzelnen Segmente zu geben.

Es können sowohl produktorientierte wie auch geografische „operative" Segmente als abgrenzbare Teilbereiche gebildet werden. Für die Abgrenzung der Segmente werden in der internationalen Rechnungslegung grundsätzlich zwei Konzepte verwendet:

- nach dem **„risk and reward approach"** sind möglichst homogene Segmente zu bilden, bestehend aus Geschäften mit vergleichbaren Erfolgsbeiträgen und ähnlichen Risiken. Die inhaltliche Bewertung bei den Segmentinformationen soll nach denselben Grundsätzen wie beim übrigen Jahresabschluss erfolgen.
- beim **„management approach"** werden die Segmente für die externe Berichterstattung so gebildet, dass sie mit den für die interne Geschäftsbeurteilung und -steuerung geschaffenen vorhandenen Strukturen übereinstimmen. Dementsprechend soll auch die Ermittlung der nach außen gezeigten Dateninhalte auf der Grundlage interner Grundsätze und Überlegungen, die durchaus von den externen Bewertungsregeln abweichen können, erfolgen.

In DRS 3 sind die Empfehlungen bezüglich der Segmentabgrenzung eher an dem management approach orientiert (… die Segmentierung hat primär anhand der operativen Segmente des Unternehmens zu erfolgen …)

Hinsichtlich der auszuweisenden Dateninhalte wird in DRS 3 für deutsche rechnungslegende Unternehmen der Ansatz verfolgt, eine rechnerische Aufgliederung der vollkonsolidierten Daten auf die einzelnen Segmente vorzunehmen (disaggregation approach). Folgende Segmentinformationen sollen nach DRS 3 offen gelegt werden:

- Segmentumsatzerlöse (externe und interne, zwischen den Segmenten erzielte)
- Segmentergebnis (Differenz zwischen Erträgen und Aufwand)
- Segmentvermögen (direkt oder sinnvoll geschlüsselt zugerechnet)
- Investitionen in das langfristige Segmentvermögen (Auszahlungen in der Periode für Anlagevermögen)
- Segmentschulden (direkt oder sinnvoll geschlüsselt zugeordnet)

Finanzwirtschaftliche Analyse

Im Mittelpunkt der finanzwirtschaftlichen Analyse des Jahresabschlusses steht die Beurteilung der **Liquidität** der Unternehmung. Darunter versteht man die Fähigkeit, **zu jedem Zeitpunkt die Zahlungsverpflichtungen erfüllen zu können**. Da Illiquidität unweigerlich zum Konkurs führen würde, ist Liquidität ein gewissermaßen existentielles Ziel innerhalb des Zielsystems unternehmerischer Entscheidungen; man betrachtet die Liquidität auch als strenge Nebenbedingung für die Erreichung der Erfolgsziele (vgl. Teil B, Abb. B 3).

Unternehmensintern wird man einerseits im längerfristigen Rahmen von Planbilanzen das Liquiditätsziel verfolgen, andererseits zur kurzfristigen (punktuellen) Steuerung das Instrument der (monatlichen) Finanzplanung, also die direkte Planung der Aus-/Einzahlungen, einsetzen. Eine externe Analyse des Jahresabschlusses zeigt dagegen auf, inwieweit im letzten Geschäftsjahr **gute Rahmenbedingungen für die Liquidität** gegeben waren (sog. **strukturelle Liquidität**). Es wird argumentiert: bei entsprechend guter Bilanzstruktur, dokumentiert in den nachfolgend dargestellten Kennzahlen, sind günstige Voraussetzungen dafür gegeben, dass auch kurzfristig der Ausgleich von Ein- und Auszahlungen gelingen wird.

Die Analyse der Bilanz lässt außerdem **Gefahren in Richtung**

einer Überschuldungssituation erkennen. Überschuldung liegt vor, wenn der Verlust größer als das noch vorhandene Eigenkapital ist bzw. die Verbindlichkeiten das Vermögen übersteigen (vgl. Abb. H5). Bei Überschuldung gilt, vor allem in Kapitalgesellschaften (da kein Rückgriff auf das Privatvermögen möglich ist), **eine bevorstehende Zahlungsunfähigkeit** als sehr wahrscheinlich.

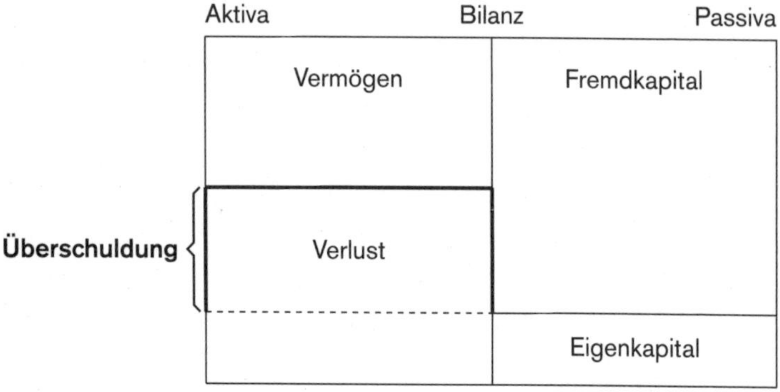

Abb. H5: Prinzipdarstellung Überschuldung

Analyse der Vermögensstruktur

Aus der längerfristigen Bindungsdauer von Kapital im Anlage- und Umlaufvermögen können für eine Unternehmung mehr oder weniger große Risiken entstehen, die wiederum Rückwirkungen auf die Liquiditätssituation haben. Daher interessieren vor allem Fragen wie:

- Ist das Vermögen in der Zusammensetzung richtig dimensioniert?
- Wie ist die Dauer der Kapitalbindung im Vermögen zu beurteilen?

Grundsätzlich kann die Unternehmung in einer angespannten Liquiditätslage flexibler reagieren, wenn die Vermögensteile über den Umsatzprozess schneller wieder zu Geld werden und sich Teile des Vermögens kurzfristig in Geld umwandeln lassen.

Mit der **Anlagenintensität** wird der **Anteil des langfristig investierten Vermögens** am Gesamtvermögen ausgedrückt.

$$\text{Anlagenintensität in \%} = \frac{\text{Anlagevermögen}}{\text{Gesamtvermögen}} \times 100$$

Ein relativ niedriges Anlagevermögen bedeutet für die Unternehmung eine größere Flexibilität und damit ein geringeres finanz- und erfolgswirtschaftliches Risiko:

- Ist bei einem niedrigeren Anlagevermögen ein größerer Anteil des Vermögens kurzfristig (im Umlaufvermögen) gebunden, wird kontinuierlich kurzfristig Liquidität freigesetzt, über die flexibel disponiert werden kann.
- Bei einem niedrigen Anteil des Anlagevermögens fallen i. d. R. auch niedrigere Fixkosten (z. B. Abschreibungen) an. Damit wirkt sich ein kurzfristiger Beschäftigungsrückgang (bei dem das Anlagevermögen nicht so schnell angepasst werden kann) weniger ergebnisbelastend aus.

Die Kennzahl sollte nicht isoliert, sondern nur **in Verbindung mit anderen Kennzahlen** interpretiert werden. Sie ist vor allem für einen Vergleich innerhalb einer Branche und im Zeitreihenvergleich über mehrere Geschäftsjahre eines Unternehmens interessant.

Liegt beispielsweise die Anlagenintensität des betrachteten Unternehmens deutlich unter dem Branchendurchschnitt, so kann dies darin begründet sein, dass die anderen Unternehmen der Branche deutlich stärker in neue Technologien investiert haben.

Ergänzende Informationen bieten **Umsatzrelationen** wie z. B. die Kennzahl

$$\frac{\text{Sachanlagevermögen}}{\text{Umsatz}}$$

Hier wird eine Größe aus der Bilanz kombiniert mit dem aus der GuV stammenden Umsatz. Die Kennzahl ist niedrig, wenn mit einem relativ niedrigen Sachanlagevermögen ein großes Umsatzvolumen bewältigt wird.

Ein Absinken der Kennzahl im Zeitablauf kommt zustande, wenn entweder bei konstantem Sachanlagevermögen mehr Umsatz erreicht wurde oder das bisherige Umsatzvolumen mit weniger Sachanlagevermögen erwirtschaftet wurde. In beiden Fällen deutet dies auf eine bessere Auslastung des Sachanlagevermögens hin.

Kennzahlen zum Investitionsgeschehen sollen Hinweise zur Wachstumsdynamik des Unternehmens geben. Für Wachstumsaussagen empfiehlt es sich, die **Nettoinvestitionen** zu betrachten. Das sind die Investitionen eines Geschäftsjahres (= Zugänge aus dem Anlagespiegel des Jahresabschlusses) abzüglich der Desinvestitionen (= Anlagenabgänge zum Restbuchwert). Echtes Wachstum kommt erst dann zustande, wenn über den in Form von Abschreibungen erfassten Wertverlust des Sachanlagevermögens hinaus neu investiert wird. Dies lässt sich aus der **Reinvestitionsquote** ableiten:

$$\text{Reinvestitionsquote} = \frac{\text{Abschreibungen auf Sachanlagen}}{\text{Nettoinvestitionen in Sachanlagen}}$$

Ist das Nettoinvestitionsvolumen größer als die Abschreibungen (Wert der Kennzahl kleiner als 1), so wächst das Sachanlagevermögen. Wird nicht in Höhe der Abschreibungen reinvestiert (Kennzahl größer als 1), so sinkt das Sachanlagevermögen. Erst eine Betrachtung über mehrere Geschäftsjahre, die auch spezielle Wachstumszyklen verdeutlicht, führt zu sinnvollen Aussagen.

Eine Stärkung des Wachstums mittels Investitionen ist auch dann eher gegeben, wenn das Unternehmen eine hohe interne Finanzkraft aufweist.

Insofern ist zu fragen: wie viele der gesamten Nettoinvestitionen (Sach- und Finanzanlagen) konnten intern aus dem im laufenden Geschäft generierten Cash Flow finanziert werden? Die nachfolgende Kennzahl drückt diesen **Innenfinanzierungsanteil** aus:

$$\text{Innenfinanzierungsanteil} = \frac{\text{CashFlow}}{\text{Nettoinvestitionen}}$$

Ist die Kennzahl größer als 1, konnte das gesamte Nettoinvestitionsvolumen aus dem Cash Flow finanziert werden und die darüber hinaus verbleibenden Teile des Cash Flow erhöhten die Liquidität. Reicht dagegen der Cash Flow über einen längeren Zeitraum betrachtet nicht aus (Kennzahl kleiner als 1), signalisiert dies die Notwendigkeit einer zusätzlichen Kapitalbeschaffung durch Außenfinanzierung (Eigenkapital und/oder Fremdkapital).

Analyse der Kapitalstruktur

Aus finanzwirtschaftlicher Sicht gilt der **statische Verschuldungsgrad**, die Relation zwischen Fremdkapital (FK) und Eigenkapital (EK), als eine der wichtigsten Bilanzkennzahlen.

$$\text{Statischer Verschuldungsgrad} = \frac{\text{Fremdkapital}}{\text{Eigenkapital}}$$

Auch in den auf das Gesamtkapital (GesK) bezogenen Kennzahlenvarianten wie der **Fremdkapitalquote** (= FK in Relation zum GesK) oder der **Eigenkapitalquote** (= EK in Relation zum GesK) wird derselbe Sachverhalt ausgedrückt.

Wann ein „optimaler" Verschuldungsgrad für ein Unternehmen erreicht ist, lässt sich aus dieser einzelnen Bilanzrelation sicherlich nicht ableiten. Die **Verschuldungssituation** ist vielmehr unternehmensspezifisch **im Spannungsfeld zwischen Rentabilität und Liquidität abzuwägen**. Nachfolgend werden die wichtigsten Aspekte gegenübergestellt (vgl. Abb. H6, S. 290).

Aus der Risikoeinschätzung haben sich **grobe Normvorstellungen** herauskristallisiert (z. B. die Faustregel: das Verhältnis von FK zu EK sollte mindestens 2:1 betragen), die – insbesondere in branchenspezifischen Modifikationen – große **praktische Bedeutung** haben. Erstens prüfen die Kreditgeber den statischen Verschuldungsgrad vor dem Hintergrund derartiger Normen bei Entscheidungen über die Kreditvergabe. Zweitens versuchen Unternehmen ihrerseits, sich durch Einhaltung bestimmter Verschuldungsrelationen in eine günstige Position gegenüber den Kapitalgebern zu bringen.

In Abwägung der oben aufgezeigten Kriterien Rentabilität und Liquiditätsrisiko wird ein Unternehmen in vertretbarem Maße bereit sein, eine höhere Verschuldung einzugehen, wenn dadurch die Eigenkapitalrentabilität (r_{EK}) gesteigert werden kann. Für den Fall, dass die Gesamtkapitalrentabilität (r_{GesK}) höher als der Fremdkapitalzins (i) ist, trifft dies zu. Im Unternehmen kann

niedrige Verschuldung (hoher EK-Anteil) bedeutet	**hohe** Verschuldung bedeutet
geringeres Kapitalverlustrisiko für die Gläubiger: • höheres EK (Haftungskapital) wirkt als „Verlustpuffer", Verluste verringern zunächst einmal das ausgewiesene EK	**höheres Kapitalverlustrisiko** für die Gläubiger: • niedrigeres EK ist schneller durch Verluste aufgezehrt, Verluste schlagen somit schneller auf das FK durch (Überschuldung ist erreicht, wenn Verlust > noch vorhandenes EK)
geringeres Liquiditätsrisiko: • niedrige vertraglich fixe Zins- und Tilgungszahlungen • verringerte Gefahr von kurzfristigen Liquiditätsengpässen erhöhte Flexibilität bzgl. zusätzlicher Finanzierung (z. B. Kreditaufnahme zu besseren Kondititionen)	**höheres Liquiditätsrisiko:** • hohe vertraglich fixe Zins- und Tilgungszahlungen (unabhängig von der Erfolgs- und Liquiditätslage zu zahlen) • unsichere Einzahlungen aus Umsatz, Gefahr der „Liquiditätsfalle" wenn Umsätze nicht wie geplant erreichbar sind, Forderungen ausfallen oder nicht schnell genug zu Einzahlungen werden
verringerte Rentabilitätschance: • insgesamt niedrigere Finanzierungsbasis (aus EK und FK) begrenzt die Wachstums- und Gewinnmöglichkeiten • Renditenachteil, da EK relativ teuer ist, durch hohe steuerliche Belastung und Dividendenanspruch der Aktionäre	**höhere Rentabilitätschance:** • größerer Finanzierungsrahmen (aus EK und FK) ermöglicht bessere Wahrnehmung von Gewinnchancen in einzelnen Geschäften • Renditevorteil, da FK-Zinsen als Aufwand steuermindernd wirken • höhere Verschuldung kann unter ganz bestimmten Bedingungen die EK-Rentabilität steigern (= Leverage Effekt)

Abb. H 6: Vergleich niedrige und hohe Verschuldung

dann offenbar ein höherer Gewinn erzielt werden als an FK-Zinsen bezahlt werden muss. Folglich führt eine weitere Fremdkapitalaufnahme (Substitution von EK durch FK bei gegebenem Gesamtkapital) zu einer Gewinnsteigerung und damit einer Erhöhung der Eigenkapitalrentabilität. Dieser als **Leverage-Effekt** (Hebel-Effekt) bezeichnete Modellzusammenhang ist in der folgenden Formel dargestellt:

$$r_{EK} = r_{GesK} + \frac{FK}{EK} \cdot \left(r_{GesK} - i\right)$$

↓

Hebel
Verschuldungsgrad

Die **Eigenkapitalrendite r_{EK} steigt bei zunehmender Verschuldung, wenn r_{GesK} > i**. Der Zusammenhang in dieser linearen Form gilt allerdings nur, wenn ein konstanter FK-Zinssatz (i) unterstellt wird. Der umgekehrte Effekt (negative Hebelwirkung) tritt ein, wenn $r_{GesK} < i$. In diesem Fall wirkt sich eine höhere Verschuldung besonders negativ auf die Eigenkapitalrentabilität aus. Im nachfolgenden Prinzipbeispiel wird der Leverage-Effekt in drei unterschiedlichen Unternehmenssituationen gezeigt (vgl. Abb. H 7).

Situation	A	B	C
Gesamtkapital	100.000	100.000	100.000
FK	*20.000*	*80.000*	*80.000*
EK	*80.000*	*20.000*	*20.000*
Verschuldungsgrad (FK : EK)	*0,25*	*4*	*4*
Gewinn vor Abzug von FK-Zinsen	15.000	15.000	5.000
FK-Zinssatz (i)	9 %	9 %	9 %
Gesamtkapitalrentabilität (r_{GesK})	15 %	15 %	5 %
FK-Zinsen	*1.800*	*7.200*	*7.200*
Gewinn / Verlust nach Zinsen	*13.200*	*7.800*	*– 2.200*
Eigenkapitalrentabilität	16,5 %	39 %	– 11 %

Abb. H 7: Leverage-Effekt

Bei **gleich bleibendem Gesamtkapital und konstantem FK-Zins (i)** wird, bei höherer Gesamtkapitalrentabilität als der FK-Zins, durch höhere Verschuldung (Situation B) die EK-Rendite auf 39 % gesteigert. Liegt die Gesamtkapitalrentabilität niedriger als der FK-Zins (Situation C), so wird durch die hohe Verschuldung die Eigenkapitalrentabilität verringert und in diesem Fall sogar negativ.

In der Realität sind der zunehmenden Verschuldung Grenzen gesetzt. Aufgrund des erhöhten Ausfallrisikos werden die Kreditgeber die Zinsen erhöhen (i bleibt also nicht konstant, wie dies im Modellzusammenhang unterstellt wurde), d. h. die r_{EK} steigt nur noch mit abnehmenden Zuwachsraten, bis $r_{GesK} = i$ erreicht ist, dann tritt der umgekehrte Effekt (negative Hebelwirkung) ein.

Liquiditätsanalyse

Bei der Liquiditätsanalyse werden **horizontal** Positionen beider Bilanzseiten und damit der Zusammenhang zwischen Finanzierung (= Passiva, Mittelherkunft) und Vermögensaufbau (= Aktiva, Mittelverwendung) betrachtet.

Aus der Einhaltung des Grundsatzes der **fristenkongruenten Finanzierung** wird auf die Liquiditätssituation einer Unternehmung geschlossen. Der Grundsatz besagt: jedem Vermögensposten auf der Aktivseite der Bilanz (mit einer bestimmten Kapitalbindung) muss auf der Passivseite ein adäquater Finanzierungsbetrag gegenüberstehen, der mindestens für die Dauer der Kapitalbindung im Vermögen zur Verfügung steht. Dies soll gewährleisten, dass aus den regelmäßigen Kapitalfreisetzungen in den Vermögenspositionen jeweils die Rückzahlung des aufgenommenen Kapitals gewährleistet ist. Ist die Fristenkongruenz nicht erfüllt, können wegen evtl. fehlender Anschlussfinanzierung Probleme für die Erfüllung der Zahlungsverpflichtungen entstehen.

Für die praktisch anzustrebenden Kennzahlenrelationen bedeutet dies folgende **Deckungsgrade**:

Deckung des Anlagevermögens (AV) durch EK

$$AV \leq EK$$

Deckung des AV durch langfristiges Kapital (= **Goldene Bilanzregel** im engeren Sinne)

$$AV \leq EK + FK_L \qquad (L = \text{langfristige Teile})$$

Die Tatsache, dass auch Teile des Umlaufvermögens langfristig gebunden sind (z. B. eiserne Bestände bei Vorräten), führt zu einer Erweiterung der Regel, d. h. der Deckung des Anlage- und langfristigen Umlaufvermögens durch langfristiges Kapital (= Goldene Bilanzregel im weiteren Sinne)

$$AV + UV_L \leq EK + FK_L$$

Bei der Klassifizierung des Fremdkapitals gilt nach HGB das Kriterium der **Restlaufzeit** (RLZ): Verbindlichkeiten mit RLZ von über fünf Jahren gelten als langfristig, Verbindlichkeiten mit RLZ von eins bis fünf Jahren werden als mittelfristig eingestuft, Verbindlichkeiten mit RLZ bis zu einem Jahr als kurzfristig.

Die aus der Bilanz abgeleitete statische Liquiditätsanalyse stößt mit ihren generellen Annahmen auch an **Grenzen**. So muss z. B. das Eigenkapital nicht, wie hier unterstellt, unbefristet (langfristig) zur Verfügung stehen. Es können durchaus Ausschüttungen erforderlich sein, wenn etwa Gesellschafter von ihrem Kündigungsrecht Gebrauch machen.

Es ist auch unproblematisch, das Anlagevermögen – entgegen der generellen Regel der Fristenkongruenz – kurzfristig zu finanzieren, wenn die Anschlussfinanzierung gesichert ist. Deckungsgrade machen außerdem **nur branchenbezogen** einen Sinn. Die Anlagendeckung mit Eigenkapital wird z. B. sehr stark von der Anlagenintensität abhängen, die sich wiederum je nach Branche stark unterscheidet. Trotz derartiger konzeptioneller Mängel gehören die Deckungsregeln in der Praxis unbestritten zu den **Spielregeln solider Finanzierung**. Eine Reihe deutscher Großunternehmen weist im Geschäftsbericht explizit auf deren Einhaltung hin.

Weitere Informationen zur Liquiditätssituation verbindet man mit der Interpretation des **Cash Flow (CF) als finanzwirtschaftlichem Indikator**. Ein hoher CF signalisiert ein hohes Innenfinanzierungspotential der Unternehmung. Es wird unterstellt, dass der CF für Auszahlungen im Zusammenhang mit neuen Investitionen und zur Schuldentilgung zur Verfügung steht und damit eine positive Liquiditätswirkung für die Unternehmung hat.

Diese finanzwirtschaftliche Cash Flow-Konzeption ist jedoch in verschiedener Hinsicht **unvollständig**:

Erstens ist über den CF zum großen Teil **bereits disponiert** (z. B. für Dividendenzahlungen, Ersatzinvestitionen, Pensionszahlungen), er steht daher nicht in voller Höhe für die o. a. Zwecke zur Verfügung.

Zweitens bildet speziell der CF in der häufig verwendeten vereinfachten (indirekten) Berechnung das **Innenfinanzierungspotential nur ungenau** ab. Der CF steht somit nicht tatsächlich in der vereinfacht ermittelten Höhe als Finanzierungspotential in liquider Form zur Verfügung. Aus einer Zunahme der Forderungen in einer Periode kann man erkennen, dass nicht der gesamte Umsatz auch zu Einzahlungen geführt hat. Stützt sich ein Analyst auf die Daten der GuV und betrachtet in der indirekten CF Ermittlung z. B. den Umsatz vereinfacht als in vollem Umfang zahlungswirksam, so wird der CF überhöht ausgewiesen. Korrekterweise müsste bei der Cash Flow Berechnung der Umsatz um den nicht zahlungswirksamen Teil, die Erhöhung der Forderungen, korrigiert werden.

Die Beurteilung der zukünftigen Liquiditätsentwicklung versucht man auch mit dem **dynamischen Verschuldungsgrad auf Basis des Cash Flow** abzuschätzen.

$$\text{Dynamischer Verschuldungsgrad} = \frac{\text{Nettoverschuldung}^*}{\text{CashFlow}}$$

*Nettoverschuldung = FK (ohne Pensionsrückstellungen) ./. liquide Mittel

Es geht um die Frage: Wie viele Jahre würde es (beim gegenwärtigen Niveau des Cash Flows) dauern, die Nettoverschuldung zu tilgen? Unterstellt wird bei diesem hypothetischen Konstrukt, dass der CF auch in Zukunft in gleicher Höhe anfällt und außerdem voll zur Schuldentilgung zur Verfügung steht.

Auch für diese Kennzahl existiert eine nicht näher begründbare grobe Normvorstellung. Ein dynamischer Verschuldungsgrad von ≤ 3,5 Jahren gilt allgemein als gut, wobei in einer genaueren Analyse auch nach Branchen differenzierte Normen Verwendung finden.

4. Kapitalflussrechnung

Weitaus besser als die oben beschriebenen einzelnen Kennzahlen zur Liquiditätsanalyse ist die Kapitalflussrechnung geeignet die **Finanzlage der Unternehmung** aufzuzeigen. Dabei handelt es sich um eine geschlossene Darstellungsform, bei der als Bestandteil auch die bereits im Cash Flow Konzept erfassten **Innenfinanzierungsaspekte** eingehen, darüber hinaus aber noch die **Mittelbeschaffung von außen** sowie die **Mittelverwendung** berücksichtigt werden.

Mit der Kapitalflussrechnung will man im Vergleich zu den statischen Kennzahlen mehr die dynamischen Aspekte der finanziellen Situation aufzeigen und damit die Frage beantworten:

Wie haben sich als Folge **sämtlicher Finanzbewegungen** (Mittelherkunft und Mittelverwendung) eines Geschäftsjahres die **liquiden Mittel in der Periode und damit auch der Gesamtbestand an liquiden Mitteln verändert**?

Somit soll diese Form der stromgrößenorientierten Liquiditätsanalyse Einblick geben, inwieweit ein Unternehmen fähig ist:

- **künftige Finanzüberschüsse** zu erwirtschaften
- seine **finanziellen Verpflichtungen** zu erfüllen
- **Ausschüttungen** an die Eigentümer zu leisten.

Außerdem soll mit der Kapitalflussrechnung auch noch:

- **indirekt die Qualität des Ergebnisses** beurteilt werden, indem die Gründe für die Differenzen zwischen dem Jahresergebnis und dem Cash Flow aus laufender Geschäftstätigkeit gezeigt werden.

Speziell in den USA und in Großbritannien ist die Offenlegung einer zahlungsstromorientierten Kapitalflussrechnung nach festgelegten Regelungen schon seit Jahren Pflichtbestandteil des Jahresabschlusses. Dagegen wurden in Deutschland Kapitalflussrechnungen **bisher freiwillig** und in nicht einheitlicher Form veröffentlicht, wobei sich die international ausgerichteten Großunternehmen aber bereits der US-Darstellung annäherten. Auch die vom Institut der Wirtschaftsprüfer (IdW) und vom Arbeitskreis „Finanzierungsrechnung“ der Schmalenbach Gesellschaft herausgegebenen **Gestaltungsempfehlungen** (HFA 1/1995) hatten immerhin schon zu einer gewissen Vereinheitlichung geführt. Seit 1999 sind nun auch in Deutschland **börsennotierte Mutterunternehmen verpflichtet**, ergänzend zur Bilanz und GuV, eine Kapitalflussrechnung im Konzernabschluss zu publizieren. Grundlage hierfür ist das Gesetz zur Kontrolle und Transparenz im Unternehmensbereich (KonTraG) mit dem § 279 Abs. 1 HGB entsprechend erweitert wurde. Konkrete Vorschriften zu Inhalt und Darstellung der Kapitalflussrechnung wurden dann von dem neu gebildeten Deutschen Rechnungslegungs Standards Committee (DRSC) fixiert. Es legte unter dem Deutschen Rechnungslegungstandard DRS 2 „Kapitalflussrechnung“ Gestaltungsregeln vor, die weitgehend den internationalen Standards angepasst sind (vgl. *v. Wysocki* [1998]).

Hinsichtlich der Qualität der Aussagen besteht natürlich ein Unterschied, ob es sich um eine von der Unternehmung **originär**, selbst (intern) erstellte oder um eine aus veröffentlichten Jahresabschlussdaten **derivativ** ermittelte externe Rechnung handelt. Während man unternehmensintern auf die einzelnen Zahlungsströme (Kontenumsätze) aus der Finanzbuchhaltung zurückgreifen kann, ist ein externer Analyst allein auf die Jahresabschlussdaten angewiesen.

Er muss sich eine Kapitalflussrechnung aus der Bilanz, der GuV und weiteren Informationen des Anhangs im Geschäftsbericht ableiten. Auch die derzeit von deutschen Unternehmen veröffentlichten Kapitalflussrechnungen basieren auf diesem Informationsstand, d. h. es werden überwiegend nur solche Daten nach außen in Form der Kapitalflussrechnung publiziert, die sich ein externer Analyst auch selbst aus der Bilanz und der GuV zusammenstellen könnte.

Nachfolgend soll die **Vorgehensweise bei der externen (derivativen) Erstellung** der Kapitalflussrechnung an einem Beispiel (in Anlehnung an *Siener*, in *v. Wysocki* [1998]) erläutert werden.

a) Beständedifferenzenbilanz

Ausgangspunkt ist die aus der Saldierung von zwei aufeinander folgenden Bilanzen resultierende Beständedifferenzenbilanz (vgl. Abb. H 8). Sie zeigt lediglich die **Veränderung der Bilanzbestände** auf (positives Vorzeichen = Posten, die sich während eines Jahres erhöht haben; negatives Vorzeichen = Posten, die sich während eines Jahres vermindert haben). Die Bilanzgleichung hierfür lautet:

Aktivzunahme (A^+) ./. Aktivabnahme (A^-)
= Passivzunahme (P^+) ./. Passivabnahme (P^-)

in Mio €	Berichtsjahr	Vorjahr	**Veränderung**
Aktiva			
Immaterielle Vermögensgegenstände	50	60	**– 10**
Sachanlagen	440	380	**+ 60**
Finanzanlagen	125	115	**+ 10**
Vorräte	220	200	**+ 20**
Forderungen aus Lieferungen u. Leistungen	150	130	**+ 20**
Sonstige Forderungen	110	120	**– 10**
Wertpapiere	105	105	**0**
Zahlungsmittel	125	100	**+ 25**
Rechnungsabgrenzungsposten (aktive RAP)	5	10	**– 5**
Summe	1.330	1.220	**+110**
Passiva			
Gezeichnetes Kapital	250	200	**+ 50**
Rücklagen	388	205	**+183**
Bilanzgewinn	30	20	**+ 10**
Pensionsrückstellungen	82	75	**+ 7**
Übrige Rückstellungen	80	65	**+ 15**
Finanzverbindlichkeiten	350	500	**–150**
Verbindlichkeiten aus Lieferungen u. Leistungen	55	80	**– 25**
Sonstige Verbindlichkeiten	70	55	**+ 15**
Rechnungsabgrenzungsposten (passive RAP)	25	20	**+ 5**
Summe	1.330	1.220	**+110**

Abb. H 8: Ermittlung der Beständedifferenzenbilanz

b) Veränderungsbilanz und Bewegungsbilanz

Durch Umgruppierung der Beständedifferenzenbilanz erhält man die sog. Veränderungsbilanz. Werte **mit negativem Vorzeichen werden auf die jeweils andere Seite der Bilanz gebracht**. Die entsprechend geänderte Bilanzgleichung zeigt, dass dann auf beiden Seiten der Bilanz nur noch positive Beträge ausgewiesen werden.

Aktivzunahme (A^+) + Passivabnahme (P^-)
= Passivzunahme (P^+) + Aktivabnahme (A^-)

Bewegungsbilanz in Mio €

Mittelverwendung		**Mittelherkunft**	
A^+ Aktivzunahme		**P^+ Passivzunahme**	
Sachanlagen	60	Gezeichnetes Kapital	50
Finanzanlagen	10	Rücklagen	183
Vorräte	20	Bilanzgewinn	10
Forderungen aus Lieferungen und Leistungen	20	Pensionsrückstellungen	7
Wertpapiere	–	Übrige Rückstellungen	15
Zahlungsmittel	25	Sonstige Verbindlichkeiten	15
		Passive Rechnungsabgrenzungsposten	5
P^- Passivabnahme		**A^- Aktivabnahme**	
Finanzverbindlichkeiten	150	Immaterielle Vermögensgegenstände	10
Verbindlichkeiten aus Lieferungen und Leistungen	25	Sonstige Forderungen	10
		Aktive Rechnungsabgrenzungsposten	5
	310		310

Abb. H 9: Die Veränderungsbilanz wird, bei gleichem Inhalt, in finanzwirtschaftlicher Interpretation zur Bewegungsbilanz

Interpretiert man nun, zunächst ohne inhaltliche Weiterentwicklung, die beiden Seiten der Veränderungsbilanz **finanzwirt-**

schaftlich als Mittelherkunft (rechte Seite) und **Mittelverwendung** (linke Seite), so spricht man von einer **Bewegungsbilanz** (vgl. Abb. H9).

Allerdings sind die Aussagen der Bewegungsbilanz begrenzt, sie geben noch keinen Aufschluss über die Liquidität, da die Daten lediglich aus jeweils zwei Stichtagsbeständen (Vergleich Anfangs- mit Endbestand eines Kontos) resultieren und außerdem noch die nicht zahlungswirksamen Vorgänge (z. B. Erhöhung der Rückstellungen) enthalten sind.

c) Teilweiser Einbezug von Kontenbewegungen (Stromgrößen) aus externen Quellen

Zur eigentlichen Kapitalflussrechnung gelangt man, wenn die bloßen Salden aus der Veränderung von Bestandsgrößen durch die im Berichtsjahr zugrunde liegenden Stromgrößen bzw. Kontenbewegungen, also jeweils durch die Summe der Soll- und Habenbuchungen eines Bilanzkontos (=Kontenumsätze), ersetzt werden.

Bei der externen Herleitung der Kapitalflussrechnung finden sich derartige Stromgrößen im Anhang des Jahresabschlusses in der dargestellten Entwicklung des Anlagevermögens im Anlagespiegel sowie in der Darstellung zur Entwicklung des Eigenkapitals (vgl. Abb. H10, S. 300). Mit den Informationen aus der Entwicklung des Eigenkapitals (bzw. auf Basis der GuV-Daten) kann die in der Bewegungsbilanz enthaltene Veränderung des Bilanzgewinns wie folgt aufgespalten werden:

$$\Delta \text{ Bilanzgewinn} = \text{JÜ}_{\text{Berichtsjahr}} \;./.\; \Delta \text{ Rücklagen}_{\text{Berichtsjahr}} \;./.\; \Delta \text{ Dividende}_{\text{Vorjahr}}$$

In der Bewegungsbilanz wird nun an Stelle der bisherigen Position „Veränderung Bilanzgewinn" der **Jahresüberschuss (JÜ)**, die Veränderung der Rücklagen und die Ausschüttung von Teilen des Bilanzgewinns des Vorjahres in Form der Dividende eingesetzt.

Die nun immerhin schon einige wesentliche Stromgrößen enthaltende Rechnung wird als **Teilbruttorechnung** bezeichnet (vgl. Abb. H11, S. 301).

Entwicklung des Anlagevermögens (vereinfachter Anlagespiegel):

	Anfangsbestand Berichtsjahr	**Zugänge A+**	**Abgänge* A−**	**Abschreibungen**	Endbestand Berichtsjahr
Immaterielle Vermögensgegenstände	60	*5*	–	*15*	50
Sachanlagen	380	*156*	*30*	*66*	440
Finanzanlagen	115	*45*	*18*	*17*	125

* Abgänge zu historischen Anschaffungswerten umgerechnet auf Abgänge zu Restbuchwerten

Entwicklung des Eigenkapitals:

	Anfangsbestand Berichtsjahr	**Zugänge P+**	**Abgänge P−**	Endbestand Berichtsjahr
Gezeichnetes Kapital	200	*50*	–	250
Rücklagen	205	*183*	–	388
Bilanzgewinn Geschäftsjahr	20	*JÜ 30*	*Dividende 20**	30

* Dividendenausschüttung aus Bilanzgewinn des Vorjahres im Berichtsjahr

Abb. H 10: Externe Stromgrößen aus der Entwicklung des Anlagevermögens und des Eigenkapitals

d) Einbezug der GuV-Daten

Erst durch den Einbezug von GuV-Daten entsteht letztlich eine komplett zahlungsstrombezogene Kapitalflussrechnung. Dabei ersetzt man die Position Jahresüberschuss durch Aufwendungen (= Mittelverwendung) und Erträge (= Mittelherkunft) aus der GuV (vgl. Abb. H 12, S. 302).

Bei der Zusammenführung der erweiterten Bewegungsrechnung und der GuV muss um die nicht zahlungswirksamen Positionen bereinigt werden. Dabei können doppelt erfasste, nicht zahlungswirksame Positionen, wie z. B. die Abschreibungen, die in der erweiterten Bewegungsrechnung einerseits als Mittelher-

Mittelverwendung		Mittelherkunft	
A⁺ Aktivzunahme		**P⁺ Passivzunahme**	
Zugang Immat. Vermögensgegenstände	*5*	*Zugang Gezeichnetes Kapital*	*50*
Zugang Sachanlagen	*156*	*Zugang Rücklagen*	*183*
Zugang Finanzanlagen	*45*	*Jahresüberschuss*	*30*
Vorräte	20	Pensionsrückstellungen	7
Forderungen aus Lieferungen und Leistungen	20	Übrige Rückstellungen	15
Wertpapiere	0	Sonstige Verbindlichkeiten	15
Zahlungsmittel	25	Passive Rechnungsabgrenzungsposten	5
P⁻ Passivabnahme		**A⁻ Aktivabnahme**	
Finanzverbindlichkeiten	150	*Abgang Sachanlagen*	*30*
Verbindlichkeiten aus Lieferungen und Leistungen	25	*Abgang Finanzanlagen*	*18*
Ausschüttung Dividende des Vorjahres	*20*	*Abschreibung Immaterielle Vermögensgegenstände*	*15*
		Abschreibung Sachanlagen	*66*
		Abschreibung Finanzanlagen	*17*
		Sonstige Forderungen	10
		Aktive Rechnungsabgrenzungsposten	5
	466		466

Abb. H 11: Extern hergeleitete erweiterte Bewegungsbilanz (Teilbruttorechnung) in Mio. €

kunft (A-) und über die Einbeziehung der Daten aus der GuV andererseits als Mittelverwendung (= Aufwand) erfasst sind, durch Saldierung völlig eliminiert werden. Eine Reihe weiterer Positionen sind ebenfalls um nicht zahlungswirksame Vorgänge zu korrigieren. Will man z. B. von den in der GuV ausgewiesenen Umsatzerlösen auf die Einzahlungen aus Umsatz kommen, so sind einerseits die Umsatzerlöse um die Zunahme der Forderungen zu kürzen (Ertrag in GuV jetzt, Einzahlung in späterer Periode), andererseits führt die Zunahme der Kundenanzahlungen zu hö-

Erweiterte Bewegungsbilanz mit Einbezug der GuV (in Mio. €)

Mittelverwendung		Mittelherkunft	
A⁺ Aktivzunahme		**P⁺ Passivzunahme**	
Zugang Immaterielle Vermögensgegenstände	5	Gezeichnetes Kapital	50
Zugang Sachanlagen	156	Rücklagen	183
Zugang Finanzanlagen	45	Pensionsrückstellungen	7
Vorräte	20	Übrige Rückstellungen	15
Forderungen aus Lieferungen und Leistungen	20	Sonstige Verbindlichkeiten	15
Wertpapiere	0	Passive Rechnungsabgrenzungsposten	5
Zahlungsmittel	25		
P⁻ Passivabnahme		**A⁻ Aktivabnahme**	
Finanzverbindlichkeiten	150	Abgang Sachanlagen	30
Verbindlichkeiten aus Lieferungen und Leistungen	25	Abgang Finanzanlagen	18
Ausschüttung Dividende des Vorjahres	20	Abschreibung Immaterielle Vermögensgegenstände	15
		Abschreibung Sachanlagen	66
		Abschreibung Finanzanlagen	17
		Abnahme sonstige Forderungen	10
		Abnahme aktive Rechnungsabgrenzungsposten	5
Aufwendungen (GuV)		**Erträge (GuV)**	
Bestandsveränderung fertige und unfertige Erzeugnisse	*45*	*Umsatzerlöse*	*900*
Materialaufwand	*360*	*aktivierte Eigenleistungen*	*10*
Personalaufwand	*382*	*sonstige betriebliche Erträge*	*55*
Abschreibung Immaterielle Vermögensgegenstände	*15*		
Abschreibung Sachanlagen	*66*		
Abschreibung Finanzanlagen	*17*		
Finanzergebnis	*20*		
Steueraufwand	*30*		
	1.401		1.401

Abb. H 12: Einbezug der GuV in die erweiterte Bewegungsbilanz

heren Einzahlungen als im Umsatz ausgewiesen (Einzahlungen jetzt, Ertrag in GuV später). Wegen der Vielzahl von Abgrenzungen bei den Einzelpositionen wird an dieser Stelle das verkürzte Zahlenbeispiel nicht mehr weitergeführt.

e) Umgliederung zur Fondsrechnung

Erhöhte Transparenz über die Liquiditätssituation einer Unternehmung lässt sich durch Umgruppierung der Einzelpositionen zu einer sog. **Fondsrechnung** erreichen. Entsprechend dem angloamerikanischen Gliederungsschema wird die Kapitalflussrechnung als Fondsrechnung in folgende vier Teilbereiche differenziert:

- **laufende Geschäftstätigkeit**
- **Investitionstätigkeit**
- **Finanzierungstätigkeit**
- **Veränderung des Finanzmittelfonds (z. B. Fonds liquider Mittel)**

Die Finanzbewegungen innerhalb der ersten drei Teilbereiche fasst man als **Ursachen für die Veränderung des vierten Teilbereichs, eines definierten Finanzmittelfonds** (= Veränderung der Liquidität im Geschäftsjahr) auf. Meist wird der „Fonds liquide Mittel" verwendet, der in einer engen - rein auf Zahlungsmittel bezogenen Liquiditätsdefinition - die Veränderung der Bilanzkonten Kasse, Scheck, Postscheck, Bankguthaben sowie Wertpapiere des Umlaufvermögens darstellt. International üblich ist die Darstellung der **Finanzbewegungen in Staffelform**, bei der die **Mittelherkunft als Plusposition** und die **Mittelverwendung als Minusposition** aufgezeigt wird (vgl. Abb. H 13, S. 304).

Bei der Ermittlung und Darstellung der Zahlungsströme aus laufender Geschäftstätigkeit (Teilbereich 1) kann zwischen der **direkten oder indirekten Methode** gewählt werden. Die direkte Ermittlung aus den bereinigten GuV-Daten würde der Fortführung des o. a. Beispiels entsprechen. Die indirekte, in Abb. H 13 aufgezeigte Methode geht vom Jahresüberschuss aus. Diese Methode empfiehlt sich, wenn bei der Erfassung und Abgrenzung der zahlungswirksamen Vorgänge Schwierigkeiten bestehen. Im

1. Bereich laufende Geschäftstätigkeit
Jahresergebnis
\+ Abschreibungen (– Zuschreibungen)
\+ Zunahme (– Abnahme) Rückstellungen
– Zunahme (+ Abnahme) Vorräte
– Zunahme (+ Abnahme) Forderungen aus Lieferungen und Leistungen
\+ Zunahme (– Abnahme) Verbindlichkeiten aus Lieferungen und Leistungen

Saldo = **Cash-Flow aus der laufenden Geschäftstätigkeit**

2. Bereich Investitionstätigkeit
– Auszahlungen für Investitionen
\+ Einzahlungen aus dem Verkauf von Anlagegegenständen/Geschäftsgebieten

Saldo = **Cash-Flow aus der Investitionstätigkeit**

3. Bereich Finanzierungstätigkeit
\+ Einzahlungen aus Kapitalerhöhung (KE)
\+ Einzahlungen aus der Aufnahme von Fremdkapital
– Auszahlungen für die Tilgung von Fremdkapital
– Dividende an Aktionäre

Saldo = **Cash-Flow aus der Finanzierungstätigkeit**

4. Finanzmittelnachweis
Veränderung Finanzmittelfonds (= Summe der Cash-Flows 1. – 3.)
– bzw. + wechselkursbedingte und sonstige Wertänderungen des Finanzmittelbestands
\+ Finanzmittelbestand am Anfang der Periode
= Finanzmittelbestand am Ende der Periode

Abb. H 13: Kapitalflussrechnung als Fondsrechnung (Grundstruktur)

Teilbereich 2 Investitionstätigkeit und im Teilbereich 3 Finanzierungstätigkeit verwendet man nur die direkte Darstellungsform.

Die Segmentdarstellung zeigt **sämtliche Aus-/Einzahlungsströme in den einzelnen Teilbereichen** und die jeweiligen **Salden** (Cash Flows). Die Summe der drei Teil Cash Flows gibt den gesamten Mittelzufluss bzw. Mittelabfluss im Geschäftsjahr wieder. Letztlich schlägt sich dies im Saldo des Finanzmittelfonds (Teilbereich 4) und damit der Finanzmittelbestandsänderung des Geschäftsjahres nieder. Es ist klar erkennbar, in welchen Bereichen Liquiditätsüberschüsse erwirtschaftet werden bzw. wo eine Unterdeckung (negativer Cash Flow) vorliegt. Aus der Investitionstätigkeit (Teilbereich 2) resultiert i. d. R. eine Unterdeckung. Gelingt es, diesen Nettoinvestitionssaldo mit dem aus dem laufenden Geschäft erzielten Cash Flow, also durch Finanzierung aus eigener Kraft abzudecken, so ist ein Unternehmen in den Außenfinanzierungsaktivitäten (z. B. Beschaffung von Eigenkapital durch Kapitalerhöhung, Fremdkapitalbeschaffung) weniger abhängig.

Die Kapitalflussrechnung macht den **Zusammenhang zwischen erfolgs- und finanzwirtschaftlicher Betrachtung** transparent: ausgehend von der Erfolgsgröße **Jahresüberschuss** wird dargelegt, wie sich die betrieblichen Tätigkeiten und die damit verbundenen Zahlungsströme auf die finanzwirtschaftliche Größe **Veränderung der liquiden Mittel** auswirken. Im Sinne einer ausgewogenen Unternehmenssteuerung ist eine Verbesserung des Erfolgs schließlich nur dann positiv einzuschätzen, wenn gleichzeitig auch stabile Liquiditätsverhältnisse erreicht werden.

Literatur

Baetge, J. (2005): Bilanzen, 8. Aufl., Düsseldorf 2005

Baetge, J. (1998): Die Bilanzanalyse, Düsseldorf 1998

Baetge, J./Dörner, D./Kleekämper, H./Wollmert, P./Kirsch, H.-J. (2003): Rechnungslegung nach International Accounting Standards (IAS), 2. Aufl., Stuttgart 2003

Ballwieser, W./Beine, F./Hayn, S./Peemöller, V. H./Schruff, L./Weber, C.-P. (Hrsg.) (2004): Wiley-Kommentar zur Internationalen Rechnungslegung nach IAS/IFRS, Braunschweig 2004

Buchholz, R. (2004): Internationale Rechnungslegung, 4. Aufl., Berlin 2004

Coenenberg, A. G. (2005): Jahresabschluss und Jahresabschlussanalyse, 20. Aufl., Stuttgart 2005

Gräfer, H. (2005): Bilanzanalyse, 9. Aufl., Herne, Berlin 2005

Küting, K. H./Weber, C. P. (2004): Die Bilanzanalyse, 7. Aufl., Stuttgart 2004

Perridon, L./Steiner, M. (2004): Finanzwirtschaft der Unternehmung, 13. Aufl., München 2004

Weber, J./Weißenberger, B. E. (1998): Finanzorientiertes Controlling, Band 6 der Schriftenreihe Advanced Controlling, WHU Koblenz, Vallendar 1998

Wöhe, G./Bilstein, J. (2002): Grundzüge der Unternehmensfinanzierung, 9. Aufl., München 2002

Wysocki, K. v. (Hrsg.) (1998): Kapitalflußrechnung, Stuttgart 1998

Sachverzeichnis

Abgrenzungsstrategie 105
Absatz
- -erfolgsrechnung (s. Umsatzkostenverfahren)
- -kanal 84
- -logistik 87
Abschreibungen 121, 125, 131, 229 ff., 242 ff., 288
Abzinsung (s. Diskontierung)
Allokationseffekt 178
Alternativenvergleich (s. Vorteilhaftigkeit)
Amortisationsrechnung
- dynamische- 227 ff.
- statische- 212, 227
Anbieterpositionierung 93
Anhang 261, 296
Anlagenintensität 286 f.
Anlagespiegel 300
Assimilationsstrategie 42
Auftragslosgröße 179
Aufwand 8, 259, 302
Aufzinsung 206
Ausgabe 6
Auslastungsrisiko (s. Projektrisiko)
Auszahlung 6, 56, 197 ff.
Automatisierungsvorhaben 201 ff.

Baligh-Richartz-Effekt 85
Barwert (s. Diskontierung)
Bemessungsgrundlage 230 f.
Beständedifferenzenbilanz 297 f.
Beta-Faktor 237 f.
Betriebsabrechnungsbogen 129 ff.
Betriebsergebnis
- außerordentliches- 282
- ordentliches- 282
Bewegungsbilanz 298 f.
Bilanz 259, 262 ff.
Bilanzanalyse 262, 272 ff.
- erfolgswirtschaftliche- 273 ff.
- finanzwirtschaftliche- 273, 285 ff.
Bilanzierung 259 ff.
- -nach HGB- vs. IFRS-Regeln 269 ff.
- -langfristiger fertigung 271
- -immaterieller Güter 266 f.
- -von Prozessrückstellungen 270 f.
Bilanzkennzahlen 273 ff.
Break-Even-Analyse 75 ff.

Cash-Flow 200
- -als Erfolgsindikator 275 f.
- -als finanzindikator 293 ff., 304 f.
Cluster-Analyse 113 f.

Datenanalyse (-gewinnung) 58
Deckungsbeitrag 141, 147 ff.
Deckungsgrade 292 f.
Differenzierungsstrategie 42, 181
Differenzinvestition 211 f., 222 f.
Diskontierung 206 f.
Diskontierungssatz (s. Kalkulationszinssatz)

Distributionspolitik 84 ff.
Drifting Costs 186 f.

Earnings Before Interest and Taxes (EBIT) 277
Eigenkapital
- -kosten 235 ff.
- -rentabilität 276, 289 ff.
Einflussfaktoren
- qualitative- 239 ff.
Einnahme 6
Einstellung 52 ff.
Einstellungsmodelle 82 f.
Einzahlung 6, 56, 197 ff.
Einzelkosten 119, 129 ff., 160, 173 ff.
Entscheidung
- -sbaum 71
- kurzfristige- vs. langfristige- 120
- -situation 3, 42, 70, 140
- strategische- vs. operative- 10
Erfahrungskurvenkonzept 18 ff.
Erfolgsfaktorenforschung 15 f.
Erfolgspotenzial 15
Erfolgsrechnung 127 f., 243 f.
Erfolgssegmente 281 ff.
Ertrag 6, 259, 302
- -skraft 274
- -steuern 230 ff.
Erweiterungsinvestition 198, 214 ff.

Fertigungsmaterial 118, 136 f.
Finanz
- -ergebnis 282
- -mittelfonds 303 ff.
- -rechnung (s. Kapitalflussrechnung)
Fixkostendeckungsrechnung 149 ff.
Fondsrechnung 303 ff.
Free Cash flow 234
Fremdkapitalkosten 236

Gemeinkosten 119, 129 ff.
- primäre vs. sekundäre- 131 ff.
Gemeinkostenmanagement
- prozessorientiertes- 181
Gesamtkapitalrentabilität 276 f., 289 ff.
Gesamtkostenverfahren 263 f.
Geschätzte Kosten (s. drifting costs)
Gewinn- und Verlustrechnung (GuV) 263 ff.
Gewinnfeststellung 265
Gewinnmarge 184 f., 195
Gewinnvergleichsrechnung 209
Gläubigerschutz (s. Vorsichtsprinzip)
Goldene Bilanzregel 293
Grenzkostenrechnung (s. Teilkostenrechnung)

Handelsstufen 85
Herstellkosten 136 f.
- variable- 147
Herstellungskosten 129, 268

Idealprodukt 64
Image
- Anbieter- 100
Produkt- 100
Imparitätsprinzip 267 f.
Inflationswirkung 206 f.
Innenfinanzierungsanteil 288
Innerbetriebliche Leistungsverrechnung 129 f.
Internationalisierung der Rechnungslegung 261, 269 ff.
Interne Zinssatzmethode 223 ff.

Interner Zinssatz 224 ff., 251 ff.
Investition 106, 197 ff., 288
- -sarten 198
- -sentscheidungen 197 ff.
- -sprojektcontrolling 201 f.
Investitionsplanung
- operative- (Budget) vs. strategische- 199 f.
Investitionsprojekt
- -beurteilung 205 ff.
- -kontrolle und –steuerung 204 f.
- -planung 200 ff.
Involvement 53
Iso-Rendite Kurve
Istkosten 155

Jahres
- -abschluss 258, 272 f.
- -überschuss 274 ff.

Kalkulation
- konstruktionsbegleitende- 195
- prozessorientierte- 172 ff.
- strategische- 172
- Zuschlags- 136 f., 173 f.
Kalkulationszinssatz 214, 218, 226 ff., 234 ff.
- -nach Steuern 230
Kapital
- -bindung 209 ff., 219 f., 225 ff.
- -flussrechnung 272, 274, 295 ff.
- -kostenkonzept 234 ff.
- -struktur 289 ff.
- -umschlag 278 ff.
Kapitalkostensatz 235 ff.
Bereichs- 238
Kapitalmarkt
- vollkommener- 218
Kapitalwert
- -methode 213 ff.
- -rate 220, 250, 252
Käuferverhalten 51 ff.
Kommunikationspolitik 88 ff.
Komplexitätseffekt 178 ff.
Konjunkte Analyse 66, 188
Konstruktion 187, 194 ff.
Konsumentenverhalten 52
Kosten 9, 117, 118 ff., 159 ff.
- fixe- 118 f. (weitere)
- variable- 119 f. (weitere)
Kostenartenrechung 123 f.
Kostendruck 160 f.
Kosteneinflussfaktor (s. Kostentreiber)
Kostenführerschaftsstrategie 42, 180
Kostenmanagement
- marktorientiertes- 161
- reaktives- vs. proaktives 161 ff.
Kostenrechnungssystem 121 f.
Kostensenkungspotenzial 194
Kostenstellen
- indirekte- 160, 163
Kostenstellenrechnung 126 f.
Kostenstruktur
- Veränderung der- 160 ff.
Kostenträgerrechnung 127
Kostentreiber 166, 172
Kostenvergleichsrechnung 208
Kundengebundenheit 54 f.
Kundennutzen 65
Kundenorientierung 50, 163
Kundenverbundenheit 55
Kundenwert 55

Lagebericht 261
Leerkapazität 182 f.
Leistung 9, 117 ff., 159 ff.

Leverage Effekt 289 ff.
Liquidität 285
Liquiditätsanalyse 292 ff.
Liquiditätsrisiko 289

Marketing 49 ff.
Marktanteil, relativer - 20 ff.
Marktbearbeitung 115
Marktforschung 57 ff.
Marktsegmentierung 108 ff.
Materialeinzelkosten (s. fertigungsmaterial)
Materialkosten 136 f.
Mehrdimensionale Skalierung (MDS) 101
Mindestrendite (s. Kapitalkostenkonzept)
Mittelherkunft (Mittelverwendung) 259, 292, 295, 299, 300 ff.

Nettoinvestitionen 288
Niederstwertprinzip 268
Normstrategie 24
Nutzen
- Grund- vs. Zusatz- 61
Nutzwertanalyse 72 ff., 239 ff.

PIMS-Daten 16
Plankosten 155 f.
Planung,
- operative- vs. strategische- 11
Planungsprämissen 204
Portfolio-Analyse 23 ff.
Positionierung,
- Anbieter- 93 ff.
direkte- vs. indirekte- 101 f.
- Produkt- 67 ff.
Präferenzen 52
Praktikerformel (s. Cash-Flow)
Preisabsatzfunktion 80, 139
Preis-Leistungsverhältnis 82 ff., 195
Preispolitik 80 ff.
Probierzinssatz 224 f.
Produkt,
- -entwicklung (s. Konstruktion)
- -erfahrung 54
- -funktionen 185, 190 f.
- -kern 61
- -komponenten 190 ff.
- -lebenszyklus 16 f., 184 f. 188
- -peripherie 61
- -politik 61 ff.
- -wahrnehmungsraum 63 ff.
Produktion
- starre- vs. flexibel automatisierte- 159 f.
- -serfolgsrechnung (s. Gesamtkostenverfahren)
Projektrisiko 199, 228, 232 ff.
Prozess 166 ff.
- Haupt- 166 ff.
- Teil- 167 ff.
Prozesskosten 171, 183
- -management 164 ff.
- -(verrechnungs)satz 172 ff., 183
Prozessmenge 166, 183
Punktbewertungsverfahren (s. Nutzwertanalyse)

Rationalisierungsinvestition 203 f.
Realisationsprinzip 267
Realprodukt 64
Rechenschaftslegung 266
Reichweite (s. Tausenderpreis)
Reinvermögen 263
Reinvestitionsquote 288
Relativ-Kostendatei 194

Reliabilität 58
Rentabilität
- -schance 290
- -skennzahlen 276 ff.
- -srechnung 209 ff.
- -ssteigerung 279 ff.
Repräsentativität 58
Return on Investment (RoI) 278 ff.
- Projekt- 209 ff.
Risikoanalyse 233 f.

Segmentberichterstattung 284 f.
Selbstkosten 127 ff.
- variable- 143, 147
Sensitivitätsanalyse 233 f.
Soll-Ist Kostenvergleich (s. Wirtschaftlichkeitskontrolle)
Sollkosten 156
Sollprozesskosten 183
Stille Reserven 273 ff.
Strategie
- -empfehlung 24
- -konzept 11 ff.
- Pull- vs. Push- 106 ff.
- -wahl 43 f.
Stückkostendegressionseffekt 139 ff., 179 ff.
SWOT-Analyse 38 f.
Synergien 199

Tausenderpreis 90
Teilbruttorechnung 299, 301
Teilkosten 128
Teilkostenrechnung 128 f., 141 ff.
Transaktionskosten 84 ff.

Überrendite (s. Kapitalwertrate)
Überschuldung 286

Umsatz
- -kennzahlen 287 f.
- -kostenverfahren 263 f.
- -rentabilität 277 ff.
Umweltsituation 9, 25
Unsicherheit 207, 232 ff.
Unternehmenssituation 9, 26

Validität 58
Value Engineering 195
Veränderungsbilanz 298
Verbrauchsabweichung 156
Vermögensstruktur 286 ff.
Verschuldungsgrad
- dynamischer- 294 f.
- statischer- 289
Vollkosten 128 ff.
Vorsichtsprinzip 266, 269 f., 274 f.
Vorteilhaftigkeit
- absolute- 213 ff.
- relative- 221 ff., 240 f.

Wahrnehmungsprinzip 53
Werbung 88 ff.
Wertanalyse
- Prozess- 181
Wertgestaltung (s. Value Engineering)
Wertorientierte Unternehmensführung 234 f.
Wertsteigerung 234 f.
Wettbewerbsvorteil 13, 53, 199
Wirkungen
- finanzielle- 205 ff.
Wirtschaftlichkeitskontrolle 127, 155 ff., 182 ff.

Zahlungsstrom 198, 205 ff., 213 ff.
Zielerreichungsgrad 241

Zielkosten 185 ff.
- -index 191 ff.
- -kontrolldiagramm 194
- -lücke 189 f.
- -management 184 ff.
- -spaltung 190 ff.
Zielkriterien (s. Einflussfaktoren)
Zufriedenheit 54
Zuschlagsbasis 135 ff.
Zuschlagskalkulation 131, 173 f.
Zuschlagssatz 136, 173 f.

Buchanzeigen

Management und Marketing

Rittershofer
Wirtschafts-Lexikon
Über 4000 Stichwörter für Studium und Praxis.

3. Aufl. 2005. 1214 S. €
€ 20,–. dtv 50844

Schneck
Lexikon der Betriebswirtschaft
3500 grundlegende und aktuelle Begriffe für Studium und Beruf.

6. Aufl. 2005. 1200 S. €
€ 19,50. dtv 5810

Schultz
Basiswissen Betriebswirtschaft
Management, Finanzen, Produktion, Marketing. Das Buch bietet einen Überblick über die gesamte Betriebswirtschaft und ist gleichermaßen Nachschlagewerk wie Handbuch für Studium und Praxis.

2. Aufl. 2006. 335 S. €
€ 10,–. dtv 50863

Pepels
Marketing-Lexikon
Über 3000 grundlegende und aktuelle Begriffe für Studium und Beruf.

2. Aufl. 2002. 969 S. €
€ 22,–. dtv 5884

Schäfer
Management & Marketing Dictionary
Englisch – Deutsch / Deutsch – Englisch. Die vollständig überarbeitete Neuauflage enthält in nun einem Band mehr als 26 000 Stichwörter.

3. Aufl. 2004. 768 S. €
€ 19,50. dtv 50887

Becker
Das Marketingkonzept
Zielstrebig zum Markterfolg! Die notwendigen Schritte für schlüssige Marketingkonzepte, systematisch und mit Fallbeispielen.

3. Aufl. 2005. 292 S. €
€ 10,-. dtv 50806

Neumann/Nagel
Professionelles Direktmarketing
Das Praxisbuch mit einem Angebot zu interaktivem Training.

1. Aufl. 2001. 316 S. €
€ 12,50. dtv 5886

Becker
Lexikon des Personalmanagements
Über 1000 Begriffe zu Instrumenten, Methoden und rechtlichen Grundlagen betrieblicher Personalarbeit.

2. Aufl. 2002. 677 S. €
€ 19,–. dtv 5872

Diller
Vahlens Großes Marketinglexikon
2 Bände im Schuber.

2. Aufl. 2003. 1966 S. €
€ 49,–. dtv 50861

Hörner
Marketing im Internet
Der neue Band bietet eine Fülle von Tipps und Anregungen und unterstützt sowohl Unternehmer und Marketing-Mitarbeiter wie auch Freiberufler optimal im Online-Marketing.

1. Aufl. 2006. 308 S. €
€ 10,–. dtv 50895

Kleine-Doepke/Standop/Wirth
Management-Basiswissen
Konzepte und Methoden zur Unternehmenssteuerung.

3. Aufl. 2006. 321 S. €
€ 14,–. dtv 5861
Neu im September 2006

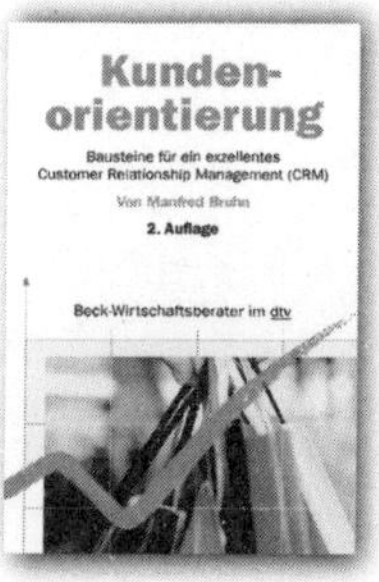

Bruhn
Kundenorientierung
Bausteine für ein exzellentes Customer Relationship Management (CRM). Innovationsmanagement, Qualitätsmanagement, Servicemanagement, Kundenbindungsmanagement, Beschwerdemanagement, Integrierte Kommunikation sowie Internes Marketing.

2. Aufl. 2003. 369 S. €
€ 14,–. dtv 50808

Management und Marketing

Schelle

Projekte zum Erfolg führen

Projektmanagement systematisch und kompakt.
Systematisches Projektmanagement führt zu hoher Termin- und Kostentreue und zum sicheren Erreichen des geplanten Ergebnisses. Es lohnt sich nicht nur in der Großindustrie und bei großen Vorhaben, sondern kann auch in der mittelständischen Wirtschaft und bei kleinen Projekten gewinnbringend angewandt werden.
Der Ratgeber bietet eine übersichtliche und gut verständliche Einführung.

4. Aufl. 2004. 329 S. €
€ 11,–. dtv 5888

Hoffmann/Schoper/ Fitzsimons

Internationales Projektmanagement

Interkulturelle Zusammenarbeit in der Praxis. Kommunikation und Information, Führung im Projekt, Entscheidungsfindung, Konflikt-, Risiko- und Lieferantenmanagement, Projektorganisation und -steuerung u.v.m.

1. Aufl. 2004. 373 S. €
€ 14,–. dtv 50883

Hofstede/Hofstede

Lokales Denken, globales Handeln

Interkulturelle Zusammenarbeit und globales Management.
Wer international tätig ist, Verhandlungen führt oder Niederlassungen aufbaut, muss wissen, wie er mit kulturellen Unterschieden umgeht. Wertvolle Hinweise in diesem Standardwerk helfen, andere besser zu verstehen und selbst besser verstanden zu werden.

3. Aufl. 2006. 571 S. €
€ 19,50. dtv 50807

Röthlingshöfer

Werbung mit kleinem Budget

Der Ratgeber für Existenzgründer, kleine und mittlere Unternehmen. Ganz ohne Werbedeutsch zeigt der Ratgeber, was man für erfolgreiche Werbung braucht.

1. Aufl. 2004. 255 S. €
€ 10,–. dtv 50876

Management und Marketing

Pepels

Lexikon der Marktforschung

Über 1000 Begriffe zur Informationsgewinnung im Marketing.

1. Aufl. 1997. 358 S. €
€ 12,73. dtv 50803

Kastin

Marktforschung mit einfachen Mitteln

Daten und Informationen beschaffen, auswerten und interpretieren.

2. Aufl. 1999. 409 S. €
€ 15,29. dtv 5846

Aberle/Baumert

Öffentlichkeitsarbeit

Ein Ratgeber für Klein- und Mittelunternehmen. Praktische Hilfe, wie gerade kleinere Unternehmen einen erfolgreichen Auftritt in der Öffentlichkeit und Presse schaffen.
Mit vielen Checklisten.

1. Aufl. 2002. 210 S. €
€ 10,–. dtv 50857

Rota

Public Relations und Medienarbeit

Effektive Öffentlichkeitsarbeit der Unternehmen im Informationszeitalter.

3. Aufl. 2002. 360 S. €
€ 12,50. dtv 5814

Pauli

Leitfaden für die Pressearbeit

Anregungen, Beispiele, Checklisten.
Das Buch beschreibt, mit welchem Konzept man erfolgreiche Pressearbeit betreibt und welche Tipps und Trends man kennen muss, um Fehler zu vermeiden.

3. Aufl. 2005. 217 S. €
€ 9,50. dtv 5868

Klein

Kultur-Marketing

Das Marketingkonzept für Kulturbetriebe.
Viele praktische Beispiele stellen den Aufbau eines Kultur-Marketing-Konzepts dar und beschreiben seine Umsetzung.

2. Aufl. 2005. 544 S. €
€ 15,–. dtv 50848

Heinrichs/Klein

Kulturmanagement von A–Z

600 Begriffe für Studium und Praxis.

2. Aufl. 2001. 427 S. €
€ 12,50. dtv 5877

Bölke

Presserecht für Journalisten

Freiheit und Grenzen der Wort- und Bildberichterstattung.
Was ist Journalisten erlaubt und was verboten? Mit Auswertung von Gerichtsurteilen, Tipps zur Fehlervermeidung und zur Schadensbegrenzung sowie einer Checkliste für eine einwandfreie Verdachtsberichterstattung.

1. Aufl. 2005. 265 S. §
€ 12,50. dtv 50627

Zeichenerklärung: § Rechtsberater € Wirtschaftsberater

Waldner/Wölfel

GbR · OHG · KG

Gründen – Betreiben – Beenden.
Gesellschaft des bürgerlichen Rechts, Offene Handelsgesellschaft, Kommanditgesellschaft, GmbH & Co. KG. Vertragsgestaltung, Geschäftsführung und Vertretung, Haftung, Liquidation, Steuer- und Kostenrecht.

7. Aufl. 2006. 240 S. §
€ 9,50. dtv 5294
Neu im September 2006

Wiester

Die GmbH in der Unternehmenskrise

Lösungswege für den Geschäftsführer.
Ein fundierter Überblick über alle relevanten Handlungs- und Sanierungsoptionen, Pflichten und Haftungsrisiken.

1. Aufl. 2006. Rd. 300 S. §
Ca. € 13,–. dtv 50638
In Vorbereitung für Sommer 2006

Bombita/Maier/Steindl

Steuerwissen für Existenzgründer

Praktische Tipps zu Steuern, Recht und Sozialversicherung.
Die Autoren zeigen Gefahren und Tücken des komplizierten Steuerrechts auf und helfen mit verständlichen Anregungen, Beispielen und Checklisten, häufige Fehler in der Startphase zu vermeiden.

3. Aufl. 2004. 303 S. €
€ 13,–. dtv 50831

Buchhaltung, Rechnungswesen, Controlling

Herrling/Mathes

Der Buchführungs-Ratgeber

Grundlagen und Beispiele.
Schritt für Schritt vom Controlling über Beschaffungs-, Umsatzsteuer-, Wechsel- und Personalkostenbuchungen bis hin zu den notwendigen Jahresabschlussarbeiten.
Mit Übungsaufgaben und Lösungen.

5. Aufl. 2006. 419 S. €
€ 12,50. dtv 5836
Neu im April 2006

Schöne

Bilanzierung in Fallbeispielen

Grundlagen, Fälle und Lösungen zur Handels- und Steuerbilanz.

1. Aufl. 1998. 182 S. €
€ 7,62. dtv 50818

Zeichenerklärung: § Rechtsberater € Wirtschaftsberater

P143142-S42.5

Schultz

Basiswissen Rechnungswesen

Buchführung, Bilanzierung, Kostenrechnung, Controlling. Grundlagen der Unternehmensführung.
Dieser Überblick über das gesamte betriebliche Rechnungswesen zeigt mit Beispielen und Übersichten die Verzahnung von Buchführung, Bilanzierung, Kostenrechnung und Controlling.

4. Aufl. 2006. 292 S. €
€ 10,–. dtv 50815
Neu im April 2006

Scheffler

Lexikon der Rechnungslegung

Begriffe zu Buchführung, Finanzen, Jahres- und Konzernabschluss.
Dieses Lexikon ist Nachschlagewerk und Ratgeber für alle Fragen zur Darstellung und Beurteilung der Vermögens-, Finanz- und Ertragslage von Unternehmen und Konzernen.

1. Aufl. 1999. 411 S. €
€ 12,73. dtv 50814

Tanski

Internationale Rechnungslegungsstandards

IFRS/IAS Schritt für Schritt.
Viele Beispiele und grafische Übersichten machen das Verständnis der IAS (International Accounting Standards) leicht und zeigen die markanten Unterschiede zur HGB-Bilanzierung.

2. Aufl. 2005. 393 S. €
€ 14,–. dtv 50852

Scheffler

Bilanzen richtig lesen

Rechnungslegung nach HGB und IAS/IFRS.
Bilanz, Bewertung, Gewinn- und Verlustrechnung, Bilanzanalyse, Bilanzpolitik.

7. Aufl. 2006. 439 S. €
€ 11,–. dtv 5827
Neu im Juli 2006

Jossé

Basiswissen Kostenrechnung

Kostenarten, Kostenstellen, Kostenträger, Kostenmanagement.
Die bewährten Systeme der Kostenrechnung.

4. Aufl. 2005. 266 S. €
€ 9,50. dtv 50811

Schneck/Morgenthaler/Yesilhark

Rating

Wie Sie sich effizient auf Basel II vorbereiten.
Wie läuft ein Rating ab, welche Kriterien sind maßgeblich, und wie kann man sich als Unternehmen darauf vorbereiten?
Mit Beispielen, Fällen und Anwendungsberichten.

1. Aufl. 2004. 232 S. €
€ 10,–. dtv 50871

Horváth & Partners

Das Controllingkonzept

Der Weg zu einem wirkungsvollen Controllingsystem.
Wie setzt man Controlling in die Praxis um? Arbeitsschritte und Fallbeispiele.

6. Aufl. 2006. 362 S. €
€ 12,–. dtv 5812
Neu im Mai 2006

Witt

Controlling-Lexikon

Von ABC-Analyse bis Zwischenbericht.
Das Controlling-Lexikon zeigt, wie schlankes, modernes und effizientes Controlling aussieht.

1. Aufl. 2002. 907 S. €
€ 24,–. dtv 50851

Witt/Witt

Controlling für Mittel- und Kleinbetriebe

Bausteine und Handwerkszeug für Ihren Controllingleitstand.

2. Aufl. 1996. 488 S. €
€ 12,73. dtv 5858

Füser/Gleißner

Rating-Lexikon

800 Stichwörter mit Fakten und Checklisten rund um Basel II.

1. Aufl. 2005. 567 S. €
€ 17,50. dtv 50882

Zeichenerklärung: § Rechtsberater € Wirtschaftsberater

P143142-S44